ジャック・D・シュワッガー Jack D. Schwager
長岡半太郎［監修］ 山口雅裕［訳］

知られざるマーケットの魔術師

驚異の成績を上げる無名トレーダーたちの素顔と成功の秘密

UNKNOWN MARKET WIZARDS

The best traders you've never heard of

Peter Brandt
Jason Shapiro
Richard Bargh
Amrit Sall
Daljit Dhaliwal
John Netto
Jeffrey Neumann
Chris Camillo
Marsten Parker
Michael Kean
Pavel Krejčí

Pan Rolling

Unknown Market Wizards : The best traders you've never heard of
by Jack D. Schwager

First published in 2020.

Originally published in the UK by Harriman House Ltd in 2020,
www.harriman-house.com.
Japanese translation rights arranged with HARRIMAN HOUSE LTD
through Japan UNI Agency, Inc., Tokyo

日本語版への序文

ジャック・D・シュワッガー

何十年にもわたって私の著書を熱心に読んでくださっている日本の読者にとても感謝しています。『**マーケットの魔術師**』シリーズはおそらく欧米と同じくらいか、それ以上に日本で人気があります。それは本の売り上げだけでなく、日本で講演をしたときの経験からも明らかです。特に思い出されるのは、大きな講堂を埋め尽くす聴衆を前に行った講演です。彼らが注意深く集中して耳を傾けているのには心を打たれました。最前列に座っている年配の紳士が私をじっと見つめながら、分かる分かるというように、そっとうなずいていた姿は今でも忘れられません。そのとき、私はオイゲン・ヘリゲルが書いた『新訳　弓と禅』（角川ソフィア文庫）――日本で師から弓を学んだ著者の経験に基づいた本――との類似性を指摘しながら、良いトレードでは力みがないはずだと主張していました。おそらく、『**マーケットの魔術師**』シリーズで良いトレードの要素と言われたもののなかには、禅に似た性質と重なり合うものがあるために、これらの本は日本の読者の心に強く響くのかもしれません。

三〇年以上前に書いた、最初の二冊の『**マーケットの魔術師**』を読んだことがある読者は、大成功を収めた本書のトレーダーたちが示した市場に対する洞察やトレードのアドバイスが、最初の二冊に登場した伝説的トレーダーたちのものと驚くほど似ていることが多いのに気づくでしょう。ここから重要な教訓が得られます。すなわち、市場とトレードには不変の真実がある、ということです。また、これらの著書が欧米の読者だけでなく日本の読者の共感をも呼んでいるということは、それらの真実が時を超えるだけでなく文化も超えるということを示しています。

監修者まえがき

本書は、ジャック・D・シュワッガーによる"Unknown Market Wizards : The Best Traders You've Never Heard of"の邦訳で、一連の『**マーケットの魔術師**』シリーズの五冊目にあたる。原書のタイトルにも表れているが、これまでの四作品と異なり本書のインタビューイーは機関投資家ではなく、全員が個人トレーダーである。これは彼らの取り組んだ対象が投資ではなくトレードであるということ、そして、そこでの成果が組織ではなく個人によってもたらされたという二つの意味で異彩を放つ。

投資が事業のキャッシュフロー生成力や成長性を客観的な分析によって測る経済的なゲームであるのに対し、トレードは内省を伴う行動科学上のゲームである。本文中からうかがえるように、彼らマーケットの魔術師の成功の影には、特異なメンタルモデルの存在がある。

一般の社会では所属組織の論理や都合に自分を完全に合わせることが求められる。しかし、トレードにおいては、金融市場の構造を理解し、そこに参加する売買主体の行動や心理を見極める必要はあるものの、それにどう対処し、行動するのかについては、他人が決めた規範に唯々諾々として従うのではなく、徹頭徹尾自分に合ったレジリエントな方法を自己の責任において主体的に選ばなければならない。これは日本の社会で一般に望ましいとされる行動様式やマインドセットとは対極にある。

本書が示す自由で創造性豊かなトレードの世界はまことに素晴らしい。それに比べると、伝統的な投資の世界のなんと窮屈で硬直的なことか。インターネットの出現やコンピューティングパワーの増大は、金融市場におけるエントロピーを増大させ、旧弊にとらわれて動けない機関投資家の多くを窮地に追い込んだが、一方でそれらのイノベーションと共存する柔軟性および他者から異端と呼ばれることをいとわない勇気を持つ個人トレーダーは未来を切り開く手段と機会を得ることになった。本書はそうした意欲ある個人のためのものである。

翻訳にあたっては以下の方々に心から感謝の意を表したい。山口雅裕氏は前著に引き続き、この貴重な書籍を丁寧に翻訳していただいた。そして阿部達郎氏にはいつもながらの手際の良い編集・校正を行っていただいた。また、本書が発行される機会を得たのは、後藤康徳氏をはじめパンローリング社の関係者一同と著者のジャック・シュワッガーの信頼関係に負うところが大きい。本書にはこれを反映して、この日本語版のみに著者本人に対するインタビューが収録されている。

二〇二一年五月

長岡半太郎

目次

日本語版への序文　ジャック・D・シュワッガー　1
監修者まえがき　3
序文　13
謝辞　17

第1部　先物トレーダー

第1章　ピーター・ブラント　……　21
休みをはさみながら二七年間で年平均五八％のリターンを打ち立てる柔軟さと規律を持った裁量トレーダー

第2章　ジェイソン・シャピロ　……　71
メディアと大衆とCOTリポートから転換点を見抜き、二〇年間で年平均三四％のリターンを上げる生まれつきのコントラリアン

第3章　リチャード・バーグ……107
テクニカル分析とファンダメンタルズを融合させ、六年間で年平均二八〇％を達成する裁量トレーダー

第4章　アムリット・ソール……147
入念な事前準備をしてユニコーン（めったにない機会）時に大きく張り、一三年間で年平均三三七％をたたき出す直感トレーダー

第5章　ダルジット・ダリワル……179
詳細なトレード日誌から自らのエッジを特定し、九年間で年平均二九八％のリターンを上げる努力家

第6章　ジョン・ネット……207
ファンダメンタルズとテクニカルを融合させてイベントに立ち向かい、一〇年間で年平均四二％を実現する元海兵隊員

第2部　株式トレーダー

第7章　ジェフリー・ニューマン …… 231
単純なトレンドラインの早期のブレイクで、一〇年間で年平均五〇％を稼ぐピーター・リンチを彷彿させる現場主義者

第8章　クリス・カミロ …… 261
SNSで新トレンドをいち早くキャッチし、一四年間で年平均六八％のリターンを続けるソーシャルアービトラジャー

第9章　マーステン・パーカー …… 299
柔軟にシステムを変えたり、捨てることで、二二年間で年平均二〇％の実績を上げるシステムトレーダー

第10章　マイケル・キーン …… 329
長期保有とバイオ株のイベントを利用した短期の売りトレードを組み合わせ、一〇年間で年平均二九％を誇る独りマネーマネジャー

第11章　パベル・クレイチー　347
決算発表直後の買いのデイトレードだけで、一一年半（実質的な売買期間は年四カ月）で年平均三五％を成し遂げる元ベルボーイ

結論　マーケットの『魔術師による四六の教訓』　361

エピローグ　383

第3部　特別インタビュー　シュワッガーへの二九の質問

第12章　ジャック・シュワッガー　387
だれもがジョージ・ソロスやボルトにはなれないが、自分の性格に合った手法でトレードをすることが成功への近道

付録1　先物市場を理解する　403
付録2　パフォーマンスの指標　408

ネクスト・ジェネレーションであるアスペンへ

あなたが魅力と美しさとユーモアのセンスを両親たちから受け継ぎ、消費感覚は彼らから受け継ぎませんように

「正しく判断するとか市場を打ち負かすといったことではない。利益が出たとすれば、それは市場の理解と自分の理解が同じだったからであり、損が出たとすれば、それが異なっていたというだけの話だ。それ以外の見方はない」――ムサワー・マンスール・イジャズ

「一〇年ごとにその時期に特有の愚行が繰り返されるが、基本的な原因はすべて同じだ。たとえ状況が変化していても、最近起きたことは今後もずっと続く、と人々がかたくなに信じるからだ」――ジョージ・J・チャーチ

「予測をする人には二種類のタイプがある。実際に何も分かっていない人と、自分が分かっていないということを自覚していない人だ」――ジョン・ケネス・ガルブレイス

序文

本書を書こうと思い立ったのは、まったく知られていない個人トレーダーでも、大多数のプロのアセットマネジャーをはるかに超えるパフォーマンスを達成している人がいるはずだ、と考えたからだ。私はそうしたトレーダーを実際に見つけて、自分の考えが間違っていないことを証明した。しかし、私はほかにも驚くべき発見をした。

私は最初の『マーケットの魔術師――米トップトレーダーが語る成功の秘訣』（パンローリング）で紹介したトレーダーたちに匹敵するほどの成績を出しているトレーダーたちが再び見つかるとは思いもよらなかった。前者に卓越したスキルがあることは、並外れたパフォーマンスからも明らかだ。しかし、それは一九七〇年代のすさまじいインフレといった、特殊な市場環境にも助けられたのだろうと思っていた。さらにその後、数十年の間に、トレードでも投資でも定量的手法の導入が大幅に進み、あらゆるトレードでプロのアセットマネジャーが占める割合がかつてないほどまで高まった。こうした傾向から、今の市場で個人トレーダーがプロを大きく上回る結果を残すのは以前よりもはるかに難しくなっている。

驚いたことに、本書の執筆中に見つけたトレーダーのなかには、これまでに出会ったトレーダーのなかで最高のパフォーマンスを達成している人もいた。

三〇年以上前に書いた最初の『**マーケットの魔術師**』の序文は、「ここには驚くべきストーリーが含まれている」という一文から始まるが、これはそのまま本書にも当てはまるようだ。本書に登場する非凡なトレーダーは次のとおりだ。

- 大学を卒業すると、二五〇〇ドルの資金でトレードを始め、その後一七年間に五〇〇〇万ドルの利益を出したトレーダー。
- 広告代理店の幹部から転身して、二七年間に年平均五八％の利益を達成した先物トレーダー。
- ファンダメンタルズ分析もテクニカル分析も用いない独自の手法で、八万三〇〇〇ドルの資金を二一〇〇万ドルにした株式トレーダー。
- 一三年以上のキャリアで年平均三三七％の利益を出し、トレードを始めた最初の年から一〇％を超えるドローダウン（最大資産からの下落率）を一度も経験していない先物トレーダー。
- チェコ共和国のベルボーイから転身して、デイトレードで株を買い、リスク調整済みリターンでロングオンリー戦略の投資信託とヘッジファンド両方の九九％をはるかに超えるパフォーマンスを達成したデイトレーダー。
- 五〇万ドルを稼いでは失うという経験を二度したあと、コントラリアン手法を考案して、その後の二〇年間は一貫して成功している先物トレーダー。
- 市場のイベントで自動的にトレードをするソフトウエアを作成して、リスク調整済みリターンで卓越したパフォーマンスを一〇年間出し続けている元海兵隊員。

●月末の最大ドローダウンがわずか一一％で、年平均リターンが二八〇％の先物トレーダー。

●音楽を専攻したあと、独学のプログラミングスキルを駆使して株の取引システムを作成し、過去二〇年間に平均二〇％の利益を出したトレーダー。このリターンは同時期のS＆P五〇〇のリターンの三倍を優に超える。

●プロのテニスプレーヤーを目指していたが、先物トレーダーになり、一〇年近くにわたって年平均二九八％という驚くべき年平均リターンを達成したトレーダー。

●長期投資と短期のイベントドリブンのトレードを組み合わせて、リターンそのもので見てもリスク調整済みリターンで見てもS＆P五〇〇の三倍を達成した株式トレーダー。

週に二時間、調査するだけで、市場で年一〇〇％の利益を得る方法を分かりやすく説明してもらえると期待しているのなら、この本を読むのはやめたほうがいい。これはそういう本ではない！

しかし、世界で最も優れたトレーダーたちから、彼らの市場についての見方や、トレードについて学んだこと、どのようにして成績を向上させたか、どういう間違いを避けることを学んだのか、ほかのトレーダーに対してどういうアドバイスがあるのかを学びたければ、ためになることが数多く見つかるだろう。

謝辞

『マーケットの魔術師』シリーズの本を書くとき、最初にすることは並外れたトレーダーを見つけることだ。この点で、次の二人に大いに助けられた。ロンドンに拠点を置くコーチング会社であるアルファ・R・キューブドの代表取締役であるスティーブ・ゴールドスタインは本書に登場する二人のトレーダーと、六冊目があるとすれば、そこに登場する可能性がある数人のトレーダーについて教えてくれた。自力で優れた成績を残したトレーダーのマーク・リッチーは本書に登場するほかの二人のトレーダーを勧めてくれた。皮肉なことに、私はリッチー自身にインタビューをするつもりだったのだが、彼にインタビューの計画をする前に書き終えたほかのトレーダーに関する文章が一冊分に達した。おそらく、彼は次の本シリーズに登場するだろう。また、ジェイソン・シャピロについて教えてくれた故ビル・シャピロに感謝する。

ファンドシーダー・ドット・コム（https://fundseeder.com/home。私の関連会社であるファンドシーダー・テクノロジーが運営するウェブサイト）から本書に登場する三人のトレーダーを知ることができた。また本書で参照したパフォーマンスに関する統計はすべて、ファンドシーダー社の分析ツールを使って計算した。

妻のジョー・アンに感謝する。彼女はこれまでに出版されたすべての『マーケットの魔術師』

と同様に、読者の反応を知る役目を果たしてくれたし、必要に応じて建設的な批評をしてくれた。私は常に彼女のアドバイスに従った。

言うまでもなく、インタビューをしたトレーダーたちが参加して、経験や知恵や洞察を率直に話してくれなかったら、本書は完成しなかった。彼らは素晴らしい素材を提供してくれた。

マーク・ニオフレに感謝する。彼はすべての章を校正して、私が何度も読み返したにもかかわらず見逃したタイプミスを見つけてくれた。

最後に、ハリマン・ハウスの編集者であるクレイグ・ピアスに感謝する。彼は原稿を洗練された形にするという最終段階を、面倒な作業ではなく楽しいものにしてくれた。彼は文章を改善する提案をすることと不必要に変更しないこととの間で完璧なバランスを取ってくれた。

第1部　先物トレーダー

FUTURES TRADERS

注　先物市場についてよく知らない読者は、付録1の短い手引きを最初に読んでおくと役に立つかもしれない。

第1章 ピーター・ブラント

Peter Brandt

休みをはさみながら二七年間で年平均五八％のリターンを打ち立てる柔軟さと規律を持った裁量トレーダー

私がインタビューをした「マーケットの魔術師」たちのうち、トレードを始めた最初の時期に失敗した人がいかに多いかには本当に驚かされる。なかには失敗を繰り返した人もいる。ピーター・ブラントはこの点でぴったりの人物だ。ただし、彼は最初に失敗したあとは一〇年以上にわたって目覚ましい成功を収めた。その後、エッジ（優位性）を失って一一年間もトレードをきっぱりやめた。その後またトレードを再開して、またもや長年にわたって優れたパフォーマンスを維持したという点で異例である。

ブラントは間違いなく昔から使われている手法でトレードをしている。彼のトレードは伝統的なチャート分析に基づいている。この分析は一九三二年に出版されたリチャード・シャバッカーの『テクニカル・アナリシス・アンド・ストック・マーケット・プロフィッツ（Technical Analysis and Stock Market Profits）』に始まり、一九四八年に出版されたロバート・エドワーズとジョン・マギーの『**マーケットのテクニカル百科　入門編・実践編**』（パンローリング）によって広まった手法だ。

彼は一九七〇年代初頭に商品ブローカーとして金融業界でのキャリアを開始した。この時期はインフレの高進と商品価格の高騰によって、商品市場が沈滞した市場から活気あふれる新市場へと変わったころだった。当時、先物市場は商品しか扱っていなかったため、商品市場と呼ばれていた。この時期を境に、通貨、金利、株価指数が先物市場に上場されて主要な先物となり、商品という名称がふさわしくないものとなる。ブラントがキャリアを開始したピットでは、現在の静かで効率的な電子取引とは対照的に、絶叫するブローカーたちによって先物取引が行われていた。

ブラントのトレードのキャリアは最初の一四年と現在進行中の一三年で、合わせて二七年に及び、この二つの時期の間に一一年の休止期間がある。この長い中断の理由はインタビューのなかで取り上げられている。彼は一九八一年後半よりも前の記録を持っていない。その後二七年間のトレードで、五八％の年平均リターンという見事な成績を達成した。しかし、彼はすぐに付け加えて、自分は頻繁にトレードをしたから、リターンが膨らんでいるのだ、と言った。これは年平均ボラティリティが五三％と極めて高いことでも裏付けられている。

彼のパフォーマンスは、シャープレシオで見ると大幅に過小評価される典型的な例だ。シャープレシオの大きな欠点の一つは、測定値のリスク部分（ボラティリティ）について、ボラティリティの上方と下方の区別をしないところにある。リスク測定では、大きな利益が出ても、大きな損失が出たときと同様に悪いとみなされるのだ。これはほとんどの人が直感的にリスクととらえる考え方とはまったく矛盾する。ときどき大きな利益を出すブラントのようなトレーダーは、損失を十分に限定していても、シャープレシオでは低い評価しかされない。

調整ソルティノレシオはボラティリティではなく損失を使ってリスクを測定するリターン・リスク指標で、これによって大きな利益がマイナスに評価されなくなる。調整ソルティノレシオはシャープレシオと直接、比較できる（従来のソルティノレシオはシャープレシオと直接には比較できない。調整ソルティノレシオと従来の計算方法によるソルティノレシオとの違いについては**付録2**の「パフォーマンスの指標」を参照してほしい）。シャープレシオとは異なり、調整ソルティノレシオの値が大きい場合は、リターン分布が右にゆがんでいる（大きな損失よりも大きな利益のほうが大きい傾向にある）。また、同様に、調整ソルティノレシオの値が小さい場合は、リターン分布が左にゆがんでいる（大きな利益よりも大きな損失のほうが大きい傾向にある）。ほとんどのトレーダーの場合、シャープレシオと調整ソルティノレシオの値にあまり違いはない。しかし、ブラントの場合、最大利益は最大損失よりもはるかに大きいため、調整ソルティノレシオ（三・〇〇）は、シャープレシオ（一・一一）の三倍近くにもなる！　リスク調整済みリターンで見たパフォーマンスが良いことを反映して、月次GPR（ゲイン・トゥ・ペイン・レシオ。GPRについての説明は**付録2**の「パフォーマンスの指標」を参照）は二・八一と非常に高い。これは彼のトレード歴が長いことを考慮すると、極めて印象的な水準だ。

ブラントは本書中で、「知られざる（Unknown）」という形容詞が完全に適切とは言えないトレーダーの一人だ。彼のキャリアが世間一般に知られていないことは確かだし、一般的な金融業界でも広く知られているわけではない。だが、近年ではファクターという自身のマーケットレターと、フォロワーが急速に増えているツイッターを通じて、トレーダー界で認知され、称賛されるようになっている。実際、本書のためにインタビューをしたトレーダーの何人かはブラントから大いに影響を受けたと語っている。私は「知られざる」トレーダーに的を絞るという本書の特徴を維持するよりも、ブラントを本書に含めたいという思いのほうが強かった。

本書を「いつか」書こうと思っていた私が、プロジェクトの準備を始める動機になったのは、ある意味でブラントだった。一連の『マーケットの魔術師』シリーズ（パンローリング）の続編を書くときには、ブラントを入れたいと思っていた。彼と私は友人だ。私はトレードについての彼の見解をよく知っていて、それはまったく正しいと思っていた。彼の見方を本に収められなかったら、必ず後悔するといつも思っていた。彼は当時、コロラドスプリングスに住んでいて、数カ月後にアリゾナに引っ越すと話していた。私はそこから一六〇キロほどしか離れていないコロラド州ボルダーに住んでいたので、彼が引っ越す前にインタビューをするほうが効率的だし、本書を書き始めることもできると考えた。残念ながら、インタビューのスケジュールを立てるころには、彼はもうツーソンに引っ越していた。

空港に着くと、出口用エスカレーターを降りたところで彼が待っていた。彼にまた会えてうれしかった。前回会ってから一年ちょっとしかたっていなかったが、彼は少し前かがみに歩いていて、その姿勢は明らかに変化していた。三五年前に、彼はひどい事故に見舞われた。トイレに行くために夜中に起きたとき、「だれが廊下のど真ん中にこの椅子を置いたのだろう」と腹を立てたことを覚えている、と言う。彼は眠りながら歩いていたのだった。「椅子」は実際には二階のテラスの手すりだった。障害物を乗り越えると、仰向けに倒れて動けなくなった。六メートル近い高さから落ちたのだ。彼は何が起きたのか、すぐに気づいた。妻のモナも落下音を聞いてすぐに救急車を呼んだ。

ブラントは四〇日以上入院した。体はギプスで固定されて二つのマットレスの間にはさまれ、体勢を変えるために定期的に体を回転させられた。事故以来、彼は六回ほど背中の手術を受けた。今では年齢のせいもあって、背中の痛みにいっそう苦しんでいる。彼は絶え間ない痛みを抱えて生活している。これは私が尋ねてやっと分かったことだ。彼はちょっとストイックなところがあり、痛いとこぼすことはけっしてない。また、鎮痛剤も好きではないので飲んでいない。

彼は私を自宅に連れて行った。そこは周囲を塀で囲まれた、ツーソン郊外の家だった。私はソナラ砂漠を見下ろす裏庭のテラスに座って彼にインタビューをした。砂漠は驚くほど緑豊かで、世界のほかのどの砂漠よりも多くの種類の植物が生えていて、象徴的なサグアロサボテンなど、ほかのどこにも生えないものもある。遠くの地平線上に山頂が二つある山が迫っていた。美しい春の日だった。そよ風が絶えず吹いていて、風鈴が鳴り続けていた。「この音は録音で問題にならない？」と尋ねられた。「いや、全然」と私はきっぱりと言った。あとで何時間も費やして、録音した声を繰り返し聞きながら、いまいましい風鈴の音をずっと聞く羽目になるとは夢にも思わなかった。

若いころは将来、何になりたいと思っていましたか。

私はシングルマザーに育てられて、家はとても貧しかったのです。自分のお金は自分で稼ぐしかありませんでした。私は当時からとても企業家精神にあふれていました。新聞配達では二つのルートを受け持っていました。日曜日は五時に起きて、手押し車か雪の日にはソリで一五〇部の新聞を配達しました。ビンの回収や地元の食料品店の請求書を渡す仕事もしました。

そのときは何歳でしたか。

一〇歳くらいから働き始めました。

大学では何を専攻しましたか。

広告を専攻していて、本当に気に入っていました。

どういうきっかけで広告からトレードに移ったのですか。

きっかけは二つあります。兄が銀貨をたくさん買っていました。一九六〇年代後半から一九七〇年代前半ごろは、アメリカ市民は金は所有できませんでしたが、銀貨は所有できたのです。当時、兄は額面価格よりも二〇%の高値で銀貨を買っていましたが、これはリスクに比べてリターンがかなり大きいトレードの完璧な例でした。最大で二〇%損する可能性がありましたが、貴金属価格が高くなれば、利益はいくらでも増える可能性がありました。

あなたも銀貨を買ったのですか。

いいえ。お金がなかったので、買えませんでした。でも、興味をそそられたので、ウォール・ストリート・ジャーナルを買って、銀の価格を追いかけました。兄が銀貨を買い始めたとき、銀の価格が一オンス当たり一・五〇ドルでした。それが一九七四年には三倍以上になり、四・五〇ドルを超えて急騰しました。兄はベンツを乗り回していました。

トレードを始めるきっかけは二つあると言われましたが、もう一つは何ですか。

当時、シカゴに住んでいて、大豆のピットで取引をしていた人に会いました。私たちの息子が二人ともアイスホッケーをしていたので、仲良くなったのです。彼が「ピーター、こっちに来て、私の仕事を見学してみないかい。昼食をおごるよ」と言ったのです。それで、商品取引所で昼食をおごってもらうために友人と会いました。レストランにはピットを見下ろせる大きな窓がありました。下のトレーダーたちを見ていて、「すごい！」と思いました。引き込まれたのです。何かが刺激されて、「自分もこれがやりたい」と思いました。トレーダーについて友人に質問を浴びせ、そこに置いてあったパンフレットをすべて持って帰りました。

当時は広告業界で働いていたのですか。

そうです。

仕事には満足していたのですか。

世界五位の広告代理店でエリートコースに乗っていました。大きな仕事を任されていて、担当する広告主にはキャンベルとマクドナルドもありました。

コマーシャルにかかわったことはあるのですか。

ええ、マクドナルドの「バケツとモップを持て」というコマーシャルです。ユーチューブで確認できますよ。マクドナルドがキャラクターのロナルド・マクドナルドを作る仕事も手伝いました。

自分のしている仕事が好きだったのですね。

好きでした。気に入らなかったのは企業世界の駆け引きだけです。また、取引所のフロアで働いている人たちのしていることには、何か引かれるものがありました。大引け後には彼らが自分の成績を知っているというところが好きでした。それに、彼らは九時半から一時一五分までしか働いていなかったのです！　また、彼らの稼ぎを知ったのも魅力の一つでした。

それは、九五％以上の人がトレーダーになろうとして破産するということを知らなかったからでしょう。あなたは統計学者の言う偏ったサンプルを持っていたのです。

ええ、それはあとになって分かりました。ですが、当時、気づいたことは、商品取引所の駐車場がベンツとポルシェだらけだったことです。

子供のころ貧しかったために、お金持ちになりたいという気持ちが強かったことが、トレードに引かれた大きな理由でしょうか。

ええ、それは大きかったです。

その欲求から実際にトレードを始めるまでのいきさつを教えてください。

私はこの仕事をしようと決めました。それでも、フロアの会員権の価格はとても高額でした。私にはまったく手が届きませんでした。そのころ、兄が銀貨を買うときに使っているブローカーを紹介してくれました。そのブローカーはミネアポリスにいて、コンチネンタル・グレインで働いていました。当時はカーギルに次ぐCBOT（シカゴ商品取引所）で二番目に有名な会社でした。そのブローカーが、コンチネンタル・グレインで人を募集していると言ったのです。

一九七二年よりも前は、一般の人が穀物市場で取引することはほとんどありませんでしたが、一九七〇年代前半に商品相場が大きく上昇すると、変わってきました。コンチネンタル・グレインは商品取引所で、ヘッジや投機目的の顧客を取り込むことに力を入れた最初の大手企業でした。会社は仲介業務を行うためにコンティ・コモディティーズという子会社を設立しました。

ブローカーは基本的に営業の仕事ですが、この職に就くことに不安はありませんでしたか。

いいえ、それが業界への入り口でしたから。私はコンティの商品ブローカー向けの最初の研修に参加しました。参加を許されたのは八人で、三カ月続きました。

給料はもらえたのですか、それとも完全に歩合制だったのですか。

六カ月間、前借りができました。正確な金額は覚えていませんが、月に一三〇〇ドルぐらいでした。広告会社を辞めたときの年収が二万八〇〇〇ドルだったのははっきり覚えています。ですから、収入は間違いなく減りました。

研修を終えてブローカーになってから、どうやって顧客を獲得したのですか。

まず、ニュージャージーに戻ってキャンベルを訪問し、次にオークブルックに行ってマクドナルドを訪問しました。

ああ、広告の仕事でコネがあったからですね。

ええ、強いコネでした。彼らは私をよく知っていて、たまたまそれらの大手食品加工業者はどこも、商品相場が大きく上昇していた時期にヘッジをしていませんでした。

彼らは商品価格の変化に無防備でした。畜産、大豆油、砂糖、ココアなど、すべての原材料が高騰したときに、ヘッジをしていなかったので、ひどく痛手を被ったのです。当時、ＩＲＳ（内国歳入庁）はヘッジの利益と損失の処理方法すら知りませんでした。

これは一九七四年後半の話で、一九七三年と一九七四年の強気相場の直後のことです。私が先物業界に入ったのは、現代の先物業界が始まって一～二年後でした。私がキャンベルに提案したのは、購買代理業者から一人を二カ月、シカゴに派遣してもらえば、先物について研修をさせるというものでした。彼らが派遣した人は最終的にキャンベルの上級購買代理業者になり、私はその口座を管理することになりました。マクドナルドとほかのヘッジャー数社の口座も獲得しました。若手のブローカーとしては、かなりうまくやっていました。

自分の取引口座でトレードをするのは許可されたのですか。

ええ、完全に。

それで、トレードを始めたのはいつですか。

トレードを始めたのは一九七六年ごろで、そのころには多少の資金を蓄えていました。自分が本当にしたいのはトレードでしたから。

最初のトレードを覚えていますか。

（彼はしばらく考えて、思い出す）。実際にはもう少し早い時期でしたね。一九七五年の後半ぐらいです。ブローカーの仕事を十分にこなしていたので、コンティが会員バッジを渡してくれて、フロアに降りることができました。トレードに興味を持つきっかけを作ってくれた友人のジョンは大豆のトレーダーでした。ある日、彼に会うと、「ピーター、ぼくは大豆にすごい強気なんだ」と言われました。そこで、大豆の先物を一枚買ってみました。自分が何をしているのか分かっていませんでした。相場は五～六セント上げると、すぐに下げました。結局、約一二セントの損（六〇〇ドルの損）を出しました。その後すぐにジョンと会いました。彼は私にあいさつをして、「すごい値動きだったよね！」と言ったのです。その後、分かったことは、ピットで注文の流れに沿ってトレードをしているジョンにとって、一～二セントの上昇は良いトレードで、六セントの上昇は「すごい」トレードだったということです。私にとっての大きな教訓は、「強気」や「弱気」という言葉には何の意味もないということでした。そのトレーダーがどういう時間枠でトレードをしているのか、どういう値動きを求めているのか、その人が間違ったと判断する価格やイベントは何なのか、といったことを知っていないと意味がないということを身に染みて感じました。

トレードのキャリアはそこからどうなったのですか。

その後、三年間で三回か四回、口座の資金を吹き飛ばしました。当時は、「オート麦をトレードしていれば、資金に問題が生じていると気づけたのに」という冗談を言われたものです（オート麦は通常、ボラティリティが低くて取引サイズ［金額］が小さいため、証拠金はほかの穀物と比べると少なくて済んだ）。

トレードを始めるときは、何に基づいていたのですか。

最初は、市場が開く前に毎朝、会社のスピーカーシステムでファンダメンタルズについて説明するコンティの人たちの話に耳を傾けていました。彼らは穀物の出荷、植え付けの進捗状況など、彼らが監視していることについて話をします。また、トレードについて推奨もします。初めて口座の資金を失ったのは、彼らの推奨に従ったときでした。コンティ・メンフィスのオフィスにはテクニカルアナリストもいて、毎朝、彼の分析が放送されていました。彼はポイント・アンド・フィギュアのチャート（横軸に時間を用いない、値動きに依存する価格チャート）を使っていました。彼は一九七六年の大豆相場について盛んに推奨を出していました。そこで、私はポイント・アンド・フィギュアのチャートに関する本を買って、その手法を試し始めました。それで、二回目の口座の資金を失いました。それから、季節性を用いた手法をちょっと試しました。その後、サヤ取り（同一銘柄で限月が異なる先物の一方を買い、もう一方を売り、その価格差で利益を狙う）を試しました。

うまくいく手法を探していたのですね。

何かを見つけようと、イライラしていましたね。しかし、同時に、自分は幸運だったとも思っています。今日では暗号資産（仮想通貨）のようなもののトレードを始めて、学資ローンのお金を使い果たした揚げ句、親の家に住んでいる人たちがいます。私には頼れる収入源がありました。損をしていても、大変ではありませんでした。とにかく、トレード法を学んで、利益を出せるようになりたかったのです。

口座を開いて別の手法を試し、やがて資金を失ってトレードをやめたあと、また同じプロセスを繰り返すというサイクルを最終的に終わらせた要因は何でしょうか。

好転した要因はおそらく二つあります。第一に、重大な損失を出さないように、損切りの逆指値を置く必要があることを学びました。第二に、ある日、チャート分析をしている同僚が私のところに来て、「ついて来て」と言いました。一階に下りて、通りを渡って本屋に入りました。彼はエドワーズとマギーの『**マーケットのテクニカル百科　入門編・実践編**』を買ってくれました。私はその本を隅から隅までひたすら読んだだけです。ほかの人がその本を読んでも何も得られないかもしれません。

ですが、私にはぴったりで、価格を理解する枠組みを与えてくれました。どこで仕掛けるべきか分かるようになりました。その本を読む前は、自分が何をしているのかまったく分かっていませんでした。どこで仕掛けるのか、見当もつきませんでした。また、どこで損切りすべきかや、相場がどこに向かうのかについての考え方も得られました。その本で私はチャート分析をするようになったのです。トンネルの出口に明かりが見えました。自分がトレーダーとして成長できる可能性があると分かりましたし、チャート分析でトレードをするために開いた口座では実際にうまくいきました。

そこがトレードでの失敗と成功の分かれ目ですか。

そうです。一九七九年には口座の資金は増えていました。今、振り返ってみると、口座の変動は望ましい水準よりもはるかに大きかったですね。まだポジションサイズを適切に管理できていませんでしたが、トレードを開始してから初めて、口座の資金が着実に増えていきました。

本を買ってくれたブローカーは成功していたのですか。

彼は一度も成功しませんでした。親友ですが、トレーダーとしては成功しませんでした。

彼はあなたのトレードの成功に役立ったのに、彼自身は成功しなかったとは皮肉ですね。彼が買ってくれた本は今まで手にしたなかで最高の贈り物だったのではないですか。

そうなんですよ！　見せましょう（彼は出て行き、すぐに本を持って戻ってきた）。長年、エドワーズとマギーの初版本を探していて、希少本を扱う古書店に問い合わせもしていました。そして、ようやくマギー自身がボストンの友人に蔵書印を押して渡した本を見つけたんですよ。

当時はまだ加工業者のヘッジ用口座を管理していたと思いますが。ブローカーからフルタイムのトレーダーにいつ移ったのですか。

その約一年後です。

それらの口座の管理をしながら、自分の口座でトレードをすることもできたのでは？

できたでしょうが、したくはありませんでした。

どうしてですか。

トレードに専念したかったのです。

しかし、口座の管理をやめれば、ブローカーとしての多額の収入が得られなくなったのでは？

そうでしょうが、口座を売却しました。

そんなことができるとは知りませんでした。

できるんですよ。引き渡した口座の将来の手数料の一部を受け取りました。

それらは価値ある口座だったはずですが、口座を委託できるブローカーをどうやって選んだのですか。

私の最高の指導者だった人に渡しました。彼の名前はダン・マーキーで、おそらく私が出会ったなかで最高のトレーダーの一人だったでしょう。

彼はどういうトレードをしていたのですか。

彼は「入門レベルの歴史、経済学、心理学のレンズを通して市場を見ている」とよく言っていました。彼はコンティにおける天才でした。彼は本当のポジショントレーダーで、穀物の大きなポジションを取って、それを何カ月も維持していました。市場の大きな転換をうまくとらえる優れた才能がありました。「トウモロコシは今底を打っている。ここが安値だ」と言い、それが正しかったものです。

それは直感だったのですか。

直感でしたね。理由は言えませんでしたから。

と言うことは、彼は実際には押し目買いや戻り売りをしていたのですね。

そうです。

皮肉なことに、彼はあなたがしていたことと正反対のことをしていたわけですか。

ええ、まったく逆です。

でも、あなたは彼が指導者だと言いました。彼から何を学んだのですか。

リスク管理です。彼は押し目買いをしているときに予定のポジションを一気にすべて取って、それを維持するようなことはしませんでした。彼は安値を探っていました。週末に含み損になっているトレードはすべて手仕舞って、タイミングが適切だと思ったときに再び試し玉をしていました。彼はそれを何度も続けていました。

それは興味深い。あなたは週末に含み損になっていれば必ず手仕舞うと言いました。四〇年前にマーキーのトレードを見て、そのアイデアを思いついたのでしょう。あなたはこの方法をトレード歴のほぼ全期間にわたって使ったわけですね。

ええ、そうです。彼はよく言ったものです。「トレードには二つの要素がある。方向とタイミングだ。どちらかが間違っていれば、そのトレードは間違っている」と。

ほかに彼から学んだことは何かありますか。

ええ、彼は取れるポジションよりもはるかに小さいポジションしか取りませんでした。彼から学んだ教訓は、資金を守ることができれば必ずまた次のトレードができる、ということでした。なんとしても、チップの山を守る必要があります。

あなたはそれ以前に、チップの山を何回か失った経験があるんですよね。

そうなんですよ。

彼のアドバイスがすべて、リスク管理に関することで、仕掛けるポイントとは何の関係もないというのは興味深いですね。ほかに重要な指導者はいましたか。

マーキーが圧倒的に重要でした。ほかにはチャート分析をするトレーダーから極めて重要なアドバイスを受けました。彼には、「ピーター、お金を儲けるにはエッジ（優位性）が必要なんだが、チャートパターンではエッジは得られないよ」と言われました。それは考えさせられる発言で、当時はまったく理解できませんでした。理解できたのは五年ほどたってからです。

彼が言おうとしていたのは、だれでも同じチャートパターンを見ることができるということでは？

ええ。それに、チャートパターンは必ずいつか崩れます。あなたと私が同意できるのは、チャートパターンが崩れた場合、それはチャートパターンよりも信頼できるシグナルだということです（同意するだけでなく、先物市場の分析に関する私の『ア・コンプリート・ガイド・トゥ・ザ・フューチャーズ・マーケッツ〔A Complete Guide to the Futures Markets〕』で、この考えを論じた章に「チャート分析における最も重要なルール」という題を付けた）。また、チャートパターンは変化します。ハンドルのパターンが現れたと思っていると、別のパターンに変わります。変化していくチャートとは、あるべき動きをしないで崩れるパターンの集まりにすぎません。

それでは口座をマーキーに譲って、トレードに専念してからはどうしたのですか。

一九八〇年に、ファクター・リサーチ・アンド・トレーディングという会社を設立して、オフィスを借りました。

ファクターという社名にした理由は何ですか。

それは私流の冗談でした。一九七五年から一九七八年にかけて、キャンベルにファンダメンタルズに関する情報を提供して、ヘッジについての判断を支援する仕事をしていたとき、本当に良い働きをしました。一九七九年までに、チャート分析のコツをつかみ、穀物市場でいくつか重要な値動きが見え始めました。私はキャンベルに行って、ヘッド・アンド・ショルダーズ・ボトムが形成されているので、ヘッジすべきだと思います、とは話せませんでした。それで、大豆が六ドルのときに、ダン・マーキーか別のファンダメンタルズ分析をしている人のところに行き、「大豆は九ドルまで上げると思うのだけど、市場をどう見ている？」と尋ねました。すると、彼らはそういう値動きが起こり得るファンダメンタルズについて話してくれました。

ＣＢＯＴの連中は私がキャンベルに、「沖合でアンチョビに問題が発生している可能性があります」と話すのを聞いていました（アンチョビは大豆ミールの代わりになる魚粉の生産に使われる）。本当はチャートの話をしていたのですが、ファンダメンタルズの言葉を使って私の相場観を伝えていました。それで、彼らはそれを「ブラントのでたらめファクター（要因）」と呼び始めたのです。

その会社で何をするつもりだったのですか。顧客資産

の運用をするつもりだったのですか。

いいえ、自分の口座でトレードをするだけです。

でも、自分の口座のトレードをするのに、会社は必要ないでしょう。

そうですが、自分のトレード会社を持っているという雰囲気が好きだったのです。

あなたの手法はフルタイムでトレードを始めたときの手法から変わりましたか。

いくつか大きな違いがあります。

それは何でしょう。

当時はポップコーントレードをよくしていました。

ポップコーントレードですか?

トウモロコシの粒が飛び出すと、キャニスターの上に当たったあと、下まで落ちるでしょう。ポップコーントレードとは、含み益になったのに、仕掛け値に下げるまで持ち続けるトレードを私がそう呼んでいるのです。今ではそんなトレードをしないように心がけています。

ほかに何が変わりましたか。

チャートの信頼性が大きく下がりました。一九七〇～八〇年代にはチャートに基づいてトレードをするのは今よりもずっと簡単でした。パターンはきれいに形成されました。ちゃぶつき相場は今よりも少なかったです（ちゃぶつき相場とは、価格が上下に激しく変動する相場で、トレンドフォローのトレーダーがポジションを取ると、突然に反転する）。当時はチャートパターンが形成されるのが分かれば、確実に利益が取れました。

なぜそうなのか、私には自分の考えがありますが、あなたはどう説明しますか。

高頻度取引のせいで、チャートでブレイクした水準の近辺でボラティリティが高くなっているのだと思います（ブレイクとは、価格がそれまでのレンジ［横ばい］か調整パターン［トライアングルやフラッグなど］を上抜くか下抜く動きのこと。価格が以前のレンジか調整パターンをブレイクしたということは、ブレイク方向にトレンドが形成される可能性を示唆するという考え方）。

ですが、彼らの取引はとても短期的です。なぜボラテ

ィリティに影響するのでしょうか。

　彼らがブレイクした水準でボラティリティを生じさせるからです。それはとても短期的なボラティリティですが、私のようなトレーダーの場合、ポジションを取っているとふるい落とされることがあります。また、市場参加者がより大手中心になり、市場が成熟しているのだと思います。あなたの見方はどういうものですか。

私の認識では、あまりにも多くの人が同じことをしていると、当然ながら、そのテクニックは機能し続けることができなくなります。

　それは本当ですね。当時はチャートを見ている人はあまり多くいませんでした。

初期の手法から変わったことはほかにありますか。

　以前は一週間から四週間のパターンでトレードをしていましたが、現在は八週間から二六週間のパターンでトレードをしています。

そのほうが信頼性が高くなるからですか。

　そうです。

シグナルのタイプで、ほかに変えたことはありますか。

　以前はどんなパターンでも、それが出現すればトレードをしていました。月に三〇から三五のパターンでトレードをしていました。今では、もっと入念に選びます。かつてはシンメトリカルトライアングルやトレンドラインのようなパターンでトレードをしていましたが、現在では使っていません。今では水平の境界をブレイクするパターンでしかトレードをしません。

どうしてですか。

　水平の境界を使えば、自分の判断が正しいか間違っているかがすぐ分かるからです。

そういうふうに考えを変えたきっかけは何かありますか。

　いいえ、レクタングルや上昇トライアングルや下降トライアングルでトレードをしていて、最も良い結果が得られることに徐々に気づいていっただけです。例えば、境界が明確な一〇週間のレクタングルがあるとすると、その境界が日足の長大線でブレイクすればうまくいきます。

しかし、それが妥当なブレイクでも、ダマシに対処する必要はあります。ブレイクで買ったあと、損切りの逆指値に引っかかるほど下げたのに、持ちこたえて、長期的なパターンはまだ有効に見える場合はどうしますか。

もう一度、試すでしょうが、二回以上はけっして試しません。また、同じ日に再び試すこともありません。私はCBOTの連中が「一〇セントのレンジで三〇セント損した」と愚痴をこぼしていたのを覚えています。私は一〇セントのレンジで三〇セントを損したくありませんが、そういうことが起きる可能性があるのは分かっています。

損切りの逆指値で二回引っかかったけれども、そのパターンが結局は長期トレンド前の主要な価格ベースだった場合、その動き全体を見送るということですか。

必ずしもそうではありません。継続パターン（トレンド内での調整）を形成している場合、また仕掛けるかもしれません。ですが、それはまったく新しいトレードとみなします。

と言うことは、一ドル二〇セントで二回ふるい落とされたあと、一ドル五〇セントで買うのに抵抗はないのですか。

ええ、それで悩んだことはありません。そういう考え方は多くの人が陥るワナだと思います。値動きでトレードをするのであって、価格水準でトレードをするわけではありません。

ほかに、長年の間に変えたことはありますか。

はい、トレードでとるリスクは今ではずっと小さくしています。トレードをするときはいつでも、リスクを仕掛け値から総資金の約〇・五％までに限定します。仕掛けて二～三日以内に損益分岐点よりも有利なところに逆指値を置きたいのです。昨年の平均損失は二三ベーシスポイントでした。

利益を守るための逆指値はあなたのトレード法に欠かせないものですね。気になるのですが、夜間取引時間中にも逆指値を置いたままにするのですか（電子取引の導入によって、先物市場では夜通し取引されるようになった。これにはジレンマがつきまとう。夜間に逆指値を置かない場合、日中のセッションの寄り付きの大きな値動

きのせいで意図していたよりも大きな損失を被る可能性がある。一方、夜間も置いたままにしておくと、薄商いでの無意味な値動きで逆指値が執行されるリスクもある）。

市場によりますね。メキシコペソでは夜間に逆指値は使いませんが、ユーロは流動性が高いので使います。同じ理由で、銅では使いませんが、金では使います。

フルタイムでトレードをするようになって、最初に損をした年は何年ですか。

一九八八年です。

と言うことは、損を出した年よりも前の九年間、勝ち続けていたわけですね。一九八八年に何がうまくいかなくなったのですか。

ずさんになったのです。チャートパターンで仕掛けるのが早すぎたり、相場を追いかけたり、必要なときに注文を入れなかったりしました。

あなたの言葉を使うと、一九八八年にトレードが「ずさん」になったのはなぜですか。

一九八七年がとても良い年だったからだと思います。その年には資金が六〇〇％も増えました。これまでで最高の年でした。二度とそういう経験はしないでしょう。そんな年を過ごして、ちょっと自己満足に陥ったのだと思います。

一九八八年にどれだけ損をしたのですか。

ああ、五％ぐらいですね。

いつ正常に戻ったのですか。

一九八九年です。損を出した年を経験して、基本に戻らなければならないと気づきました。

トレードを始めたときに知っていたら良かったと思うことで、今知っていることは何ですか。

一番は自分を許すことでしょうね。私は今後も判断を誤るからです。

ほかには？

相場がどこに向かっているか分かると信じていても、実際にはまったく分からない、ということを学びました。最悪の敵は自分自身であり、直感のせいでしばしば判断を誤るということも分かっています。私は衝動的な人間です。プロセスを踏まずに、コンピューターの画面を見るだけで注文を出していれば、自滅するでしょう。規律正しく注文を出すというプロセスを通じて自分の直感を乗り越えたときにのみ、チャートを利用して利益を出せるのです。私はとても計画的にトレードをする必要があります。私のエッジはプロセスにあるのです。私はトレーダーのように見せかけていますが、実は注文を出しているだけです。トレーダーではありません。私の出す注文には、自分の直感に反しているものがあります。それらの注文は出すのが難しいです。

どうしてですか。

銅は一年近く、四〇セントのレンジにあり、ちょうど今日、最近の高値近くで買いました。そこで買うのは難しいです（結局、ブラントは上昇中の高値を付けた日に買っていて、翌日に損切りの逆指値に引っかかった。実は、これが彼の典型的なトレードだ。彼のトレードの大半はすぐに損切りさせられる。それでも、彼の平均利益は平均損失よりもはるかに大きいので、成功するのだ）。

大きな利益のほとんどは直感に反したトレードから得られていると思います。トレードでの私の直感はあまり当てになりません。最高と思ったトレードに賭けて大きな資金を投入すれば、パフォーマンスは大きく低下するでしょう。現在の例では、私はこの一年、穀物を買いたいと思っていました。

どうしてですか。

穀物価格がとても安い水準にあるからです。それらは底ばいが続いています。四〇年以上前にトウモロコシを初めてトレードしたときのほうが、現在よりも高かったのです。

それ以降のインフレを考えると、価格が異常に安いということですね。

ええ、それで今年は何度か穀物の試し玉をしましたが、トータルでは損をしています。今年の穀物のトレードで一番利益があったのは、実はカンザスシティーの小麦の売りでした。実際、それは今年で三番目に良いトレードでした。そして、そのトレードをした理由はチャートを否定できなかった、というだけなのです。そのチャートパターンで売らないとしたら、チャートをわざわざ見る理由があるだろうか、と思ったのです。私は穀物が大底を打ったという自分の直感に逆らわなければなりませんでした。

皮肉なことに、その年のそのセクターでの最高のトレードは予想とは正反対だったのですね。応援しているチームの反対側に賭ける勇気を出す必要があるようなものですね。

そうなんです。

それは長年にわたって当てはまるのですか。つまり、あなたの最高のトレードは、うまくいくとは最も予想していなかったものでしょうか。

そういう傾向はあると思います。どちらかと言えば、トレードに対して私が感じていることと結果には、逆の相関があると思います。

なぜだと思いますか。

従来の知識に従ったトレードを信じるほうが簡単だからです。かつては、トレードで判断を誤ることに悩んでいました。それを自分に問題があると思っていたのです。今では、一〇回連続で間違える可能性があることを誇りに思っています。私は損切りのやり方がとてもうまくなったことが自分のエッジだと思っています。

トレードで損をすることに悩むのではなく、損が小さいうちに手仕舞って、大きな損が累積しないようにできていることを誇りに思っているのですね。その意味で、トレードでの損は欠点ではなく、強みであり、それが長期的に成功した理由なのですね。

トレーダーの仕事は損切りをすることです。トレードで損をしたからといって、自分が間違ったことをしたという意味にはなりません。トレードの難しいところは、正しいことをしても損をすることがあるという点です。そのトレードが正しいかどうかということと、結果が利益になるかどうかということの間には、正のフィードバックループはありません。自分にコントロールできるのは、自分が出す注文だけです。トレードの結果はコントロールできません。トレードをするときはいつでも、「一年後にチャートを見て、ポジションを取った日と価格で同じことをするだろうか？」と自問することです。答えが「する」ならば、勝ち負けに関係なく、それは良いトレードです。

トレードを始めたときに、知っていれば役に立ったことはほかにありますか。

実際には、早い時期から今と同じくらいリスクを避けていたら、一九八〇年代にあれほど巨額の利益を何年も続けて出すことはなかったでしょう。

どれくらいのリスクをとっていたのですか。

ああ、一回のトレードで一〇%のリスクをとることができました。もちろん、すべてのトレードではありませんが、そこまで大きなリスクをとることもありました。

――トレード当たりのリスクは現在の二〇倍にもなっていたのですね。

ええ。

皮肉なことに、初期のころに適切なリスクについて誤解をしながらトレードをしていたのが役に立ったようですね。私は、成功した人々は生まれ持ったスキルや才能や意欲によるものだけでなく、通常はかなりの幸運にも恵まれていると昔から思っています。この世界では潜在的な能力を持つ人々にトレードをさせたとしても、一般的には特に目立った成果を上げられるわけではありません。あなたの話はその実例です。あなたは初期にリスクを大きくとりすぎたトレードをするという間違いを犯しても、すべてが非常にうまくいきました。あなたは再び口座の資金を吹き飛ばす可能性も大いにあったのですから。

まさに、そのとおりです。ここ一〇年ほどのことですが、私のトレーダーとしての成功は主として「宇宙の支配力」とでも呼ぶべきものによると思うようになりました。私はトレードを始めるべきときに始めました。適切な時期に良き指導者たちに巡り会いました。トレードを始めたときに、ふさわしい会社にいました。前の仕事が広告業だったので、ぴったりの顧客がいました。トレードを始めたのは、チャートをもとにしたトレードスタイルが相場とぴったり合っていた時期でした。私は口座の一〇～一五%をスイス・フランとドイツ・マルクの買いに賭けて、破産するのではなく、多大な利益を得ました。それを自分の能力のせいにはできません。それらのどれも私自身の知性や能力によるものではありません。それは私の素性によるものでもありません。それは「宇宙の支配力」とでも呼ぶべきもののせいです。

コモディティーズ・コーポレーションで資金を運用するようになったいきさつは何ですか（コモディティーズ・コーポレーションはニュージャージー州プリンストンにあったプロップファーム［自己資金のみを運用する投資専門会社］。同社が育てたトレーダーのなかから世界的に一流のトレーダーが生まれたために、伝説となった。おそらく最も有名なのは、最初の『マーケットの魔術師』で取り上げられたマイケル・マーカスとブルース・コフナーだ）。

いきさつは覚えていませんが、先方から連絡がありました。CBOTのだれかが私を推薦したのかもしれません。面接を受けるためにニューアークに飛ぶと、リムジンに出迎えられて城に連れて行かれました（コモディティーズ・コーポレーションが文字どおり城内にあったわけではないが、ブラントはこの会社の社屋の精巧さを強調するために「城」という言葉を使っている）。

確かに、あの社屋は本当に魅力的でした。美しいギャラリーを歩いているかのようでした（私はコモディティーズ・コーポレーションでリサーチアナリストとして働いていた）。

目を奪われましたよ！

面接の過程について何か覚えていますか。

トレーダーはみんな風変わりでした。学者タイプでしたね。CBOTで慣れていたトレーダーとは対照的でした。

彼らはあなたにどれくらいの資金を運用させたのですか。

最初は一〇〇万ドルの運用を任されましたが、それを一〇〇万ドルに引き上げられ、最終的には五〇〇万ドル以上を任されました。

そこでトレードをした経験はどうでしたか。

私の主な問題は、大きなポジションを取るのがあまり得意ではなかったことでした。債券を一度に一〇〇枚以上トレードするときには緊張しました。初めて一〇〇枚の注文を出したときのことを覚えています。震えていました。パニック状態になっていました。いまだにそれを克服していないと思います。

コモディティーズ・コーポレーションの口座で運用して何年ぐらいたってから、一〇〇枚のポジションを取るようになったのですか。

約三年です。

取引サイズを大きくしたことはパフォーマンスに影響しましたか。

しましたね。

どのようにですか。

びくびくするようになりました。一〇〇枚のポジションを取っているときに、相場が一ポイント逆行したら、一〇万ドルの損になります。私は金額にとらわれ始めてしまったのです。ある銘柄をトレードしていると考えるのではなく、自分の資金をトレードしていると考え始めたのです。それはトレードに決定的な影響を及ぼして、一九九一年ごろから私のパフォーマンスは急激に悪化しました。今では、それがすべて非常にはっきりと分かります。当時は何が起きているのかよく分かっていませんでしたが、今振り返ると何が起きたのか分かります。

コモディティーズ・コーポレーションとの関係はどういう終わり方だったのですか。

一九九二年には、成績は次第に落ちていき、会社の基準に達していませんでした。

しかし、会社にとっては、総合的には非常に貢献したのではないですか。

そうですね。それに、大損をしたわけでもありません。私のパフォーマンスがプラスマイナス数％と、損益ゼロ近くまで落ちたということが問題だったのです。また、トレードサイズを小さくして、割り当てられた資金のほとんどを使っていませんでした。彼らは、「一〇〇〇万ドルの資金があるのに、なぜたった二〇枚でトレードをしているの？」というとらえ方でした。

コモディティーズ・コーポレーションはあなたの取引口座を閉鎖したのですか、それとも自分の意志で辞めたのですか。

両者の話し合いで決めました。前年までの大きなエッジを失っていましたから。

自分の口座でのトレードは続けたのですか。

ええ、その後二年間続けました。

コモディティーズ・コーポレーションの資金を運用する負担がなくなって、安心しましたか。

いいえ、トレーダーとしての自分に不満でした。その時点で、トレードを楽しめなくなりました。トレードをするのが苦痛になりました。自分の能力と実際の成績との間にギャップを感じていました。そのギャップは簡単には受け入れられませんでした。

なぜギャップが生じたのでしょうか。

弱気になったからだと思います。エッジを失った気がして、それを取り戻す方法が分かりませんでした。

でも、コモディティーズ・コーポレーションの資金を運用する必要がなくなって、ほっとしませんでしたか。

自分の資金をトレードする必要がなくなったときのほうが、ほっとしました。

自分の口座を解約した日は、ほっとした以外にどう感じましたか。

いろんな感情がありました。「やれやれ、やっと終わった」という感情もあれば、「失敗を認めよう」という感情もありました。最終的には資金を失いかけていて、CBOTで一文無しになった連中とどこが違うのだろう、と思っていました。

トレードを再開したのはいつですか。

一一年後の二〇〇六年です。正確な時間と場所を覚えていますよ。私が机に向かっていて、妻のモナが左側に立っていたときに、トレードをしようかという考えが浮かびました。モナのほうを向いて、「商品トレードをまた始めるのはどうだろう?」と言いました。妻は賛成しませんでした。

過去数年間のトレードが悲惨だったからですかね。

彼女はその時期を思い出して、「本当にあんなことを繰り返したいの?」と言いました。私は「しないといけないんだ」と言い、その後間もなく口座を開きました。

あなたは一九九五年にトレードをやめて、二〇〇六年に再開したわけですが、その期間は市場に注意を払っていましたか。

私は先物口座を持っていませんでした。

チャートも見ていなかったのですか。

チャート用のソフトウエアすら持っていませんでした。

つまり、一一年間、チャートすら見なかったのに、突然、トレードを再開しようと決めたのですね。何かきっかけがあったのですか。

懐かしかったのでしょう。それに、ひどい終わり方をしたという気持ちもありました。終わり方がしゃくに障り始めたのです。「おいピーター、そんな終わり方のままで死ぬわけにはいかないぞ」と思ったのです。

トレードを再開したあと、どうなりましたか。

長い間、トレードから離れていたので、世界が電子取引に移っていることに気づいていませんでした。タイムスタンプ用の機械をクローゼットから取り出して、注文伝票を印刷したことも覚えています（彼はこの行為がいかに時代遅れだったかを笑っている）。以前していたチャート分析が今でも通用するかどうかすら分かりませんでした。トレードを再開したとき、いくつかのトレードでうまくいき、チャート分析はまだ使えそうだと思いました。それが気に入りました。それから二年間のトレードは本当にとても良い成績でした。

心理的には、元に戻りましたか。

ええ、本当に楽しかったです。

二回目のトレード歴は順調でしたが、負けた年が一度あり、トレードを再開して以降のほかのすべての年とはとても対照的です（二〇一三年に、ブラントのリターンはマイナス一三％だったが、その年を除くと、二〇〇七～二〇一九年の年平均リターンは四九％だった）。この期間で二番目に悪い年はプラス一六％だった）。二〇一三年に何か変わったことがありましたか。

ありました。二つの要因が重なりました。第一に、他人の資金を受け入れることに決めたのが二〇一三年だったのは、偶然ではないでしょう。

長年にわたって、自己資金だけを運用していたのに、投資家の資金も受け入れたきっかけは何ですか。

自分の資金も運用してほしいと知り合いたちからずっと頼まれていました。気が進まなかったのですが、しばらくすると何度も頼まれて断り切れず、「じゃあ、やってみるか」と思ったのです。今日振り返ると、「どうして、そんなことをしようと決めたのだろう」と疑問に思います。私がそうすべき理由は何もありませんでした。

他人の資金を運用したせいで、二〇〇七年にトレードを再開して以降、その年に唯一負けただけでなく、ドローダウンも最大になった理由は何でしょうか。

ドローダウンはいずれ起きたでしょうが、それほど大きかったとも長く続いたとも思っていません。今振り返ると、自己資金の運用をしていたときは、モノポリーゲームのお金をトレードするような感覚だったのです。トレードの資金は得点を付けるものにすぎず、感情に左右されることはありませんでいた。ほとんどの人にとって、自分の口座の資金はとても現実的なものです。モノポリーゲームで使うお金とは違います。いつごろから自分の資金を、距離を置いて見られるようになったのですか。

ああ、それはトレードを初めてから数年以内に次第にできるようになりましたね。一九八〇年代のことです。

他人の資金を運用しているときに、トレード資金に対する見方が変わったのでしょうね。

まったく変わりました。友人たちのお金をトレードしていると気づいた途端に、本物のお金に認識が変わりました。それが気になって仕方なくなりました。

投資家の資金を運用していたのはどれくらいの期間ですか。

二〇一三年一月に最初の顧客の資金をトレードし始めて、二〇一四年六月までにすべての資金を投資家に返しました。

二〇一四年六月はドローダウンの底にどれくらい近かったのですか。

そこが底でした。それは偶然ではなかったと思います。投資家に資金をすべて返したので、そこが底になったのだと思います。

逆に言えば、資金を返していなかったら、その後に自分の口座の資金が大幅に増えることはなかったということですか。

もっとひどかったと思います。本当です。資金を返していなかったら、ドローダウンはもっと大きかったでしょう。

最終的に投資家に資金を返そうと決めたきっかけは何ですか。

幸運なことに、私には正直に話し合えるトレード仲間がいます。彼らは私の状況を知っていて、他人の資金を運用しているせいで、トレードがうまくいっていないことを理解していました。彼らは投資家にお金を返して、以前のように自己資金だけのトレードをすべきだと忠告してくれました。

その時点で、他人の資金を運用するのは、トレードに悪影響を及ぼすと気づいていなかったのですか。

ある程度は、何が問題かは分かっていましたが、自分ではっきりと認めるのが難しかったのです。投資家の資金が減ったときに、彼らのところに行って、利益を出せないので資金を返します、と言うべきなのに、それを避けていたのです。

投資家の口座を解約したときの損失は何%ぐらいでしたか。

最も悪い口座の損失はマイナス一〇%ぐらいだったと思います。

でも、その期間中のあなた自身の損失はもっと大きかったですよね。

それは投資家の口座よりも自分の口座でもっと積極的なトレードをしたせいです。

二〇一三年に二つの要因が重なったと前に言われました。一番目は投資家の資金の運用をしたことでした。二番目は何ですか。

私はいったんポジションを取ると、ルールに従う傾向がありますが、仕掛けは自由裁量で判断します。相場ではダマシのブレイクやちゃぶつきが多い時期があり、チャートが何を示唆していようとおかまいなしです。そのときは私の手法と相場が合わなかったのです。それだけでなく、私自身が自分の手法とずれている時期もありました。そういう時期には規律を守れず、我慢できなくなり、仕掛けを早まってしまいます。相場で確認できる前にポジションを取り、良くないチャートパターンでトレードをしてしまいます。当然、両方の状況が重なる時期もあります。私の手法が相場とずれていて、私自身も自分の手法とずれている時期です。それが二〇一三年から二〇一四年半ばまでに起きたことです。

当時、CTA（Commodity Trading Advisors の略で、商品投資顧問業者を指す金融規制法上の用語。この三語の名称は少なくとも二つの点で実態を表していない。第一に、先物取引の大部分は商品ではなく、金融商品［金利市場、通貨、株価指数など］である。第二に、CTAはその名が示すように、投資のアドバイスをするのではなく、資産運用を行う業者である）はどこも大負けしていました。市場行動に変化が生じていて、トレーダーとして生き残るためには変わるしかない、としきりに言われていました。そして、それに無批判に同調してしまいました。私は自分の手法をいじり始めたのです。

どのようにですか。

指標を追加しました。平均回帰トレードを試したのです（平均回帰トレードとは戻り売りや押し目買いを行うトレードのこと）。

でも、平均回帰はあなたの手法とは正反対でしょう。

そのとおーりです（彼は抑揚を付けずに長く引き伸ばして言った）。何もうまくいかないので、やけくそになったのです。いろいろ違うことを試し続けたのですが、悪循環に陥りました。それで、通常は三カ月か四カ月のドローダウンは五％の損失ですが、それが一八カ月で一七％になったのです。あちこちさまよったせいで、負けた期間が通常よりもはるかに長く続いたのです。

そのドローダウンが大きかった時期に、投資家の資金を運用していなかった場合、トレード手法を変え始めていたでしょうか。

それはあり得ません。

投資家に資金を返したあと、あなたの口座は回復したという話をされました。このパフォーマンスの回復にはほかに何か理由がありましたか。

それまでの手法がうまくいかないので、変える必要があるという間違った考えに陥ってしまいました。ですが、基本に戻るべきだということにやがて気づきました。私の思考プロセスは、「自分は次々と手法を変えている。わらにもすがろうとする思いだ。自分の状況すら分かっていない。倒れるときには自分の知っている手法で倒れよう」というものでした。

いつもの手法に戻ったあと、どうなりましたか。

素晴らしい一年でしたが、相場も堅調でした。

二〇一三～一四年のドローダウンを経験して、外部資金の運用を二度としたくないと思い、自分の手法を守るという信念を固めたほかに、何か変わりましたか。

その時期のドローダウンを経験して、自分の資産の見方を変え始めました。以前は、未決済の取引も含めて口座の総資金を見ていました。それは資産の通常の見方で、もちろん、ＩＲＳも同じ見方をします。しかし、今では未決済分の資産は知りたくありません。だから、決済後の取引だけに基づいて資産をグラフにしています。

それは心理的にどう異なるのですか。

実際には、含み益は自分のものになっていません。それは私の資産ではないので、それを失っても関係ないのです。ですから、相場が自分のポジションにいくらか逆行しても、受け入れやすくなります。

ということは、最初は逆指値を非常に近くに置いていても、相場が順調に動けば離して置き、相場の動きに余裕を持たせるということですか。

大きく余裕を持たせます。また、含み益が資産の一％になれば、ポジションの半分を利食いします。そうすれば、残りの半分に対する逆指値にもっと余裕を持たせることができますから。

それでも、残りの半分のポジションに対する逆指値を現在の価格に近づけますか。

近づけますが、それほど積極的にではありません。ただし、利益目標の七〇％を超えたら、近くに動かします。

その手法はポップコーントレード時代にまでさかのぼります。一枚当たりの目標利益が二〇〇〇ドルのときに一八〇〇ドルの含み益が生じている場合、あと二〇〇ドルを得ようとして、すべてを失うリスクを冒す必要はありません。ですから、利益目標に近づいたら、逆指値を価格の近くまで動かすのです。

利益目標まであと三〇％以内に達したら、逆指値をどこまで近づけるかをどうやって決めるのですか。

そこに達したら、逆指値の三日ルールを機械的に当てはめます。

具体的にはどういうことですか。

買いの場合では、一日目が高値引けだとします。二日目は高値を付けた一日目の安値を下回って引けた日です。三日目は二日目の安値を下回って引けた日です。私は三日目の大引けで手仕舞います。

その三日は連続している必要はないのでしょう？

そのとおりです。三日目が一日目から二週間後のこともあります。逆指値の三日ルールを作ったのは、それが最も良いルールだと思ったからではありません。実際には違うと確信しています。私は裁量トレーダーなので、優柔不断が嫌いだからです。後悔をしたくないのです。終わったあとにとやかく言いたくありません。そこで、機械的に適用できて、含み益のほとんどを失わずに済むルールを作りたかったのです。

あなたのトレードで最初にとるリスクは総資金の約〇・五％ですね。利益目標はどれくらいですか。

総資金の約二％に相当するところです。

そのポイントに達したら、例外なくポジションすべてを利食いしますか。

通常は、迷わず利食いします。時には、例外的に逆指値を非常に近くに置く場合もあります。特に売りポジションの場合はそうだと言えます。相場は上昇時よりも下落時のほうがはるかに速く崩れる可能性があり、追加の利益が得られます。

利食いをしたあと、どの時点で再び仕掛けようとしますか。

仕掛け直すつもりはありません。仕掛けるときはまったく新規のトレードでなければなりません。

トレンドが続いている相場ではどうですか。

それらのトレンドのほとんどを見送ります。一〇ヤードラインからエンドゾーンまで走ろうとするよりも、三〇ヤードライン間でプレーをしているほうが安心できるからです。非常に大きな値動きの一部は見送るでしょう。

なるほど、あなたの手法では、トレンドの大部分をとらえようとは少しもしないのですね。

そうです。

株も先物と同じようにトレードしますか。

まったく同じようにトレードします。

株と先物ではチャートの動きに違いがあると思いませんか。

いいえ。

それは驚きです。私は、株の値動きは先物の場合よりもはるかに不安定だという印象を持っていたからです。

それは本当だと思いますが、株でも動き出したら、先物と同じような動きをします。

マーケットレターで「アイスライン」に触れておられましたが、具体的には何を指しているのですか。

ミネソタに住んでいたとき、家は湖畔にありました。冬になると、湖は全面が凍ります。氷は人を支えてくれますが、もしも氷が割れて湖に落ちたら、浮上しようとしても氷は抵抗の働きをします。チャートの比喩では、アイスラインは簡単にブレイクできない価格領域ですが、いったん下にブレイクすれば、支持線から抵抗線に変わるはずです。もしもある銘柄がアイスラインを下にブレイクして、その日の取引レンジの少なくとも半分がアイスラインを下回っていたら、その安値は重要なリスクポイントとして使えます。

アイスラインを下回っているのがその日のレンジの半分に満たない場合はどうなりますか。前日の安値を使うのですか。

それが私のしていることです。

仕掛けた日の安値を下にブレイクしても、長期チャートに何ら影響しないことはよくあるように思えます。あなたがリスクを非常に低く抑えていることが成功の不可欠な要素だという考えはよく理解しています。しかし、自分のリスクが実際には低すぎないかどうかを確かめるために、リサーチをしたことはありますか。例えば、一本の足ではなく、何本かの足の安値でリスクを見るほうがもっと利益を取れるということはありませんか。

ええ、そのリサーチはしました。仕掛けて日が浅いうちに、もう少し値動きに余裕を持たせれば、長期的にはもっと利益を取れることが分かりました。ですから、目標が最高のリターンを出すことならば、逆指値をもっと離して置くでしょう。でも、私の目標は利益の最大化ではなく、プロフィットファクターを最大化することなのです（プロフィットファクターとは、「勝ちトレードの総利益÷負けトレードの総損失」の絶対値と定義されるリターン・リスク指標）。

トレーリングストップを使うことはありますか（トレーリングストップとは、価格が上昇しているときの高値から一定の価格まで下げる、または価格が下落しているときの安値から一定の価格まで上げると、手仕舞いされる注文）。

まったく使いません。「五〇〇ドルのトレーリングストップを使う」といった話を聞くと、「いったい、何の意味があるんだ！　あなたは買い増しすべきときに売るということ？」と思ってしまいます。まったく理解できませんでした。また、含み益を利用して増し玉をする人がいますが、それも理解できません。それほどバカげたトレードアイデアはほかに聞いたことがありません。そんなことをすれば、トレードの判断が正しくても、損をしかねません。私自身のトレードでは、ポジションは減らしていくだけです。私のポジションはトレードを始めた日が最大なのです。

あなたは週末ルールに言及しておられましたが、それはどういうものですか。

週末ルールは一九七〇年代のリチャード・ドンチャンにまでさかのぼるものです。基本的には、金曜日の大引けで新高値か新安値を付けると、月曜日と火曜日の朝までその動きが続く可能性が高いというものです。私にとっての意味は、ある銘柄が金曜日にブレイクした場合、パターンが完成して、ドンチャンのルールがトレードに有利に働くということです。

週末ルールに妥当性があるかどうか確かめたことはあるのですか。

統計的な分析をしたことはありませんが、私のトレードで最も利益が大きいものの多くは金曜日にブレイクしたもので、特にそれが三連休の場合です。また、金曜日の終値の時点で含み損になっているのに手仕舞わなかったトレードは、おそらくほかのどんなタイプのトレードよりも損が大きかったと言えます。私は金曜日の終値の時点で含み損が発生しているトレードは手仕舞うのが最も良いと学びました。

そのルールがうまくいく理由は何だと思いますか。

金曜日の終値はその週で最も重要な価格だからです。それは週末にポジションを維持するリスクを受け入れたことを示す価格だからです。

金曜日のルールはしっかり守っていますか。

ルールを破ることがときどきあります。でも、そのルールを破ると、通常は市場からしっぺ返しを食らいます。残念ながら、トレードの種類ごとに判断についてのデータを残してはいませんが。

仕掛ける時点からそれほど厳格なリスク管理でトレードをしていれば、大きな損失にさらされることはないように思われます。生涯に特に苦い経験をしたトレードはありますか。

ああ、ありますよ。湾岸戦争でアメリカがイラクに攻撃を開始した一九九一年一月に、原油の先物を買っていました。攻撃のニュースが出る前、ニューヨークの取引所では原油の終値が約二九ドルでした。二四時間取引が開始される前でしたが、原油はカーブ（ロンドンの時間外取引）でも取引されていて、その夜は約二～三ドル高い価格で取引されていました。それで「すごい、明日は本当に何かが起きそうだ」と思いながら眠りにつきました。まあ、実際に起きたのですが、それは私の予想とは逆のことでした。翌日、原油はニューヨークの終値を七ドル下回って寄り付きました。夜間の水準からは一〇ドルの下げでした。それは一回のトレードで、私が今までに出した最大の損失でした（この衝撃的な市場の反落でトレードをした経験について、『新マーケットの魔術師――米トップトレーダーたちが語る成功の秘密』［パンローリング］のインタビューで、トム・バッソも取り上げている）。

とても大きく下にギャップを空けて寄り付いても、そこで手仕舞ったのですか、それとも様子を見てから手仕舞ったのですか。

含み損が生じているときに、行動を先延ばしにすることはありません。ずっと前に、損を減らそうと先延ばしにしても、損が増えるだけだと学びました（その日の大幅な下げにもかかわらず、原油市場は翌日も大幅に下げ、約一カ月後まで底を付けなかった）。同じ規律は判断の誤りにも当てはまります。私は判断を誤ったときに、行動を先延ばしにしたことはありません。

その一つのトレードでどれだけの損が出たのですか。

資産の約一四％です。

そのときにどういう気持ちになったか覚えていますか。

ショックで、頭が真っ白になりました。

毎週、マーケットレターを書く動機は何ですか。大変な作業だと思いますが。

率直に言えば、ファクターは一人の読者のために書かれています。その一人の読者とは私のことです。私は絶えず思い出す必要があることをすべて、そうやって自分に向かって説くのです。

自分のトレードを公表すると、同じ価格帯でのトレードが増えすぎて、トレードに悪影響が及ぶのではないかと、心配になりませんか。

いいえ、何も影響はないでしょう。

私はあなたが金曜日の大引け後から日曜日の夜の寄り付き前までの間に、翌週のチャート分析とトレードの決定のほとんどを行っていることを知っています。平日に新たなトレードの決定をしますか。

週末のうちに、トレードを監視するための銘柄リストを作っています。ごくまれに、平日に銘柄を追加することもあります。でも、そうしたトレードは極力減らすようにしています。その週にトレードをしたい銘柄が前週末の監視リストにない場合、私はそのトレードをしたくありません。これも私がデータを残しておきたかったトレードの例です。週末の監視リストにない銘柄をトレードした場合をすべて合計すれば、おそらく純損失になっているでしょう。

デイトレードはしますか。

トレードを始めて二～三日間は、たとえ日中でも逆指値を近づけるべきかどうかの警戒を怠りません。でも、その例外を除けば、日中にトレードはしません。一日中座ってコンピューターの画面を見ていれば、気の迷いから愚かなことをしでかすでしょう。必ず間違った判断をしたり、勝ちトレードを手仕舞ったり、市場が開いていないときに出していた注文を考え直したりするでしょう。ですから、私はコンピューター画面の価格の点滅に惑わされずに、厳密にチャートに基づいて判断をしてきました。役に立つのは規律ある手法です。何をトレードするか決めて、注文を書き、注文を出したら、どんな結果でも受け入れるのです。

取引時間中に意思決定を行うと、トレードが台なしになりかねないというあなたの発言で、エド・スィコータとの会話を思い出しました。「板情報を見るコンピューターは机に置いていないんですね」と私が言うと、「コンピューターを置くのは、机にスロットマシンを置いているようなものです。結局は一日中それを使ってしまうでしょう」（『マーケットの魔術師』より）と言われました。

翌朝、ブラックウオッチという場所（素晴らしい朝食スポットだ。ツーソンを訪れたら、確かめてほしい）で朝食を取りながら、インタビューを続けた。ブラントは会話の冒頭で、自分はトレードで成功したが、**『マーケットの魔術師』**シリーズに登場するほかの一部の偉大なトレーダーほどではなかったと言った。彼は自分の主張を裏付けるために、次々に名前を挙げ始めた。彼は、私が本に自分を含めないことに決めても、よく理解できるし、問題ないと言って話を終えた。彼は誠実な人なので、謙虚なふりをしたわけではないが、その謙虚さは確かに見当違いだった。私は彼を本から外すことはあり得ないと言った。彼は優れたパフォーマンスを長く続けた実績

があるだけでなく、トレードに関する貴重な洞察がたくさんあり、それらを読者に伝えることが大切だと思っていると説明した。彼は過去のトレードを説明するために、チャートをいくつか持ってきていた。そこから会話が続けられた。

これは私が今までで最も大きな利益を出したトレードです。上にブレイクすると、一度も元の買値の水準まで下げることがありませんでした（彼はNYSE［ニューヨーク証券取引所］総合指数のチャートを私に渡して、一九八七年前半に彼が買ったところを指した。そこは長い横ばい後に上にブレイクしたところで、そこからすぐに上昇を始めて、ほぼ途切れることなくそれが続いていた）。

これは二〇〇八年に私が行った大きなトレードで、ポンドが数カ月で二・〇〇ドルから一・四〇ドルに急落しました。この場合も、相場はブレイクして一度も元の売値の水準まで上昇することはありませんでした（彼が渡したチャートでは、高値圏で形成されたヘッド・アンド・ショルダーズの調整パターンから突然、急落した。その最初の下落は小さな反発で一時的に中断されている。彼はその小さな反発について述べている）。私が発見したのは、大きく下げたとき、最初の戻りはけっして続かないということです。私が戻り売りをしたくなる場合があるとすれば、それは棒下げ後の最初の戻りになるでしょう。しばしば、その戻りは反転した日から二日しか続きません（彼は長期的な調整からブレイクして大きく上昇・下落した同様のチャートをいくつか示した）。

これらすべての例では、あなたは長期的な横ばいからのブレイク後に売買しています。ペナントやフラッグからのブレイク後にトレードをすることはありますか（ペナントとフラッグとは価格の変動後に形成される、値幅の狭い短期［通常は二週間以下］の調整パターン）。

それらが大きな値動き中に形成されていて、週足チャートでパターンが完成すれば、それをはるかに超える目標価格がある場合なら、売買するでしょう。それらが単にチャート上で形成されているというだけなら、答えはノーです。

私はかつて、あなたの市場観察についてリツイートしたら、「S&P五〇〇が暴落すると言うブラントのような人に注目するのはなぜですか」というコメントを受け取ったことがあります。そうしたコメントに対して、どう反応するのですか。

私の哲学は「持論を持ちつつ、柔軟に修正する」です。トレードで含み損が生じると、私はすぐに持論を柔軟に修正して、すぐに手仕舞います。私は自分で確信していた考えでも一日で柔軟に修正できます。ところが、ツイッターの世界では、人々が覚えているのは私の持論のほうだけです。まるで言ったことが何であれ、一生その考えを持っているかのようです。彼らは私が勧めたことは覚えていますが、私が一日か二日後に五〇ベーシスポイントの損か利益で手仕舞ったことは忘れています。ツイッターの世界では、強気から弱気に変えたり、弱気から強気に変えたりすると、否定的な反応が返ってくる傾向があります。一方、考えを柔軟に変えられることは、実際にはトレーダーにとって健全な特徴だと思います。

あなたがトレードを始めてから現在までに、市場では非常に大きな変化がありました。単純なトレードシステムの開発と検証に部屋いっぱいの大きさの大型コンピューターが必要だった時代から、現在の途方もない演算能力やトレード用ソフトウエアが簡単に入手できる時代に変わりました。私たちは事実上、コンピューターを使わないトレードから、コンピューターによる大量トレード時代に移行しました。人工知能や高頻度取引に基づくトレードも出現しています。テクニカル分析が市場分析の不可解な領域とみなされていた時代から、テクニカル分析に基づくトレード――あなたのしているようなチャート分析とコンピューターによるテクニカルシステムの両方――が広まった時代になりました。こうした変化にもかかわらず、あなたは九〇年近く前にシャバッカーが著書で詳しく説明したチャートパターンに基づいて、トレードを始めたころと同じテクニックを使っています。市場の変化にもかかわらず、それらの手法はまだ使えると思いますか。

いいえ、使えません。まったく使えません。

では、そんな遠い時代に考案された手法を使って成功し続けることができたのはなぜですか。

私はその質問についてよく考えました。シャバッカーが名付けたチャートパターンの仕掛けポイントすべてでトレードをすれば、利益を出すことはとても難しいでしょう。相場はもはやすべてのパターンに従うわけではないからです。チャートパターンに従ってトレードをするだけで利益を出せる時代もありました。そういうエッジはなくなったと思います。

古典的なチャート分析だけではもう役に立たないと思っているのですね。

ええ、それは本当だと思います。大きな長期パターンに従っても、もはやうまくいきません。トレンドラインもチャネルもシンメトリカルトライアングルも機能しなくなりました。

では、どちらかと言えばまだ使えるものは何でしょうか。

今でも使えると分かったものはただ一種類、より短期的——一年以下、できれば二六週以下——の水平なパターンです。それらのパターンには、ヘッド・アンド・ショルダーズ、上昇トライアングル、下降トライアングル、ボックス圏が含まれます。

今挙げられたパターンはうまく機能するパターンと言うよりは、明確で重要な損切りポイントに近い仕掛けポイントを選べるパターンということでしょうか。

ええ、チャートは最も抵抗が少ない未来の進路をイメージさせてくれますが、予測はしません。チャートを予測のツールと考え始めると危険です。チャートはリスクよりもリターンのほうがはるかに大きい場所を見つけるのに最適です。それだけです。私は予想される値動きを得る確率よりも、損益ゼロ以上で手仕舞える確率に焦点を合わせています。例えば、私は今、金をショートしています。金が六〇ドルか七〇ドル下げる可能性を探しています。だれかが私に「金が六〇ドルか七〇ドル下げるという自信はどれくらいありますか」と尋ねたら、それは間違った質問です。適切な質問は、「損益ゼロよりもそれほど悪くないところで手仕舞える自信はどれくらいありますか」です。

あなたはあまりエッジがないと認めているシグナルを使っているわけですが、あなたのエッジは何でしょうか。

私のエッジはチャートではありません。リスク管理です。規律と忍耐力と注文の執行からエッジを得ています。

ファクター・ウイークリーレターの読者の一人から、「ピーター、あなたのエッジは何週間も相場を観察してから仕掛けたにもかかわらず、相場が思惑どおりに動かなければその日の大引けには手仕舞えるところにあるんだね」と言われました。それで私は、「ようやく、私の理解者が現れた」と思いました。チャートは私が賭けようと思うポイントを私に知らせるだけです。チャートは「相場はまさにこの価格からトレンドを形成するはずだ」と私が言えるポイントを知らせてくれるものです。別の見方をすると、チャートの足で、その安値を下にブレイクしない可能性がかなり高いものを見つけることができるだろうか、ということです。

つまり、仕掛けるポイントを見つけたというよりは、リスクよりもリターンのほうがはるかに大きいトレードを半々に近い確率で行えるポイントを見つけたということですね。

それは良い説明だと思います。私の利益のすべてはトレードの一〇～一五％から得られています。ほかのトレードはすべて捨てます。この同じパターンが決まって毎年繰り返されているようです。もちろん、問題は、どのトレードがその一〇～一五％になるか分からないことです。

あなたのトレードは完全にテクニカル分析に基づいていることは知っていますが、ファンダメンタルズ分析があなたにとってふさわしい手法でないにしても、それに何らかの価値があるとは思いませんか。

私の良き指導者であるダン・マーキーはファンダメンタルズについて興味深い哲学を持っていました。彼はファンダメンタルズに関するほとんどのニュースはバカげていると思っていました。彼は自分で支配的ファンダメンタルズ要因理論と名付けた考えを持っていました。それは一～五年の長期にわたって市場の推進力となるファンダメンタルズの要因が一つあり、ほかのニュースはすべて、この支配的要因によって生じるトレンドをかき乱すだけだという考えです。そして、ファンダメンタルズのどういう要因が関連しているのかは通常、常識では分からないとされています。CNBCを一週間見ても、支配的なファンダメンタルズの要因についてはけっして触れられないでしょう。実際、人々が支配的な要因に気づいていても、たいていはそれを弱めようとしていました。

この傾向の分かりやすい例は量的緩和です。これはリーマンショック後の景気後退を受けて実施され、株式市場に強気相場をもたらす大きな力となりました。人々は、「中央銀行は量的緩和を続けられない。国の借金があまりにも増えすぎる。この相場では空売りすべきだ」と話していましたから。

マーキーの考え方を利用していますか。

利用してはいませんが、一九九八年に亡くなったマーキーが考えていたものが、相場を動かしているのでは、と思うことがよくあります。

トレードを一生の仕事にしたいという人にどういうアドバイスをしますか。

私が最初に彼らに尋ねるのは、「投資口座に入れた資金をすべて失ったら、あなたの生き方に重大な変化が起きますか」です。起きるのなら、トレードをすべきではありません。問題を解決するのが得意でないのなら、トレードをすべきではありません。トレードで定期的に利益を上げる必要があると感じるのなら、トレードをすべきではありません。市場は年金が得られる場ではありません。私はトレーダー志望者に言います。トレード法の手がかりをつかむだけでも少なくとも三年はかかり、ある程度の力をつけるのに五年はかかると思いなさい、と。そして、三～五年で結果を出せるようにならなければ、おそらくトレードをすべきではありません。人々は利益を出せるトレーダーになるまでにどれだけの時間を要するかを過小評価しすぎています。お金を儲けたいという理由で、トレーダーを目指すべきではありません。トレードで生活費を稼ぐのが目標なら、成功する確率はおそらく一％ぐらいのものでしょう。

私がトレーダーになりたがっている人にどういうアドバイスをするかと尋ねたのに、トレーダーになるべきではない理由をいろいろと挙げたことに気づいていますか。

ああ、そうですね。

そういうアドバイスをされたにもかかわらず、「分かりました。でも、それでも試してみたい」と言われたら、どういうアドバイスをしますか。

損を出しても、自分に問題があるとは思わないように。市場はあなたがどういう人間かなど気にしません。

ほかには何か。

どのトレーダーも自分なりの手法を見つける必要があります。ほかのだれかのトレードスタイルをまねできると思っているのなら、けっしてうまくいきません。

それは私もトレーダーに伝えようとしている主要メッセージの一つですが、そう思う理由をご自身の言葉で話してください。

ほかのトレーダーの手法をそっくりまねしようとする場合の大きな危険の一つは、遅かれ早かれ、すべてのトレーダーは大幅なドローダウンを経験します。私は困難な時期を経験するときでもその背景を理解しています。一〇回連続で負けても、トレードプランに従っているかぎり、自分は何も間違ったことはしていないと分かります。でも、私の手法をまねしようとしている人は、そういう確信を持てません。避けられないことですが、ある時点でその手法ではうまくいかなくなると、彼らはその時期を乗り切ることができないでしょう。だから、トレーダーはなぜ自分がそのトレードを行っているのか正確に理解しておく必要があるのです。困難な時期を乗り切るにはそれしかありません。

それでは、自分のすることが何もかも間違っているように思えて、相場と波長が合わない時期に、あなたはどうするのですか。

トレードサイズを減らすだけです。昔はそういう時期には、「自分のトレードのどこを変える必要があるのだろうか」と考えていました。そうした反応は通常、適切な手法からの逸脱に向かうだけで、結局はうまくいきませんでした。最近のトレードでうまくいくように手法をいじっても、解決策にはなりません。方向を見失うだけです。私は同じ手法でトレードを続けようとします。それが、私がドローダウンから抜け出して、正常に戻る唯一の方法です。

トレーダーになりたいという人に、ほかにどういうアドバイスをしますか。

適切な球が来るまで待てるようになる必要があります。若いころに最も難しかったのは、自分が打つべき球は何だろう、どんな球を打ちたいのか、という問いに対する答えを見つけることでした。どんなトレーダーでも、この問いに答える必要があることは認めざるを得ないでしょう。どういうトレードを実行したいのか、明確に定義できますか。トレーダーがこの問いに答えられる場合にのみ、トレードサイズ、レバレッジ、増し玉、トレード管理など、ほかの重要な問題に取り組めるのです。

先ほど、あなたはお金を儲けたいという理由でトレーダーを目指すべきではないと言われました。どういう動機でトレーダーになるのが良いのでしょうか。

市場はとても挑戦しがいのある場所です。トレーダーは問題解決のプロセスを楽しむ必要があります。そして、最後に「解決法を見つけた。結果に満足している」と言えたら、大いに満足できると思います。

逃したトレードについて、どういうアドバイスをしますか。

我慢するしかありません。私はこれを「たらればトレード」と呼んでいます。私は通常、平均して一年に二回、かなり大きなトレードを逃します。そして、そういうことは起きるものだと、受け入れる必要があります。

そうしたトレードは損失よりも苦痛ですか。

昔は苦痛でした。くやしぃぃー、と思っていました（彼は長く伸ばして言った）。

どうやってそれを乗り越えたのですか。

ブレイクするまで待ってから何をするかを考えるのではなく、事前に計画を立てて注文を出すことで、逃すトレードを減らしました。また、経験を積むと、常に別のトレードの機会が現れることに気づきました。十分に待っていれば、常に別の素晴らしいトレードのセットアップが形成されるというのは素晴らしい発見でした。私は自分が見逃した相場よりも、自分が犯した間違いのほうを心配します。

勝つトレーダーと負けるトレーダーの特徴を比べてください。

勝者には共通点があると思います。彼らはリスクに気を配ります。一つ一つのトレードのリスクを抑えます。彼らは自分が勝てると思い込んだりしません。どちらかと言えば、自分は失敗するだろうと思っています。彼らは勝って興奮したり、負けて落ち込んだりしません。

敗者のほうはどうですか。

彼らはあまりにも大きなリスクをとりすぎます。自分の手法を持っていません。彼らは相場を追いかけます。機会を逃すのを恐れているのです。彼らは感情を抑えることができず、興奮と落ち込みという両極端を行ったり来たりしています。

皮肉なことに、トレードで成功するためにほとんどの人が最も重要と考える仕掛けの方法は、実はブラントにとっては最も重要性が低い。実際、彼は伝統的なチャート分析は事実上、エッジを失ったと認めている。重要なのはリスク管理だ。実際、チャート分析という彼の手法は、リスク管理を行うのに適した時点を特定するためのツールにすぎない。彼はどのトレードでも損切りの逆指値を置き、それが意図していた水準を大幅に下回って執行されるというまれな状況が起きないかぎり、大きな損失をけっして被らないようにしている。彼のキャリアでそうしたまれなことが起きたのは、湾岸戦争のときのトレードだけだった。

彼の戦略の本質は、どのトレードでもリスクをほんの少ししかとらずに、とるリスクの三～四倍の目標価格まで動く可能性がかなり高いと考えるときにだけトレードをするところにある。彼は基本的にチャートを使って、仕掛け値近くに重要な損切りの逆指値を置けるポイント――比較的小さな値動きで、そのトレードが間違っているというシグナルを点灯させることができるポイント――を特定する。

そうしたトレードの一例は、大きく上にブレイクして高く引け、その日の安値はブラントの言う「アイスライン」よりもかなり下にあるときに買うトレードだ。彼の手法は偉大なトレーダーたちに共通して見られる特徴のもう一つの例だ。彼らは非対称のトレード機会――期待リターンが必要なリスクを大きく上回るトレード――を特定することに基づく手法を用いる。

ブラントの用いる手法では、損切りの逆指値を仕掛け値の非常に近くに置くため、彼も認めるようにリターンが全体として落ちる。そのことに戸惑う読者もいるかもしれない。どうしてリターンを最大化する手法を用いないのだろう、と。答えは、リターンだけでなくリスクも大幅に増える手法は最適とは言えないからだ。その理由は数学的には、リターン・リスク比率が高い手法はポジションサイズを大きくしさえすれば、低い手法よりも（たとえリターンが大きくても）同じリスク水準でより大きなリターンを常に生み出せるからだ。

トレーダーとして成功するには、独自のトレードスタイルを考案する必要がある。分かりやすい例として、ブラントの一番の指導者はファンダメンタルズ分析に基づいて、非常に長期のトレードを行っていたが、ブラント自身は厳密にテクニカル分析に基づくトレード法を考案し、はるかに短期のトレードを行った。特に、損切りをするときは早かった。ブラントはその指導者から資金管理の重要性を学んだが、トレード法は完全に彼自身が考案したものだった。

ブラントはトレードのキャリアを通じてしっかりと規律を守り、自分の手法でトレードをしてきたが、大きな例外が一度だけあった。二〇一三年に数カ月間のトレードで純損失を出して、トレード手法が相場とうまく合わないように思えたとき、市場が変化したというテクニカルトレーダーたちの世間話に影響を受けた。勝てなくなると、長年にわたって大いに役立っていた手法を捨てて、ほかの手法をあれこれ試し始めた。それらはどれも損失を長引かせて、膨らませるだけだった。結局、その年は二〇〇六年後半にトレードを再開して以来、唯一負けた年となり、彼自身の告白によると、ドローダウンは五％で済むはずだったのに、一七％にしてしまった。

自分が考えた手法でトレードをすれば、結果として原則を守るようになる。他人の推奨に従ってトレードをすべきではない。ブラントは彼がトレーダーになることに影響を与えたフロアブローカーの推奨に従って、最初のトレードを行った。そのブローカーは利益を出したが、彼のトレードスタイルが自分よりもはるかに短期であることに気づかなかったため、ブラントは結局、損をした。他人のアドバイスや推奨に従うと、不思議なほど決まって悪い結果で終わる。成功したトレーダーから健全な原則を学ぶことはできるが、自分の手法の代わりに他人の推奨に基づいてトレードをすれば、たいてい損をする。次回、耳寄り情報に従って損をしたときは、私が言ったことを思い出してほしい。

トレードを始めたときに何を知っておけば良かったかと尋ねると、ブラントは、「私の最悪の敵は自分自身です」と言った。彼だけではない。感情や衝動のせいで、トレーダーはよく過ちを犯す。彼は自分が衝動的な人間で、コンピューターの画面を見て直感だけで注文を入れていれば、自滅するだろうと言った。彼は自分が成功できたのは、感情的な反応を排して厳密なプロセスに従ってトレードをしたからだと信じている。彼の言葉を引用すれば、「プロセスを踏みます。何をトレードするか決めて、注文を書き、注文を出したら、どんな結果でも受け入れるのです」ということだ。彼はコンピューターの画面を見るのはできるだけ避けて、新規のポジションは市場が閉じている金曜日の大引け後から日曜日の夜の寄り付き前までに行ったチャート分析とトレード計画に従って取るものにほとんど限定している。

感情がトレードに及ぼす悪影響についての彼の発言で、私は**『新マーケットの魔術師』**に登場するウィリアム・エックハートの「感情的な満足のためにトレードをしていると、いずれ損をします。気分が良い行為は間違っている場合が多いからです」という発言を思い出した。確かに、最も成績が良いトレードは直感に最も反するものか、実行するのが最も難しいものかもしれない。二〇一九年にブラントが行った最高のトレードの一つは、穀物相場で彼が取りたかった方向とは逆の売りポジションだった。

明確なプロセスに従うことは、感情に基づく判断――それはたいてい不利益をもたらす――を避けるためだけでなく、トレードで成功するためにも欠かせない。私がこれまでにインタビューをした、どの成功したトレーダーも、明確な手法を持っていた。良いトレードは衝動的なトレードとは正反対だ。ブラントは特定の基準を満たすトレードを選び、それらのトレードを執行するタイミングは仕掛け日までにはっきりと決めている。彼はトレード後の損切りポイントと利食いポイントを事前に決めている。

ほとんどではないにしても多くのトレーダー、特に初心者のトレーダーは悪いトレードと損を出したトレードの重要な違いを理解できていない。この二つはけっして同じではない。彼はトレードの一年後にチャートを見て、ポジションを取った日と価格で同じことをしようと思えるのなら、それは勝ち負けに関係なく良いトレードだ、と言う。これは、良いトレードを決める要素は利益が出たかどうかではなく、自分の手法に従ったかどうかだと言っているのに等しい（もちろん、この見方は、適度なリスクで長期的に利益が得られる手法を用いているということを前提にしている）。実際には、どんなに優れた手法を用いても、トレードの一部では損が出るし、どのトレードで利益が出るかを事前に知る方法はない。

多くのトレーダーには安心できるポジションサイズというものがある。彼らはポジションサイズが比較的小さいときにはうまく利益を出せても、それが大きくなると、たとえその銘柄の出来高が非常に多くてもパフォーマンスが大きく下がる。コモディティーズ・コーポレーションがブラントに対する資金の割り当てを引き上げて、Tボンド（米長期債）の注文数量をそれまでの最大二〇枚から最大一〇〇枚に増やしたとき、彼はこれを経験した。彼の一トレード当たりのリスク率は変わらなかったが、彼は損失を口座資金の比率ではなく、金額で考えるようになっていた。一トレード当たりのリスク比率が変わらず、注文の数量を増やしてもその銘柄の出来高が十分に多いのならば、注文数量の大小に影響を受けるのはおかしな話だ、と思うかもしれない。しかし、人間の感情とそれがトレードに及ぼす影響は理屈どおりにはいかないものだ。ここでの教訓は、トレーダーはトレードサイズを突然、大幅に増やさないように気をつける必要があるということだ。トレーダーは資金を徐々に増やして、それで安心してトレードができるかどうか確かめる必要がある。

自己資金のトレードで成功したからといって、他人の資金を運用しても成功するとは限らない。自己資金の運用は落ち着いてできても、他人の資金を運用するとパフォーマンスが落ちるトレーダーもいる。そうしたことが起きるのは、他人の資金で損失を出すことに罪悪感を抱くために、いつもと異なる判断をしてしまうからだ。ブラントが他人の資金を運用した期間と、二〇〇六年後半にトレードを再開して以来、最大のドローダウンを出した期間が一致するのは偶然ではない。興味深いことに、彼が投資家から預かった資金をすべて返した月がドローダウンの底で、その後は二〇カ月連続して利益を出し続けている。自己資金のトレードから他人の資金の運用に移るトレーダーは、他人の資金の運用をしても同じように落ち着いて判断できるかどうか、注意を払うべきだ。

ブラントは「ポップコーントレード」と彼が呼んでいるものをなくして、パフォーマンスを改善した。これは、かなりの含み益になったのに損益ゼロか、さらに悪いことに含み損になるまで持ち続けるトレードのことを指している。彼はトレーダーになって早い段階でこれを経験し、そうしたトレードを避けるためにルールを作った。

一．自分の総資産の一％に等しい含み益が出たら、一部を利食いする。

二．利益目標の七〇％以上に達したら、逆指値をそれまでよりもずっと近くに置く。

ブラントのもう一つのルールは、「金曜日の終値時点で含み損なら手仕舞う」というものだ。その理由の一つは、週末にポジションを持ち越すのは、平日に比べてリスクが大きいからだ。また、金曜日の終値の時点で含み損になっているため、ブラントのようにリスク許容度が低いトレーダーにとっては、この状況で手仕舞えば慎重なリスク管理になるからだ。しかし、彼が金曜日に手仕舞う主な理由は、それに特に意味があると考えているからだ。金曜日に高く引けた場合、あるいは安く引けた場合、その値動きが翌週の初めまで続く可能性が高いと見ているのだ。この前提が当てはまるかぎり、そのトレードが最終的には正しいとしても、翌週にもっと有利な価格で仕掛け直せる可能性が高い。

すべてのトレーダーが直面するジレンマがある。トレード手法が相場と合わない場合にどうすべきか、だ。ブラントは、それまでうまくいっていた手法からほかの手法に切り替えるべきではない、とアドバイスする。そうした根本的な変更が正当化される場合もあるかもしれない。だが、それはかなりのリサーチと分析によって裏付けが得られたときに限られる。負けが続いているというだけで、軽々しく手法を変えるべきではない。では、トレーダーのすることがことごとく間違っているように見えるとき、どうするのが適切なのだろうか。彼は、相場と再び波長が合うまで、必要に応じてトレードサイズを大幅に縮小するようにと言う。

ブラントがフルタイムのトレーダーになって負けた最初の年が、それまでで最も成績が良かった年の翌年だった、というのは注目に値する。これは、**『マーケットの魔術師』**でマーティン・シュワルツが言った「私が最大の損失を出すのは、決まって最大の利益を出したあとです」という発言を思い出させる。何もかもうまくいっているように見える期間のあとに、しばしば最大のドローダウンを被る。最高のパフォーマンスのあとに最悪の損失を被りやすいのはなぜだろう。考えられる理由の一つは、連勝すると自己満足に陥りやすく、自己満足に陥るとトレードがずさんになりやすいからだ。大きな利益を出している期間には、うまくいかないこと、特に最悪のシナリオについて最も考えそうにない。また、パフォーマンスが非常に良い期間は、リスクにさらされている金額が高くなっている時期と重なりやすい。教訓は、自分のポートフォリオがほぼ毎日、最高値を更新していて、ほぼすべてのトレードがうまくいっている場合は気をつけよう、ということだ。そういう時期は自己満足に陥らないように特に警戒すべきときなのだ。

トレード法に関係なく、どのタイプのトレードが長期的にうまくいくか、どういう状況が有利なのか不利なのかを知るにはどうすればよいだろうか。システムトレードでは、トレードの種類ごとに検証すればこの質問に答えることができる。しかし、裁量トレードでは、過去のトレードを手順別に定義できないため、それらを検証できない。裁量トレードを行う人にとって、どのタイプのトレードが最も良いのか悪いのかを判断するには、トレードの結果をリアルタイムで分類して記録しておくしかない。そうすれば、やがて必要なデータが集まり、トレードの洞察が得られるだろう。ブラントはそうした記録を残さなかったことを後悔している。例えば、週末の分析でリストに載せなかった銘柄のトレード（つまり、平日の値動きに反応して行ったトレード）は、パフォーマンスが悪く、合計すれば損になっている可能性さえある、と彼は信じている。彼はそう思っているが、それが本当かどうか実際には分からない。彼はそうした疑問に答えられるように、カテゴリー別に成績を記録しておけばよかったと思っている。ここでの教訓は、裁量トレーダーは自分のトレードを分類して、カテゴリー別に結果を監視する必要があるということだ。そうすれば、どれがうまくいき、どれがうまくいかないかを知るためのデータが得られるからだ。

忍耐強さは成功したトレーダーに共通の特徴だが、必ずしも生まれ持ったものではない。ブラントは本来、我慢強いというよりは気短なほうだが、耐えるだけの規律がある。彼にとって、忍耐強さは仕掛ける――彼の表現では「適切な球が来るまで待つ」――ときに欠かせない要素だ。彼はあらゆるトレードアイデアを使いたいという衝動を抑えて、説得力のあるトレード――とるリスクの三～四倍のリターンが得られそうな確率が半々に近いと思えるトレード――ができるまで待つ。ゴッサム・キャピタルの創設者であるジョエル・グリーンブラットとのインタビューで、彼も同様の指摘をした。彼はウォーレン・バフェットの「ウォール街では見逃してストライクを取られることはない」という言葉を引き合いに出しながら、「好きなだけ球を見て、すべてが自分のやり方に合うときだけ打てばいい」（『続マーケットの魔術師』［パンローリング］より）と言った。

ブラントの最大の損失は、湾岸戦争の開始時に買っていた原油先物で出したものだ。原油価格は一晩で約二五%下げた。彼は損切りの逆指値をはるかに下回る価格で、寄り付きにすべてを手仕舞った。彼はより良い条件で手仕舞えるように反騰を待とうとは一切考えなかった。そのように損切りを先延ばしにしていたら、原油価格はその後も下げ続けたので、損失はさらに拡大しただろう。サンプルサイズが一つでは何も証明できないが、「損切りを先延ばしにするな」という教訓は適切なアドバイスだ。同様のルールはトレードにおける判断の誤りにも当てはまる。どちらの場合も、トレーダーは損失について賭けをするのではなく、手仕舞うべきだ。

ブラントのようにトレードで生活費を稼ぐのは、多くの人にとって魅力的な暮らし方に見えるかもしれない。だが、これを実現するのはほとんどの人が考えるよりもはるかに難しい。そういう暮らしを望む人のほとんどは資金が不十分だし、利益を出せる手法を考案するまでにかかる時間を軽く見すぎている（彼の推測では三年から五年かかる）。ブラントは、資金をすべて失うと生き方に重大な変化が起きるのなら、トレードをすべきでないとアドバイスしている。また、トレードの利益で生活費を賄っているのなら、トレードで成功するのは事実上不可能だ。彼が指摘するように、「市場は年金を得る場ではない」。トレードで安定した収入が得られるという期待はできない。

ブラントのモットーは「持論を柔軟に修正する」だ。トレードを実行するためには確固とした理由が必要だが、いったんトレードを始めたら、思惑どおりの動きをしない場合にはすぐに手仕舞うべきだ。わずかな損で手仕舞うかぎり、相場で完全に間違えてもまったく問題ではない。考えを変えると愚かに見えるといった心配はしないことだ。相場に対する考えを正反対に変えられるのは柔軟性の表れだ。これは弱点ではなく、トレーダーが持つべき特徴だ。

成功するトレーダーに欠かせない特徴の一つは、トレードが大好きなことだ。これはブラントの最初の一〇年余りのトレードにも当てはまる。彼が衝動的にトレードをしていた初期についての説明でもそれが分かる。しかし、一九九〇年代初めから半ばには、トレードを楽しめなくなっていた。彼の言葉では、トレードが「苦痛な仕事」になっていた。トレードが楽しいものから恐ろしいものへと大きく変わったのは、おそらくトレードの成功に最も重要な要素を失い、パフォーマンスが落ちてきたからだろう。それから一〇年以上たって、ブラントは再びトレードをしたいと思い始め、また大成功を収めた。

教訓はこうだ。本当に自分がトレードをしたいのか確かめよう。そして、お金持ちになりたいということと、トレードをしたいということを混同しないようにしよう。トレードが大好きでなければ、成功する可能性は低い。

■参考文献

ピーター・ブラント著『一芸を極めた裁量トレーダーの売買譜——日記から読み解く戦略・心理・トレード管理術』（パンローリング）
ロバート・D・エドワーズ、ジョン・マギー、W・H・C・バセッティ著『マーケットのテクニカル百科　入門編・実践編』（パンローリング）

第2章

ジェイソン・シャピロ

Jason Shapiro

メディアと大衆とCOTリポートから転換点を見抜き、二〇年間で年平均三四％のリターンを上げる生まれつきのコントラリアン

この章に登場するデビッド・リード、ウォルター・ギャリソン、ジェームズ・バンデル、アダム・ワンという人名は仮名である。また、クランモア・キャピタル、ウォルター・ギャリソン・アンド・アソシエイツ、ザ・ヘントン・グループ、ブライソン証券という会社名も仮名である。

ジェイソン・シャピロがトレードで一貫して成功を収めるようになったのは、最初の一〇年間に行っていた直感に頼るトレードとはほぼ正反対のトレードができるようになってからだ。彼のトレードのキャリアは三〇年以上に及び、自己資金のトレードから、さまざまな資産運用会社のポートフォリオのトレード、自身で何度か立ち上げたCTA（商品投資顧問業者）で行った投資家の資金運用まで、あらゆることを行ってきた。彼はわずか数百万ドルから最大六億ドルまでの資産を運用してきた。彼は現在、CTAを一人で運営していることにとても満足していて、その単純な業務を拡大させる予定は今のところないと言う。

彼のトラックレコードは二〇〇一年までさかのぼることができ、それには数社での資金運用が含まれる。彼のリターンは運用期間中にアセットアロケーターが設定する目標ボラティリティに対応して変化している。私は一貫した実績を見るために、彼のリターンを全期間にわたって単一の目標ボラティリティレベルに調整した。目標ボラティリティが二〇％の場合、彼の年平均リターンは三四・〇％、最大ドローダウンは一六・一％で、年平均リターンの半分以下だ。彼のボラティリティは月々の大きな利益のせいで上昇しているため、ボラティリティで見た彼のリスクは誇張されている。それは二〇％のボラティリティでも、最大ドローダウンが比較的抑えられていることからも分かる。彼のリスク調整済みリターンは

非常に良く、調整ソルティノレシオは二・八三、月次GPR（ゲイン・トゥ・ペイン・レシオ）は二・四五である（これらの指標の定義と説明については**付録2**を参照してもらいたい）。彼はインタビューで取り上げているように、二〇一六年に再開するまで、トレードを中断していた期間がある。そのため、彼のパフォーマンスの数字はどれも、全期間で見た場合の実績よりも良い。彼の実績の並外れた特徴は、そのリターンが株式、ヘッジファンド、CTAの各指標と負の相関関係にあることだ。

私がシャピロを発見したのはメールを受け取ったからだ。それには、「あなたは絶対にジェイソン・シャピロと話すべきです。彼の実績は素晴らしく、彼の手法はとても独創的で示唆に富むものです」と書かれていた。その言葉は私の興味を引いた。私はシャピロに、「私は現在、**『マーケットの魔術師』**シリーズの続編に取り組んでいるのですが、ビル・ドッジから、あなたがその本で取り上げられるのにふさわしいトレーダーだと言われました。参加することに興味があれば、お知らせください」というメールを送った。

シャピロからは次のような返事が来た。「本にされるのはためらいがあります。ですが、**『マーケットの魔術師』**の最初の二冊が私の人生の進路を決めたと言わざるを得ないので、あなたが望まれるのであれば、喜んでお話をして、どうなるか確かめたいと思います」

私はシャピロに返信をして、インタビューのために会いに行く前に、この本に向いているかを確認したいので、データを送ってほしいと言った。また、私はボルダーに住んでいるが、ニューヨークに出かけることもある。その場合は、ロードアイランドにある彼の家に立ち寄ることができると伝えた。シャピロは、来週にボルダーで結婚式があり、それに出席する予定だと述べ、会って昼食を一緒に取りませんか、と言ってきた。私は「それはとても好都合です！」と答えた。

その後、打ち合わせをしているときに、シャピロから次のようなメールが届いた。「あなたに無駄な時間を取らせたくないので、お知らせします。週末にこの件についてよく考えた結果、人生のこの時点では本に載せてもらいたくないと思いました。あなたの仕事にはとても敬意を払っており、私の人生にも多くの良い影響がありました。あなたに会って、市場や人生などについて話したいとは思っていますが、今言ったことは理解してください」

私はがっかりしたが、少なくともロードアイランドまで出かけずには済んだ。私は自宅の仕事部屋でシャピロに会うことにした。彼の気持ちが変わるかもしれないので、会話中にテープレコーダーを回してもいいか、尋ねたいと思った。しかし、彼はたとえ私の本であっても載せてもらいたくないと決めていたので、尋ねなかった。その後、二時間にわたって、彼は話をした。それは説得力に富む話だっただけでなく、トレードについて独自の視点を持ち、とても書きたくなる洞察やアドバイスが含まれていた。

そのあと、私は会話を録音してもかまわないか、と尋ねなかったことを後悔した。私は彼に次のメールを送った。「あなたがボルダーに滞在中に会えて良かったです。私は春までほかのインタビュー資料をまとめる仕事で忙しくなります。その間、インタビューについて、検討していただけませんか。あなたには私が書いた章を読んでから出版に同意するかどうか決めてもらってかまいません。あなたの話は素晴らしく、後世に残したいと思っています。春にもう一度、連絡をさせていただきます」

四カ月後に、私は次のメールを送った。「新型コロナウイルスのせいで大変なことになりましたが、お元気でしょうか。前にもお伝えしたように、あなたの話には多くの興味深い内容や貴重な教訓が含まれていて、私が取りかかっている新しい『**マーケットの魔術師**』にふさわしいと思っています。私はインタビューをした人には最終原稿をお渡しして、訂正をしてもらい、（お互いに同意できる）修正を提案してもらってからしか公開しません。要するに、あなたが最終原稿について承認しないかぎり、私はそれを使わないということです。したがって、インタビューを受けることにリスクはありません。以前であれば、私はインタビューのためにロードアイランドに伺う必要がありました。しかし、コロナウイルスのせいで、私の仕事は簡単になりました。この本のために行う残りのインタビューは、ズームを介して行います。あなたも試してみませんか」

シャピロは本に載せるのを認めない権利が自分にあるのなら、インタビューを喜んで引き受けると答えた。大量の作業が徒労に終わるのを心配した私は、次の返事を出した。「ええ、それで結構です。ただし、私の作業の九八％はインタビューを章に書き起こすことだということは知っておいてください（インタビューそのものの手間は二％です）。ですから、私が書いた章の文章の好き嫌いとは関係なく、出版を認めない可能性が極めて高いと思ったときは、知らせてください。完成原稿が気に入らないという問題にすぎないのであれば、そのことは心配していません」

一時間後に、「ジャック、私は本には載せてほしくないと、きっと思うでしょう。私は変わった性格なのです。本当にあなたの時間を無駄にしたくないのです」という返事が来た。それから一分後に、次のメールが届いた。

「ああ、どうでもいい。やりましょう」

一〇代のころに、将来やりたいと思う仕事はありましたか。

いいえ、一〇代のころは手に負えない子でした。学校には行かなかったし、行っても授業はそっちのけでした。高校を三校も退学になりました。

なぜ退学になったのですか。

何にも関心がなかったので、勉強をしなかったのです。そして、トラブルを起こしても、だれの言うことも聞きませんでした。

それほど反抗的な態度を取る特別な理由があったのですか。

どうなんでしょうね。そういう態度だったのは、子供は学校が嫌いで、先生に反抗するものだと思っていたからでしょう。

あなたの両親は、あなたが何度も退学になって、どういう反応をされたのですか。

父は私が一五か一六歳のころにはどう扱っていいのか分からなくて、ほとんどあきらめていました。おかしな話ですが、母は児童心理学者でした。それで母は、やりたいようにさせておけば、そのうちに成長して気づくだろう、という態度でした。そのことでは、今日まで母に感謝しています。

学校に関心がなく、おそらく成績も良くなかったと思いますが、大学に進学しようとしたことはありますか。

私は比較的裕福な人たちが住む郊外で育ちました。大学に行かなかった人はいなかったと思います。高校を卒業したとき、GPA（成績の平均）は一・七でした。

その成績で、どんな大学に入学できたのですか。

南フロリダ大学に行きました。そこはハーバード大学のような難関校ではありません。SAT（大学進学適性試験）と二つの学力テストの合計が一定以上であれば、高校の成績に関係なく自動的に入学できるという入学方針でした。私は試験ではいつも良い成績だったので、入学には十分な点を取りました。大学は卒業した高校の最終成績を受け取ると、大学での成績が悪ければ退学にすると警告してきました。

専攻は何だったのですか。

金融理論です。

大学では、高校のときと態度を変えたのですか。

一年生のときではありません。二年生のときに、友人と酔ってくだらないことをして逮捕されました。タンパの留置場で一晩過ごしました。その経験から、「人生でやりたいことは、こんなことじゃない」と思いました。それからは、オールAを取りました。

卒業後はどうしたのですか。

大学では経済学が好きになりました。私にとっては明快だったからです。大学での後半の二年間は、経済学かビジネス関係の本をほぼ二～三日に一冊ずつ読んでいました。四年生のときには、不動産の仕事をほぼフルタイムでやっていました。私は見違えるほどまじめになったので、一流のビジネススクールに入れると思っていました。GMAT（ビジネススクール入学希望者に対する進学適性試験）を受けて、ほぼ満点を取りました。間違えたのは一問だけでした。ハーバード大学かシカゴ大学かペンシルベニア大学ウォートン校のビジネススクールに入れるかもしれないと思いました。もちろん、どこも入学させてくれませんでした。彼らは入学前に数年間の実務経験がある学生を望んでいたからです。

南フロリダ大学卒業というだけでは、ゴールドマン・サックスには就職できないと分かっていましたが、進路を決めかねていました。卒業は日本が好景気だった一九八八年でした。大学では日本語も勉強していて、だれかが日本で英語の先生を募集していると教えてくれました。ガールフレンドと日本に行き、約一年間英語を教えました。日本に滞在中にHSBC（香港上海銀行）に応募しました。私は香港に行って、経営幹部育成プログラムの面接を受けて、就職できました。それは五年間でさまざまな部門を経験させるプログラムでした。

私は財務部で働きたいと言いました。そこですべてのトレードが行われていると知ったからです。しかし、それはプログラムの目的ではありませんでした。将来、上級管理職になれるジェネラリストを育成するのが目的だったのです。そこを一年ほどでクビになりました。私は最初から嫌われていました。ニュージャージー出身のうぬぼれ屋で、知ったかぶりをするユダヤ人の子が、スコットランド人が創設して、一二五年間も変化を望まずに同じやり方で仕事をしている銀行で働いていたのです。相性がいいわけがありません。

どうして解雇されたのですか。

高校を退学になったのと同じ理由です。まったく言うことを聞かないからです。

トレードを始めたきっかけは何ですか。

まだ香港のＨＳＢＣで働いていたときに、ハンセン先物のトレードを始めました。私はアメリカ人のソフトボールチームに入っていました。チームメートの一人がブローカーで、先物取引のことを教えてくれたのです。ハンセン先物を一枚買いましたが、何も知りませんでした。大学時代から読書家だったので、まずは本を買って、自分が何をやっているのか理解したほうがいいと思いました。昼食時に会社の向かいにある本屋に行き、トレードに関する本を探したことを今でも覚えています。表紙が魔法使いのイラストで、トレーダーとの対談をまとめたこの本を見つけて、面白そうだと思いました。

トレードについて読んだ最初の本が私の本だったのですか。

私は金融や経済に関する本はたくさん読んでいましたが、トレード関係では、それが初めて読んだ本でした。昼食時間にそれを買って、会社で読み始め、寝る前に読み終えました。翌朝、目が覚めると、「人生でやりたいことが分かったぞ。これこそ自分にぴったりの仕事だ」と思いましたね。

何がぴったりだったのですか。

彼らは自分で決めた時間に働いています。普通の人とは正反対のことをしていました。他人の考えは気にしていませんでした。政治も関係ありませんでした。私は、「これこそ自分のやりたいことだ」と思ったのです。

本でインタビューを受けていたトレーダーのなかで、特に共感した人はいましたか。

今日まで影響を受けている人はコモディティーズ・コーポレーションのトレーダーたち、特にポール・チューダー・ジョーンズ、ブルース・コフナー、マイケル・マーカスです。

ハンセン先物を買って、どうなりましたか。

買ったときは約四〇〇〇ポイントで、半年以内に七〇〇〇ポイントになりました。若くて無知で愚かなトレーダーが最も生まれやすい時期は、相場が急騰しているときです。一九九九年にナスダックに上場している株を買った二二歳の若者のようでした。当時は売り方に回らないかぎり、損のしようがありませんでした。

ＨＳＢＣを解雇されたあと、何をしたのですか。

香港に滞在して、地元の数社の証券会社で働いていました。夜遅くまで起きていて、アメリカの顧客に電話をして、私を介して取引するように説得していました。いくらか注文をもらいましたが、実はずっとトレードをしていただけです。

私はジャッキー・チャンという名前の賢い中国系マレーシア人女性の隣に座っていました。彼女は自分の口座でトレードをしていて、以前はモルガン・スタンレーでトレーダーをしていました。彼女は私の先物口座に一〇万ドルを入れてくれました。そのときはまだ強気相場だったので、十分に利益を出すと、彼女は一〇万ドルを引き上げました。口座資金は七〇万ドルまで増えました。私はポルシェを買い、億万長者のような暮らしをしようと計画を立てていました。

その後、強気相場は終わりました。口座資金は半年ですべてなくなりました。残ったのはポルシェだけでした。別の証券会社に転職しました。やがて、自己資金でのトレードを再開しました。ニック・リーソン（ベアリングス銀行の元トレーダーで、増え続ける損失をうまく隠し続けた。それが明るみに出たときには、損失は一四億ドルまで膨らんでいたために、ベアリングス銀行は破綻した）が銀行を破綻に追いやったとき、大金を稼ぎました。

そのイベントからどうやって利益を得たのですか。

リーソンは損失が発覚したとき、日経平均先物のオプションのショートポジションを大量に抱えていました。シンガポール政府はその日のうちにポジションをすべて清算すると発表しました。日経平均先物は終日、現物に対して一五％から二〇％安く取引されていました。私は先物を買って現物を売りました。翌日には現物と先物の差がほとんどなくなりました。そのトレードで、一日で二〇％近い利益を得ました。

そのころには、香港での生活に飽きてきていました。ロンドン大学ビジネススクールの金融学修士プログラムに関する昼食付き説明会に参加しました。面白そうだったので応募すると、合格しました。プログラムが始まるまで約半年あったので、仕事を辞めて五カ月間、シンガポール、マレーシア、タイ、ビルマ、中国、インドなど、アジアを旅行しました。

プログラム期間中の九カ月をロンドンで過ごしました。そして、学業には自分の時間の一〇％を使い、残りの九〇％でハンセンとS&P五〇〇の先物をトレードしていました。貴重な教訓を学んだのはそのときでした。インターネットはすでに存在していましたが、まだ初期の段階でした。思い出してほしいのですが、一ページを表示させるのに五分もかかったのです。そのため、ブローカーに毎日、チャートをファクスで送ってもらいました。仕掛けと手仕舞いを繰り返して、いくらか稼いでいました。

あるとき、ハンセン指数に非常に強気になり、大きなポジションを取っていました。夏季休暇中に友人とアフリカに行く予定でした。私は相場についてやりとりする方法がないまま約一カ月の旅行をするつもりでした。そのポジションを手仕舞いたくなかったからですが、情報を得る方法もありませんでした。そこで、ハンセン指数がある価格まで下げたら半分を売り、さらにある価格まで下げたら残りの半分も売るようにとブローカーに指示を出して出かけました。

アフリカを旅して回りました。三週間後にブローカーに電話をすると、ハンセン指数は一五％上げていることが分かりました。旅行中に三〇万ドル以上稼げたのです。チャートを毎日、わざわざファクスで送ってもらい、毎日トレードをしていたのですが、アフリカにいて何も見られず、何もできないときのほうがはるかに大金を稼げたのです。その経験は私に大きな影響を与えました。ジェシー・リバモアが「じっとしている間にお金を稼ぐ」と言っていたことを思い起こさせました。(シャピロはエドウィン・ルフェーブルの『欲望と幻想の市場』［東洋経済新報社］からの引用について話していた。この匿名の主人公はジェシー・リバモアに基づくというのが大方の見方だ。具体的な引用は次のとおりだ。「ウォール街で長年過ごして、何百万ドルも稼いだり損したりしてきたが、これは言っておくべきだろう。私が大金を稼げたのは、けっして私の考えのおかげではなかった。決まって、静観していたときに稼げたのだ。分かったかい。じっとしていたときだ！」)。

ロンドン大学ビジネススクールの金融学修士プログラム自体で、何か役に立ったことはありましたか。

そのプログラムで金融理論のしっかりした基礎が身につきました。そこで初めて、バリュー・アット・リスクなどのリスク指標の背後にある概念と数学について学びました。でも、そのプログラムを受講したおかげで、忘れられない経験をしました。ビジネススクールのある教授はソロモン・ブラザーズの外国債券の責任者と結婚していました。私の頼みで、彼女は親切にもその夫に会わせてくれました。彼はとても親切で魅力的な人でした。彼から、市場にどういう取り組み方をしているのかと尋ねられたので、「みんながしていることを調べて、反対のことをします。みんなが同じトレードをしているときに、彼らは損をするからです」と答えました。

彼は私の無邪気さに笑顔を見せて、「まあ、そうは言っても、市場のみんなが稼げる時期もあるよ。今、ヨーロッパの金利裁定取引をしてみなさい。だれもがそれに賭けているけど、ユーロが誕生するかぎり、みんな利益を得られるだろう」と言いました。

彼の推論は単純明快でした。ユーロが誕生する確率は非常に高い。そこで、ヨーロッパの金利差は収束する必要がある。それは数学的に確実だ。だから、イタリアなどの高金利国の債券を買い、ドイツなどの低金利国の債券を売れば儲かる、というものでした。この裁定取引は確実に儲かると考えられていたので、LTCM（ロング・ターム・キャピタル・マネジメント）やソロモン・ブラザーズを含めて、ウォール街で目先の利く金融機関はどこも、可能なかぎり大きく張っていました。

当時、LTCMなどのヘッジファンドがかなりのポジションを取っていたもう一つのトレードは、非常に高金利だったロシア国債の買いでした。一九九八年八月に、ロシアは国債の債務不履行に陥りました。このトレードで生じた追証の支払いのために、彼らはほかのポジション――主としてヨーロッパの金利裁定取引のポジション――を解消する必要に迫られました。彼らが一斉にその取引を清算しようとしたとき、買い手がまったくいないことに気づきました。それが欲しい金融機関はどこも、すでにそれを持っていたからです。この取引は結局、LTCMとソロモン・ブラザーズの破綻につながりました。

この話で興味をそそられる点は、金利裁定取引が最終的にはうまくいったというところです。ユーロは誕生して、ヨーロッパの金利は実際に収束しました。ですが、この取引参加者が非常に多かったために、彼らのほとんどは損をして、会社が破綻するほどの損失を被ったところもあったのです。

ロンドン大学ビジネススクールのプログラムを終えたあとは、どうなったのですか。

すべての授業で単位を取っていましたが、修士論文は書く気が起きなかったので、提出しませんでした。私は五〇万ドル以上を持っていて、世界の帝王という気分でした。二七歳でお金はたっぷりあり、したいことは何でもできると思っていました。就職する気にはなれませんでした。タイにガールフレンドがいたので、そこに引っ越しました。プーケットのビーチ沿いの家を借りて、衛星放送の受信アンテナを付けたあとは、破産への道をまっしぐらに進み始めました。約八カ月で口座の資金をすべて失いました。

どうやって資金を失ったのですか。

その質問に答えると、私の一生に影響を及ぼしたもう一つの重要な教訓が得られます。今では人々がいつも同じ過ちを犯していることが分かります、彼らは当時の私と同じことをしています。そのころ、アメリカの株式市場は急騰していたので、私は弱気の立場を取って英雄になろうとしていました。アメリカ株が上昇を続けるなかで、空売りをしてはふるい落とされていたのです。FRB（連邦準備制度理事会）のグリーンスパン議長が「根拠なき熱狂」のスピーチをして相場が急落したときに、「どうだ、俺の頭の良さ。グリーンスパンと自分だけが分かっていたんだ」と思ったことを覚えています。その同じ日に、S&P五〇〇は反発して高値で引けました。ガールフレンドを見て、「くそっ、もうおしまいだ」と言ったのを覚えています。

と言うことは、弱気のニュースで最初は急落しても高値引けすることの重要性を、あなたは分かっていたのですね。

分かってはいましたが、ずっと空売りをし続けていたので、「ずっと空売りをし続けて、これだけ損をしてから、買うつもりか」という心理的なワナに陥ったのです。ついに天井を付けて急落するというときに、空売りする機会を逃すのが嫌だったのです。そんな考え方は二度としませんが、ほかの人々が同じワナに陥っているのをしょっちゅう目にします。

有り金をすべて失ったあとでさえも、「自分にはこれができる」と思っていました。私は座って、何がうまくいき、何がうまくいかなかったかを何ページにもわたって書いていました。

あなたが書いたことの要点は何だったのですか。

相場観を持つな、です。香港では、「上げるはずだったのに下げていれば、売れ。下げるはずだったのに上げていれば、買え」という格言がありました。そのトレード哲学が、私がしたいこと――値動きが何かを伝えていたら、逆らわずにそれに乗れ――の基礎になりました。

口座の資金をすべて失ったあとはどうしたのですか。

新しいＣＴＡのパートナーになるために、ハワイに引っ越しました。その間にガールフレンドと結婚したのですが、彼女はアメリカに移住することにあまり乗り気ではありませんでした。

その時点で、あなたはお金を稼いだあと資金をすべて失い、再びお金を稼いだあとも資金をすべて失っています。他人の資金を運用できるという自信はどこから来たのですか。

それは自信とは関係ありませんでした。それは当初から考えていたことなのです。選択肢はありませんでした。私は計画を立てようとしていました。もう一人のパートナーの資金で先物口座を開設してトレードをしました。それはかなり成功したので、その実績を利用して約五〇万ドルを調達しました。私はこの口座を約一八カ月、運用しました。成績は特にリスク調整済みリターンという点では問題なかったのですが、ナスダックが強気相場だった一九九八～九九年のことでした。私は投資をしてもらいたい人たちに、「今年は一二％の利益を出しました」と言いました。彼らは明らかに良いとは思っておらず、「だから、何なのですか。ぼくは今週、一二％稼ぎましたよ」と言われたものです。資金を調達するためにCTAのカンファレンスに何回か出かけました、彼らは頭のおかしいヤツだという目で私を見ると、「何だって？　ハワイに帰れるように、お前に金をやろう。さっさと出ていけ」と怒鳴りました。それで、CTAでは何の成果もなく、どうにもならないことは明らかでした。二〇〇〇年の初めにシカゴに引っ越して、ゲルバー・グループのプロップトレーダーの仕事に就きました。そこで約一年間トレードをしました。

なぜ一年後に辞めたのですか。

ニューヨークのヘッジファンドから求人があったのです。でも、その説明をする前に、重要な部分を飛ばしたので、CTAの話に戻りたいと思います。CTAの運営をしていたとき、COT（Commitment of Traders、建玉ポジション）リポートを発見しました。私は一九九九年の後半はコントラリアンの立場から、株式市場で売りを試みていました。典型的なバブルの兆候――靴磨きの少年までもが株の耳寄り情報を他人に教えていたという話のような浮かれよう――がすべてに現れていたからです。上昇が長く続かないことは分かっていましたが、ナスダックは八月から一月の間にさらに五〇％上昇しました。私はリスク管理はうまくやっていました。株の先物を売っていても損切りは早かったし、ほかで利益を出していたので、合計ではまったく損を出していなかったからです。そのため、相場が高値を更新し続けていたときに、ショートポジションを維持するようなことはしませんでした。少なくとも、そういう点については教訓を学んでいました。後にゲルバーでトレードをしていたときに、天井をうまくとらえて、下落に乗って儲けました。

COTリポート（CFTC［商品先物取引委員会］が発行する週次リポートのことで、投機筋やコマーシャルズが保有する先物のポジションの内訳を示している。このリポートではより詳細な内訳も提供されている。例えば、商品先物では、当業者・荷主・加工業者・消費者、スワップディーラー、ファンド、その他という四つのカテゴリーが表示されている。当然ながら、各先物には常に同数のロングポジションとショートポジションが存在するため、コマーシャルズと投機筋のポジションは逆の動きをする。このリポートを市場の指標として利用するシャピロのようなトレーダーたちは、コマーシャルズのほうが情報を多く持っているために正しい傾向があり、投機筋のほうが間違える傾向があるという前提に立っている。どの数値［水準、変化、期間］が強気や弱気のシグナルかについてコンセンサスはない。だが、大まかに言えば、コマーシャルズの買いが過去の水準［あれば］や季節性に比べて比較的多いか、投機筋の売りが比較的多ければ強気とみなされ、逆の場合は弱気とみなされる）を見ると、二〇〇〇年一月まで売りシグナルが出ていないことが分かりました。「これは強力なデータだ」と思いました。

それで、当時、人々は買っていたのだと思うかもしれません。しかし、人々は実際に買っていたのでしょうか。個人トレーダーは一九九九年後半に株を買って儲けていたかもしれませんが、大口の投機筋はバブルだと分かっていたので売っていました。強気相場は売っている大口の投機筋が踏むまで終わりませんでした。彼らがすべて買い戻して手仕舞うと、もう買い手がいないので、相場は天井を付けました。ＣＯＴリポートにはその情報が表れていました。だから、それ以来、このリポートを注意深く見始めたのです。

それで、ＣＯＴのデータから、いよいよ天井を付ける状況になったと分かるまで、つまり、コマーシャルズが大きく売りに傾くまでは天井を探さないように変えたのですか。

まさにそのとおりです。その時点から、そのデータを使い始めました。

コマーシャルズが非常に長期間売っているのに相場は上げ続けたり、非常に長期間買っているのに下げ続けたりすることはないのですか。

もちろん、あります。しかし、ＣＯＴの数字だけに基づいてトレードをするわけではありません。第一に、値動きは必ず確かめます。第二に、取ったポジションの非常に近くに損切りの逆指値を置きます。例えば、私は一～二カ月ほど前に灯油を買いました。それはコマーシャルズが大きく買い越していて、投機筋が大きく売り越していたからです。ふるい落とされましたが、また買いました。そして、再びふるい落とされました。その後、突然、ポジションが一変し、コマーシャルズの買いが消えました。それは、その市場ではもう買えないという意味です。そこから、相場は本格的に下げ始めました。COTのデータからは、二カ月前に買いが示唆されたのは事実ですが、二～三週間前に再び中立になりました。そして、そのときに値崩れが起きたのです。

COTリポートでは、ポジションの水準だけを見ているのですか、それとも毎週のポジションの変化も利用しているのですか。

ポジションの水準だけを使っています。

金や原油など、コマーシャルズがほとんど常に売っている市場があります。あなたは絶対的な水準ではなく、相対的な水準を見ているに違いないと思っているのですが。この種の市場では、コマーシャルズが売っていても、COTのデータから買える範囲は、過去の水準と比べれば比較的少ないとき、と考えて正しいでしょうか。

そのとおりです。私は相対的な水準を見ています。

あなたが加わったニューヨークのヘッジファンドはどうだったのですか。

そこはヘッジファンドというよりも、泥棒や無能なトレーダーの集まりだということが分かりました。そのときから、COTのデータを使い始めました。システマティックなデータ分析をしていたわけではなく、リポートをざっと見ていただけですが。それでも、特に問題はありませんでした。その会社の連中はまったくの素人だったので、彼らが何をしているかを聞いて、反対のことをしさえすれば良かったのです。そこで働いた年は、彼らはみんな損をしていましたが、私は本当に大きな利益を出しました。その年の年末に、彼らは私を追い出しました。

あなただけしか利益を出していないのに、なぜ彼らはあなたを追い出したのですか。

連中は私を嫌っていたのです。彼らが損をしている間、私は基本的に彼らの逆に賭けて儲けていたからです。

あなたをクビにしたのはだれなんですか。

会社を経営していたレノという名前の男性です。

彼はどういう理由を告げたのですか。

この会社では、もう先物のトレードはしないから、と言われました。

彼らを泥棒の集まりと言った理由は何なのですか。

私が去って数年後、レノはインサイダー取引でFBI（連邦捜査局）に逮捕されました。

そのヘッジファンドを去ったあとは、何をしたのですか。

私は失業中で妻がいました。彼女は私を負け犬と呼んでいました。私を嫌っていて、離婚したがっていました。その当時はプリンストンに住んでいました。弁護士に会いに行くと、仕事は何かと尋ねられました。トレーダーだと答えると、ヘルムート・ウェイマーのことを聞いたことがあるかと尋ねてきました。『マーケットの魔術師』を読んでいたので、どういう人か知っていると話しました（ヘルムート・ウェイマーは『**マーケットの魔術師**』でインタビューを受けた偉大なトレーダーの数人と第1章のピーター・ブラントを雇ったコモディティーズ・コーポレーションの共同創設者）。すると、自分の妻とウェイマーの奥さんは親友なんだ、と彼が言ったのです。それで、私の離婚問題を担当したいのなら、私をウェイマーに紹介するように、奥さんに頼んでほしいと言ったのです。

二日後、私は暖炉のある大きな事務所で、ウェイマーの前に座っていました。彼は会社をゴールドマン・サックスに売却したばかりでしたが、まだコモディティーズ・コーポレーションの建物内に事務所を構えていました。私は自分がコントラリアンのトレーダーであることや、ポジションを取るときにCOTリポートを参考にしていることを話しました。彼は私に二〇〇万ドルの運用を任せてくれました。さらに、コモディティーズ・コーポレーションの新経営陣のところに連れて行ってくれました。彼らも二〇〇万ドルの資金を提供してくれました。私は四〇〇万ドルで小さなCTAを始めました。運用はうまくいき、運用をした最初の年に二二％の利益を出しました。私は彼らがもっと多くの資金を任せてくれるだろうと期待していましたが、そうはなりませんでした。新経営者のゴールドマン・サックスの人々は、会社を辞めるウェイマーにあれこれ指示されたくなかったのだと思います。

当時、クランモア・キャピタル・マネジメントを経営していたデビッド・リードから、自分のところでトレードをしないかと誘われていました。彼は今では私のやり方を知っていますが、そのときは、彼がたった一つの理由で私を雇ったということは知りませんでした。彼は、「ウエイマーがシャピロを欲しがったのなら、私も彼が欲しい」と思っただけだったのです。彼は移籍のためのボーナスを出すとまで言いました。それで、CTAを閉鎖してコネチカットに引っ越し、リードの会社で働きました。

彼はどれだけの運用を任せたのですか。

最初に任されたのは五〇〇万ドルでしたが、それでもヘルムート・アンド・コモディティーズ・コーポレーションで運用していた金額よりもまだ多かったので、成績が良ければもっと多額の資金を任せてもらえることは分かっていました。

それで、結果はどうだったのですか。

悪夢でした。リードは私を採用するときに、私が話していることはすべて理解したと言ったのですが、そこで働き始めると、彼はまったく理解していませんでした。私がそこで働いた六カ月の間に、トレンドフォロー戦略のほうは非常にうまくいっていました。

ちょうど、そのことを尋ねようと思っていたのですよ。リードの会社は少なくとも当時は、トレンドフォロー戦略に完全に焦点を合わせていたことを私は知っています。あなたのコントラリアントレードという手法はそれとは事実上、正反対ですよね。

私の手法は彼らのトレンドフォロー戦略と負の相関があるので、相互に補完的であるはずだったのです。そこに移って半年後に、リードから事務所に呼ばれました。せいぜい一％か二％しか損をしていなかったはずですが、同じ期間にトレンドフォローのほうは大きく利益を伸ばしていました。彼は、「君の戦略がどう機能するのか理解できない。私は七〇％の確率で利益を出すだろう。ということは、君は七〇％の確率で損をするということになる」と言いました。

私は「あなたが私を採用しようとしているときに、私たちはこの点について一カ月も話をしました。私は、それがなぜ違うかを説明して、あなたも納得したはずです」と答えました。これと似たような会話が一カ月ほど続き、私はうっぷんがたまっていました。会社はその時期に新しいオフィスに移転し、リードは従業員にスピーチをしました。そして、人生で重要なことは、けっして満足しないことだと言ったのです。それは私が今まで聞いたなかで最もバカげたアドバイスだと思いました。ビルマを旅行していたとき、僧院で一カ月過ごしながら、人は常に足るを知るべきだと考えていました。「こんなところは辞めてやる」と思いました。翌日、リードの事務所に行って、契約時のボーナスを彼に返して、そこを去りました。

ビルマの僧院でどういう経験をしたのか教えてください。

その僧院を見学するためにビルマに行きました。当時、そこは外国人観光客に開放されたばかりでした。そこはビルマ最大のインレー湖の中にあります。そこにたどり着くには、船頭が片足で立って漕ぐ長いボートに乗るしかありませんでした。

僧院の床に座り、おわんに入ったピーナッツを食べたことを覚えています。僧侶がやって来て、私のそばに座り、完璧な英語で話しかけてきました。しばらく話をすると、ここに滞在しないかと誘われました。結局、そこに一カ月いました。

私は頭を剃り、部屋で座って、だれとも話さずに瞑想をしました。最も影響を受けたのは、毎朝、僧侶と托鉢に出かけることでした。僧侶たちは働かないし、料理も作りません。彼らは人々が施す食べ物で生きています。毎朝、鉢を持って出かけ、村々を歩かなければなりませんでした、人々は鉢にご飯と魚を入れてくれました。それが、その日に食べるものです。その経験から大きな影響を受けました。私は中流階級の家庭で育った子供だったので、必要なものはすべて与えられて、それを最大限に利用していました。ビルマでは、村々を歩き回り、二ドルも持たない人々から毎日、食べ物をもらったのです。とても謙虚にさせられる経験でした。

僧院での経験で、あなたは変わりましたか。僧院での経験後は、それ以前とは違う人間になったと思いますか。

それは間違いありません。考える以外に何もすることがない場所で一カ月座っていて、食べるものは人々から施してもらうものだけ、という状況では、何が大切かということについて、考えが変わります。そのときまでの人生で大切だと思っていたのは、専門家としての成功と豪華な家を手に入れることでした。その経験をしてからは、そういうことにはまったく関心がなくなりました。お金がすべてで、それこそが大切なものだという考えにとらわれなくなりました。実際、お金は大切ではないからです。

では、何が大切なのでしょうか。

幸せであること、やりたいことをして一日を過ごすことです。得意なことをして、それでお金を稼げれば大変いいことですが、それが生きる原動力ではありません。何かが得意だということから得られる満足感が生きる原動力なのです。ほかの人には、「お金を持ってるから、そんなことが言えるんだ」とよく言われます。確かにそれは事実ですが、私は何度も一文無しになったことがあります。ウェイマーの資金運用を始めたとき、二人の子供がいて、ベッドルームが二部屋のアパートに住んでいました。そして、ベッドルームが私のオフィスだったのです！　机すら買えませんでした。イケアのテレビ台の一つを机代わりにしていました。子供たちがまだ小さかったので、ビデオカメラを買いに、店に行ったことを今でも覚えています。七〇〇ドルもして、とても買えませんでした。

お金がないというプレッシャーは多少ありましたが、実は当時も今と同じくらい幸せでした。信じられないことに、史上最も偉大なトレーダーたちの何人かを雇ったヘルムート・ウェイマーが資金を提供してくれて、生計を立てるためにトレードをしていたのですから。幸せとは、過去よりも未来のほうが良くなると信じられることなのです。

今でも、この家を買ったばかりで、これはすてきで大好きですが、海辺の大邸宅ではありません。一九九八年のトヨタ4ランナーに乗っていますが、これは単なる交通手段です。私には何の意味もありません。ランドローバーに乗りたいとも思いません。そうしたことはすべて、ビルマの僧院にいたことから始まったのだと思います。

クランモア・キャピタルを去ったあと、何をしたのですか。

ウェイマーのところに戻りました。彼はいくらか運用資金を渡してくれました。ほかの投資家からも資金を提供してもらいました。それで約三〇〇万ドルを集め、C

TAを再び始めたのです。それをほぼ二年間続けて、年間約一〇～一五％の利益を出しました。運用しているのがわずか三〇〇万ドルだったので、それ以上資金を調達するのは困難でした。トレードを行うためのインフラを整える必要があったのですが、その余裕がありませんでした。それはジレンマでした。また、私は営業ができませんでした。

知り合いがマルチ戦略を取る大手ヘッジファンド、ウォルター・ギャリソン・アンド・アソシエイツのCIO（最高投資責任者）になりました。彼が会社のトレーダーとして採用すると言ってくれました。給料は二五万ドル、最初の運用資金は五〇〇〇万ドルで、私のためにフルタイムで働くクオンツ（数理分析の専門家）を付けてくれて、オフィスはパークアベニューを見下ろせる窓がある大きな部屋でした。それで、再びCTAを閉鎖して、ウォルター・ギャリソンで働き始めたのです。

フルタイムのクオンツを付けてもらったので、自分のしていたことの多くを定量化できました。ほとんどの運用をシステム化したプログラムで実行しましたが、時にはシステムよりも自分の判断を優先したり、システムで実行していないトレードを行ったりしていました。

そういうシステムを利用しないトレードは役に立ちましたか、それとも不利益になりましたか。

それらのトレードで利益を出しました。一緒に働いていたトレーダーは「どうして、こんなことをするの」と、いつも議論していました。彼には「儲かるからだ」と答えていました。私たちはシステムと異なる判断をしたときの結果を追跡しました。それが利益を生んでいなかったら、続けていなかったでしょう。

システム化しないで行っていたトレードはどういう種類のものだったのですか。

主に株価指数のトレードでした。元同僚のジェームズ・バンデルと定期的に話をしていました。彼は事あるごとに弱気になりました。彼が非常に弱気になったら、私はいつでも買い、彼がたまに強気になったときは売りました。勝者がどういう人かは分かりづらいですが、敗者がどういう人かは簡単に分かります。私は「こんな経験を自分でもしたことがある」と思いながら見ていました。彼の発言や行動は、タイで一文無しになったときの考えや行動とまったく同じだったのです。同じことをした経験があったから、それがはっきりと分かったのです。私のほうが彼よりも頭が良いと言いたいのではありません。彼がかつての私とまったく同じことをしていると言っているのです。そして、私が一文無しになったので、結末が見えたのです。それで、今度は私が基本的にタイでしていたことの逆をして、儲けようと思ったのです。COTがシグナルを出していなくても、バンデルが自分の相場観に確信を持っていたら、それがコントラリアン指標になったのです。

トレードの根拠として、COTの数字ではなく、人間版COTを使ったわけですね。

まったく同じことなんです。人からしょっちゅう、「COTがデータの公表をやめたらどうするの」と聞かれます。私はCNBCでトレードできると答えます。CNBCやブルームバーグは一日中視聴できますし、一〇人中一〇人がまったく同じ発言をします。

CNBCの出演者たちの意見と逆のトレードを実際にしたことがあるのですか。

いつもしてますよ。ほとんどの場合、COTのデータとテレビ出演者の意見は一致しています。彼らがみんな、金を買うべきだと言っているのなら、COTでだれもが金を買っているデータが出てきても偶然ではありません。

しかし、それらのトレードを単なる気まぐれで行っているわけではありません。「彼らの話には意味があるのかもしれませんが、私には相場の裏付けが必要です。彼らがみんな極端に弱気のときに、ダウが一〇〇〇ドル下落して安値で引けたら、私は買い手にはなりません。しかし、彼らが極端に弱気で、その日に非常にネガティブなニュースが出たにもかかわらず、相場が高く引けた場合は買います。私は教訓を得ました。相場の流れに逆らってはいけない。我慢強く待っていれば、相場が買い時や売り時を教えてくれるのです。

私は相場が転換した日の安値に損切りの逆指値を置きます。議論の余地はありません。買ったあと、相場がその日の安値まで下落したら手仕舞います。私はそういうことには、厳しく規律を守ります。すべてのトレードで損切りの逆指値を置きますが、それだけでなく、意味のある相場の動きに基づいて置くのです。ニュースが出て、相場はギャップを空けて下げたのに、上げて引けたとします。すると、その安値に逆指値を置くでしょう。その安値まで下げたら、手仕舞います。

あなたが使うコントラリアン指標は、特定の市場でどの方向にトレードすべきかを示すだけで、実際にトレードを行うためには、値動きに基づくシグナルを待つ必要があるのですね。そして、その後に矛盾した値動きをした場合にはトレードを始めた前提が崩れるので、手仕舞うというわけですね。

まったく、そのとおりです。市場における各売買主体のポジショニングと値動きの両方の情報が必要です。どちらがより重要かは分かりませんが、どちらも非常に重要です。

それで、あなたが無限大のリスクにさらされずに、コントラリアンとして行動できるわけですね。

市場における各売買主体のポジショニングと値動きの両方に注意を払えば、ひどい損を被ることはありません。

あなたが相場の転換ポイントとみなす日の安値まで下げるか高値まで上げると、逆指値を使って手仕舞うのは分かりますが、逆指値に引っかからない場合はどこで手仕舞うのですか。

トレードを始めるきっかけとなったポジショニングがニュートラルに戻ったときに利食いをします。

何を基準にニュートラルと判断するのですか。

センチメントに基づくオシレーターを自分で考案しています。それがゼロになると買い、五〇になると手仕舞います。

そのオシレーターはCOTリポートのみに基づいているのですか、それともほかに何かを入力しているのですか。

その質問に対する答えは本に載せたくありません。

先ほど、CNBCをコントラリアン指標に使うと言われました。最も注目している番組はありますか。

毎日、午後五時からのファースト・マネーはしっかり見ています。この番組でどれだけ稼げたか分かりません。こんなに素晴らしいコンセンサス番組はありません。番組では四人が自分の考えを述べます。必ず見るのは、その日の相場がそういう動きをした理由を彼らが述べる最初の五分間と、全員が翌日のトレードのアイデアを述べるファイナルトレードと呼ばれる部分の最後の二分間です。ブライアン・ケリーという男性が出ていて、何年も見ています。彼はランダムに選んだよりも信じがたいほどはるかによく間違えます。彼が何かを推奨していたら、私はけっしてそのポジションは取りません。

取引時間中にCNBCを見ますか。

一日中、付けっぱなしです。関心を持っていることを、だれかが話し始めたら、音量を上げます。彼らはみんな同じことを言うので、話す前から何を言うのか分かりますけど。最近、相場が下げていたら、彼らは弱気の発言をします。最近、三月の安値（新型コロナウイルスのせいで大幅下落した二〇二〇年三月の安値）から上昇していたとき、番組でしょっちゅう聞かれたのは、「相場のここの動きは筋が通ってない」「まだ底は打ってない」「上げが極端すぎるし、速すぎる」といった発言です。その間、相場は大きく上昇し続けていました。彼らはみんな、自分たちのほうが市場よりも賢いと思っているのです。繰り返しますが、私も彼らのような考え方をしていた時期があるので、よく分かるのです。彼らが市場よりも賢いということはありません。だれも、です。

市場で最も信頼すべき言葉は「にもかかわらず」です。もしも「石油の在庫が予想をはるかに超えて増えているにもかかわらず、石油は高値で取引を終えました」というコメントを聞いたり見たりすれば、それは今後、何が起きるかを価格の動きが伝えているのです。在庫が予想よりもはるかに多いことはみんなが知っている。それなのに、なぜ高く引けたのでしょうか。価格の動きがだれよりも知っているのです。

三月の安値からの上昇では買いましたか。

ええ、安値を更新していたとき、COTのデータでは、ダウ先物が強気ゾーンにありました。そして、すべてのニュースがネガティブだった日に反騰しました。おかしなことですが、その前の晩に、元同僚が始めたチャットグループに参加していました。そのうちの一人、アダム・ワンはことごとく予想を外す人間の一人です。博士号を持っていて、だれよりも賢いと思っているタイプの人間で、リスクマネジャーとして働いています。彼はトレードはしません。もしすれば、お金を全部失うからです。

S&P五〇〇が再び急落して、新安値を付けたころのことです。彼はグループチャットに参加して、「まだ狼狽売りは起きていない。この相場はまだまだ下げる。投げ売りはまだない」と言ったのです。それはその週にテレビにでている評論家が言っていたのと同じでした。アダムはそれまで相場の下落について何も発言していなかったのです。ところが、相場が三週間で三〇％下げると、投げ売りがないので、まだ底ではないと言い出したのです。

彼が口を開くとすぐに、相場が勢いづくことを私は知っていました。その夜、相場は新安値を付けてストップ安になりました。その夜に試し玉を入れました。翌日は、弱気のニュースが圧倒的に多いにもかかわらず、安値から急上昇して高く引けたので、全力で買いました。

主要な安値水準まで急落した日に、そのチャットが行われたのは偶然だったのですか。

けっして偶然ではありません。そこが肝心なところなのです。アダムはほかのみんなの見本でした。「チャットが盛り上がり始めたという事実そのものが、相場で投げ売りが起きている兆候でした。その連中が、相場がいかに弱気かと話していたら、だれもが同じことを話していると分かります。

あなたのキャリアについての話から脱線してしまいました。ギャリソンでのあなたの立場はどうなったのですか。

運用資金を二年間で五〇〇〇万ドルから六億ドルに引き上げてもらえました。私は五年間そこにいて、二〇〇八年を含めて、毎年利益を出していて、絶好調でした。二〇〇八年のトレンドフォロー戦略は群を抜いて良かったので、その年のパフォーマンスはそこが最高の瞬間だと思い、カウンタートレードの手法を用いました。すべてうまくいきました。私は銀行に数百万ドルの預金があり、コネチカット州ウエストポートの大きな家に住んでいました。

すべてが順調だったのなら、なぜギャリソンを辞めたのですか。

会社の権力構造が変わって、問題が起きそうだと思ったからです。そのころ、自宅で仕事をしていました。ポートフォリオマネジャー会議のために、月に一度だけ出社していました。私はパートナーにも上司にもなりたくありませんでした。一人で資金運用をしたかったのです。どうすべきか考えていたとき、ギャリソンを辞めてへントン・グループに入った元マーケティング部長から連絡がありました。ヘントンの資金を運用してほしいと言うのです。私はギャリソンのところに行って、もう一つ自分専用の独立したCTAを作るから、そこで運用させてほしいと頼みました。でも、ほかのポートフォリオマネジャーたちも同じことをしたがっていたので、先例を作りたがりませんでした。彼の言い分はよく分かりました。例外だらけで事業を営むことはできませんから。だから、辞めたのです。

ギャリソンを辞めたとき、六億ドル近くを運用していたのですか。

いいえ、ギャリソンは二〇〇八年以降に、多額の損失を出しました。それで、辞めるときには一億五〇〇〇万ドルくらいしか運用していませんでした。

ギャリソンを辞めて、ヘントンにどれくらい在籍していたのですか。

ヘントンには入りませんでした。私が設立したCTAで彼らの資金を運用したのです。

資金はどれくらいだったのですか。

ヘントンのために一億五〇〇〇万ドルを運用し、ほかの投資家からさらに六〇〇〇万ドルを調達しました。それらの資金を三年、運用して、CTAを閉鎖しました。

閉鎖した理由は何でしょうか。

人生の節目となる出来事のせいです。プリンストンではけっしてしなかった離婚をしたのです。

離婚がきっかけだったのでしょうが、閉鎖を決めた理由はほかになかったのですか。

自分のしていることがまったく楽しくありませんでした。トレードが好きなのに、トレードはしていませんでした。私は資金をさらに調達するために、完全にシステム化されたプログラムを実行していました。投資家からは、「あなたは一〇〇％システム化していますか？」とよく尋ねられましたが、すぐに「はい」と答えることができました。最初のうち、それは良い考えだと思っていました。楽に生きられて、自分で考える必要すらありませんでした。システムが生成する注文を実行するだけが仕事のトレーダーも雇いました。リターンはまだ良かったのですが、前に自分で運用していたころよりは落ちていました。それでも、裁量でシステムと異なる運用をするわけにはいきませんでした。プログラムを完全にシステム化していると言って売り込んでいたので、投資家はそれを完全なシステム運用ファンドにカテゴライズしていたからです。

また、リターンの落ち込みには本当に悩んでいました。私が設立したCTAは稼いでいましたが、特別とはお粗末にも言えませんでした。最大ドローダウンに対する年間リターンの比率はいつも三から四の範囲だったのですが、そのころは二の辺りまで落ちていました。私は長年にわたってトレードを行い、何度も資金を失いながら、多くの教訓を学んだので、世界のトップトレーダーの一人になれるはずだし、そうなれなかったら辞めようと思っていました。

私は六人を雇っていたのですが、それが嫌でした。人を管理して、彼らを成功させる責任を持つのが好きになれませんでした。彼らは私に売り込みに行ってほしがっていましたが、それはやりたくありませんでした。

なぜ六人も雇ったのですか。

CTAを設立したとき、機関投資家向けの資産運用会社にするつもりだったからです。数十億ドルを調達する計画でした。そのために、トレーダー、マーケティング担当者、クオンツなどが必要だったのです。

そのCTAは何という名前だったのですか。

パーバクです。

パーバクですか？

P、E、R、B、A、Kです。

それは何かの略なのですか。

CTAの名前を決めなければならなかった夜、パー・バクという有名な物理学者による『ハウ・ネイチャー・ワークス（How Nature Works）』という本を読んでいました。彼が人間性について語っていることが気に入ったので、彼にちなんだ名前を付けたのです。オフィスに来た人には彼の本を配っていました。

CTAを閉鎖したあと、自分の口座も含めて、完全にトレードをしなくなったのですか。

ええ、ロードアイランドで農場を買いました。

どういう計画があったのですか。

何も考えていませんでした。ただ、人生を見つめ直す必要があると感じていたのです。しばらく、ソローのような生活をしようと思いました。木を切り倒していたら、半年で腰を痛めました。

ロードアイランドを選んだのはなぜでしょうか。

子供たちの家に十分に近く、コネチカットに住んでいる元妻からは十分に離れていたからです。また、ビジネスを始められそうだと考えたせいもあります。そこでは、マリファナが合法になったばかりで、素晴らしいビジネスチャンスに思えました。大儲けできそうなうえに、参入障壁が高かったからです。

どんな障壁ですか。

ほとんどの人はマリファナの仕事にかかわるのは不名誉だと思っていましたが、私は気にしませんでした。

どういうビジネスができると思ったのですか。

多くの人がマリファナを栽培したいと思っていましたが、彼らには事業資金がありませんでした。ここでは医師や弁護士やヘッジファンドマネジャーの話をしているのではありません。彼らとは、大学には行かずに肉体労働をしている二四歳くらいの若者たちのことです。一五～二〇万ドルの初期費用があれば、年間四〇万ドルの収益を生み出せる栽培施設を作れるのですが、彼らはその資金を用意できませんでした。私はそういう施設を作って、月額六〇〇〇ドルで貸し出しました。私は業者が何を作っているのかや、彼らが家賃を簡単に払えることを知っていました。二年あれば、投資した資金は回収できます。

その事業をしていた人たちも非常に儲かったでしょうね。

彼らは年に二〇万ドル以上稼いでいました。彼らと六年の購入権付き賃貸契約を結んだので、彼らは六年後に施設を所有できました。それは間違いなく双方が得をする取引で、新規事業の良いアイデアでした。

何人が事業を立ち上げたのですか。

約四〇人です。

トレードを再開したのはいつですか。

ＣＴＡを閉鎖して一年半ぐらいたってからです。再婚してとても幸せで、必要な資金もありましたが、奇妙なことにうつ病になりました。自分の人生に何かが欠けていると感じたのです。私はトレードのことしか考えられませんでした。トレードは二五年間やってきたことで、一番得意なことでした。世界一のトレーダーの一人になれると思っていました。それなのに、どうして実現できていないのだろう、と感じたのです。人生で浮き沈みを経験しても、うつ病になったことはそれまで一度もありませんでした。

一文無しになった時期には落ち込まなかったのですか。

一時的に悲しんでいたことはあっても、落ち込んだことは一度もありませんでした。いつも「よし、二度とこんなことを起こさないために、今すべきことは何だ？」という発想になっていました。

うつ病の原因は何だと思いましたか。

それは明らかでした。私はトレードが大好きでした。

トレードを再開するきっかけは何だったのでしょう。

古くから付き合いのある隣人を訪ねて、自分の気持ちを話しました。彼はつてがあるブライソン証券を紹介してくれ、彼らは私に運用資金を提供してくれました。ブライソン証券は、「お金を稼いでくれさえすれば、何をしようとかまいません」という態度でした。損をすればクビだし、稼いでくれたら大歓迎ということです。彼らは私のトレードや私のしていることを一度も問題にしませんでした。一八カ月もトレードをしないでいると、気持ちが新たになります。自分のシステムを使い、そこに自分の裁量とリスク管理を加えました。二五年の経験で学んだすべてを駆使しました。それは素晴らしかったです。

トレード人生の初期に資金をすべて失ったとき以外に、特に際立って苦痛を感じたトレードはありますか。

いいえ。ひどかったトレードにこだわり続けることはありません。ただ損切りするだけです。私は頑固なので、トレード機会を逃すことはあっても、自分が決めた損切りの逆指値は必ず守ります。ですから、もうそうした状況に陥ることはありません。

明らかに、あなたのリスク管理で重要な要素は、すべてのトレードにおいて、ここが天井か底だという仮説が崩れるポイントに損切りの逆指値を置くことです。リスク管理の戦略にほかの要素はありますか。

投資家が私のリスク管理について知りたい場合、「あなたはバリュー・アット・リスクを使いますか」と尋ねてきます。それはがらくただと思っているので、使いません、と答えます。バリュー・アット・リスクは三〇日、六〇日、九〇日などの過去の相関関係に基づいたモデルです。最近経験したような相場では（インタビューは二〇二〇年四月に行われた）、相関関係は四八時間で崩れることもあります。バリュー・アット・リスクは現在のリスクとは何の関係もありません。それが相関関係の急激な変化を反映するころには、すでに手遅れになっています。

私は自分でリスク管理をします。一日中相場を観察しています。そして、市場の相関関係、特に私が取っているポジションの相関関係に注意を払っています。同じ動きをしている銘柄にポジションが集中しているときは、ポジションを減らすか、逆相関にあるポジションを取ります。だから、この二カ月に市場ではボラティリティが急激に拡大したのに、私のポジションのボラティリティは上昇していないのです。私は何が起きていて、自分がどういうポジションを取っているかを確認して、ポジションを減らしました。それで利益を取れたでしょうか？取れました。でも、もっと良いことは、私のボラティリティがまったく上昇しなかったことです。私のポートフォリオの毎日のリターンだけを見ていたら、市場で最近起きたことが実際に起きたとはまったく思わないでしょう。

それは、ポジションを減らしたからですか、それとも相関関係がないポジションを追加したからですか。

ポジションを減らしたことが大きかったです。ただし、最近のように相関関係が急激に高まったときには、必ずしも正式のシグナルが点灯しなくても、負の相関があるポジションを追加することが多いです。例えば、二〇二〇年二月に高値を付けたあと、株価指数のショートポジションを追加しました。これは私が用いる典型的なシグナルではなかったのですが、ほかの銘柄を買っているときに株価指数の売りを加えれば、リスクが下がるからです。

株式市場で二月に付けた高値は珍しいものでした。通常、相場が上昇し続けると、投機家はますます買ってきます。二月の場合、投機家のポジションは高値で意味があるほど買い越しになっていませんでした。しかし、その後に五％下げると、だれもが買っていました。そして、テレビでも同じ光景が見られました。みんなが押し目買いをすべきだと言っていたのです。それから、COTリポートが出ると、みんなが押し目買いをしたことが示されていました。それは数年で最大の投機家の買いポジションでした。そのときに、相場は大きく下げると気づいたのです。コロナウイルスの影響がどれほどのものであれ、もっと悪くなるだろう、と思いました。

COTの数字が極端なものだったとしても、相場は高値からすでに五％下げていたので、ここで転換日のシグナルが点灯するはずはありません。なので、これは異例のトレードだったと思います。ショートポジションを取ろうと決めたシグナルは何だったのですか。COTの値だけですか。

売りを決めたのは、全面的に買いポジションを取っていたからです。私は株価指数をトレードするシステムを持っています。あまり使わないのですが、必要に応じてリスクを下げるために利用します。ここでの考えは、相場が上昇しているときに、ベータ値（市場感応度）が高い指数であるナスダックが、ベータ値が低いダウよりも出遅れていて――これは期待する値動きではない――、私が株式と正相関にあるポジションを取っている場合、ナスダック指数を売るというものです。COTリポートが発表されたあと、一日か二日上げましたが、ナスダックはダウに出遅れていました。この値動きだけで、売りを決めるのに十分でした。自分の買いポジションを相殺するものを探していたからです。

COTの数値に基づかないトレードをすることはありますか。

ときどき、あります。COTは完璧な指標ではありません。完璧な指標などこれまで存在しなかったし、今後出てくることもけっしてありませんが、私は相場で大金を失い、ひどいトレードをしてきたので、コントラリアンでないトレードができないのです。

ここに座っている日にテレビで「相場は下げる」と、だれもが同じことを言っています。その後、いつも予測を外す人から電話がかかってきて、相場がどう下げるかを聞かされます。そして、リンクトインで、いつも予測を外す別の人が同じことを語っているのを見つけます。こうした日が年に数回あります。だれもが、相場がいかに弱気かについて同じことを言っているのに、相場は上げているので、つじつまが合いません。こうした光景を何度も見てきたので、そこでトレードをするのです。私のすることはそれだけです。その種の状況に対する直感を発達させてきたのです。直感とは経験にすぎないと思います。

あなたは人と異なる言動を取る性格のおかげで、成功したと思いますか。

それは間違いないですね。それは私にとって本能的なものです。子供のころから、ずっとそうでした。それは私のDNAの一部です。私にとって幸いなことに、それはトレーダーにとって貴重な特性です。私はみんなが同じことをしているときを見つけて、逆のことをします。当然ながら、みんなが並外れたリターンを得ることはできません。ですから、だれもが何か同じことをしているときに、並外れたリターンを得る唯一の方法はみんなと反対のことをすることです。相場の素晴らしいところは、確認が取れるまで待ってから、反対のポジションを取れることです。

市場で学んだ教訓は、あなたの生き方にも影響していますか。

それは私の生き方すべてに影響していて、そこが問題なんです（笑い）。人と逆の立場を取るのは市場ではうまくいきますが、日常生活ではうまくいきません。人は他人に好かれたいと思っています。人は集団の一員になりたがります。人と反対の立場を取れば友だちはできません。この立場を取るということは孤独になるということです。妻は私のこういう態度を病的だと言います。でも、これが健康的だとも、だれもがこういう生き方をすべきだとも、私は言っていません。

あなたがトレード以外でも人の逆を行く例を教えてください。

民主党員の友人と議論を戦わせると、彼らはみんな私を保守的な共和党員だと思っています。共和党員の友人と議論を戦わせると、彼らはみんな私を弱者に同情しすぎるリベラルだと思っています。私は自動的に相手と反対の立場を取ります。人々はとても一方的な見方をするので、論理が破綻するのです。個人的にドナルド・トランプを愚かな男だと思うかと聞かれたら、そう思うと答えます。しかし、それは彼の発言すべてが毎回、非難されるべきだという意味になるでしょうか。それは非論理的です。

では、尋ねましょう。トランプが言って非難されたことで、実は正しかったという例を挙げてもらえますか。

彼が選挙に勝つと言ったとき、だれもがバカげていると思いましたが、彼は今、大統領です（インタビュー時は二〇二〇年四月）。

相手が進歩的であれ保守的であれ、あなたがだれかと議論をするとき、それはあなたがその問題について相手と反対の見解を信じているからだと思います。それとも、実際に議論のためだけに議論をすることもあるのですか。

ときどき、それはあります。人々は反対側の人の話を聞くことが大事だと思うからです。

ということは、パーティーでほとんどの人がリベラルならば、保守的な立場を主張し、ほとんどの人が保守的ならば、リベラルな立場を主張するのですね。

そのとおりです。数え切れないほど、そうしてきました。

コントラリアンであること以外に、成功するために重要だったことは何でしょう。

何度も失敗しましたが、失敗に対して冷静に向き合い、そこから学ぶことができたから成功したのです。失敗したのは自分がダメだったからで、市場が間違っていたからでも、だれかにだまされたからでも、人がよく言ういろんな理由のせいでもありません。

人は失敗すると、やめてしまいます。失敗を恐れるせいです。どういうわけか、私は本能的にリスクを好みます。失敗はしたくないのですが、リスクをとって失敗しても気にしません。私には人間的に優れた親友がいます。彼は基本的にリスクを一切とりません。彼は弁護士で良い暮らしをしていますが、自分の仕事を嫌っています。電話をしてきて、「この男が有罪なのは分かっている。それに人種差別主義者なんだ。それでも彼を弁護しなくてはならない」と不平を言います。「仕事を辞めて、持っているお金で別のことをすれば」と言っても、彼にはそれができないのです。私ならば、そんな仕事を続けることには耐えられません。リスクをとればいいのにと思ってしまいます。人はだれでも、いつか死ぬのですから。

あなたの手法は、それを最初に使い始めた二〇年前と同じくらい効果的ですか、それともその後に市場で起きたあらゆる構造変化の影響を受けていますか。

昔も今も違いはないと思います。だれもがショートポジションを取っているときに悪いニュースが出たのに、相場は下げない。それどころか、上げ始める。そこが底です。相場は良いニュースで底を打つのではありません。悪いニュースで底を打つのです。また、COTが有用な指標であり続けたし、今後もそうであるべき根本的に妥当な理由があります。

娘がちょうど現物商品を扱う会社に就職しました。彼女はこうしたことは何も知りません。専攻は金融ではなく、国際関係でした。最近、彼女と次のような会話をしました。

「お父さん、聞きたいことがあるの。今、ヘッジについて学んでいるんだけど、会社が鉱山を所有しているなら、会社は供給がどれくらいか知ってるよね」

「そうだね」

「そして、会社がいつも顧客と話をしていたら、需要がどれくらいかも知っているよね」

「そうだね」

「それなら、会社はヘッジに関するインサイダー情報を持っているんじゃないの？」

「そのとおりだ（彼は言いながら、手をたたく）！　それがまさにお父さんのしていることなんだ。彼らはコマーシャルズで、お父さんは彼らと同じ側に立ってトレードをしているんだよ」

「でも、お父さんは自分で考えて、トレードをしてるんでしょう？」

「それはそうだよ。お父さんは最も知識を持っている人たちについて行くんだ。そこがポイントなんだよ」

あなたはこのインタビューにとても消極的でした。実

際に、少なくとも二回断られました。気が変わったのはなぜですか。

妻はいつも、本を書いて人々が私のアイデアから学べるようにすべきだ、と言っています。私は、自分は本を書かない、と知っています。ですから、だれかにこれらのアイデアを書き留めてもらうのは良い考えだと思ったのです。大切なのは私の話ではなく、市場が実際にはどのように動くかについての考えです。私だけがそれを理解している、と思い上がっているのではありません。理解している人たちはほかにもいますが、多くはありません。実は、それは好都合なんですが。みんなの考えが同じであれば、ゲームが成立しませんから。

私が世界に向けて伝えたいことがあり、それがこのインタビューを引き受けた理由だとすれば、それは参加の重要性を伝えるためです。市場に割り引きメカニズムの働きがあることは、だれでも理解しています。人々が気づいていないのは、価格が割り引かれるのではないということです。割り引かれるのは参加なのです。価格が五〇〇から一〇〇〇になったから、ファンダメンタルズの強気要素が割り引かれるのではありません。みんなが買っているから、強気要素が割り引かれるのです。アマゾン株がこの原則の良い例です。この株が七〇〇～八〇〇ドルの水準に達したとき、だれもがこんな株価はバカげていると思っていました。アマゾンはバブルだという話も盛んに行われました。しかし、明らかに大多数の人がこの株を持っていなかったし、バブルと呼んでもいませんでした。この株は現在二三〇〇ドル以上で取引されています。

参加が重要な役割を果たすという考えは、トレード以外にも幅広く適用できます。私がよく使う例はトレードからは離れますが、フットボールの賭けです。NFL（ナショナル・フットボールリーグ）で最強チームが最弱チームと試合をしているとき、どちらが勝ちそうかはだれでも分かります。しかし、多くの人はそれに賭けているのではなく、ポイントスプレッドに賭けています。ポイントスプレッドが過大評価されているか過小評価されているかを、人々がどういう種類の分析で判断しているのか、私には分かりません。私の場合、答えは参加の状態にあります。だれもが同じチームに賭けているのなら、ブックメーカーはポイントスプレッドを動かす必要があり、おそらく大きく動かします。実は、私はスプレッドに対して賭ける三〇人を見るという、フットボールの賭けシステムを作っています。これは年に六回ほどしか起きないのですが、彼らのうちの二五人以上が同じチームを選ぶと、反対のチームが八〇％の確率で勝ちます。さて、これは私がフットボールのスプレッドを選ぶ能力を持っているからでしょうか（笑い）？　違います。私がサンプルにしている人の八〇％以上が同じチームを選んでいるのなら、ほかの人たちもみんな同じことをしているはずだから、ポイントスプレッドが開きすぎているのです。

私が知っている概念で最も重要なものは、市場の割り引きメカニズムは価格ではなく、投機筋の参加に基づいているという考えなのです。

アルゴリズム取引、高頻度取引、人工知能、ヘッジファンドの急増といった、ここ二〜三〇年の発展を考えると、個人トレーダーが市場に打ち勝つことは今でも可能なのだろうか。この疑問に対する答えが「可能だ」であると私が信じる理由の完璧な例がジェイソン・シャピロだ。

彼のトレードでの成功は基本的に、ほかの市場参加者の感情に基づく判断の欠陥をうまく利用するところにある。彼は市場で強気の高揚感が支配的になったときに売り、弱気の感情が支配的になったときに買うことを目指す。彼はこの手法を二〇年間使い続けた。その間にあらゆる重要な変化が起きたにもかかわらず、彼の手法の効力がまったく落ちていないことは注目に値する。市場の構造、参加者の性質、利用できる取引ツールは、どれも劇的に変化してきた。そうしたなかで、変化していないものがある。それは人間の感情だ。そして、さまざまな変化にもかかわらず、トレード機会が豊富にあり続けるのは、人間の感情が変わらないからだ。

シャピロのようなトレードを実行するためには、人間の本能に逆らう必要がある。強気相場の急騰を逃したくないと本能的に思いがちなときに売ることができ、勢いづいた弱気相場がすぐには終わりそうにないと思われるときに買うことができる必要がある。もちろん、途方もない強気相場で売ったり、衰える気配もない弱気相場で買ったりすれば、破滅の道を突き進むことになる。だれが言ったか不明の有名な格言（ジョン・メイナード・ケインズの言葉とも言われるが疑わしい）にもあるように、

「市場はあなたが借金を支払えなくなっても、まだ不合理であり続けることがある」からだ。

　コントラリアンとして成功するには、仕掛けのタイミングを計る方法がとても重要になる。シャピロの手法には二つの重要な要素がある。

一．投機筋の極端なポジションと逆のポジションを取る
二．値動きに基づいて、仕掛けるタイミングを計る

　シャピロは市場のセンチメントが極端に一方に傾いているかどうかを判断するために、主に毎週公表されるCOTリポートを使っている。彼は極端に偏った投機筋のポジションの反対か、同じことだが、コマーシャルズのポジションと同じポジションを取ろうとする。また、テレビの経済番組も補助的に使う。だから、経済番組を見ればあなたのトレードに役立つこともある。ただし、コントラリアンの指標としてだ！

　コントラリアンとして仕掛けるタイミングを計るために、シャピロは反対方向のニュースが圧倒的に多いにもかかわらず、相場が転換する日を探す。相場は弱気のニュースで底を打ち、強気のニュースで天井を付ける。どうしてか。彼をインタビューするまで、私はこの質問に対して、ファンダメンタルズは価格と比べて弱気か強気なだけで、ある価格に達すればニュースは無視されると答えていた。この答えは今でも有効だが、シャピロはもっと良い説明をしてくれた。それは参加だ。相場が底を打つのは、投機筋がすでに売りポジションを十分に取っているからだ。そして、弱気のニュースが広まっている環境では当然、この状況になる。天井を付ける場合についても、同様の説明ができる。

　トレード人生の早い段階で、シャピロは口座の資金をすべて失ったことが二回ある。一回は強気相場が永遠に続くと考えたためで、もう一回は強気相場と闘ったためだ。この反対の状況で共通するのは、トレードアイデアを一回間違えただけで口座の資金が吹き飛ぶことがないように、リスク管理をしていなかったことだ。

　彼のトレード手法に不変のルールが一つあるとすれば、それはすべてのポジションに損切りの逆指値を置くということだ。このルールによって、COTリポートの示唆することが間違っている場合でも大きな損失を被らないで済む。彼は相場が底を打ったか天井を付けたという彼の仮説と矛盾するポイントに逆指値を置く。

　リスク管理は個々のトレードに欠かせないだけでなく、ポートフォリオの水準でも用いる必要がある。特に、トレーダーは市場の相関関係が高まっている時期を意識する必要がある。こうした状況では、複数のポジションで同時に不利な値動きが生じる可能性が高くなるため、どんなポートフォリオでも、リスクが通常よりもはるかに大きくなることがある。シャピロは市場の相関関係が高まるというリスクの増大に対して、ポジションサイズを全体的に縮小し、負の相関を持つ銘柄を探してポートフォリオに追加することによってリスク管理をする。

　シャピロの初期のトレードで最も利益が得られたのは、アフリカで三週間の休暇を過ごしたときだった。この旅行のせいで、彼はポジションの監視ができなくなった。旅に出かける前に、彼は相場がポジションに逆行したときには手仕舞うようにと、ブローカーに指示を出していた。旅行から戻ると、うれしいことに思いがけず利益が積み上がっていた。彼はポジションの監視ができなかったために、利食いをしたいという誘惑に負けずに済んだ。それは非常に役に立った。彼はポジションを「じっと持っている」ほうが、毎日トレードをするよりもはるかに高い利益を得られることに気づいた。この教訓はその後も有効であることが分かり、彼が最終的に開発したトレード手法に採り入れられている。逆指値に引っかからない場合、彼はCOTに基づくオシレーターが中立になるまでポジションを維持する。この手法では相場が自分のポジションに対して何度か逆行しても、何カ月もポジションを維持する必要がある。

　私はトレーダーたちに、他人の言うことを聞かないようにと何度も忠告してきた。代表的な言葉を引用すると、「トレーダーがいかに賢くて腕が良くても、他人の意見を聞いていると、間違いなくひどい終わり方をする」（ジャック・D・シュワッガー著『エッセンシャル版　マーケットの魔術師――投資で勝つ23の教え』［ダイヤモンド社］）からだ。シャピロにインタビューをして、私はこの忠告にただし書きを加える必要があると感じている。つまり、確実に間違えるトレーダーやコメンテーターを知っているか、特定できる場合――これは確実に正しい人を見つけるよりもはるかに簡単なことだ――、彼らの意見はコントラリアンには役立つ可能性が高い。

第3章

リチャード・バーグ

Richard Bargh

テクニカル分析とファンダメンタルズを融合させ、六年間で年平均二八〇%を達成する裁量トレーダー

皮肉なことに、リチャード・バーグはトレードを始めた当初から一貫して利益を上げていたにもかかわらず、何度か危うく失敗しそうになった。その理由はインタビューで詳しく説明している。バーグはプロップファーム（自己資金のみを運用する投資専門会社）でトレードを始めた。公式には、トレード開始時の彼の口座資金はゼロだった。毎月、平均三〇〇〇ポンド近くを引き出していたため、最初の一四カ月は口座資金がゼロから一万五〇〇〇ポンドの範囲内だった。そのせいで、この期間の利益は計算できなくなった。その後、一回のトレードで巨額の利益を得たために、口座資金はかなりの額になり、そこからはかなりのプラスを維持し続けている。

その時点から六年以上（過去四年半は自己資金でトレードをしている）の年率リターンは二八〇%と驚異的だ。彼は高い証拠金使用率で先物をトレードしており、一般的な先物のトレーダーと比べると、必要証拠金以上の現金はわずかしか口座に置かないようにしている。そのため、彼の平均リターンは実際よりも膨らんでいる。しかし、証拠金使用率が非常に高いということは、リスクも比例して高くなっている。したがって、彼が二八〇%の平均リターンを達成していて、月末の最大ドローダウンがわずか一一%（日次データを使えば一九%）であることは注目に値する。これら二つの数値から推測されるように、彼のリターン・リスク指標は並外れている。調整ソルティノレシオは二五・一、日次GPR（ゲイン・トゥ・ペイン・レシオ）は二・三、月次GPRは一八・三だ（これらのパフォーマンス指標の説明については**付録2**を参照）。彼の調整ソルティノレシオはシャープレシオの七倍以上で（ほとんどのトレーダーでは、これら二つの数値はかなり近いことが多い）、これはリターン分布が大きく右にゆがんでいる（つまり、最大利益のほうが最大損失よりもはるかに大きい）ことを意味する。

バーグはスプレッドシートにさまざまな項目を設けて、自己を認識する儀式として毎日監視している。これらの項目には、集中、活気、リスク管理、プロセス、カウンタートレード（値動きに逆行するトレードで、彼はこれを否定的に見ている）、うぬぼれ、機会損失への恐れ、幸福度（極端な気分の落ち込みや高まりはトレードにマイナス）などがある。「シュガートレード」など、一部の項目はさらに説明が必要だ。彼の説明によると、このトレードは仕掛けたものの、なぜ仕掛けたのか分からないトレードになってしまったものを指す。これらの項目のいずれかに問題があったと判断した場合、彼はその日の適切な列に記入する。毎週末にスプレッドシートを確認して、記入した列があれば、自分を向上させるための指針にする。

また、彼は自分の考えや感情を毎日、日誌に付けている。これは自分の考え方の弱点を見つけるために欠かせない日課だと考えていて、これを元に自己改善に取り組み続けている。日誌を毎日付けることの重要性について、彼はこう述べている。「人は先月や先週どころか、昨日のことでもすぐに忘れてしまいます。日誌を付けると、いつどんなことを考えていたかが分かり、自分の考え方が時とともにどう変化したかを追うことができます。現在と二〇一五年の日誌を見れば、天と地ほどの差があることが分かります。二〇一五年の日誌には、『私はくずトレーダーだ。役に立たない』などという書き込みだらけでした。私は自分を責めてばかりいました。今では私の日誌の内容は一変しています」

彼はトレードでも生活全般でもＴＴＰ（トレーディング・トライブ・プロセス）から影響を受けており、感情のバランスを保つためにはそれが欠かせないと認めている。ＴＴＰは**『マーケットの魔術師』**（パンローリング）で私がインタビューをしたエド・スィコータが作ったものだ。大胆に単純化すれば、ＴＴＰは潜在意識と意識の調和を目指している。このプロセスでは感情に焦点を合わせる。特に、質問やアドバイスは避けるようにする。ＴＴＰを実践するにはトライブと呼ばれるグループへの参加が必要になる。世界中にＴＴＰを実践しているトライブがあり、バーグはロンドンのグループを運営している。ＴＴＰの詳しい説明は（https://seykota.com/）を見てほしい。

私はロンドンで一週間、数人にインタビューを行ったが、その最初の人物がバーグだった。ロンドンへのフライト前夜はわずか三時間しか眠っていなかった。また翌日のロンドンでの夜は時差ボケが特にひどかったせいで、二時間も眠れなかった。幸運なことに、バーグの正直さと率直さのおかげで、インタビューは魅力的なものとなり、睡眠不足にもかかわらず集中力を維持できた。私は土曜日に、彼の職場のトレードフロアに隣接する会議室で彼にインタビューをした。それは丸一日続いた。終えたときも、私はまだ必要以上に気が張っていた。夕食に誘われたので、彼の職場のすぐ近くにある素晴らしいペルー料理のレストラン「コヤ（Coya）」に行った。シェフのコース料理と数杯のビール、それにくつろいだ会話のおかげで、楽しい夜を過ごした。その夜はぐっすり眠れた。

ロンドンっ子ですか。

いいえ、ヨークシャーの酪農場で育ちました。

何か人と違うことをしたいと思ったのはいくつのときですか。

四歳か五歳のときに、父のほうを向いて、「パパはまともな仕事をしてない。ぼくはまともな仕事に就きたいよ」と言いました。おかしなことに、今していることはまともな仕事ではないのですが。

幼いころから、何か違うことをしたいと思っていたわけですね。あなたのお父さんはどういう反応をされたのですか。

ああ、父は何とも思っていませんでした。いつも「酪農家にはなるな」と言っていましたから。

一〇代のころ、最終的に何をしたいか考えていましたか。

お金持ちになりたいということしか考えていませんでした。私たちは田舎に住んでいました。その村には裕福な家が一軒あり、六〜七歳くらいのころに、母が一度その家に連れて行ってくれました。私の家はお金に恵まれていなかったので、その家を見て、すごいなあと思いました。屋外プールまであったのです。イングランド北部では夏でもかろうじて二〇度を超えるくらいなので、プールはバカげているのですが。母と歩いて帰りながら、「いつかあの家を買うんだ」と言ったのを覚えています。私はその訪問で野心を持ったのです。どうすればいいのかは分かりませんでしたが、とにかくお金持ちになりたいと思いました。

トレードに興味を持つようになったもう一つのきっかけは、ベアリングス銀行を破綻に追い込んだニック・リーソンを主人公にした映画「マネートレーダー　銀行崩壊」でした。もちろん、彼はうさんくさい人物です。でも、トレードフロアで叫んでいる彼を見て、「かっこいい」と思ったことを覚えています。

そのときは何歳でしたか。

一〇代前半でした。

私が会ったトレーダーで、その映画を見てトレーダーになろうと思った人はあなたが初めてです。

ええ、良くないですよね（笑い）。両親に、どうやって通貨でお金を稼ぐのか尋ね始めましたが、「おまえにはまだ理解できないよ」と言われました。それ以上の話はしませんでした。

学校では何を専攻したのですか。

ロンドンのインペリアル・カレッジで、数学の修士号を取りました。

あなたは生まれつき、数学が得意だったのですか。

ええ。でも、論文を書くのが苦手で、学問は楽しめませんでした。

数学の学位で何をしたいか、考えていましたか。

いいえ、何も考えていませんでしたね。

どういう仕事に就きたいという目標はありましたか。

トレードに興味があったので、いくつかの銀行のインターンシップに応募しました。ところが、すぐに自分が出遅れていることに気づきました。大学に入ってからずっとインターンをしていた人々と競争をしていたのです。頑張ってもどうにもならず、しばらくして、あきらめました。金融危機の余波で、銀行部門ではまだ人員削減が続いていました。卒業の一年前に、年金会社の保険数理士のインターンになりました。

数学を専攻していたのですから、向いていたのでしょうね。

自分にはできると思っていたのですが、まったく楽しめませんでした。その会社の環境が嫌いでした。人間の裁量を完全に排除しようとするところだったので、冗談も言えませんでした。おそらく、そこで何人かに不快感を与えたので、あまりよく思われていませんでした。それに、彼らから与えられた仕事にもあまり力を入れていませんでした。

どうしてですか。

保険数理士の仕事が退屈だったのです。実は統計が好きじゃないんですよ。

では、勉強したか好きだった数学はどういうものだったのですか。

応用数学です。

インターンシップを終えて、どうなりましたか。

雇われませんでした。

そのとき、どういう反応をしたか覚えていますか。

ひどいと思いました。私はかなり傲慢で、世界最高レベルの大学の学生で、頭が良かったので、インターンシップの終了時に雇われると思っていました。「雇わないなんて、あり得ない」と思いました。

インペリアル・カレッジに入学するのはそんなに難しいのですか。

ええ、当時は世界で第四位でしたから。

彼らはなぜ採用しないのかを、あなたに話したのですか。

ええ、「あなたは仕事にそれほど興味を持っているようには見えなかった」と言われました。

では、彼らは正しかったわけですね。

まったく、そのとおりでした。就職できなくて、私が動揺したとき、彼らは驚いたと思います。負けず嫌いな性格なので、当然、雇ってもらえると思っていました。それで、動揺しただけなのです。負けたり拒絶されたりすることには慣れていないのです。

それで、どうしたのですか。

これは決まり文句と思われるでしょうが、どうせ失敗するなら、自分のやりたいことをして失敗したほうがいいと思ったのです。そこで、トレードができるところをもう一度、探そうと決めました。

そして、トレーダーになるという目標は、素早くお金持ちになりたいというのが主な動機だったのですね。

そうです。

それは変わってますね。以前の『マーケットの魔術師』の本では、トレードを始めた主な動機がお金だと言ったトレーダーはいなかったと思います。でも、この本のためにこれまでにインタビューをしたトレーダーで、主な動機はお金持ちになることだったと言った人はあなたが二人目です。

トレーダーになる主な動機がお金以外のことだという人がいたら、そのほうが驚きです。

一般的には、以前の本でインタビューをしたトレーダーで、トレードが大好きだと言う人は、それを一種のゲームと見ていて、ゲームで勝ちたいというのが原動力になっているという人が多かったです。

私はトレードをそんなふうに見たことはありません。勝つべき相手があると感じたことは一度もありません。私はトレードを自分の人生の質を高める方法と見ていただけです。勝てる市場はないと思います。トレードをすればするほど、打ち勝つべき対象は自分自身以外にないことに気づきます。

最初のトレードの仕事はどうやって見つけたのですか。

大学の最終学年のときには必死に就職活動をしました。たくさんの銀行に応募したのですが、どこも雇ってくれませんでした。あきらめかけていたときに、私にとって完璧に思えるこの求人情報を見つけたのです。「採用された人たちは初日からトレードをする必要がある。資金援助があり、利益は会社と折半する」と書かれていました。これはすごいと思いました。銀行に入っても、初日からトレードをさせてもらえるなんてあり得ないし、自分のやりたいようにトレードをすることもできないでしょう。何をどうトレードすべきかについて、何らかの縛りがあるはずです。私はオンラインでその会社に応募して、面接を受けました。

面接はどうでしたか。

そこも、危うく失敗しそうになりました。会社の三人のパートナーのうちの一人から面接をされて、仕事に対する関心の高さとやる気がどれくらいあるかを見たがっていました。そのときの私は飢えた犬のようでした。雇ってもらおうと必死でした。自分はけっしてあきらめないタイプだ、と彼に言いました。

それはまったく問題なさそうですが。失敗しそうになったと言ったのはなぜですか。

面接後に、彼は私をトレード部門のところに連れて行き、ほかの二人のパートナーに会わせたのです。自分では覚えていないのですが、ほかのパートナーの一人が話しかけていたとき、私はネクタイを口に入れたのです。学生時代のクセが残っていたのだと思います。何かにとても集中していると、ネクタイを口に入れるクセがあったのです。私が帰ったあと、そのパートナーは「彼は雇えない」と言ったそうです。私を面接した人が、もう一度チャンスを与えるようにと説得してくれたので、別の日にまた面接に呼ばれて、幸いにもまったくのバカではないと思わせることができました。

ネクタイをくわえるクセは無意識でやっているのでしょうね。

ええ、まったく無意識でやっています。数年後、彼らの一人がそのことで冗談を言ったので、初めて気づいたのです。

その面接を受けたとき、トレードや市場について何か知っていましたか。

まったく何も知りませんでした。悪い習慣が身につくと思ったので、自分でトレードをしたことは一度もありませんでした。しなくて、良かったです。私にはトレード法を教えてくれる人が必要だと思っていたのです。

会社はあなたが知識も経験もまったくないことを気にしなかったのですか。

彼らは経験のある人よりも、お金を稼ぎたがっている人を見つけることに関心を持っていました。私の経歴を見て、市場に関することをすべて把握できる頭があることも分かっていました。彼らは良いトレーダーになるには、市場について何を知っているかよりも個性のほうが重要だ、と信じていたのだと思います。

仕事を始めてからは、どうやってトレードについて学んだのですか。

この会社では毎年、トレードの研修生を二人採用することにしていました。最初の二週間は、午前六時から午後四時まで続く集中トレーニングコースに参加しました。それからトレード用ソフトウエアの使い方を習いました。また、市場の動きにとって各国の中央銀行がいかに重要かについての理解度を深めるなど、ファンダメンタルズについても教わりました。彼らのビジネスモデルはイベントリスクのトレードでした。ＦＲＢ（連邦準備制度理事会）の発表など、各イベントの期待度を計算しておき、ＦＲＢが予期しない発表をしたら、そのイベントでトレードをして利益を上げようとします。ですが、私が入社したときは、トレーダー全員がほとんど同じことをしていたので、会社はトレード手法の多様化を試みているところでした。過去には、日中のテクニカル分析でトレードをする優れた人が何人かいました。振り返ってみると、会社は私にテクニカルパターンでデイトレードができるようになることを望んでいたのでしょう。

彼らはテクニカル分析の使い方を教えてくれましたか。

パートナーの一人がテクニカル分析を利用していました。彼はフィボナッチリトレースメントやトレンドラインなどの指標を使って、支持線と抵抗線を特定する方法を教えてくれました。基本は支持線で買い注文を入れて、五～六ティック下に損切りの逆指値を置き、二〇ティックの上昇を期待するという考え方でした。会社には、「ファンダメンタルズ分析は簡単だから、テクニカル分析に焦点を当てるように」と言われたものです。まったく経験不足だったので、それをうのみにしました。「ええ、テクニカルトレードで稼ぎますよ。ファンダメンタルズなんて楽勝なんだから」と思っていました。

どの市場でトレードをしていたのですか。

会社は先物市場でトレードをしていました。主に通貨、債券、株価指数でした。

トレードを始めたのはいつですか。

通常、研修生は最初の六カ月はシミュレーターを使います。会社は損益を監視していました。彼らは本物のお金でトレードをさせる前に、成績に一貫性があるか確認したかったのです。彼らは私ともう一人の研修生を競わせました。その同僚はわずか二カ月で実際のトレードに移りました。私は六カ月間ずっとシミュレーターでトレードを続けさせられました。それはつらかったです。私がシミュレーターで、同僚の新人は本物のお金でトレードをしていたときに、何度か素晴らしいトレードの機会があったのです。その時期に、スイスの中央銀行は通貨をユーロにペッグしたのですが、それは大きなイベントでした。また、金利の引き下げも行われました。

会社は最終的にはトレード資金を渡したということは、シミュレーション期間中に利益を出していたのでは？

私は極端な妄想に陥っていたので、最初の六カ月はとても難しかったです。みんなは私があと数日でクビになる、という冗談をよく言ったものです。彼らは私をわざと怒らせるように仕向けていたのですが、私はそれを真に受けていたのです。

シミュレーションの成績はどうだったのですか。

利益は出していましたが、彼らにとって十分だったかどうかは分かりません。

ファンダメンタルズ分析によるイベントとテクニカル分析の両方でトレードをしていたのですか。

利益のほとんどはテクニカル分析で得ていました。

どんなテクニカル分析を使っていたのですか。

「オープンドライブ」と呼ばれるパターンを習いました。このパターンは相場がギャップを空けて寄り付いたあと、その方向に動くときに形成されます。相場は同じ方向に動き続けるという考えに基づいています。

そのパターンは今でも使えますか、それともそのときだけうまくいったのですか。

当時、その手法でうまくいったのは運が良かっただけだと思います。シミュレーションでは利益を出せました。しかし、現実のトレードに移るとすぐに、日中のテクニカル分析に基づくトレードではまったく利益を得られなくなりました。四年ほど、それで利益を得ようともがいていました。愚かでした。とても頑固でした。

しかし、あなたはその時期も利益を出していましたよね。

私はテクニカル分析に焦点を合わせていたのですが、ファンダメンタルズに基づくトレードも続けていて、そっちのほうで利益のほとんどを出していたのです。

ファンダメンタルズ分析よりもテクニカル分析に基づくトレードに魅力を感じていたのですか。

最初のころは、そうでした。

どうしてですか。

良いテクニカルトレーダーになることを会社に期待されていると思っていたからです。

それは、みんなが同じトレードをするのを望んでいなかったからですか。

ええ、会社はトレーダーたちの手法がもっと多様化するのを望んでいました。

ということは、最初にテクニカル分析に焦点を合わせたのは、上司を喜ばせたかったからですか。

そうだったと思います。それに、とても未熟だったので、上司にそういうトレードができるなら、自分にもできると思ったのです。彼はテクニカル分析でデイトレードをする才能がありましたが、私にはそういう才能はありませんでした。

会社から一定のトレード資金を渡されたのですか。

実はトレード限度額は設定されていませんでした。雇用契約では一万ポンドの中止ポイントがありました。建前では、一万ポンドの損失を出せばクビということです。

報酬はどのように支払われたのですか。

トレードで得た利益の五〇％をもらえましたが、月に二五〇〇ポンドほどのデスクレントを払う必要がありました。これはロイターの情報やソフトウエアなどに対する経費です。最初の三カ月は無料でした。

大切なことで話していないことがあるのですが、私は中等学校（一二～一六歳）のときからうつ病を患っていました。シミュレーションの期間中、気分が良いときにだけ、うまくいくことに気づきました。早々に、トレードでいかに精神的にきつい目に遭うことがあるかを認識しました。そして、精神的に参っているときは、トレードで成功する可能性はないと思いました。そのときから、常に良い気分でいられることを心がけるように多くの時間を費やすようになったのです。

どういうことをするのですか。

気分が落ち込む人にぜひとも勧めたい本を読みました。ティム・カントファーによる『ディプレッシブ・イルネス（Depressive Illness）』です。この本を読むことで心が癒やされ、自分の経験したことが呼び起こされました。それで、自分の気分をもっと晴れやかにする方法を試すことができたのです。その本で、著者はうつ状態から抜け出す方法を図示して説明しています。図では、X軸に時間、Y軸に幸福度を取ります。うつ状態から抜け出すとき、こういうふうに進む傾向があります（バーグは手を空中で振り、波形の上昇トレンドを描く）。要するに、ゼロから幸せな状態まで一直線に進むことは期待できない、と彼は伝えたいのです。時間がかかるのです。とても不幸な状態から少し良くなり、また落ち込むのですが、前よりはわずかに高い水準でとどまります。特に共感したのは、うつ病になる人の多くが静かで野心的で勤勉な傾向があると、著者が説明していたことです。その説明はまさに私の性格そのものでした。

その本のどの部分が、うつ病状態から抜け出す助けになったか思い出せますか。

自分は一人じゃないと感じられたので、共感しました。同じことがほかの人にも起きることや、そこから抜け出す戦略があることを理解するのに役立ちました。

その精神状態からどうやって抜け出したのですか。

無理やりに独り言を話して、抜け出しました。仕事から帰るバスの座席で、「楽しくなるんだ！　楽しくなるんだ！」と思っていたことを覚えています。うつ病状態から抜け出すために、自分に気合いを入れていたのです。そうしないと、穴に滑り落ちてしまい、そこから簡単には抜け出せなくなると分かったのです。

適切な精神状態でなければ成功しないことに気づいたという点で、トレードに救われましたか。トレードによ

って、以前にはなかったやる気が出るようになりましたか。

それは間違いないです。

その本を手に入れたのは、トレードがきっかけだったのですか。

そうです。うつ病状態から完全に抜け出すのに、何年もかかりました。ここ三年ぐらいはうつ状態に陥っていません。しかし、完全に良くなることはけっしてありません。その精神状態を忘れることはけっしてないのです。

本物のお金でトレードを始めたときの精神状態はどうだったのですか。

精神的には、主に給料をもらえないというプレッシャーのせいで、何年間も自制心を失っていました。要するに、トレードで利益を出さなきゃ、という考え方に縛られていたのです。

一年目の成績はどうでしたか。

二〇一二年には約二万ポンドの利益でしたが、すべての経費を引くと、マイナスでした。

リスクをとれる上限が一万ポンドで、二万ポンドの利益を出したのですから、実際にはトレードを始めた年としてはかなり良い成績ですよ。

そうだとは思いますが、実際にそう思ったことはありません。「自分はあまり上手じゃない」と思っていました。

でも、マイナスになったのは経費のせいでしょう。

それが私をやる気にさせた理由の一つでした。いつも、自分は利益を出しているのだから、あと経費分さえ稼げればいいんだ、と思っていました。だから、そこに何かがあることや、自分にある種の能力があることは分かっていました。

二〇一二年は利益は出したものの、経費までは賄えませんでした。二〇一三年はどうなりましたか。

その年の初めに、上司が私の口座をゼロに戻したので、マイナスの金額表示はなくなりました。その年の前半は利益を出しましたが、毎月の経費すべてを賄うには不十分でした。

毎月の経費を払うのに十分な利益もなく、折半でもら

える利益もないのなら、生活費はどうしていたのですか。

貯金で暮らしていました。何年も夏に仕事をしていて、そこで稼いだお金を貯金していました。もともと農場育ちなので、浪費癖はなく、稼いだお金はほとんど貯金していました。

どんな仕事ですか。

一六歳のときにウエーターの仕事に就いたのですが、ひどいものでした。とても不器用だったので。使用済みのナイフやフォークをお客さんに落としていました。それでクビになりました。その次は結婚式などのイベントでテントを張る仕事をしました。見てのとおり、とても背が高いので、その仕事はすごく上手でしたよ（笑い）。

夏の仕事でためたお金で生活費は賄えたのですか。

インターンの仕事でもらった給料もためていました。また、両親が家賃を支払ってくれていたので、ほかの費用は貯金から支払っていました。

そういえば、無収入の仕事に就いたことについて、ご両親はどう思っておられたのですか。

喜んではいませんでした。

ほかの仕事に就くようにと言われたのですか。

最終的には言われました。二〇一三年の半ばまでに、貯金のほとんどを使い果たしました。両親には、あと一カ月分の経費を賄えるお金しか残っていない、と伝えました。両親は本当に心配していました。彼らはトレードをギャンブル依存症だと思っていたので、資金援助はしたがりませんでした。「私たちは援助を続けるつもりはない。それを終わりにして、本当の仕事を見つけなさい」と言われました。

その時点で、その年の成績はどうだったのですか。

七月末時点での粗利益は二万六〇〇〇ポンドでした。

リスクの上限が一万ポンドで、二万六〇〇〇ポンドならかなり良い成績ですね。

そうかもしれませんが、リターンの数字は見逃したトレードについては示されていません。主にイベントのトレードで利益を得ましたが、当時はヨーロッパの債務危機が続いていたので、イベントでトレードをする機会はいくらでもあったのです。金融政策は大きく変化しつつあり、フォワードガイダンスが導入され、量的緩和が再開されました。トレードができるイベントがたくさんあったのに、失敗し続けていたのです。私はそれらのイベントに対して十分に準備ができていませんでした。トレードの機会を逃すと、それで自分にうんざりしました。そのうえ、ほかのトレーダーがみんな大金を稼いでいるのを見るという悪循環が続きました。

その時点で落ちこぼれた気分になりましたか。

ものすごく、そう思いましたね。

それは皮肉ですね。客観的には、口座に請求される経費を除けば、利益率という点ではとても良かったからです。

私の考えでは、人間にとって、すべては相対的なんです。人はみんな、自分と他人を比べるものです。

落ちこぼれたと思ってから、あきらめて何かほかのことをしようと考えましたか。

自分は落ちこぼれで、へたくそだと思っていても、トレード以外にやりたいことは思いつきませんでした。まだトレードが本当に楽しくて、うまくなりたいと思っていたのです。だから、お金が底をつきかけたときはつらくて、両親に愛想をつかされると思いました。トレードに全力を注いでいたので、アルバイトはしたくありませんでした。そんなことをしていたら、トレードがもっと下手になると思いました。

それで、どうしたのですか。

上司に私の状況を正直に話しました。「お金が底をつきかけていて、トレードをいつまで続けられるか分かりません。私を助けるために何かできることはありませんか」と言ったら、助けてくれたのです！　驚きでした。「給料を払うよ。いくら必要だい」と言われたのです。

いくら、くれたのですか。

毎月の事務費を賄うのに十分な給料をもらいました。あとになって、上司たちがアムリット・ソールを夕食に連れて行き、私について彼の意見を聞いたのだと知りました（第4章でインタビューをするアムリット・ソールは、数年前にバーグと同じ会社で仕事を始めていた）。

彼らが、「バーグが苦労しているようだ。彼のことはよく分からないんだ。君はどう思う」と尋ねると、ソールは「彼は成功すると思います」と言ったそうです。彼らが給料を払おうと考えたのは、彼のその言葉があったからでした。給料をもらったら、クリスマスまでに毎月の経費を賄う以上に稼がなきゃ、と思いました。幸いなことに、そうなりました。

（次の日に私はソールにインタビューをして、このエピソードについて話し、なぜバーグが成功すると信じたのか尋ねると、彼は言った。「バーグは勤勉なんですよ。驚くべき労働倫理の持ち主なんです。あれほど何かに打ち込んで、一つの仕事に集中し続けていたら、成功するのは時間の問題でしょう。彼はそんな男です。コツコツ働きますし、自分の妨げになることがあれば、何でも進んで対処するのです」）

彼らはどうしてソールに尋ねたのでしょう。

彼は会社で最も成功したトレーダーの一人だったので、彼の意見を尊重したかったのだと思います。当時、彼についてはほとんど何も知りませんでした。私はオフィスの別のところにデスクがあったので、彼とはほとんど話をしたことがなかったのです。

それから数年後、彼は私の良きメンターになりました。彼はトレードにおける考え方の重要性を頭にたたき込むのを手助けしてくれました。彼は、私が自分で自分の足を引っ張っていることに気づかせてくれたのです。私はいつも悲観的なので、失敗するたびに、自分を責めていました。彼は「ほら、そんなふうに考えちゃダメだよ。良い考え方をしていたら、必ず上手になるんだから」と言い続けてくれました。

給料をもらい始めたら、トレーダーの地位を失う心配は減りましたか。

すぐにではないです。少し時間に余裕ができたので、クリスマスまでには月々の経費を賄える以上の利益を出す必要がある、と思っていました。一〇月末までに、年間利益が約四万ポンドまで増えました。それで問題がなさそうですが、事務経費と前払いの給料を差し引くと、口座はまだマイナスだったので、気分はまったく晴れませんでした。残り時間は少ないと思っていました。

二〇一三年一〇月末の時点では、トレーダーのキャリ

アがその年で終わるかもしれないと思っていたのですね。

ええ、奇跡が起きないかぎりは。

何があったのですか。

その年の一一月の市場では、ＥＣＢ（欧州中央銀行）のマリオ・ドラギ総裁が一二月には金利を引き下げるだろうが、一一月はまだ引き下げない、というのが大方の予想でした。私は彼が一一月に実施することを祈っていました。

サプライズになるからですか。

ええ、そうなればサプライズなので、かなりの利益を得られると思ったからです。決まり文句に聞こえるでしょうが、「神様がいるのなら、お願いです。これが私の最後のチャンスかもしれないのです」と思ったのを覚えています。ドラギ総裁がＥＣＢの月例会議後に利下げを発表すると、すぐにヨーロッパの短期金利の先物を数百枚買いました。

リスク限度からすると、そんなに大きなポジションは取れなかったはずですが。

上司は個々のトレーダーに対する信頼度と対応できると思える水準に合わせてポジションの限度を決めていました。その年はずっと利益を出し続けていたのを見て、限度を引き上げてくれたのです。そのトレードは単純なものでした。積極的に短期金利の先物を買い、利下げが織り込まれた時点で手仕舞いました。そのトレードで九万ポンド近く稼げました。

それは単純だったにせよ、完璧なトレードでしたね。あなたはそのトレードができる可能性があると予想していました。テクニカル分析ではなく、イベントに賭けるという自分の信じる手法を使いました。トレードに対する準備ができていて、ポジションサイズを最大にしました。そのトレードですべてを適切に実行したわけです。あなたにとって、それが初めて大勝したトレードでした。どう感じましたか。

信じられない、と思いました。「救われた。これで、トレードをキャリアにできる」と思ったのを覚えています。驚くべきことに、そして、うれしかったことに、その夜に両親が訪ねてきました。彼らを食事に連れて行きました。

食事のときまで、両親には何も知らせなかったのですか。

そうです。

あなたは以前よりもうまくやっていたわけですが、彼らはそこまでは知っていたのですか。

いいえ、職場の何人かから援助を受けていたことしか知らせていませんでした。

まったく知らなかったのですね。両親は、トレードの仕事はもう続けられないだろうと思っていたのでしょうね。

そう思っていました。

何が起きたか、どんなふうに伝えたのですか。

「今日は九万ポンド儲けたよ」と言っただけです。彼らは信じられない、という様子でした。最高の瞬間でした。

それで、トレードに対するご両親の見方は変わりましたか。

そう思いますが、母はとても心配性なので、トレードに関してはもう話していません。

そのトレードで、もう自分は大丈夫だと思えましたか。

ええ。でも、このゲームは大丈夫と思うたびに、打ちのめされます。

マーケットでは、そんな目に遭うものです。そのトレードでテクニカル分析はやめましたか、それともまだ使おうとしていたのですか。

まだテクニカル分析がもっとうまくなるように努力はしていましたが、そのころには、ファンダメンタルズ分析を向上させるほうに大半の力を注いでいました。理屈では、それは実に簡単なんですよ。何が起きると相場が動きそうかどうかを考えて、トレード法を見つけだして、執行するだけですから。トレーダーが力を発揮できないのは彼ら自身のせいです。私の問題は、ほとんど心理的なものでした。うまくいった日があると自己満足に陥り、次のイベントに対する準備を怠りました。すると、それが素晴らしいトレード機会だったと分かるのです。良かったり悪かったりの繰り返しでした。

今はずっとうまく自分をコントロールできていますが、二〇一三年や二〇一四年のころと比べると、トレード機会がはるかに減っています。当時は量的緩和やフォワードガイダンスなど、多くのことがまだ比較的目新しかったので、中央銀行が何をどういう方法で行うつもりか、不確かでした。ところが、現在では、市場は中央銀行の動きを見抜いているため、かつてほど中央銀行の動きで儲ける機会はありません。今では、イベントが起きる前に市場がそれを織り込んでしまいます。私はサプライズから利益を得るので、サプライズが減ると、トレード機会も減ります。まだ、イベントで稼ぐことはできますが、方法を変える必要があります。以前よりも、もっと賢くやる必要があるのです。

例を挙げていただけませんか。

その話題には立ち入りたくありません。それは私独自の手法なので。

ごもっともです。数年後にアムリット・ソールが良きメンターになったとおっしゃいましたが、ほかに会社にそういうメンターがいましたか。

あなたはダリワルにインタビューをしていますよね（第5章でインタビューをするダルジット・ダリワルはバーグの数年前に同じ会社でトレーダーになった）。

はい、しています。

私は彼の隣に座りました。トレードを始めて最初の数年は、彼としか話をしていませんでした。

彼はあなたの助けになりましたか。

良い面も悪い面もありましたが、総合すれば、だいたいは良かったと思います。

何が良くて、何が悪かったのですか。

彼は信じがたいほどやる気に満ちていました。彼ほどやる気のある人には会ったことがありません。彼は何が原因で相場が動いたかを理解するのが得意でした。彼はよくヒントをくれたので、助かりました。

例を挙げてもらえますか。

彼はファンダメンタルズのリサーチを集中的にしていたので、市場のイベントを予測するのがとても得意でした。「協調利下げがあるよ。それに備えておいたほうがいい」といったことをよく話してくれました。しかし、当時は上司から、ファンダメンタルズから離れるようにと言われていたので、テクニカル分析によるトレードに集中していました。でも、彼の助けを借りながら、ファンダメンタルズに基づくトレードでときどき稼いでいなかったら、当時の利益はほとんどなかったでしょう。

それはすべて非常に良いことに思えます。彼がメンターとして悪かった面は何なのですか。

彼のせいにするつもりはないのですが、私たちはグループで積極的に動くようにと言われていました。口座資金を増やすには、積極的にトレードをする必要があります。彼にはいつも、ポジションサイズをもっと大きくしたほうがいいと言われました。私は彼のアドバイスを文字どおりに受け取りすぎていたのです。私はユーロ建てドイツ国債で三〇枚のポジションを取り、固くなって座っていました。間違えたら、大損するからです。でも、本当はまず五枚からトレードをして、時間をかけて自信をつけていくべきだったのです。

その後は彼の影響で、大きなポジションを取ったのですか。

実際には、まったく逆に作用しました。トレードをするときは、大きなポジションを取らなければいけないと感じていたので、あまりトレードをしなくなりました。その後、トレードの瞬間になると、手を出せなくなったのです。

それは、非常に大きなポジションを取るか、何もしないかの選択だと考えたからですか。

そのとおりです。損を恐れすぎて、何もしなくなったのです。ダリワルがもっと多くの枚数でトレードをする必要があると言ったせいで、私の手が止まってしまったと言っているのではありません。彼はたくさんトレードをして、多くを学んでいました。私が後悔しているのは、トレード回数を増やさなかったことです。私は不安に感じるほどのポジションを取ろうとしたので、トレードをするのが怖くなったのです。それで、トレードをやめてしまったので、経験も積めなかったのです。

興味深いことに、あなたとソールとダリワルは知り合

いで、私はこの本を書くためにあなたたち全員にインタビューをしています。最初の『マーケットの魔術師』に登場するマーカスとコフナーを除いて、そういうことはありませんでした。

スィコータもですね。

ああ、そのとおりですね。スィコータはマーカスのメンターで、マーカスは後にコフナーを雇いました。だから、一冊の本で三人のトレーダーがつながっているもう一つの例でした。

あなたがどういうふうに書いているのかを知るために、最近、マーカスとのインタビューを読み直しました。何年もたって読み直すと、新しく気づくことがいろいろあって、興味深いです。経験を積むと、別の角度からものを見るのだと思います。そのインタビューでマーカスが話しているトレードの一つでは、彼は大豆の買いポジションを早いうちに手仕舞ったのに、エド・スィコータは売りませんでした。その後、大豆は何日もストップ高が続きました。

ええ、よく覚えています。興味深いことに、マーカスはトレーダーになって最初の数年に何度も損をしていますが、彼にとって最もつらい経験は、トレードで損をしたことではなく、機会を逃したことだったという印象を受けました。

自分で経験するまで、機会損失で苦しむというのは理解できませんでした。一日で一二％マイナスになった日がありましたが、それでも機会を逃したときほどの苦痛はありませんでした。素晴らしいトレードの機会を逃したときは、損をしたときとは別の感覚です。ひどいものです。その感情をコントロールするのに苦労しました。

機会を逃したトレードで、特に苦痛だったものを一つ挙げてもらえますか。

前に述べたように、スイス国立銀行が通貨をユーロにペッグしたとき、まだシミュレーターでトレードをしていました。皮肉なことに、二〇一五年一月にペッグ制を解除したときも機会を逃しました。私は就職して以来ずっと、六時三〇分から一六時三〇分まで規則正しく働いていました。日中はほとんどオフィスから出ませんでした。食事さえも持ち込んで、机で食べていたほどです。その夜、トレードカンファランスに出席するためにアメリカに行く予定でした。銀行が開く時間に、米ドルを受け取りにオフィスを出ました。カードに問題があって、それを解決するために銀行に約一時間いました。オフィスに戻ると、みんなが大混乱に陥っているように見えました。隣に座っていた同僚が何が起きたか話してくれました。それは私のトレード歴のなかではリスク調整済みリターンが極めて良いトレード機会だったのに、それを逃したのです。本当にがっくりしました。

ダリワルが初期のメンターだったと言われましたが、三人のパートナーのだれかにアドバイスをされたり、フィードバックを受けたりはされなかったのですか。

彼らは毎月レビューをしましたが、それほど口出しはしませんでした。

彼らに何を言われたのでしょうか。

モニタースクリーンでのトレードに切り替える前、彼らはＬＩＦＦＥ（ロンドン国際金融先物取引所）のフロアで会社としてのトレードを開始していたので、彼らはまだその経験に影響されていました。彼らからは、「もっと継続性が必要だ。一日一〇〇ポンド稼ぐように努力してほしい」といったことを言われました。そんなふうにトレードができるとは思っていませんでした。しばらくは何も稼げないが、その後一気に利益を出すというほうが現実的でしょう。

あなたの実績は最終的にそんな感じでした。ですから、その点についてはまったく正しいです。その初期のころに、うまくいっていたのは何でしたか。

大勝したトレードが二つありました。一つは原油先物の売りです。当時、石油価格はとても高かったので、アメリカの戦略的石油備蓄から放出される可能性を注視していました。私はそれを待っていたのです。実際に放出されたのか、そういう話が出ただけだったのかは覚えていませんが、ニュースのせいで石油価格が数ドル下げたので、そのトレードで七〇〇〇ポンド稼げました。帰宅してガールフレンド（今は婚約者です）に、「今日は七〇〇〇ポンド儲けた！」と言ったのを覚えています。すぐに、家に帰って儲けや損について話すべきでないと気づきました。彼女にプレッシャーをかけたくありませんでした。その後、すぐにまた大勝しました。ヨーロッパの経済データが出ると驚くほど悪かったので、ドイツ国債を買って、四〇〇〇ポンド儲けました。

奇妙なことに、そのトレードはどちらもファンダメンタルズに基づくものですね。

そうなんです。私は飲み込みが悪いのだと思います。でも、いったん頭にたたき込むのに時間がかかるんです。私はとても科学的なので、証拠をたくさん欲しがることも原因なのでしょう。理想を言えば、戦略的石油備蓄からの放出を一〇例は見たいのです。

おそらく、それがファンダメンタルズをなかなか受け入れられなかったもう一つの理由なのでしょうね。観測データを統計的に有意な数だけ手に入れるのは無理ですから。

そのとおりなんです。それで苦労しました。私のダメなところは、傲慢すぎる点です。

どういうところが傲慢すぎたのですか。

人の話に耳を貸しませんでした。

どんなことに耳を貸さなかったのでしょうか。

彼らはファンダメンタルズにもっと注意を払う必要があると私に話していました。

しかし、上司はテクニカル分析にもっと注意を払うようにと言っていたのでは？

彼らはそう言っていましたが、同僚は正反対のことを言っていました。

矛盾するアドバイスを受けていたのですね。当然ながら、どちらか一方しか受け入れられないでしょう。

そうなんですが、私は自分の頭で考えていませんでした。じっくり考えるべきだったのに、そうしなかったのです。クビにならずに済むほどの成績を出せているだろうか、ということが心配で、そのことばかり考えていました。もう少しプロセスに焦点を当てるべきでした。しばらく時間がかかりましたが、やがてファンダメンタルズにもっと焦点を当てるべきだと気づきました。

現在、トレードはすべて、ファンダメンタルズだけに基づいているのですか。

いいえ、皮肉なことに、結局は再びテクニカル分析でトレードをしていますが、もっと長期的な時間枠で行っています。ただ、テクニカル分析だけに基づいてはいません。ファンダメンタルズの知識と組み合わせています。

テクニカル分析に戻ったきっかけは何でしょうか。

イベントドリブンのトレードの問題は、イベントがなければ何もすることがなく、実に退屈なことです。人生を無駄にしているような気分に陥ることもあります。

そんな状態だと、退屈しのぎにすべきでないトレードに手を出しかねませんか。

そうなんです。ほかに課題があるときのほうが、成績がはるかに良くなることが分かりました。イベントでのトレード以外に何もすることがなく、イベントが起きないと、抑制が効かなくなってしまいます。何かに注意を向けていないと、間違ったことに焦点を合わせてしまうのです。

数年前、トレンドフォローシステムを調べて、いくつかの検証を始めました。トレンドフォローが果たして機能するのか、自分で確かめたかったのです。多くのパラメーターと期間でシミュレーションをしました。逆指値注文の位置と利益目標をさまざまな水準で試して、それらを変えるとどう影響するか確認をしました。

検証はどういう方法で行ったのですか。

パイソンでプログラムを書きました。

どういう種類のトレンドフォローシステムを検証したのですか。

ドンチャン型のシステムと移動平均を用いたシステムです（リチャード・ドンチャンはトレンドフォロートレードの先駆者だった。彼が開発したシステムの基本ルールは、四週新高値で引けたときに買い、四週新安値で引けたときに売ることだった。この種のシステムはブレイクアウトシステムと呼ばれる。基本的な移動平均システムは、価格か短期移動平均線が長期移動平均線を上回ったときに買いシグナルが点灯し、逆の場合は売りシグナルが点灯する）。

それで、何が分かったのですか。

トレンドフォローは確かにうまくいくことが分かりま

したが、問題は大きなドローダウンを被る可能性があることです。

それは一九七〇年代と一九八〇年代のほうがずっとうまくいきました。

私もそれを発見しました。パフォーマンス結果は、当時のほうが今よりもはるかに優れていました。

ええ、トレンドはまだ形成されますが、相場は非常にちゃぶつきが多くなっていて、リスク調整済みリターンで基本的なトレンドフォローシステムを見ると、パフォーマンスは良くありません。あなたはトレンドフォローシステムに固有の限界をどう解決したのですか。

トレンドフォロー単独ではなく、イベントの知識と組み合わせて使っています。これまでのところ、結果は満足いくものです。

システムの検証を行う際に、ドンチャンの四週間ルールなどの短期的なブレイクアウトのシステムはちゃぶつきによる損失を被りやすく、あまり結果が良くないことに気づいたはずです。

そうですね。

あなたはもっと長期的なトレンドフォローシステムを使っていたに違いないと思いますが、それとももっと複雑な話ですか。

私はコンピューターシステムは使いません。このリサーチを始めたときの原則の一つは、コンピューターでできることはしたくないということでした。私が基本的なトレンドフォローシステムを簡単にまねることができるのなら、ほかの人もみんなまねができると思ったのです。

それはまさに基本的なトレンドフォローシステムの問題ですね。だれにでもできますから。一九七〇年代、あるいは一九六〇年代ならば、トレンドフォローのシステムを使っている人はほとんどいなかったので、非常にうまくいきました。私はエド・スィコータのことを思い出します。彼は一九六〇年代にＩＢＭ３６０メインフレームでトレンドフォローのシステムを動かしていました。彼には競争相手があまりいませんでした。しかし、パソコンが普及して、だれでもトレンドフォローのソフトウエアを買えるようになると、この手法の効果は落ち始め

ます。そこで、あなたはトレンドフォローをどう使って、効果を上げているのですか。

トレンドフォローだけでは不十分です。重要なことは、どのようにリスクを管理するかと、いったんトレードを始めたらどうやって利益を確保するかです。当初は、トレンドフォローを使うときにはホームランを狙っていました。トレンドに乗って、トレーリングストップを使って利食いをしていたのです。ところが、大きく上昇したあとはトレーリングストップまで下げることが分かりました。私はせっかく得られた含み益のかなりを失うのが嫌でした。人は自分の性格に合ったトレードをする必要があります。自分のトレード手法に安心できないといけません。いったん手仕舞ったら、損益にかかわらず、パッと忘れなければならないのです（指をパチンと鳴らす）。それで不快に感じるのなら、不快になる理由があるはずなので、それを見つけだす必要があります。私はその不快感のせいで、トレンドフォローでの手仕舞い法をいろいろ考案することにしたのです。

システムの検証はしたけれども、テクニカル分析をシステムとして使うのではなく、一つの情報として使っているのでしょうね。

トレンドフォローの検証で唯一、意義があったのは、チャートを使っても利益が得られるという自信がついたことです。でも、トレードで自動化されたシグナルはまったく使いません。私のトレードはすべて裁量です。私のトレード手法は、イベントの解釈、トレンドフォローから得た洞察、それにピーター・ブラントのリスク管理法から学んだ教訓を組み合わせたものです（ピーター・ブラントは第1章でインタビューをしたトレーダー）。

私はこの本のために、ピーター・ブラントにインタビューをしました。彼から具体的に何を学んだのでしょうか。

損失をできるだけ少なくすることが資金を守るためにとても重要だということを学びました。トレードで最も重要なものは心理的資本（ポジティブな心のエネルギー）です。次のトレードのために、精神状態を適切に保つ必要があります。大きなドローダウンを被ると、私は自分の考え方が適切でないことに気づきます。トレードでなんとしても損を取り返そうとし始めるかもしれません。次のトレードをためらうかもしれません。ピーター・ブラントのリスク管理法は見事です。彼のやっていることを勉強できて、とても満足しています（バーグはブラントのトレードの注釈付きコピーを保存した分厚いバインダーを見せてくれた）。ブラントはトレードを始めるとき、判断が正しければすぐにうまくいくと考えています。最高のトレードはすぐに期待どおりの値動きをします。相場がそういう動きをしていない兆候があれば、彼は損切りの逆指値を近づけます。その手法は私のファンダメンタルズに基づくトレード法にぴったりです。大きなポジションを取るときは、相場がすぐに思惑どおりに動いてほしいと思っています。すぐにそうならないときは、ためらいなく手仕舞います。

そのトレードに対して強い確信があって、大きなポジションを取った場合、実際にうまくいくかどうかは、どれくらいの時間や様子を見るのですか。

含み損の状態が長く続くほど心配になり、損切りの逆指値を積極的に近づけます。

仕掛けるときに、そのトレードでとるリスクを分かっていますか。

おおよその数字はあります。ポジションに対して相場が一〇ティック逆行するたびに、どれだけの損になるかは分かっています。

何ティック、逆行したら手仕舞うと決めているのですか。

トレードによります。自信があるときほど、積極的にリスクをとりますが、損切りの逆指値もためらいなく近づけます。ブレグジット（イギリスのEU［欧州連合］離脱）でのトレードでは、一日で一〇〇％の利益を得ました。かなりのレバレッジを効かせていなければ、そうした利益は出せません。ですから、その種のトレードで苦しみたくないのです。苦痛を感じたら、それは非常に大きな危険信号です。

そのため、大きく賭ける場合、相場が即座に思惑どおりに動くことを期待するわけですね。

そうあるべきです。ときどき、相場が一瞬、逆行することもあります。ほとんどの場合、その種のトレードで相場が逆行したら、踏みとどまるのは安全ではありません。

それなら、すぐに手仕舞うのですか。

そうです。

ほんの数分で、ですか。

数十秒で、です。ポジションがそれほど大きくない場合は、数分様子を見ることもあります。しかし、それが重要なポジションで、二〇～三〇秒で含み益にならなければ、手仕舞います。

多くの人は損切りをしたあとに相場が再び順行するのを恐れて、手仕舞えないのです。それは自尊心の問題です。私も、何年も同じ過ちを犯していました。仕掛けて、損切りの逆指値を置き、含み損ではあるものの逆指値には引っかからないポジションをずっと眺めていました。そのトレードは九〇%、うまくいかないと分かっていても、逆指値に引っかかるまでじっと見ていました。手仕舞ったあとにそのトレードがうまくいくのを見るのが耐えられなかったので、手仕舞えなかったのです。ときどき、実際に手仕舞ったあとで、相場が目標価格に達したことがあります。そういうことが起きると、ポジションにしがみつくという、間違った行動を学びます。問題は、手仕舞ったあとに目標価格に達したことしか覚えていない、という点です。手仕舞って資金を守れたときのことは必ずしも覚えていないのです。

なぜだと思いますか。

プラス面ではなく、マイナス面に常にバイアスがかかるのが人間の本性だからです。トレーダーが失敗するのは、トレードがうまくいっていないのに、自分が置いた逆指値にこだわるからです。本当にダメなトレーダーは損切りの逆指値さえ置かないか、逆指値に引っかかりそうになったら遠くに離してしまいます。

それは私がC－C（cancel if close。成立しそうなら取り消す）ストップ注文と呼んでいるものです。ですから、すべてのトレードで逆指値を置くだけでは不十分と言いたいのですね。

そのとおりです。トレーダーは含み損のまま五日間横ばいしているトレードにしがみつき、逆指値に引っかかるまで見ています。私の場合、含み損の状態が長く続くほど、負ける可能性が高まります。

ブレグジットでのトレードで一〇〇%の利益を得たと

言われましたが、そのトレードについて話してください。

会社のトレーダーは私も含めて全員が、国民投票でEU離脱は否決されると予想していました。でも可決されれば、めったにないトレード機会になりますから、真夜中でもみんな出社していました。

否決されていたら、トレードの機会はなかったでしょう。

そのとおりです。投票結果は地域ごとに発表されました。夜が更けるにつれ、EU離脱派の勝利が確実になってきました。市場はそれをまったく織り込んでいませんでした。そのため、儲ける機会があったのです。明らかに、ポンド売りのトレードをすべきでした。ただし、問題はポンドのボラティリティが非常に高くなっていたことです。タイミングがちょっとずれただけで、口座資金の半分が吹き飛びかねないと心配でした。

その心配はよく理解できます。その夜のポンド相場は激しい動きをしていたのを覚えています。ニュースが出ると相場が一方向に動く、という状況ではありませんでした。

そうなんです。ある地域ではEU離脱が可決されそうだという報道がなされ、別の地域では否決されそうだという報道がなされました。私は不意打ちを食らって、大損する可能性がありました。

では、代わりに何をしたのですか。

米国債を買いました。EU離脱が可決されたショックで、市場はリスク回避に向かい、米国債が上昇すると考えたのです。両者の違いは、私の判断が間違っていた場合、ポンド売りでは数百ティック分の損が出るかもしれませんが、Tボンド（米長期債）の買いでは数ティック分しか損をしないという点です。レバレッジを大きく掛けていたので、私にとってこの差は重要です。

Tボンドはどれくらい上げたのですか。

六〇～一〇〇ティックの範囲だったと思います。

その数字を考えると、Tボンドを買うのは、直接にポンドを売るよりもリスク調整済みリターンが高かったでしょう。

ポンドよりも米国債のほうがはるかにトレードしやす

そうでした。

イベントとテクニカル分析を組み合わせたトレードの例を教えてください。

今年（二〇一九年）の初め、金はあまり動きませんでした。トランプ大統領が中国製品に関税をかけるようなことをしたとき、金は最も反応が鈍い市場でした。その後、ある週末にトランプ大統領が中国に対する関税を引き上げると決めると、月曜日の朝に金が力強く上昇していました。「これは前とは違う」と思いました。また、トレードをしようと考えていたブレイクも起きたので、買いポジションを取ったのです。

そのポジションをまだ維持しているのですか。

いいえ、もう手仕舞っています。

理由は何でしょう。

どのようにトレンドに乗り、どこで利食いするかについて、事前に決めているルールがあるのです。

その利食いのルールは、一定水準の利益が得られたときということですか、それともパターンが何か変化したときに利食いをするのですか。

どちらも少しあります。トレンドからできるだけ多くの利益を得たいと思っているので、現場は毎日監視しています。相場が急騰した場合、意味のあるどんな手仕舞いの逆指値を置いていても、含み益の多くを失ってしまうリスクがあるので、早く利食いするほうが良いのです。でも、安定したトレンドが形成されている場合は、手仕舞いの逆指値をゆっくりと引き上げていきます。すべては状況次第です。

この金のトレードではどうしたのですか。

上昇トレンドの途中で一部を利食いして、下げ始めたときに残りを利食いしました。トレンドがある間に手仕舞うときは、必ずポジションを少し残しておきたいと思っています。

前に、トレードの際に適切な考え方をすることの重要性について話されましたね。トレードの精神面について説明してもらえますか。

トレーダーとしての目標は、常に相場と息を合わせることです。そのため、自分の感情をトレードに対する情報として使っています。下手なトレードをしているときは、それをリアルタイムで見つけようと心がけています。過去のドローダウンを分析したら、下手なトレードをし始めても、次のトレード機会を逃すのを恐れてトレードを続けていたことが分かりました。今は、そういう状況に対処する簡単な方法を持っています。何かがおかしいと感じたら、早めにトレードを切り上げるか、翌朝のトレードを休むかもしれません。私は自分の考え方を適切な状態に戻すために、できることは何でもします。心が穏やかな状態でトレードをしたいのです。葛藤を抱えた状態でトレードをしたくはありません。

つまり、自分のトレードが相場と合っていないと感じたときに、サーキットブレーカーのような働きをするのですね。

ええ。以前はトレードの機会を逃すのを恐れすぎていたため、それができなかったのです。

これまでで最悪のトレードは何だったのでしょうか。

それは損失という点では最悪ではなかったのですが、トレードの管理法という意味では最悪でした。当時、ユーロ圏のＰＭＩ（購買担当者景気指数）が発表されると、相場が大きく動きました。ドイツかフランスかはっきり覚えていませんが、ある月のＰＭＩが市場の予想を大きく上回りました。債券が急落して、株価が急上昇すると考えました。それで、ユーロ建てドイツ国債を二〇〇枚売り、ユーロストックス指数の先物を二〇〇枚買いました。すぐに約二万ポンドの含み損を抱えたのですが、「これだけの損は切れない」と思い、トレードを続けました。相場は幸いにも回復して、わずか三～四〇〇〇ポンドの損で手仕舞えました。手仕舞ってすぐに、相場は取っていたポジションに対して大きく逆行しました。それはひどいものでした。

実際には、トレードでの損失はそれほどでもなかったけれど、一時的な調整がなかったら……。

大損していたでしょう。

これは結果がそれほど悪くなかった事例の一つですね。実際、すぐに損切りした場合よりもはるかに損を減らせたのですが、一時的な回復がなかったら、悲惨な結果に

なったかもしれません。あなたは間違ったことをしましたが、その間違いが有利に働きました。しかし、それを「最悪のトレード」と考えているということは、運が良かったとしても、それは間違った判断だったとはっきり認識しているのですね。

ええ、そのトレードには動揺しました。同じことをする可能性があると気づいたからです。「また、同じことをやりかねない」と考えると、恐ろしくなりました。

あなたはその経験から正しい教訓を得たわけですね。ほとんどの人はおそらく、「うわっ、あわてて手仕舞わずに回復を待ったのは賢明だった」と、まったく間違った教訓を学んだことでしょう。興味深いことに、あなたが最悪のトレードと呼んだものの損失はわずかでした。皮肉なことに、悪いトレードをしたおかげで、損が少なくて済んだのです。あなたがトレーダーとして成功した理由の一つは、行動と結果を区別する能力にあると思います。

自分でも信じられないトレードをしたので、そのことはけっして忘れられません。自分がそんな行動をするとは思ってもいませんでした。「これほどの損は受け入れられない」という考えにとらわれることもあるのだと気づいただけで、恐ろしくなりました。私は二度と同じ間違いはしていないので、そのときは十分に恐怖を味わったのだと思います。

あなたの言う「最悪のトレード」では、実際にはそれほどの損は出していません。一回のトレードで最大の損失を出したのは何でしたか。

二〇一七年九月にＥＣＢの記者会見を聞いていたら、マリオ・ドラギ総裁が声明の冒頭でユーロの強さについて言及しました。このコメントが重要で、彼はユーロを切り下げるつもりだと私は思いました。そのトレードの準備をしていたので、すぐにユーロを二〇〇枚売り、即座に含み益になりました。この種のトレードでは、すぐに利益になる機会を探しています。さらに欲を出して、ドイツ国債を二〇〇枚買いました。ドラギ総裁のコメントはユーロの切り下げに関するもので、金利の引き下げに関するものではなかったので、ドイツ国債のトレードは関係ありませんでした。

実際には間接的なトレードを追加して、リスクが少な

い方法で増し玉をしようとしたのですね。

そうです。ドイツ国債を買うと、すぐにユーロが反発し始めました。それは最初のトレードに対する大きな警告シグナルでした。ユーロを手仕舞う準備をしていると、ドイツ国債が急落しました。私はすぐに両方とも損切りをしましたが、損失のほとんどは衝動的に追加したドイツ国債によるものでした。

もしも最初に計画していたポジションだけを維持していたとしたら……。

少しの損で済んでいたでしょう。それはただの強欲でした。翌日は、イングランド銀行が利上げに傾いたので、イベントトレードの機会がありました。でも、前日に一二％の損失を被ったばかりだったので、トレードはできませんでした。その損失から立ち直っていなかったので、再びリスクをとれなかったのです。相場は大きく動いて、オフィスのほかのトレーダーたちは素晴らしい日を過ごしていたのですが、私は前日の損を引きずっていたので、座ったまま動けませんでした。それは二重苦でした。さらに悪いことに、その週末、オフィスのトレーダーたちはアムリット・ソールの独身さよならパーティーをするためにスペインに行きました。私は世界が終わったように感じていて、到底、お祝い気分にはなれませんでした。

あなたのパフォーマンスが最も下がったのは、それがほぼ横ばいだった二〇一八年一月から七月だったようです。それは何もひどくはありませんが、あなたにとってはパフォーマンスが大きく下がったことを示しています。その時期に何かあったのですか。

二〇一七年はパフォーマンスが非常に良かったので、もっと積極的にやろうと考えながら、二〇一八年に入りました。私はリスクをとりすぎていました。トレードをしばらく休んだあと、トレードサイズを元に戻すことにしました。私の考え方は、「もっと積極的にいく必要がある」から、「大きな損失を被らずに、資金を守ろう」に変わりました。

スティーブ・ゴールドスタインとの協力は助けになりましたか（ゴールドスタインはロンドンで活動しているトレードコーチで、本書で取り上げた数人のトレーダーと仕事をしていて、彼らを見つけるための私の情報源になった）。

彼は私が気づいていなかった性格の一部を見る手助けをしてくれました。

具体的には？

私は自分と他人をよく比較して、自分のパフォーマンスを判断しがちでした。大きなトレード機会を逃しても、オフィスのみんながそのトレードをしていなければ、気になりませんでした。でも、だれかがそれをやっていたら、自分が負けたと感じて、とても嫌でした。その感情のせいで、私はつまずき続けたのです。先を越されたと感じ、その後のトレードで過大なリスクをとって、追いつこうとし続けました。二〇一八年の前半の成績が振るわなかった理由はそれで説明できます。ゴールドスタインは私が何をしているかを気づかせてくれたのです。

以前はそれを認識していなかったのですか。

なんとなく分かってはいましたが、はっきりと意識してはいませんでした。

ゴールドスタインからはどんなアドバイスを受けたのですか。

奇妙なことに、解決策は示されませんでした。私が何をしているかを指摘されただけです。しかし、それは貴重でした。彼はその状況に光を当てて、私のしていることがいかに問題なのかを理解させてくれました。

ほかの人がとらえたトレード機会を自分が逃したときに、どういう反応をしているか認識してから、反応の仕方は変わりましたか。

変わりました。ほかのトレーダーに先を越されたときの私に染みついた反応は悪い習慣にすぎず、悪い習慣は変えられます。その問題に気づいたら、変えることができました。例えば、前に話したスイス国立銀行のトレードで機会を逃した同じ日に、オフィスのほかのトレーダーは大きな利益を上げていました。以前は、「嫌な連中だな。彼らは本当に運がいいだけ」という反応でしたが、今はまったく違い、「私はひどかったが、彼らは良かった」という態度です。私はそれに対処して、次に進みます。

あなたのトレード法は以前と変わりましたか。

ええ、今は利益を伸ばすのが前よりも上手になりました。私がしたことは、大きなポジションを取った全トレードのチャートを一枚ずつ印刷することでした。そして過去に戻って、別の手仕舞い法がなかったか分析しました。

何が分かったのですか。

長い間、手仕舞いのルールを持っていませんでした。「ああ、これだけ上げたか。そろそろ利食いしよう」といった感じでした。でもポジションの一部を持ち続ければ、もっと利益が得られることに気づきました。

どれくらい持ち続けるのですか。

トレンドの強さにもよりますが、一カ月持つこともあります。

ポジションのどれくらいの割合を持ち続けるのですか。

約五～一〇%です。大きなポジションを翌日に持ち越す場合のボラティリティに対処したくないので、今でもリスクの大部分は回避します。

ポジションをわずかに残しておくだけでも、利益に大きな差が出るでしょうね。

大きなリスクをとらずに、トレードに数%の利益を追加するのは良い気分です。

トレーダーとして学んだ教訓は何でしょうか。

●良いトレーダーになるには、強い自覚が必要です。自分の長所と短所を理解して、どちらにも効果的に対処できる必要があります。長所を生かして、短所から身を守る必要があります。

●必ず次の機会が訪れるので、トレードを逃しても気にしません。

●心理的資本はトレードで最も重要です。一番大切なのは、間違いを犯したり、トレード機会を逃したり、大きな損失を被ったりした場合の反応です。まずい反応をしていると、間違いが増えるだけです。

●トレードで損を出しても、間違いを犯さなかった場合は、「このトレードをもう一度やろう」と言えなければなりません。

●トレードの機会は規則的には訪れません。今日のトレードの次は三カ月先という場合もあります。トレードで着実に収入を得たいので、この現実は受け入れがたいのですが、そううまくはいきません。二〇一七年の利益のほぼすべては六月の二週間と一二月の一日で得たものです。それだけです。ほかの日の損益を合計すれば、ほぼゼロになります。

●長期的な視点を持ち、一度にではなく徐々に資産を増やすように心がけるべきです。

●間違いを犯しても、自分を許す必要があります。長い間、間違いを犯すたびに自分を責めていました。でも、それは事態を悪化させるだけでした。自分は人間なのだから間違いは避けられない、ということを受け入れる必要があります。私はこれを理解するのに四～五年かかりました。どうして、それほどの時間がかかったのか自分でも分かりません。

●一日中コンピューター画面を見つめるのは、カジノでクリックするように誘われているようなものです。衝動的なトレードの誘惑から身を守らなければなりません。

●悪いトレードをしたりトレード機会を逃したりして、冷静さを失ったときのために、私は立ち直るためのルールを作っています。休憩を取り、運動し、自然が豊かなところに出かけて、楽しく過ごすのです。以前は、相場で損をすると決まって、使うお金を減らしていました。ガールフレンドには、「今日は損をしたので、今夜は出かけたくない」と言っていました。そんな態度では体も頭も固くなって、リスクを恐れるようになるので、トレードがうまくできなくなります。アムリット・ソールから教わったことは、損をしたときにはもっとお金を使うべきだという直感に反した考え方です。損をした日には、「出かけて、楽しみなさい」と言われたものです。負けても、出かけてお金を使えば、力を回復できるという発想です。そのアドバイスはとても受け入れられなかったので、長い間無視していました。

今はそうしているのですか。

今では、トレードの結果に振り回されることはなくなりました。

最後に言いたいことがあれば。どうぞ。

うつ状態になって、幸せであることの重要性に気づきました。幸せに暮らしたいです。以前は、大金を稼ぐことが目標でした。今は幸せに暮らすことに重点を置いています。おかしなことですが、私は今でもお金を稼いでいます。まず自分の幸福に重点を置くべきだ、と強く信じています。ほかのことは重要ではありません。

偉大なトレーダーとのインタビューで繰り返し聞いて得られる教訓の一つは、自分の性格に合った方法を見つける必要があるということだ。トレードを始めたころ、バーグはファンダメンタルズ分析に引かれていたのに、テクニカル分析で利益を得ようとした。彼はほとんどの時間をテクニカル分析に費やしていたが、利益のほとんどはファンダメンタルズ分析に基づくトレードで得ていることに気づいた。最終的に、自分の好む手法（ファンダメンタルズ分析）に焦点を合わせると、成績が劇的に向上した。のちに、テクニカル分析を補助として効果的に組み込む方法さえ見つけだした。

バーグはトレードの成功には、モノの見方・考え方が重要だと考えている。彼は、「心が穏やかな状態でトレードをしたい」と語る。トレードがうまくいかず、適切な考え方をしていないと気づいたら、彼はトレードを中断して休憩する。損を出し続けて平静を失っているのにトレードを続けても、損が増えるだけだ。相場と波長が合っていないときに最もふさわしいアドバイスは、トレードを中断して、もう大丈夫と感じたときにだけトレードを再開する、という単純なことかもしれない。

トレード歴が浅いころ、彼は不安に感じるほど大きなポジションサイズをトレードの標準にしていたため、損を恐れて多くの素晴らしいトレード機会を逃した。自分が安心できる範囲でポジションを取っていたら、それらのトレードの多くを実行して、利益を得ていただろう。教訓は、恐れに支配されるほど過大なポジションを取らないということだ。

トレードに不安を感じる場合は、原因を特定して、それを取り除けるようにトレード法を修正する必要がある。彼はトレンドフォローのトレードで、相場が自分の思っていた方向に劇的に動いて、大きな含み益が得られたのに、その大部分を失って不快感を味わった。そのせいで、彼はその種のトレードにおける利食い法を変えた。トレーリングストップで利食いをする代わりに、もっと敏感に価格に対応して利食いをする手法を採用した。その変更で、全体的なパフォーマンスが向上した。

彼は衝動的にトレードをしないようにとアドバイスを

する。衝動的なトレードはあせり――自分の基準をきちんと満たすトレードを待っているときに動きたくなる衝動――が原因のことが多い。相場は我慢強さに対しては応えてくれるものだ。あせりから行うトレードはたいてい損で終わる。

トレードで安定した収入を着実に得ようとするのは立派な目標かもしれないが、現実的ではない。トレードの機会は規則的には訪れない。市場は素晴らしいトレード機会を提供するときもあれば、トレードにふさわしい機会がないまま何カ月も過ぎることもある。バーグは大成功をした年に得た利益の大部分が、ある月の二週間と別の月の一日のトレードによるものだと言った。無理やり定期的に利益を得ようとすると、あまり望ましくないトレードに手を出しやすくなり、結局は全体的な利益が減ることが多い。

相場が期待どおりに動かなければ、すぐに損切りすべきだ。大きなポジションを取っていて期待どおりの動きをしない場合、バーグは数十秒で手仕舞う。ほとんどのトレーダーはここまで即座に損を切る必要はないが、普段の手法よりも素早く損切りするという考えは重要なアドバイスだ。

すべてのトレードで損切りの逆指値を使うのは、損失管理の一つの方法だ。しかし、妥当な期間内に含み益にならない場合（「妥当」の定義は具体的な手法によって異なる）、バーグは逆指値に引っかかるまで待つ理由はないと主張する。彼は、最初は含み損でも逆指値に引っかからずに含み益になる場合よりも、逆指値に引っかかる前に損切りした場合のほうが、結局は利益が増えると信じている。

含み益になっているトレードを一度に手仕舞う必要はない。利益目標に達しても、ポジションのごく一部を維持するのは理にかなっているかもしれない。相場が同じ方向に動き続ければ、さらに利益が得られるからだ。バーグは利益目標に達して手仕舞うポジションの五～一〇％をいつも残しておく。そうした小さなポジションを維持すれば、リスクは大きく増えずに、全体的な利益は増えると、彼は気づいたのだ。

トレードで損をするよりもトレードの機会を逃すほうが苦痛で、高くつくこともある。バーグはたまたま用事で銀行に行ったせいで、大きなトレード機会を逃した。長期的には、トレードでどこまで成功するかは実行するトレードだけでなく、トレード機会をいかに逃さないかにもよる。

トレードアイデアをそのまま実行するのが必ずしも最も良いとは限らない。関連する市場でトレードをしたほうがリスク調整済みリターンが良くなる場合もある。例えば、国民投票でEU離脱派がサプライズで勝利する見込みになったとき、一般的にはポンド売りを考える。しかし、問題は投票速報が各地域から入ってくるたびに、ポンドが激しく変動することだった。つまり、ポンド売りが最終的に正しいとしても、すぐに逆指値に引っかかる可能性がある。バーグは、EU離脱派の勝利というサプライズで、市場はリスク回避に向かうと推測した。そこで、彼はポンドを売る代わりに、米国債を買った。米国債は、はるかに変動が小さくて、手仕舞い用の逆指値を置きながらリスクを大幅に減らしてトレードができた。実際、Tボンドの買い（間接的なトレード）は、ポンド売りという直接的で単純なトレードよりもリスク調整済みリターンがはるかに良かった。教訓は、トレードアイデアそのものよりも、それを実行する方法のほうが重要な場合もあるということだ。

バーグが最大の損失を被ったのは、関連する市場で大きなポジションを追加して、イクスポージャーを二倍にしたときだった。これは最初のポジションとは異なり、トレードに正当性がなかった。それは彼も認めるように、強欲から行ったものだった。許容できる小さな損で済んだのに、計画していなかったトレードをしたせいで、大きな損失を被った。しかも、損失のほとんどは根拠なく追加したトレードから生じた。強欲から行うトレードはたいてい、残念な結果に終わるものだ。

間違ったトレードをしたせいで最大の損失を被った翌日に、イングランド銀行が金融政策を変更した。それはまさにバーグが望むイベントトレードの絶好の機会で、大きな利益が得られるものだった。しかし、彼はそのトレードを実行できなかった。彼は高くついた前日の間違いのせいで、動揺が収まらず、新たにリスクをとる勇気がなかった。この経験は重要なトレードの教訓を示している。まずいトレードで受けた痛手は、トレードで出した損失そのものよりも尾を引くことが多い。そうしたトレードで自信を失うと、普段なら実行できたはずの勝ちトレードを逃しかねない。逃したトレードで得られたはずの利益は、最初のトレードの損失を上回ることも珍しくない。

トレーダーはトレードの結果とトレードの判断を区別

する必要がある。判断は良かったのに損が出ることもあれば、判断は間違っていたのに利益が出ることもある。彼の「最悪のトレード」は、大きな損を受け入れられなかったので、損切りできずにポジションを維持し続けたトレードだった。相場が一時的に回復したので、彼は手仕舞うことができた。その直後に、相場は彼が取っていたポジションとは大きく逆行した。彼は素早く損切りができず、ためらったために大きな損を小さくできた。結果は良かったが、彼は自分の運が良かっただけで、相場が一時的に順行していなければ、当初の大きな損失よりもはるかに悲惨な結果を生んだ可能性があることを認識した。彼の間違った判断は有利に働いたが、それでも彼はそれが途方もない間違いだったと気づいた。

多くのトレーダーは結果だけを見て、トレードに誤った評価を下す。だが、評価は手法やリスク管理のルールとトレードの判断に一貫性があるかどうかに基づいて行わないと意味がない。トレードで勝っても（あるいは、ここでの例のように小さな損で済んでも）、長期的な成功をもたらすトレード管理やリスク管理のルールに違反していれば、それは悪いトレードかもしれない。同様に、許容できるリスクで利益が得られることが明らかなプロセスに従っているのなら、トレードで損をしても、それは良いトレードかもしれないのだ。

第4章 アムリット・ソール

Amrit Sall

入念な事前準備をしてユニコーン《めったにない機会》時に大きく張り、一三年間で年平均三三七%をたたき出す直感トレーダー

アムリット・ソールは今まで出会ったトレーダーのなかでも最高水準の実績を残している。一三年間のキャリアで、三三七%の年平均リターンを達成している（これは間違いなく年平均リターンであり、一三年間の累積リターンではない）。ところが、このリターンでさえ、彼のパフォーマンスの最も印象的な側面ではない。彼のリスク調整済みリターンは驚くべき値だ。調整ソルティノレシオは一七・六、月次GPR（ゲイン・トゥ・ペイン・レシオ）は二一・一、日次GPRは三・六だ。これらの値は優れたパフォーマンスとみなされる水準の一〇倍にも達する（これらの指標の定義と説明は**付録2**を参照）。

ソールの実績はシャープレシオの欠点を示す完璧な例でもある。彼のシャープレシオは一・四三で、優れた水準ではあるが、並外れているというほどではない。シャープレシオの主な欠点は、大きな利益を出した場合もリスク尺度（標準偏差）では大きな損失を出した場合と同様に悪いとみなすところだ。並外れて大きな利益を何度も出しているソールのようなトレーダーにとって、この低い評価は厳しい。調整ソルティノレシオ（この「調整」によって、ソルティノレシオとシャープレシオが直接、比較できるようになる。この説明については**付録2**を参照）は下方へのボラティリティだけを悪いとみなす値で、ソールの場合、この値はシャープレシオの一二倍になる。これら二つの比率の極端な差は異常だ。ほとんどのトレーダーの場合、調整ソルティノレシオとシャープレシオの比率は一対一に近い。リスクに比べてリターンが相当に高いトレーダーでも、この比率はせいぜい二対一か三対一ぐらいだ。一二対一という比率は、ソールの大きな利益が大きな損失よりも飛び抜けて大きく、その頻度も大きな損失よりもはるかに高いことを示している。彼の一日のリターンを見ると、利益と損失の差に大きな開きがあることが分かる。一五%を超える利益を出

した日が三四日あり（そのうち三日は一〇〇％を超えている。これはタイプミスではない）、二桁の損失を出したのは一日だけだ。そして、その二桁の損失（インタビューで説明）でさえ、主に彼がコントロールできない状況のせいだった。

ソールは独立してトレードをしているトレーダーグループのシニア会員で、そのグループで情報や意見は共有している。彼の同僚たちはソールを高く評価している。リチャード・バーグ（第3章を参照）は次のように述べている。「ソールは素晴らしいモノの見方・考え方を持っています。精神的にとても強くて、常に楽観的な見方をします。自分のエッジ（優位性）が何かを本当に分かっていて、いつ積極的にトレードすべきか、いつそうすべきでないかを分かっているのです。そのため、損失を非常に小さく抑えられているのです。トレーダーとしての明らかな弱点はありません」。別の同僚はソールのトレードの執行スタイルを、「美しいもの」と表現した。

彼のトレードスタイルは独特だ。これまでの『**マーケットの魔術師**』シリーズでインタビューをしたどのトレーダーにもなかったスタイルだ。本書には、同様のトレードスタイルを持つトレーダーがもう一人（リチャード・バーグ）いるが、それはバーグがトレードを始めたころに、ソールが彼のメンターだったからだ。ソールは相場を動かすイベントが起きたときのトレードに焦点を絞っていて、価格が予想の方向に一気に動く確率が高いイベントを特定し、短時間（通常はわずか数分）で大きな利益を得ようとする。彼はトレードのために入念な準備をしており、イベントのさまざまなシナリオごとに相場が短期的にどちらの方向に動くかについて強い確信を持っている。そのため、彼はこの核となる戦略で大きなポジションを取る。

彼はこれまでに行ったすべてのトレードと見逃した重要なトレードについて、几帳面に総合的な記録を残している。これらのトレード日誌はカテゴリー別にグループ分けされ、トレードの説明を付けて複数のバインダーにとじられる。それらは、予想されるトレードが大きな機会なのか、それとも基準に達しないものなのかを判断するアナログモデルになる。また、過去のトレード概要から得られた知識を利用して、トレードの実行と管理に関する計画を立てることもできる。トレードを行ったあとは、自分が何をしたのかと、どこが間違っていてどこが正しかったのかをまとめる。毎月末にはトレード概要を見直す。重要なトレードが期待できるときには、過去の似たトレードの記録を確認して、相場がどう反応しそうかを検討する。

調査をすべて終えたら、彼はメンタルリハーサルを行い、予想されるイベントがどういう展開をしようと、ためらいなく反応できるように準備をする。彼は、「時間をかけて、トレードがどう展開するかを視覚化し、内面化します。このメンタルリハーサルを行うから、瞬時に動けるのです。これには仕掛けるときだけでなく、トレードを管理するための計画も含まれます。また、トレードがまったく間違っているときや、非常にうまくいくときという異なるシナリオを想定して、それぞれの場合にどう反応するかを頭に入れます」と、説明している。

私はリチャード・バーグにインタビューをした翌日の日曜日に、トレードフロアに隣接する同じ会議室でソールにインタビューをした。彼は大きなボトルを何本か持っていた。私が炭酸水をがぶ飲みしていたことをバーグが知らせたに違いなかった。インタビューは丸一日続いた。それを終えると、ソールは私を夕食に誘い、インド風レストランと呼ぶのがふさわしいところに連れて行ってくれた。私は好き嫌いはほとんどないので、注文はインド人のソールに任せた。ただし甘い食べ物は苦手なので、彼が選んだ手羽先のバーベキューはためらった。しかし、心配する必要はなかった。どうやら、インドのバーベキューはアメリカのバーベキューとは何の関係もないようだった。私たちは一日中、話をしていたが、おいしい食事をしながら、トレードとは関係ない会話でくつろいだ。

子供のころや一〇代のころに、就きたい職業はありましたか。

まったく、ありませんでした。あまりきちんと考えていなかったので、大学で何を勉強したいかさえ分かりませんでした。経済学を選んだのは、第一志望を専攻できなかったからです。大学の成績はあまり良くありませんでしたが、教科書を開いたことさえなかったので、当然ですね。その時期、勉強には興味がありませんでした。友だちとサッカーをすることのほうに関心がありました。友人が経営情報システムを専攻していたので、最初はそれで学位を取りたいと思いましたが、人気だったので、私の成績では専攻できませんでした。でも、経済学を専攻できました。皮肉なことですが、振り返ってみると、当時の失敗――学校で成績が良くなかったこと――のおかげで、トレーダーの道に進みやすくなりました。

人生ではそういうこともあります。何が良くて、何が悪いのかはけっして分かりません。悪いと思っていたことが幸運につながることもあるし、逆もあります。経済学の学位を取ったあと、どういういきさつでトレーダーの道に進んだのですか。

レディング大学で投資銀行業務と国際証券業務の修士課程に進み、そこでは全力を注ぎました。大学には模擬トレードルームがありました。それが市場とトレードとの最初の出合いで、それらがとても気に入りました。在学中に、先物ブローカーのレフコからＬＩＦＦＥ（ロンドン国際金融先物取引所）に派遣されていた元フロアトレーダーの二人によるプレゼンテーションがありました。それが終わると、彼らにペンとメモ用紙を押しつけて、「私が知るべきことをすべて教えてください。どの本や記事を読むべきですか？　どのブログをフォローすべきですか？　トレードの実際面に関するあらゆることに興味がありますＪと言いました。すると、一人が名刺をくれて、「月曜日に電話をして」と言われました。私は修了前にトレーダーの訓練コースに参加することができました。

その訓練コースについて教えてください。

最初は、教室でのフルタイムの指導でした。テクニカル分析、ファンダメンタルズ分析、トレードの心理学について教わりました。約二カ月の指導後に、シミュレーターでのトレードに移りました。

あなたと一緒に参加した人は何人いたのですか。

約二〇人です。

最終的に何人が残ったのですか。

二人です。

それぐらいだろうと思っていました。最初はテクニカル分析とファンダメンタルズ分析のどちらでトレードをするほうがやりやすかったですか。

どちらでもありません。一年目は、やりやすいと感じたものは何もありませんでした。すべてを試してみましたが、まずはそうすべきだと思います。

初めてトレードをしたときには、どの方法を使ったのですか。

トレンドラインと日中の保ち合いからのブレイクアウトで、手っ取り早く利益を得ようとしました。

結果はどうでしたか。

最初は利益を出せましたが、長期的には通算で損に終わる戦略でした。それは衝動的なトレードにつながる手法です。楽に儲けようとしていますから。やがて、これではうまくいかないと気づきます。

実は、私もトレンドラインのブレイクアウトは最も信頼性が低いシグナルの一つだと気づきました。つまずく理由は、チャートを見ると、トレンドラインのブレイクアウトでうまくいくように見えるからです。しかし、そう思うのは、トレンドラインをどこに引けばいいかすでに分かっているからです。ほとんどの人は気づいていませんが、リアルタイムでは、ほかにもダマシのブレイクアウトで終わる複数のトレンドラインを引けることが多く、それでトレンドラインを引き直すことになるのです。トレンドラインのブレイクアウトでのトレードをあきらめたあとは、何に引かれたのですか。

ほかにもいくつかテクニカルの手法を試しましたが、どれも魅力を感じませんでした。仕掛けてすぐに、運に任せるしかないと感じるトレードは好きになれません。テクニカル分析によるトレードでは、そう感じました。

当時は何も手法を持っていなかったでしょうが、初めて本物のお金でトレードをしたときは、どういう経験をしましたか。

すぐに利益を出せました。

テクニカルのシグナルでは利益を出せなかったのに、どうやって利益を出したのですか。

ファンダメンタルズ分析によるイベントでのトレードをたくさんしていました。イベント前後に生じるボラティリティに可能性を見いだしたのです。それに、私にはためらいがありませんでした。ここはトレードの機会だと思ったら、真っ先に仕掛けますが、経験が少ない多くのトレーダーはボラティリティが高いとためらうことになります。彼らはブレイクアウトでの売買のように、ボラティリティの低いトレードのほうを好むのでしょう。

あなたはボラティリティに心引かれたのですね。

ボラティリティに心引かれて、積極的にトレードをしました。

その当時、重大ニュースが出たときに、どういうトレードをしたのですか。

それがサプライズで、市場がまだそれを織り込んでいない場合、新しい情報を織り込む必要があると予想して、できるだけ大きなポジションを素早く取りました。時間がたつにつれて、この種のトレードを実行できる機会は減りますし、ニュースにどう反応するのかはっきりしないトレードに頼らないといけなくなるからです。

トレードに使ったニュースは、予定されている経済報告や発表などのニュースですか、それとも予想外のニュースですか。

両方ともです。

後者の場合、取引時間中にずっとニュースを見ている必要があったと思います。さらに、特定の市場を動かすファンダメンタルズについて相当に詳しくないと、ニュースが価格にどれほど影響するかを即座に判断することはできないと思いますが。

そうですね。どの市場でも、特定の時間に価格を動かす要因はほんの一握りの材料です。何が相場に関係していて、何が織り込まれているかを意識できるかどうかです。中央銀行の重要人物が価格に織り込まれていることと反対の発言をすれば、それは大きなシグナルになります。そういうときは迷わずに反応して、積極的にトレードをします。

どれくらいトレードを続けるのですか。

数分から数時間の範囲です。

会社から与えられた口座資金はどれくらいでしたか。

実際には、トレードで特定の金額は決められていませんでした。代わりに、リスクの上限が三万ポンドに設定されていました。

ということは、それだけの損を出せば、クビなのですね。

そう言われていました。

先ほど、すぐに利益を出せたと言われましたが、最初の年にいくら稼いだのですか。

年の半ばまでに、約一五万ポンド稼ぎました。その時点で、五万ポンドを引き出し、会社も同額を引き出しました。私たちは利益を折半する契約を結んでいたので、私が利益を引き出すたびに、会社も同額を引き出したのです。

すると、引き出し後の取引口座は五万ポンドに戻ったのですね。その年の後半はどうなったのですか。

五万ポンドすべてを吹き飛ばして、残高はマイナスになりました。

その年の前半と後半のパフォーマンスが劇的にひっくり返ったのは、何か変化があったからですか。

最初の半年は、難しい相場に悩まされることがなかったのだと思います。

とてもうまくやれていた最初の半年は、うぬぼれていましたか。

そうなんですよ。大学を卒業したばかりで、「これはすごくいい。実に簡単だ」と思いました。ですから、屈辱を味わって、本当に目が覚めました。

口座資金がマイナスになり、三万ポンドの損を出すと切られたわけですが、このゲームに負けるのではないかという心配はしていなかったのですか。

その恐怖は常にありました。辞めたくなくても、クビになる可能性があることは分かっていました。当時はかなり惨めな気分だったのを覚えています。本当にしたかったのはトレードだけでした。ほかの選択肢は考えていませんでした。「島を占領したければ、乗ってきた船を燃やせ」という先人の言葉みたいなものです。私は全精力をつぎ込んでいました。代替案は持っていませんでした。トレード以外にやりたいことはなかったのです。失敗するわけにはいきませんでした。

もう少しでクビになりかねない状況になって、トレードに慎重になりましたか。

ある意味、そうならざるを得ませんでした。ドローダウン（最大資産からの下落率）が一定の水準に達したら、トレードサイズを減らすしかありません。そうは言っても、私はユニコーンのようなめったに現れないチャンスをとらえるゲームをしています。彼らはどこにでも現れるわけではありません。ユニコーンが現れたら、つまり、私の望むすべての条件を満たすトレードができそうなら、ドローダウンのときでも、積極的にそれをとらえる必要があります。その種のトレードができるのは一年に一〇回ぐらいしかありません。ですから、そういう機会を一つたりとも逃したくないのです。そういう見方に立てば、ドローダウンから回復するためには、一つか二つのトレードを成功させるだけで良いことになります。

その年の後半に何か間違ったことをしたのですか。間違ったトレードのせいで損をしたのでしょうか。それとも、自分の手法に従っていたけれども、自分の戦略にとって不利な相場だったというだけですか。

私はうぬぼれていて、規律を緩めていました。仕掛けの基準を緩めて、自分の不得意なトレードにも手を出しました。それは成功したら基準を緩めるという典型的な間違いでした。当時は、大きな利益を出した期間のあとにドローダウンを被るという欠点を持っていました。幸いなことに、そのパターンから脱することができました。

損失は主にユニコーンではなく、そこらじゅうを走り回っているシカをとらえようとして出したのですか。それとも、ユニコーンをとらえようとして、失敗したのですか。

間違いなく前者でした。あせっていたので、無理にトレードを試みた結果です。特に何もないところで利益を得ようとしていました。ドローダウン期間中に、ＥＣＢ（欧州中央銀行）の発表に反応して、ドイツ国債の一〇年物、五年物、二年物の金利先物でリスク限度いっぱいまでポジションを取ったことを覚えています。リスクマネジャーがやって来て、机の横にしゃがんで、「アムリット、何をしてるんだい？　このポジションで何をするつもりなんだ?」と言いました。一瞬、言葉を失いましたが、それからすぐに正気に戻りました。そのときに初めて、トレードで基準を緩めることがいかに危険か理解しました。

相関が非常に高い三つの先物で最大限のポジションを取ったわけですね。事実上、三倍のポジションを取っていたわけですが、そこまで積極的になったきっかけは何だったのですか。

今ではコメントの内容はまったく思い出せないのですが、取るに足らないコメントだったことは間違いないです。当時、かなりのドローダウンを被っていたので、早く損を取り戻そうと思っていたのです。

それで、あなたは疑わしくて取るに足らないトレードを始めただけでなく、三倍のポジションを取りました。リスクマネジャーがやって来て尋ねられたあと、何をしたのですか。

これがうまくいくように、と願っていることに気づきました。もはやトレードをしているのではなく、甘い期待を抱いているだけだと気づいた瞬間、すぐにすべてを手仕舞いました。その教訓は今日でも私の頭から離れません。私はうまくいけばいいなと思うようなポジションは絶対に取りたくありません。自分が完全に確信を持っているトレードと、単に期待を抱いているだけのトレードの違いを知るには、その経験が必要でした。

その経験から得た教訓は、確信ではなく期待から始めるトレードに注意することでした。ほかに得た教訓は何かありますか。

我慢強いことの大切さを学びました。トレードの機会は必ず訪れます。後知恵と経験から言わせてもらえれば、大きな利益が得られるトレードはかなり単純です。それらを探しに行く必要はありません。しかし、待たなければならないのです。トレードの機会は潮の満ち引きのようなものです。市場には機会が枯渇する時期があり、そのときには何もすることがありません。その何もない時期に何かをしようとするから、資産に重大な損害をもたらすのです。それが私のしていたことです。イベントが何もないのに、まだ何かをしようとしていました。そうではなく、機会を待つべきでした。ジム・ロジャーズがあなたの本のどれかで、「道端にお金が落ちるまで待つだけです。そうすれば、そこに行って拾えば済みます。それまで、私は何もしません」と言ったのと同じ考えです。

私は「音楽は音符と音符の間の空白である」というドビュッシーの言葉を引用したいです。トレードについて

の似た言葉「トレードの本質はトレードとトレードの間の空白の期間にある」がとても適切だからです。

本当にそうですね。桁外れのトレードをやりやすくするには、間に何もしないことです。いつも自分に、「今、準備万端か？　用意は完全にできているか？　本当のトレード機会を我慢強く待たずに、資金や心理的資本（ポジティブな心のエネルギー）を基準に達しないトレードで無駄に使っていないか？」と問いかけています。

皮肉なことに、大きな利益が得られるトレードは単純だというあなたの発言は、難しいのはトレードをしないことであり、良いトレードを実行するのは簡単だという考えを暗に示しています。

まったく同意します。簡単なことをわざわざ複雑にすることなら、どんな愚か者でもできます。その月に最高のリターンを生み出したトレードを振り返ると、ここがビッグチャンスだ、と私に大声で呼びかけていることがよく分かります。それらのトレードだけをして、ほかのトレードに一切手を出していなかったら、私のリターンはおそらく二倍にはなっていたでしょう。でも、そんなに都合良くトレードをすることはできません。人は衝動的にならないことや、機会が何もない期間――あなたの言葉では「音符と音符の間の空白」――に愚かなことをしないことを学ぶ必要があります。初期のころに犯した間違いの一つは、機会が何もないときに、やがて現れるユニコーンを待つのではなく、無理やりつまらないトレードをして、資金と心理的資本を無駄にしたことです。トレードで得た極めて重要な教訓の一つは、その間違いから学びました。取引時間の九〇％ではトレード機会がなく、利益の九〇％は残りの一〇％の時間に稼いでいるということを、今では理解しています。

今、私たちはあなたのその後の経過を知っているので、落ち着いて座っています。ですが、トレードを始めた年に口座資金がマイナスになったとき、あなたは最終的に成功するということは知らなかったわけです。最初の成功のあとに失敗をして、ゲームから退場させられる恐れがありました。そのころの精神状態はどうでしたか。

奇妙な話ですが、自分が成功すると分かっていました。やがて、うまくいくと分かっていました。退場させられないようにする必要があっただけです。

口座資金がマイナスだった当時でも、自信があったのですね。

ええ、良いトレードをするとはどういうことかを経験して、そういうトレードの機会がもっと訪れると分かっていたからです。そういう機会に巡り会うまで、ゲームに踏みとどまる必要があっただけです。

今、あなたがトレードを始めた年の後半に学んだ教訓について話しています。それらの教訓はその時点で印象に残ったのですか、それともあとで気づいて、今振り返っているのですか。

当時でも、そんなトレードを続けるわけにはいかないと気づいていました。退場寸前だと分かっていたので、私には取るに足らないトレードをする余裕はありませんでした。テクニカル分析に基づくトレードはやめました。強い確信がないかぎり、まったくトレードをしませんでした。

ここから先を読み進めるためには、「量的緩和」という言葉を理解しておく必要がある。以下は、この言葉を十分に理解していない人のために書いた短い手引きである。

市中銀行間で翌日までの資金を融通するときの金利をFF（フェデラルファンド）金利という。通常、FRB（連邦準備制度理事会）は公開市場操作によってFF金利を誘導して、金利を調整しようとする。具体的には、短期国債を買ってお金の流通量を増やして金利を引き下げたり、短期国債を売ってお金の流通量を減らして金利を引き上げたりするのである。例えば、FRBがFF金利を引き下げたい場合、お金を「印刷」（電子的に創造）して短期国債を買い、国債の価格を引き上げる。これは裏を返すと、金利を引き下げることになる。

ある意味で、量的緩和は通常の公開市場操作の延長である。短期金利はすでにゼロに近いため、短期国債を買って経済を刺激するという通常の方法ではうまくいかない。この状況は二〇〇八年の金融危機とその影響が続いた時期にFRBが直面したジレンマだった。そこで、FRBは量的緩和で対応した。これは通常の公開市場操作と同様にお金の流通量を増やすことを意味するが、すでにゼロに近い短期金利を引き下げることはできない。実際には、量的緩和とはＦＲＢがお金を創造して、非伝統的な資産（短期国債以外の資産）を買ったことを意味する。具体的には、ＦＲＢは長期国債や住宅ローン担保証券などの非政府資産を買った。長期国債を買えば、長期金利を引き下げることができる。この方法でも経済を刺激することができる。住宅ローン担保証券などの資産を買ったのは、金融危機の最中にはこれらのセクターへの打撃が大きかったため、それを和らげるためだった。

ＦＲＢは二〇〇八年一一月に初めて量的緩和に踏み切り、住宅ローン市場と住宅市場を支援するために、住宅ローン関連の政府機関の資産と民間住宅ローン担保証券を買った。これらの金融資産に対する買い手の需要がほぼなくなったためである。ＦＲＢはこの時点では、量的緩和で長期国債の購入までは行っていなかったが、いつか行われるだろうという観測はなされていた。

あなたのトレード歴には、リターンが並外れて高い日が多くあります。リターンが一五％を超えていた日が三四日、二五％を超えていた日が一五日、五〇％を超えていた日が五日ありました。しかし、これらの大きなリターンと比べても、突出して良い日が一日あります。二〇〇九年三月一八日は信じがたいことに、リターンがなんと八〇〇％を超えています！　どうしてこんなことが可能だったのでしょう。このトレードはどういうものだったのですか。

ＦＲＢは二〇〇八年一一月に初めて量的緩和を発表して、金融危機に陥った市場を安定させるために、住宅ローン担保証券を買いました。私はＦＲＢがやがて量的緩和を拡大して、中長期の国債を購入するだろうと予想していました。そういう発表があった場合、Ｔボンドが瞬間的に暴騰するだろうと思っていました。二〇〇九年三月一八日は、ＦＲＢが量的緩和の拡大を発表した日でした。それには初めて中長期国債の購入が含まれました。

その発表直後に、大きなポジションを取ったのですか。

望んでいたほど大きくはありませんでした。当時、Ｔノート（米中期国債）先物で私が取れるポジションは三〇〇枚まででした。私はこのイベントが起きることを予想して、リスクマネジャーに、Ｔノートのポジション限度を六〇〇枚に引き上げてほしいと言い、その理由を説明しました。その一回のTノートのトレードだけだからと頼み、高いリスクを相殺するために、ほかの市場でのポジション限度を下げるか放棄してもいいとさえ言いました。でも、トレード歴がまだ比較的短く、ドローダウンの状態だったため、断られました。この制限があったので、代わりにドイツ国債で限度いっぱいにポジションを取りました。これはTノートのポジションの二倍でした。Tノートでのトレードほどは儲かりませんでしたが、ドイツ国債のトレードはその日の桁外れに大きなリターンに貢献しました。

発表後に、Tノートはどれくらい動いたのですか。

（ソールは発表の日のチャートを取り出して、見せてくれた。その日の日足は四ポイント幅だった。私は二つの点に強い印象を受けた。一つは、Tノート市場が下降トレンドにあるときに急騰したことだ。もう一つは、その日の最高値は急上昇で付けたもので、わずか数ティックの幅しかなく、その後は再び大きく下げ続けていたことだ）

皮肉なことに、その日に買えば、デイトレードでは大儲けできましたが、より長期のトレードではいずれも高値づかみになっていたでしょう。どれくらい持ち続けたのですか。

数分です。私はその一回のトレードのために入念な準備をしていたので、即座に仕掛けました。注文を出せる状態にして、いつでもクリックできる用意をしていました。全神経を集中させていて、ニュース速報と私の間に、妨げになるものは一切ありませんでした。トレードの原則をゆがめる、自信の喪失も興奮もありませんでした。私はゾーンに入っていたのです。一つのトレードだけを探していて、ほかのことはまったく気にしていませんでした。ニュース速報後に相場が急騰したとき、値動きが極めて速くて大きかったので、すぐに利食いをする必要があると直感的に思いました。結局、高値近くで売り抜けられました。

ということは、発表からわずか数分で、その値動きでの高値に達したのですね。

そうです。

そのトレードでいくら稼いだのですか。

二～三分のトレードで一〇〇万ドル以上稼ぎました！　その瞬間、若くて、ハングリー精神にあふれ、規律があって、リスクを恐れない人間にはこれほどのトレード機会が得られるのだと悟ったのです。

トレードを終えて、どんな気持ちだったか覚えていますか。

今振り返ってみると恥ずかしいのですが、感謝の念がまったくない反応をしました。複雑な気持ちでした。もちろん、それほど大きな利益を得られた日なので、気分は良かったですよ。でも、すぐにネガティブな考え方に戻りました。

どうしてですか。

私は一〇〇万ドルも稼げた、という気分ではありませんでした。一〇〇万ドル稼いだのに、大損をした気分でした。とても簡単なトレードだったので、もっと儲けたかったし、実際にもっと儲けられるように交渉もしました。

ポジションを二倍にしてもらえなかったので、腹が立ったのですか。

今振り返ると、感謝の気持ちしかありませんが、当時は違いました。今のような気持ちになるには時間が必要でした。

量的緩和のときのような大きなポジションを取るとき、損切りの逆指値を置きますか。

そのころは必ずしも置いていませんでしたが、今では置いています。損切りの逆指値を置くのは、今の私にとっては最も厳守すべきルールです。

注文と同時に損切りの逆指値も置くのですか。

いいえ、相場が一瞬、反転したときにふるい落とされたくないからです。人為的に逆指値に引っかけられないほど価格が動いてから、置きます。ポジションをいったん取ると、ポジションに逆らうニュースが流れて素早く手仕舞えない恐れが常にあるため、損切りの逆指値で身を守ることは欠かせません。これを置いておけば、想定外のリスクを排除できます。

損切りの逆指値をきちんと使い始めたのはいつですか。

一日でマイナス二四%という、最悪の損失を出したあとです。

それはいつのことで、何が原因だったのでしょうか。

二〇一三年六月にしたトレードで、それはシェイクスピアの『間違いの喜劇』のようなものでした。ECBはマイナス金利をいつか導入する可能性について、たびたび触れていました。それが導入されたら、市場はユーロに対して非常に弱気になるだろうと考えていました。

マイナス金利が導入されるという見通しが広く議論され、人々がそれを期待していたのに、ユーロ安になると思ったのですか。

ええ、私が見ている時間枠では、それは市場ではまだ衝撃的な値動きを起こすでしょうから。市場はマイナス金利が本当に導入されるか確認するでしょう。そして、ECBがいくらかでもマイナス金利の領域に踏み込むと、近いうちにマイナス幅をさらに広げるだろうかという疑問が生じます。それで、パンドラの箱が開くでしょう。私は常にシグナルを探しています。日中の大きな値動きに対してレバレッジを効かせたポジションを取れる瞬間を探しています。そのシグナルが長期的な値動きの始まりのように見える場合には、ポジションの一部を維持しようとします。私の手法では、材料が市場に一部織り込まれていても、ポジションを取る妨げにはなりません。イベント当日に大きく動く可能性がまだあるからで、その値動きさえあれば、トレードを行います。

では、この状況では何がうまくいかなかったのでしょうか。

ECBのマリオ・ドラギ総裁が記者会見を行っていたとき、彼がマイナス金利への移行を発表すると思っていました。ECBがマイナス金利に移行する準備はできているかと尋ねられたとき、彼は「技術的には準備できていると、すでに言ったでしょう」と答え始めました。彼が話し終えるのを待たずに、ユーロを売りました。そうするのは必ずしも間違いではありません。判断を間違っていても、すぐに手仕舞えると分かっていたからです。ところが、売り注文を出した直後に、コンピューターの電源が突然落ちました。同時に、ドラギ総裁が話すのをまだテレビで聞いていたとき、彼は「しかし、私たちは事前に約束はしません」と言ったのです。私はユーロが急騰して、とんでもないことになると思いました。

あなたはどうしたのですか。

パニックになりました。「コンピューターの電源が落ちた！」と大声で叫びました。リスクマネジャーが私のところに歩いてきて、「君のポジションはこちらで確認できる。私のところに来れば、手仕舞えるよ」と、落ち着いて言いました。私は素早く売買することに慣れていたので、ドラギ総裁が話し終えるとすぐに、それがまずいトレードだと分かって、即座に手仕舞っていたでしょう。さらに悪いことに、投機資金の多くが間違ったトレードにつかまっていると分かっていたので、ドラギ総裁が「事前に約束はしない」と言うのを聞けば、通常ならユーロを買っていました。私の典型的な最高のトレードは、まさに私がそのときしたようなトレード、つまり、短期の投機筋が判断を間違って行うトレードとは反対の側にいることで達成できるものです。本来、私は彼らと反対のポジションを取ることができていたはずなのです。

コンピューターの電源が落ちていなかったら、ドテンしていたと言っているのですか。

間違いなく、素早く反対のポジションを取ろうとしたでしょう。

ポジションを手仕舞うためにリスクマネジャーのところに行ったあと、どうなったのですか。

ユーロがかなり積極的に買われているのが分かりましたが、損切りの逆指値を置いていませんでした。その瞬間に、できるだけ素早く損切りの逆指値を置かなければいけない、というルールが頭にたたき込まれました（ソールは、「損切りの逆指値を置かなければいけない」という文の単語を一つ言うたびに、机をたたいた）。そのトレードで逆指値を置いていたら、損失は最小限で済んでいました。また、今ではトレードサイズは以前よりもはるかに大きくなっているので、もう予想に基づくトレードはやっていません。

リスクマネジャーのところに行った直後に手仕舞ったのですか、それとも様子見をしたのですか。

すぐに手仕舞いましたが、相場の動きが速すぎて、すでに大打撃を受けていました。

コンピューターの電源が落ちた原因は何だったのですか。

ウインドウズに問題があったのだと思います。

それは私が今まで聞いたなかで最も不運なトレードの話に違いありません。それほどの大損をして、どう感じましたか。

私にはどうしようもありません。それを受け入れて前に進むか、何の役にも立たないのに不機嫌になっているかのどちらかだと気づきました。私はできるだけ早くそのことを忘れました。オフィスを出て、夜は地元のバーに友だちと集まりました。大損をして不機嫌になるのではなく、自分の状況の良い面に焦点を合わせたかったので、私が「お祝い」と呼んでいることをしました。私は非常に大きなリターンを得る可能性があったことに感謝していました。あっという間に大金を失う可能性があるという事実から、自分には大きな機会があったのだという思いを強くしただけです。ちゃんと仕事をしていたけれど、たまたま運が悪かっただけだと感じました。

「お祝い」というあなたの言葉は、私が昨日リチャード（第3章でインタビューをしたリチャード・バーグ）とした会話と響き合います。彼は損を出した日にはお金を使わなくなりがちだが、彼があなたから学んだことの一つは出かけて楽しむべきだということだと言っていました。

彼とはそういう話をしていましたね。まずいトレードをした日には二つの選択肢があります。座って、そのトレードについてくよくよ考えながら我慢するか、それともそのトレードの良い面を見て、それをうまくコントロールするかです。大打撃を受けたら、私はできるだけ早く穏やかでバランスの取れた状態に戻って、心理的資本への影響を最小限に抑えるようにしています。トレードの事後分析を行って教訓を学んだら、頭を切り替えて次の機会を探します。大きな損失やドローダウンに対処したあとは、それまでに達成したことすべてに感謝の気持ちを込めて自分をねぎらいます。このプロセスを経ることで、同じネガティブなストーリーを繰り返し思い出して苦痛を味わい、心理的資本を浪費するというワナを避けるのです。

トレードで損を出したあとに自分をねぎらったり、祝

ったりしようという考えは、最初から直感的に良いことだと気づいたのですか。

二〜三度やってみて気づいたように思います。同じオフィスに、「トレードで良い期間があったときはいつでも、自分をねぎらうように。そうすれば、なぜそうしているかが分かる」と言っていた人がいました。

でも、あなたは悪い期間のあとに自分をねぎらっていたので、正反対ですよね。

そうですね。私にとっては、考え方を変えることのほうが大切なんです。ネガティブでストレスがかかった状態から、落ち着いて合理的に考えられる状態に戻したほうがいいからです。扁桃体ではなく、前頭前野で判断を下すほうがいいのです。ひどい経験をしていると気づいたら、冷静さを取り戻して、その経験に感謝します。それから、どこかに出かけて自分をねぎらうのです。

海は良い例えになります。海面は波や風雨にさらされていますが、潜れば穏やかです。そうした穏やかな領域に潜る能力はだれにでもあります。トレードの機会を逃すことを恐れていると、すべきでないトレードをしがちになります。緊張していると、利益を伸ばすのではなくすぐに利食いをするとか、含み損になったポジションを持ち続けるかもしれません。そうした負けトレーダーによく見られる反応から脱して、より高い次元の自己——穏やかでバランスが取れた人間——になる必要があるのです。

トレードで損を出している期間のあなたの反応は、ほとんどのトレーダーの典型的な反応とは一八〇度異なります。多くのトレーダーは、決定的な瞬間にコンピューターの電源が落ちて巨額の損失を被るといった、悲惨な目に遭った日には嫌になって不機嫌になるでしょう。

トレードとはそういうものです。普通の人間の感情とは反するものです。トレーダーは絶えず自分の感情の限界と向き合います。だから、トレードで成功する人はほとんどいないのです。

コンピューターの不具合で二四％の損失を被ってから再びトレードに集中するまで、どれくらいの時間がかかったのですか。

すぐに集中しました。七日以内に損をすべて取り戻しました。

損を取り戻すのに役立つ、大きなトレードの機会があったのですか。

いいえ、自分の基準に合うトレードを積み重ねた結果です。

あなたは冷静に考えられる状態に戻すことの重要性について話しました。いつ、そのことに気づいたのですか。

はっきりとした理由もなく定期的に損を出していることに気づいたのです。それで、どうでもいいトレードで損を出したときに、間違いについての記録を取り始めたのです。

人は無意識の考えや感情のせいで行動したり、振る舞ったりして、トレードに悪い影響を及ぼすことがあります。私は労働者階級の家庭で育ったので、現在のようにお金がたっぷりある状況ではありませんでした。トレードを始めて間もないころ、記録的な勝利を収めた期間のあとに、自重して「浮かれ気分から現実に戻る」手段として、たびたび自滅的になって基準に満たないトレードをしているのだろうと感じました。それらのトレードの記録を残したおかげで、無意識の反応パターンに気づけたのです。

（ソールは感情と損失の関係を説明するためのグラフを取り出した。X軸は感情の状態を表していて、左端の「心が安らか」から右端の「機会損失の恐れ」に至る。Y軸は取るに足らないトレードで出た損失の大きさを表し、損失は避けられるということを示すために、「漏れ」という名称が付けられている。グラフでは、心が安らかなときの損失がほぼゼロに近いところから、感情の高まりにつれて損失が次第に大きくなるという明確なパターンを示している）。

このグラフによって、これらの損失期間が生じる根本的な原因が理解できました。トレードの機会を最大限に活用して、まずいトレードを最小限に抑えようとすれば、結局は自分の精神状態に行き着きます。いったん自分の手法をものにしたら、おそらくこの精神状態がトレードで成功するための最も重要な要素になるでしょう。私は心が安らかな領域――物事が自分のなかを流れ去っていくゾーン――にとどまりたいのです。ミリ秒単位で決断を下して大金を稼ぐ唯一の方法は、その状態に入ることです。

かつて、アメリカ海軍のシールズがニューロフィードバックとバイオフィードバックを使って、要求があり次第、戦闘中にフロー状態に入れるようにするという話を本で読みました。また、彼らの仕事で最も難しいことは、いつ撃たないかを知ることだという話を読みました。それらの話にすごく共感しました。私も必要に応じて同様の心の状態に入れるようになれば、もっと多くの情報を処理して、いつ「撃つべきでないか」がもっとよく分かるかもしれないと思いました。この目標を達成するために、心と体の相互関係を理解して、瞑想やフロー状態についても探求するようになったのです。

フロー状態に入る方法と、それがトレードにどう影響するかを説明してもらえますか。

重要なイベント前に、呼吸法と瞑想によって現在に集中し、雑念を振り払います。やがて、数分以内にフロー状態に入れるようになりました。フロー状態に入る能力は、トレードだけでなく、プロスポーツなどで成功するためにも欠かせません。深く集中しているときには、すべてが簡単だと感じます。この「没入」の状態では、潜在意識で反応しています。意識して何かをするときには潜在能力の五％しか発揮できないのに対して、潜在意識で反応しているときは潜在能力の九五％を発揮できます。この状態では、創造的になり、大量の情報を処理し、ためらわずに反応することができます。私は新しい情報を受け入れて、それに応じてポジションを変えます。トレードは簡単だと感じ、何も無理にやろうとはしません。自分のポジションや結果に執着しなくなります。ためらわずに損切りができますし、衝動的に素早く利食いしようとは考えずに利益を伸ばせます。

対照的に、イベント前に雑念を振り払えないときは、何をしても大変だと感じます。貴重な情報を見逃します。自信がないので正しいポジションを取るのをためらい、すぐに利食いをしてしまいます。

経験から、何かおかしいと直感的に感じたときは、自分のリサーチで何が示されていても、たいていは直感のほうが正しいと分かりました。直感を信頼できるようになったことが、成功にとって極めて重要でした。直感は、そのトレードがユニコーンで満玉を張るべきときや、見えない危険があるのでトレードをすべきでないときを教えてくれます。

先ほど、あなたはコンピューターの電源が落ちて最悪の損を出したトレードの反対側で行うようなトレードが、

最高のトレードの例だと言われました。大きな利益を出したその種のトレードの例を教えてください。

私は相場がイベントに反応して、最初に間違った方向に動く状況をいつも探しています。その状況になれば、反対のポジションを取ります。これはコンピューターの電源が落ちたときに私が間違った側にいたのと同じ種類のトレードです。ＥＣＢが量的緩和策を発表した最近（二〇一九年九月）にその完璧な例が起きました。

投機筋はＥＣＢによる毎月の資産購入額を注視していて、そのとき三〇〇～四〇〇億ユーロと予想していました。私は月々の購入額の動きよりも購入総額のほうが重要だと判断していました。投機筋は失望売りをする言い訳を探していると直感的に思いました。ニュースで、購入額は月に二〇〇億ユーロと報道されたとき、投機筋の反応は失望売りで、ドイツ国債の急落とユーロの急上昇が起きました。この場合、私は情報をすべて確認できるまで待ってからトレードをするのが最も良いと判断して、心穏やかなフロー状態を維持して、すべての発表が終わるまで見守りました。毎月の購入予定額に上限がないと分かったとき、弱気筋は投機ポジションを素早く買い戻す必要があると分かりました。ちょうどその瞬間に、相場は値付けを間違えていたために、急騰しました。私は的確に群衆に向かいました。そのトレードは二時間うまくいったあと、再び失望が広がり、相場は再び反転しました。でも、そのときにはすでに私は利食いして手仕舞っていました。最終的には、私が相場の方向と反対のトレードをしていたという主張も成り立ちます。ですが、投機筋の間違った値付けに対してトレードをしていたので、私の時間枠では正しかったのです。

短期トレードの問題は、「正しく」ても損をする可能性があるところです。最初の発表に反応して売ったトレーダーは最終的には正しかったのですが、急反発が続いていたときに持ちこたえられなければ損をしていたでしょう。より長期的な観点で見れば、厳密には私はトレードで「間違った」側にいました。それでも、短期トレーダーのポジションが価格にどう影響するかを理解していたので、利益が特大の短期トレードを行えたのです。

あなたの利益の何％がデイトレードによるものなのですか。

おそらく、七五％ぐらいです。

あなたが長期的にポジションを維持する、少数のトレードの特徴は何でしょうか。

それらも短期トレードと同じ種類のイベントがシグナルになりますが、長期的なトレードができるのはそのうちのほんのごく一部です。

ええ、それで、長期的なトレードができることを示唆する特徴は何でしょうか。

経済に重大で長期的な影響を及ぼす、まったく予想外のイベントは、長期的な値動きを刺激する可能性があります。ブレグジットの投票での予期しない結果とその余波は、永続性があった完璧な例です。

いつ手仕舞うかは、どうやって決めていますか。

私にはかなり良いところで手仕舞えるという、不思議な能力があります。裁量での手仕舞いを体系的なルールにしようと取り組んでいますが、まだそこまで達していません。また、デイトレードで取っているポジションで、急騰や急落が起きた場合、利益を確定させます。こういう場合に、もっと大きな利益が得られると思ってポジションを維持しても、含み益のかなりを失うだけだと、経験から学びました。

コンピューターの電源が落ちたときのトレードを別にすると、あなたはとても効果的にリスク管理をしてきました。リターンの大きさを考えると特にそう言えます。あなたのリスク管理の重要な要素の一つは、相場が思惑どおりに動かなかった場合に素早く手仕舞うことだということは聞きました。ほかの要素は何でしょうか。

個々のトレードでは、自分の確信の度合いに応じて、とるリスクを一％から五％の範囲で変えています。前に話したように、できるだけ早く仕切りの逆指値を置きます。また、最後までポジションをすべて維持するのではなく、途中で一部を利食いします。そうすれば、ポジションの一部を利食いしたあとは、利益が無限大で損失がゼロの「フリートレード」ができます。それは、大幅上昇すると考えている相場で無料のコールオプションを持っているようなものです。

ポートフォリオの水準では、ドローダウンが六％に達したら、トレードサイズを減らし始めて、新しく行うトレードをより厳しく選ぶかもしれません。これは状況によります。一回のトレードで五％の損を出しても、大丈夫だと考えて、トレードサイズを変えないときもありました。また、長期にわたって損を少しずつ出し続けていたこともあります。これは通常、凪相場か、相場とうまく波長が合っていないことを意味します。この場合、トレードサイズを減らし始め、基準を厳しくして、強い確信があるトレードだけに絞ります。

近年、トレード手法を大きく変えましたか。そうであれば、理由は何でしょうか。

以前は、単一市場でトレードアイデアを実行する傾向がありましたが、現在は複数の相関する市場で実行しようとしています。例えば、ドイツ国債とユーロストックス指数とユーロの三つか、少なくともこれらのうちの二つのポジションを同時に取ります。このように変えた理由は、これらの市場のどれかでトレードがうまくいかなくても、そのときに立てた仮説が間違っているとは限らないからです。その市場だけで何かが起きているためにうまくいかないのかもしれません。良い例は、FOMC（連邦公開市場委員会）が金利の引き下げを示唆したあとに見られました。私はTノートとS&P五〇〇を買ったのですが、Tノートは初めのうち、まったく上げないどころか、わずかに下げました。でも、それはトレードに妥当性がないという意味ではありませんでした。Tノートだけを買って、上昇したS&P五〇〇を買っていなかったら、私の仮説は間違っていたと結論付けたくなったでしょうが、そうではありませんでした。実は、金利市場にとって重荷となる入札が迫っていたのです。入札が終わると、Tノートは上げ続けました。そこで、トレードアイデアを一市場だけで実行しないことを学んだのです。

市場で自動売買と高頻度アルゴリズムトレードが増すにつれて、執行が難しくなり、極めて短期の戦略でのエッジ（優位性）が落ちています。そのため、主に強く確信を持ったトレードに絞り、その月のトレード回数を減らしていますが、確信が強い分、一トレード当たりのリスクを大きくしています。

人々がトレードで負ける原因となっている勘違いについて、見聞きしたことが何かありますか。

負けているトレーダーの多くは私の知るかぎり、お金をいつも変わらずに稼がなければならないと思っていました。彼らはトレードを給料をもらうように考えていて、毎月一定額を稼がなければ、と感じていたのです。現実には、利益が何もないどころか、ドローダウンさえ被る期間が長く続いたあと、かなりの利益を得ることもあります。起業家はそのことを理解しています。彼らは会社に長期投資をして、長年の努力の末に一気に見返りを得るのです。特大の利益を求める場合、常に一定して利益を出すという考え方では目標を達成できません。私が正しい確率はせいぜい五〇％で、時には三〇％のこともあります。ただし、三〇％しか当たらなくても、勝ったときの利益は負けたときの損失の八倍はあります。トレーダーは、自分が三〇％しか正しくなくても対処できるか、それとも毎日正しくないとダメだと感じているのか、自問する必要があります。多くの人が負けトレーダーになるのは後者の考え方をしているからです。

ほかにトレーダーが負ける原因は何でしょうか。

損をしているトレーダーはネガティブ思考にとらわれています。彼らは損に影響され続けています。その思考は雪だるま式に膨らんでいきます。彼らは一回損をすると、また損をし、さらに損を重ねて、突然、本当に暗い精神状態に陥ります。ネガティブ思考を膨らませてきたので、逃げるには遅すぎるのです。彼らが最初に損をしたときに感情をコントロールして、根本からネガティブ思考を断つようにしていれば、はるかに良い状態でいられたでしょう。

また、プロップファームで一三年間働いていて、多くの人が仕掛けてからトレード方向に相場が動くのを願っているだけなのを見てきました。彼らは長続きしません。トレーダーはリスクを管理する必要があるのです。

成功したトレーダーはどうでしょう。彼らに共通する特徴はありますか。

●成功したトレーダーは損失に対処します。利益のほうは伸びるに任せておけば良いと知っています。

●彼らはけっしてあきらめません。負けたときでも、もう大丈夫だと分かるまで切り抜ける方法を見つけるでしょう。

●彼らは自分自身と競い、毎月のパフォーマンスを改善する方法をいつも探しています。

●彼らは自分のエッジを信じていますし、新たなトレードは昔に行ったトレードとは独立した試行だと理解しています。こういう見方をすると、それまでのトレードの結果に関係なく、毎回仕掛けることができます。

●彼らは失敗を自分へのフィードバックとして受け止めます。彼らはどんな企てでも、失敗を経験せずに成功に至ることはないと理解しています。彼らは何かを学ぶ機会を逃した場合にのみ、それを失敗ととらえるのです。

あなたは私が今まで出会ったなかで、リスク・リターン指標が最高レベルに達している一人です。この実績を出すために、どういうスキルや資質が役立ったと思いますか。

●私は良いトレードの特徴を強く意識していて、そういうトレードの機会が現れたときはためらいません。

●私はリスクに比べてリターンが極めて大きなトレードの機会をいつも探しています。リスクは毎回抑えたいし、ユニコーンをとらえたら、ふるい落とされるまで乗っていたいのです。

●私はすぐに結果が出るものを求めるのではなく、入念に調べて、適切なトレードの機会が訪れるまで辛抱強く待ちます。準備を整えているので、大きなトレードの機会が現れたら、ためらいません。心が安らかな状態から瞬時に動けます。そういう手法が私に合っています。ほかの人たちは毎日、何かしなければと思っているかもしれませんが、私にはそういう感情はありません。

●私は厳しく自分のマイナス面を管理し、次の大きな勝ちトレードまで心理的資本を無駄にしません。

●私はトレードの結果にはこだわらず、プロセスに焦点を合わせ続けます。

●私は強い確信を持っているトレードとそれほどの確信がないトレードをうまく区別できるので、それに応じてポジションサイズを変えます。

●私はトレード機会があるときには積極的になり、そのトレード機会がなくなるとすぐに市場から距離を置きます。

●私は規律があるので、大きなトレードの機会では積極的にリスクをとることができます。

●私は常に自分の過ちから学ぼうと努めていて、同じ過ちを繰り返さないために取るプロセスがあります。

●私はけっしてあきらめません。今年（二〇一九年）の最初の七カ月間、私はドローダウンの状態でした。トレードを始めたころ以降、こういうことは一度もありませんでした。困難な時期を乗り切るには、レジリエンス（立ち直る力）が必要になります。

●私は他人よりも働きます。初期のころ、私は午前四時か五時に起きて、夜間に流れたニュースをすべて読み、理解していました。時には一日に一五時間から一八時間仕事をしていたこともありました。

●トレーダーとして成功するには、強い決意が必要です。何度蹴落とされても、立ち上がるにはそれしかありません。私にはその決意があります。

●私がトレーダーとして成功した最も重要な要素は内省です。つまり、私は自己を認識し、日誌を付け、瞑想を行い、呼吸法を実践します。特に、フロー状態に入ることができるのは私にとって重要で、この能力と綿密なリサーチを組み合わせると、エッジが得られます。

トレードを始めたときに、知っておけば良かったと思うことは何でしょうか。

大切なのは、自分が何をしないかなのです。忍耐がキーワードです。トレードで成功するには何もしない技術が必要なのです。長期的に成功するには、本物のトレード機会が現れるまで何もしないことです。本物のトレードの合間に心理的資本にダメージを受けすぎると、大きなトレードの機会が現れても準備を整えられません。

つまり、基準に満たないトレードをすれば損を被りやすいということよりも、そんな取るに足らないトレードに焦点を当てて考えていることのほうが妨げになって、大きなトレード機会を逃すことになるほうが問題だ、ということですね。

おっしゃるとおりです。

最後に、読者に何か伝えたいことはありますか。

トレードをすることは、私にとって自己発見と成長の素晴らしい旅でした。山あり谷ありの私のストーリーや、長期的な成功に何が必要かを話すことができてうれしいです。過去一〇年間のトレードは準備運動のように感じられ、今後、自分がどこまで成長できるか、ワクワクしています。

ソールのトレーダーとしての驚くべき成功は、次の三

つの要素を合わせたプロセスから得られている。

一．トレードのリサーチとプラン　衝動的なトレードで成功することはできない。成功には大変な作業が必要だ。彼ソールはどのトレードに対しても熱心に準備をする。彼は過去のすべてのトレードを数千ページのメモにまとめている。トレードごとに、トレードプラン、関連するイベントと市場の反応の詳細、自分が正しかったことと間違ったことなどを記録している。これらのノートは分類されて、将来に似たトレードをするときに調べられるようにしてある。このリサーチノートを使って、ソールは今後考えられるトレードごとに非常に詳細なプランを作成する。これには、トレードがリアルタイムでどういう展開をしそうかについての幅広いシナリオが含まれる。また、彼はさまざまなニュースを一日中注意深く監視しながら、トレードの機会となりそうな予想外のイベントを探す。

二．トレードの執行　利益の大部分は、ソールが「ユニコーン」と呼ぶ種類のトレードから得られているが、これには裁量による即決が必要になる。じっくりと考えて分析をする余裕などない。中央銀行の発表などのイベントがあるときに、考えられる状況ごとに何をするか事前に決めておく必要がある。トレードについて一～二分考えるだけでも、通常はトレードの機会を逃してしまう。イベントが起きたときにほぼ反射的に適切な判断を下すために、彼は一で述べたリサーチとプランを徹底して、トレードに備える。さらに、彼はプロのアスリートが大きな試合や競技前に行うように、さまざまな状況を想定して、視覚化とメンタルリハーサルを行っている。また、瞑想と呼吸法によって「没入」状態になる。

三．心の安らかさ　ソールはトレードで成功するためには、適切な精神状態――心安らかで、バランスが取れていて、集中した状態――を維持することが絶対に必要だと考えている。彼はネガティブな考え方を避け、トレードで損をしたり機会を逃したりしても、その後のトレードに影響しないように細心の注意を払う。彼はネガティブ思考の悪循環に陥る前に、それを止める。ドローダウン状態にあるか大損をした日には、感謝できることだけに焦点を合わせて、高まるネガティブ思考を断つ。ソールの言葉によれば、「考え方を変えることが大切です。

落ち着いて合理的に考えられる状態に戻したほうがいいからです」。彼にとって、ポジティブ思考と心安らかな状態の維持はトレードの補助的な要素ではなく、それはまさに核心部分である。

トレードがうまくいかないときに自分を祝うという考えはユニークなアドバイスだ。『マーケットの魔術師』シリーズでインタビューをしたどのトレーダーもこのような考えには触れなかった。これはソールには役立ったが、どのトレーダーにも良いアドバイスかどうかは分からない。だが、個々のトレーダーは試しに実行してみてもよいかもしれない。どのトレーダーにとっても間違いなく良いアドバイスは、トレードを成功させるにはポジティブ思考と心安らかで集中した精神状態が必要だというより一般的な教訓だ。

私がインタビューをした偉大なトレーダーの多くに共通する特徴は我慢強さだ。ソールにとって、我慢強さはトレードの成功に欠かせない。これはインタビュー前にやりとりしたメールで、彼が自分のトレード法を説明したときの言葉に最もよく現れている。「私の手法はよく狙撃兵スタイルと呼ばれます。私は常に一撃で射止める用意をして待ちます。ほかのことをしているとその機会を逃すので、弾丸を無駄にしたくはありません。私は直感的に正しいと分かるトレードの機会を待って、撃ちます。残りの時間はじっと座って我慢強く待ちます」。

ソールは真のトレード機会が訪れるまで何もしないことのほうが、利益の大部分を占めるトレードの実行よりもはるかに難しいと考えている。基準以下のトレードに手を出したくなる誘惑に耐えることは、次の二つの理由から重要だ。第一に、そうしたトレードはトータルでは損になることが多いからだ。第二に、これはもっと重要なことだが、これらのトレードによってトレーダーの精神状態や集中力に悪影響が及ぶと、真に大きなトレードの機会を逃す恐れがあるからだ。ここで得られる教訓は、ルールに合ったトレードだけを行い、取るに足らないトレードには手を出さない、ということだ。

皮肉なことに、常に一定した利益を出そうとすることは価値ある目標に思えるが、それは長所ではなく短所の可能性がある。彼によると、負けるトレーダーは共通して、毎月お金を稼ぐという目標を持っていたという。どうしてこれが望ましくない目標なのだろうか。それは、トレードの機会は定期的には訪れないからだ。そのため、利益を毎月出すという目標を立てていると、真のトレード機会がないときに、自分の基準に従うのではなく、単なる希望に基づいてトレードをしたくなるのだ。常に一定した利益を求めようとすると、我慢強さという適切な原則とは正反対の行動を取るようになる。

ソールが我慢強く待つトレードには、二つの重要な特徴がある。

一．それは思惑どおりの方向に動く可能性が高いと彼が考えているトレードである。

二．それは非対称的なトレードで、とるリスクよりも期待できる利益のほうがはるかに大きい。

ソールはこれらの強く確信を持っているトレードでは、大きなポジションを取る。彼は確信の度合いに応じてポジションサイズを大幅に変え、特に強い確信を持つトレードでは非常に大きなポジションを取る。それが、彼が特大の利益を生み出せる重要な要素になっている。

ソールはどのトレードでも損を抑えるために、常に可能なかぎり早く損切りの逆指値を置く。イベント――すなわち、ボラティリティが特に高いとき――に基づいて大きなポジションを取るため、仕掛けと同時に損切りの逆指値を置くと、一時的で無意味な値動きによってふるい落とされるリスクがあまりにも高くなる。そのため、相場が思惑どおりの方向に十分に動くまで待ち、トレードのアイデアが間違っていた場合にのみ逆指値に引っかかるようにする。彼が逆指値を置く前に相場がポジションに逆行した場合はどうするのだろうか。彼は相場がすぐに思惑どおりの反応をしない場合、非常に素早く手仕舞うので、そうした場合には、すぐに成り行き注文を出して損失が少ないうちに損切りをするだろう。

人は勝つと安心する。トレードが特にうまくいっていると、多くのトレーダーは仕掛けでも資金管理でも規律を緩めやすい。通常ならしないトレードに手を出したり、リスク管理が甘くなったりする。ソールは非常に大きく勝っていた期間のあと、相関が高い三つの市場で限度いっぱいにポジションを取って、あまり意味のないトレードをしているときに、このワナに陥っていることに気づいた。会社のリスクマネジャーに何をしているのかと聞かれてわれに返り、すべてを手仕舞った。リスクマネジャーが介入したおかげで、重大な損失を避けることができた。それでも、この経験によって、ソールは大きな利益を出した期間のあとに、うぬぼれて規律を緩めないようにという教訓を学んだ。これはほとんどすべてのトレーダーにとっても、貴重な教訓だ。

期待だけに基づいてトレードをしていることに気づいたら、手仕舞おう。ポジションを取り続けるには、期待ではなく確信が必要だ。ソールがキャリアの早い段階で使ったテクニカル分析に基づくシグナルでは、トレードがうまくいけばよいと期待するだけで、成功するという確信はほとんどなかった。期待に頼るしかない不安から、彼はテクニカルトレードが自分には向いていないと確信した。

ソールは極めて強い勤労倫理によって並外れた成功を収めたトレーダーの見事な例だ。私はよく、勤勉さだけで成功できるのか、それとも優れたトレーダーは持って生まれた才能のおかげで成功しているのかと聞かれる。勤勉さもリスク管理もトレードで成功するために欠かせないが、並外れたトレーダーの実績を説明するには不十分だ。彼らには生まれ持った才能がある。ソールはどこで手仕舞うかをどうやって決めるかについて、「私にはかなり良いところで手仕舞えるという、不思議な能力がありますと言う。「不思議な能力」という言葉は、教えたり学んだりできない直感的なスキルがあることを示している。

マラソンが良い例だ。マラソンで完走するには、多くの準備とトレーニングが欠かせないが、熱心に練習をすれば、ほとんどの人は完走できるようになる。しかし、いくら熱心に努力をしても、世界レベルのスピードでマラソンを走れる体型の人は限られている。同様に、熱心に取り組んで効果的なリスク管理を行えば、かなりの割合の人々が少なくとも多少は利益を出せるようになるだろう。だが、マーケットの魔術師になれるような持って生まれた才能がある人はほんのわずかだ。

ソールはすべてのトレードについて詳しい記録を残して、それを定期的に読み直す。そうする理由の一つは、特定の状況における相場の動きを記録しておき、将来の似た状況で何が期待できるかの指針として役立てるためだ。しかし、もう一つの重要な理由は、過去の間違いから学んで、それを繰り返さないようにするためだ。仕掛けと手仕舞いの理由、自分の判断が正しかったところと間違えたところを含めて、自分のトレードを分析した記録を残して、定期的に読み直すのは、すべてのトレーダーにとっても非常に有用だ。これはトレードでの間違いに気づくための便利なツールになる。将来同じ間違いを繰り返さないためには、まずこれを実行する必要がある。トレードがうまくなるには、間違いから学ぶことだ。

　優れたトレーダーは自分の能力に強い自信を持っている。確かに、彼らは成功したのだから、自信を持っていて当然だとも言える。しかし、彼らにとって、自信があるのは生まれつきで、成功する前から持っていた可能性がある。ソールはこの仮説の良い例だ。彼はトレードを始めた年に口座残高がマイナスになって、トレーダーとしてのキャリアが危うく終わりそうになっても、まだ自分は成功すると確信していた。自分のトレーダーとしての能力にどれほどの自信があるかを正直に評価するのは、成功する可能性が高いかどうかを判断する一つの方法だ。自分のトレード法にエッジがあるかどうかが不明確か疑わしい場合は、リスクをとる金額に特に注意を払う必要がある。

　あなたが利益を出せるトレーダーになるためのスキルと真の自信があるのならば、成功するためにもう一つの特徴が必要だ。それはレジリエンスだ。けっしてあきらめないように。

第5章

ダルジット・ダリワル
Daljit Dhaliwal

詳細なトレード日誌から自らのエッジを特定し、九年間で年平均二九八％のリターンを上げる努力家

ダルジット・ダリワルのトレード実績は並外れている。彼は九年余りのトレードで、二九八％の年平均リターンという驚くべき数字を残している。彼は積極的にトレードを行い、トレードに強い自信があるときには大きなポジションを取る。彼の年平均ボラティリティは八四％と非常に高い。

そのため、「彼のリターンは確かに見事だが、とっているリスクも桁外れのはずだ」と考える人もいるだろう。そして、実際にリターンのボラティリティが特大であることから、この推論は説得力があると思うだろう。しかし、そこが問題なのだ。彼のボラティリティが極めて高いのは大きな利益を何度も出しているからであり、実は損失のほうは驚くほど抑えられている。彼のリターンとボラティリティの水準からすれば、五〇％以上のドローダウンが何度かあったはずだと考えても無理はない。しかし、月末時点の資産で見た最大ドローダウンは二〇％に満たない。彼はすべての年、四半期の九五％、月の七〇％で利益を出している。巨大なリターンと抑えられた損失という組み合わせから示唆されるように、彼のリターン・リスク指標の値は模範的だ。調整ソルティノレシオは一〇・三、月次GPR（ゲイン・トゥ・ペイン・レシオ）は八・五、これらは優れたパフォーマンスとみなされる水準の五倍である（これらの指標の定義と意味については**付録2**を参照）。

ダリワルが最初に情熱を傾けたのはトレードではなく、テニスだった。一〇代のころは、イギリスにおけるジュニアテニスの有望なプレーヤーで、プロを志していた。彼は目標を立てると、それを達成するために全力を尽くす。一〇歳という比較的遅い年齢でテニスを始め（プロを目指すプレーヤーにしては遅い）、プロのコーチから週五日指導を受けながら、厳しい練習を続けた。彼がプロの道を断念した理由はインタビューで明かされる。

ダリワルが大学生だった二〇〇八年に金融危機（リーマンショック）が発生し、それがきっかけで市場に関心を持つようになった。卒業する年には、トレーダーになりたいと思っていた。問題は、通っていた大学が中堅大学だったことだ。トレードの仕事はほとんど一流大学の卒業生にしか門戸が開かれていなかった。そのうえ、卒業した当時は金融危機の余波が残っていたため、トレードの仕事は特に少なく、競争は激しかった。彼がこの職に就くのはどう考えても無理に思われた。だが、彼は強い決意でこれを成し遂げた。

ダリワルは一〇代のときにテニスに取り組んだときのように、トレードにも情熱的に取り組んだ。彼は市場とトレードについてできるかぎり多くを学ぶことに専念した。仕事を始めたとき、自分は何一つ知らないということを自覚していたので、先入観はまったくなかった。彼は値動きとその原因について研究し、さまざまなイベントをどう解釈すべきかを市場から学んだ。

トレーダーとして進歩するにつれて、手法に多くの変更を加えてきた。最初のうちは主にテクニカル分析を用いていたが、すぐにファンダメンタルズ分析に焦点を移した。ファンダメンタルズに基づくトレード数のほうが少ないにもかかわらず、利益のほぼすべてはそれらから得られていることに気づいたからだ。彼はキャリアのほとんどで、中央銀行による発表などのイベントの解釈に基づくデイトレードを行ってきた。最近は、彼とリサーチ担当のアシスタントが開発したマクロ経済モデルに基づく長期的トレードに軸足を移しつつある。

彼はキャリアのほとんどをリチャード・バーグ（第3章）やアムリット・ソール（第4章）と同じグループで過ごした。ほかのトレーダーの影響を受けずに独立して活動したくなったので、ロンドンに自分のオフィスを構えた。私はそこで彼にインタビューをした。彼に、明日はマイケル・キーン（第10章を参照）にインタビューをすると話したら、偶然にも彼がキーンに出資をしていることが分かった。翌日、ダリワルは私たち二人をシティにあるステーキハウス「グッドマン（Goodman）」の素晴らしいディナーに招待してくれた。

自分のトレード戦略をどう定義しますか。

マクロ系のイベントドリブンのトレードだと思います。

定量的な面では、主要経済指標と私たちが考案した過去データに基づくアナログモデルを用いています。定性的な面では、短期戦略で仕掛けの戦術的ツールに記事の見出しを利用しています。また、相場を動かす可能性があるストーリーはファンダメンタルズよりも圧倒的な影響力を持つこともあるので、自分でこれらを解釈して利用しています。

一〇代のころ、将来したいことについて目標はありましたか。

プロのテニス選手になりたいという気持ちが一番強かったと思います。高校時代はテニスが生活の大部分を占めていました。

プロとして大会に出ていたのですか。

国際大会に出たことはありません。最高ランクはイギリスで約八〇位でした。

そのキャリアはどうなったのですか。

一六歳のころ、世界ランクの選手だったコーチと会話をしたことが転機となりました。彼は国際大会でプレーをした経験や、そのために世界中を旅することができたのはとても良かったが、賞金は出なかったと言ったのです。そのとき、彼は三〇代で、新しい仕事に就くために学位を取る勉強をしていました。

プロのテニスプレーヤーになりたいという熱意が冷めたのは、少ない収入しか得られないかもしれない、という彼の発言のせいですか。

それ以上に、高校生のころにはテニス以外の新しい仕事に就かなければならないと思っていました。ほかの仲間たちほどテニスが大好きというわけではありませんでした。関心はプロになれるかどうかという以上のものではありませんでした。テニスのコーチになりたいとは思いませんでした。約一年後に、もう一つ転機となることがありました。ある日、コーチが対戦相手を連れてきました。一セットだけプレーして、六対四で勝ちました。その後、勝った相手は昨年には世界ランクに入っていた選手だとコーチに言われました。コーチは私が緊張しないように、事前に話さなかったのです。私はその瞬間は興奮して、「これなら、プロでやっていけるかも」と思っても良かったはずです。でも、そういう気持ちは沸いてきませんでした。プロで食べていけるとは、到底、思えませんでした。

いつテニスをやめたのですか。

大学生のときに、サッカーをしている最中に足首を負傷しました。コーチには冬は休んで、また戻ってくるようにと言われましたが、二度とテニスには戻りませんでした。

テニスでそこまで高い水準のプレーをしていた経験とトレードには、何か関連がありますか。

テニスではすべてのボールを打ち返す必要がありますが、トレードではすべての機会でトレードする必要はありません。すべてが自分の有利になるまで待てばいいのです。それは完璧なスマッシュを決められるときにだけ、ボールを打つテニスのようなものです。トレードで気づいたことの一つは、適切な心構えができていない場合や、機会が現れるサイクルと私の手法が合わない場合には、トレードをする必要がないということです。そこがとても気に入っています。

それはむしろ、テニスとトレードを比べた見解ですね。テニスのようなスポーツで高い水準に達することと腕の良いトレーダーになることには、何か共通点がありますか。

スポーツでもトレードでも、秀でるには心理的な共通点があるということに尽きます。どちらでも、規律が要求されます。休息と栄養の管理が必要です。トレーダーは最適な判断を下す必要がありますが、ストレスを抱えていたり疲れていたりすると、正しい判断を下すのが難しくなります。

金融市場に興味を持ったきっかけは何でしょう。

大学生だったとき、ニュースは金融市場に関することばかりでした。

何年の話でしょうか。

二〇〇八年から二〇一〇年です。

ああ、金融危機とその余波が残っていた時期ですね。何を専攻したのですか。

経済学とファイナンスです。ファイナンスはとても面白い分野だと思いました。翌日にどうなるか分からないところが好きでした。平凡な仕事には就きたくありませんでした。

トレードを始めたのはいつですか。

大学生のときに、通貨のスプレッドベッティングを始めました。こうした賭けはアメリカでは違法だと思いますが、イギリスでは合法で非課税です。

いくら賭けていたのですか。

少額です。ほんの数ポンドです。あまりお金を持っていませんでしたから。

何を根拠に賭けをしたのですか。

チャートでのブレイクアウトや移動平均線など、基本的なテクニカル分析を使っていました。

その段階で何を学んだのですか。

五〇〇〇ポンド稼いで、すぐに二〇〇〇ポンド失いました。自分が何をしているのか分かっていないことに気づき、残りの利益を銀行に預けて勉強に専念することにしました。最終学年になったとき、成績はあまり良くありませんでした。卒業したらトレーダーになりたかったのですが、その職に就くには成績を上げる必要があると気づきました。その年は必死に勉強して、総合では良い成績が取れました。

ある日、ある銀行から大学に人が来て、講演をしました。彼の話題は主に業務部門に関するものでした。話が終わると、彼のところに行って、「トレードの仕事がとてもしたいのです。どうすれば、その仕事に就けますか」と尋ねると、「正直に言えば、業務部門では二〇〇人取れるけど、トレード部門では六〇人も取らない。それに、その仕事は一流大学の応募者にしか回らないだろう」と言われました。

あなたは一流大学には通っていなかったのですね。

ええ、中堅大学でした。

それで、どうしたのですか。

そのとき、とにかくできるだけ多くのトレードの仕事に応募しようと思いました。面接さえ受けさせてもらえたら、うまく自分を売り込めるかもしれないと思ったのです。約三〇社も応募しました。主に銀行ですが、プロップファーム（自己勘定トレードのみを行う証券会社）にも応募しました。一社を除いてすべて落とされました。その一社はプロップファームで、面接をしてくれました。

その面接について教えてください。

リスクマネジャーに面接をされました。彼は管理部門に移る前にフロアトレーダーをしていた人でした。大学の最終試験が終わったばかりで、それが私の受けた唯一の面接でした。絶対に受かるぞ、と思っていました。

面接で重要な質問や回答はありましたか。

当時の市場で何が起きているかについて、長い会話をしただけです。彼は私の市場に対する強い関心と学ぶ意欲に感心したと思います。面接の最後に、何か望むことや言いたいことがあるかと尋ねられました。「私は三〇社に応募しました、本当にこの分野の仕事をしたいのです。採用してもらえたら、あなたが今まで出会ったなかで最も仕事熱心な人間になるでしょう」と彼に言いました。私が採用されたのはだれよりも熱意があったからだと思います。

そこに入社してからの経験について教えてください。

最初の三カ月は、短期間で多くのことを身につける必要がありました。教室での授業のように、ファンダメンタルズ分析とテクニカル分析の両方を学びました。

トレードを始めたとき、何か決まった手法があったのですか。

最初のうちはいろんなものを試していました。決まったプロセスはあまりありませんでした。最初はテクニカル分析に引かれていました。マーケットプロファイル（出来高が多い価格帯を重視する価格分析の一種）を使って、チャート分析と組み合わせました。指標類は過去を見ていると思ったので、好きになれませんでした。一方、チャートパターンでは自分がどういうところにいて、その状況で何が期待できるかが分かるので、とても気に入っていました。例えば、ボックス圏相場のとき、たとえあるブレイクがダマシであっても、最終的にはいずれかの方向にブレイクすることが分かりました。

賛成します。つまるところ、指標は価格を元に作られるので、チャートにすでにある情報以上のものは得られ

ません。あなたの実績を見ると、ほぼ最初から利益を出していることに気づきます。最初の手法はテクニカル分析だったので、明らかに、それでかなりうまくいっていたと思われます。それを考えると、テクニカル分析からファンダメンタルズ分析に移った動機は何だったのでしょうか。

　テクニカル分析がうまくいく理由が分からなかったので、その分析に不安を感じていました。そのため、それを使って今後もうまくやれるという自信が持てなかったのです。ファンダメンタルズ分析では、価格がある水準から別の水準に動く理由がもっとはっきり分かりました。それに、こちらの分析のほうが面白いと思ったのです。実は、一冊目の『マーケットの魔術師』（パンローリング）を読んだことが、初期のトレードに大きく影響しました。だれの発言だったかは覚えていませんが、自分の性格に合った手法でトレードをするようにというアドバイスに大きな影響を受けたのです。

私もだれの発言かは覚えていません。インタビューではっきりとそう言った人も、暗に示した人もいたからです。『マーケットの魔術師』から得られる教訓について話すとき、自分の性格に合った手法でトレードをすることの重要性は、私がよく強調するポイントの一つです。ファンダメンタルズ分析をどのようにトレードのツールとして使い始めたのですか。

　主にニュースの見出しを利用したトレードでした。通常は中央銀行やほかの当局者のコメントに基づいてトレードをしました。

見出しでどういうトレードをしたのですか。

　さまざまなコメントやニュース記事を読みまくって、どのイベントで市場が何を期待しているかについて自分の考えを持っていました。当時は、市場の期待と比べて見出しが強気か弱気かに基づいてトレードをしていました。すでに情報が出ていて、市場の反応を期待することが理屈に合わないと思われる場合でも、同じことをしました。

例を一つ挙げてもらえますか。

　実際に口座資金を増やし始めたのは、ユーロ圏の債務危機が続いていた二〇一一年で、ギリシャが破綻しかけていた時期でした。欧州の当局者たちがギリシャについてタカ派かハト派のコメントをすると、それがニュースの見出しとなって、毎日流れます。それらのコメントを見て、ユーロの短期トレードをしました。あるとき、一人の当局者が「ギリシャを助けるつもりはない」と言って、ユーロが二〇ティック動いたことに気づきました。その後、同じ日にメルケル首相が同じことを言うと、ユーロはさらに四〇ティック動いたのです。その情報はすでに市場に流れているので、価格は反応しないはずだ、と人は思うでしょう。ですが、メルケル首相も同じことを言ったということで、市場がその情報をさらに重視したので、私はトレードをしました。メルケル首相が発言した理由を完全に理解していなくても、気にしませんでした。気にしたのは、市場がすぐに反応するかどうかだけでした。知的合理性に照らして正しいことよりも利益を出すことに焦点を合わせるように努めています。それはニュースに対する市場の反応を指針にして、何が重要かを判断することを意味します。

先ほど、「当時」という言葉を使われましたが、それはファンダメンタルズを今では同じように使っていないことを意味します。あなたの手法はどう変わったのですか。

実は、今していることは前とは正反対のことです。見出しに対する最初の反応とは反対のポジションを取ります。アルゴが私よりも先に動くので、見出しに対する最初の値動きでトレードをすることはもはや不可能だからです（ダリワルは、ニュースの見出しの語句に基づいて即座にトレードを行うように設計されたアルゴリズムプログラムのことを指して、アルゴと言っている）。

これらの見出しに基づくトレードは、初期のようにニュースに対して最初に反応した方向にトレードをする場合でも、その後のように逆の方向にトレードをする場合でも、すべてが非常に短期のトレードでした。より長期のトレードを始めたのはいつなのですか。

ファンダメンタルズに大きな変化があると、短期的な値動きがその後も長く続くことに、二〇一六年ごろに気づき始めました。そして、「これらの大きな値動きの一つをとらえたら、一回のトレードで年間利益の大部分を稼げるのに、自分はどうして短期的な値動きをとらえるために、これほど時間を費やしているのだろう」と思ったのです。そのときに、トレードに対する考え方が変わりました。「いつも利益を出している必要なんてない。年に数回、大きな利益を出せればいい」と気がついたのです。ニュースの見出しを利用してトレードをしようとするのは簡単ではありません。精神的にかなり疲れます。それで、トレードの結果を分析すると、利益のほぼすべては極めて少数のトレードで得たものだということが分かりました。つまり、ほかのすべてのトレードを合計すると、利益はないに等しいということです。だから、苦労してそれらのトレードをする意味はなかったのです。

あなたの利益に貢献しているトレードと、そうでないトレードの重要な違いは何でしょうか。

最も多くの利益を出したのは、まったく予想外のイベントに基づくトレードでした。

ということは、手法を変更したというのは、基本的には実行するトレードを絞り込んで、それらをより長く維持しようとしたという意味ですか。

そういうことではありません。大きく変えたのは、もっと幅広いマクロ経済の分析に基づくトレードに移ったことです。

一例を挙げてもらえますか。

今年の七月（二〇一九年）に、おそらくこれまでで最大のトレードでS&P五〇〇を売りました。私は経済の下振れリスクを軽減する対策を政策立案者が十分に行っていないと感じました。賃金上昇率と製造業の景気は減速していました。同じ時期のEU（欧州連合）の経済指標もひどいものでした。私の過去データによるアナログモデルに基づけば、今の経済体制では、株式市場は大きく下げやすいと感じました。

正確にはどこで売ったのですか。

（ダリワルは史上最高値近くの値幅が広いボックス圏の天井近くに形成された、値幅の狭い保ち合いを示すチャートを私に見せる）。

もちろん、今振り返ると、相場はその後にボックス圏の下限に向かってブレイクしましたが、その時点では、史上最高値近くに形成された保ち合いはその後に上昇しがちなパターンです。相場が上昇して新高値を更新し始めたらどうなっていたでしょうか。損切り水準までどれくらいの値幅を設けていたのですか。

自分の短期的なファンダメンタル指標のいくつかに基づいてタイミングを計っていたので、それほど大きくは離していませんでした。それに、S&P五〇〇のプットの買いに分けてトレードをしました。プットにはもっと逆行する余地を残しました。

そのときのS&P五〇〇のように、同じファンダメンタルズでボックス圏のレンジが広い場合、いつ仕掛けるかをどうやって決めるのですか。あなたの仕掛け値から損切りの逆指値までの値幅はボックス圏のレンジよりもかなり狭かったと思うのですが。

中間領域でS&P五〇〇を売ることはありません。仕掛けはレンジの上限に近いところで行うでしょう。

そこが知りたかったのです。ということは、あなたが相場を弱気と見ていて、価格は幅広いボックス圏内にあるとします。そして、相場がレンジの上限に達した場合、そこをブレイクして新高値を付けるかどうかは分からないわけですが、あなたのファンダメンタルズのモデルではブレイクしない可能性が高いことを示唆しているので、売り方としてトレードをする傾向がある、と。この説明は、ファンダメンタルズに基づいてあなたがトレードのタイミングを決める方法として適切でしょうか。

ええ。ただし、重要な展開があった場合は、相場がレンジ内のどの位置にあるかは重要ではありません。

「重要な展開」とは、ニュースの見出しに載るイベントで影響が長く続く可能性が高いものを指しているのだと思います。しかし、疑問が残ります。そのイベントの影響があなたのファンダメンタルズ分析での期待と逆だった場合はどうするのでしょうか。

そのイベントの影響が十分に大きければ、イベントのほうに合わせます。私にとっては自分の判断が正しいかどうかよりも、お金を稼ぐことのほうが大事です。また、私は確認のシグナルは探しません。探すのは自分が間違っていることを示すシグナルです。関心を持っているのは、自分がどういう間違いをしているかだけです。重要なイベントが私にとって不都合な場合、私のモデルが間違っているという意味なのかもしれません。

インタビューの数週間後、S&P五〇〇は新高値を付け、その後、数カ月にわたって大きく上げ続けた。この値動きのため、私は電子メールで次の質問を追加した。

インタビューのころにS&P五〇〇の売りポジションを取っておられた経済的理由はどれも、相場が上昇を続けた第4四半期にも当てはまるように思えます。私が理解できないのは、ファンダメンタルズは第4四半期でも同じだったのに、なぜそのときは弱気の立場を取らなかったのかということです。もちろん、そのときに同じポジションを取っていれば完全に間違っていました。トレードをした二〇一九年七月下旬と、売りポジションを取らなかった第4四半期との違いは何だったのですか。

第4四半期の主要な経済指標に対する見方は確かに弱気でした。しかし、その四半期に、FRB（連邦準備制度理事会）は政策スタンスを変えて、流動性を供給しました。私のリサーチでは、彼らの行動のほうが当時私が弱気だった理由（経済データの悪化）よりも勝っていると思いました。だから、その期間のほとんどで、様子見を決め込んでいたのです。

最も痛手を負ったトレードは何ですか。

二〇一五年一二月に、ECB（欧州中央銀行）で重要な会議がありました。その会議では、ECBが金利を引き下げて量的緩和を行うだろうと期待されていました。事前にファンダメンタルズ分析を行って、十分に準備をしていました。市場が何を期待していて、何がトレードになって、何がトレードにならないのかを理解していました。私たちはみんな、オフィスでニュースが流れるのを待っていました。公式発表の予定よりも五分か一〇分前に、「ECBは金利を変更しないという驚くべき決定をした」というフィナンシャル・タイムズの見出しがブルームバーグから流れてきました。フィナンシャル・タイムズが言うのなら、正しいはずだと思いました。それはまったくのサプライズだったので、ニュースが正しければ、これまでで最高の一日になると思いました。即座にユーロを買って、ユーロストックス50を売り始めました。しかし、そのニュースは誤報だったのです。ECBは金利を引き下げたのです。真実が分かると、相場は一瞬で反転したので、すぐに手仕舞ったのですが、突出した値動きの先端で損切りすることになりました。ほんの数秒で六桁の利益から六桁の損になりました。

と言うことは、最初はあなたの取ったポジションの方向に実際に動いたのですね。

ええ、相場はフィナンシャル・タイムズの見出しで動き始めましたから。でも、実際に発表があると、相場は即座に反転しました。

そのトレードで、口座資金の何％を失ったのですか。

約二〇％です。

そのトレードで得た教訓は何かありますか。

ええ、損切りし終わったとき、「もう二度とこんなことはしない」と誓いました。

「こんなこと」とはどういう意味ですか。

大きなポジションを取って、損切りの逆指値を置かないことです。

どうして逆指値を置かなかったのですか。

含み益がとても大きかったので、それが完全に消えてなくなるなど思いもしなかったのです。

そのトレードを境に、損切りの逆指値を必ず置くようにしたのですか。

それだけでなく、そのトレード後は、素早く大きな含み益が出たら、一部を利食いするようにしました。ＥＣＢの発表前に、ユーロはすでに一％も動いていたのに、全ポジションを維持していたのです。

その後、あなたのトレードでは、必ず損切りの逆指値を置き、可能であれば一部を利食いするという二つの点が変わったということで間違いないですか。

そのとおりです。トレードで大事なことは損失を抑えることです。もっと利益を得ようとして、大きなドローダウンで心理的に打撃を受けるのでは意味がありません。安定しているほうがはるかに良いのです。

それで、そのフィナンシャル・タイムズの記事はどういうことだったのですか。

今でも分かりません。言えることは、その記事のソースがフィナンシャル・タイムズでなかったら、そんな記事でけっしてトレードはしなかったただろう、ということです。あとから考えると、報道機関は閉鎖された部屋にいて、公式発表の時間まで記事は何もリリースできないので、これは信じがたい誤報でした。

私はその後、フィナンシャル・タイムズが記事の取り消しを発表した次の説明を見つけ、何が起きたか理解した。

木曜日に、弊社は欧州中央銀行が金利を引き下げるのではなく、維持すると決定して、期待を裏切ったという誤った記事を弊社のサイト（https://www.ft.com/）に載せました。この記事は利下げするかどうかが発表される数分前に出されました。記事は間違っていて、載せるべきではありませんでした。記事は異なる決定を予想して、事前に書かれていた二つの記事のうちの一つで、正式発表前に用意していた予定稿でした。編集の手違いによって、公開されるべきではなかったときに公開されてしまいました。ニュースの配信が自動化されているため、ツイッターでも同時に公開されて、最初の手違いがさらに広がりました。弊社はこの重大な間違いを深く反省しており、このような間違いが二度と起きないように、発行と作業の流れについて早急に見直します。読者の皆様には深くお詫び申し上げます。

私はスティーブ・ゴールドスタイン（ロンドンに拠点を置くコーチング会社「アルファ・アール・キューブド」の創立者で、多くの優れたトレーダーを指導してきた人物）を通してあなたを見つけました。トレードコーチに依頼した動機は何ですか。あなたは非常に成功しました。

ピーター・ブラントは、「トレードでの成功とは人間の本性に逆らって泳ぐことだ」と述べています。私はコーチングを、そうした指導を行う高速モーターボートに例えています。特にトレードで自分の力を発揮していないときや、トレードの機会と自分のトレードスタイルが合わないときは、自分のトレードをほかの人に確認してもらう必要があると感じました。その役割を彼が果たしてくれているのです。不調なときに彼と話をすると、大きなドローダウンを被らないで済むと分かりました。さらに、彼のコーチングを受けることで、トレードのルールを明確かつ強固にできました。また、私が自分の弱点に集中しすぎていることや、自分の強みにもっと集中する必要があることも分かりました。強みに焦点を合わせていれば、弱点に時間を費やす余裕もなくなります。

彼から、あなたがレイ・ダリオと昼食を取るチャリティーオークションに入札したと聞いています。その経験について話してください。

レイ・ダリオがチャリティーのためにランチミーティングをオークションに出しているというビジネス・インサイダーの記事を読んだのです。「これは本当にすごいけど、落札価格は一〇〇万ドルくらいになるんじゃないか」と思いました。ウェブサイトで確認すると、入札価格はわずか数千ドルでした。「彼に会いたい。落札するぞ！」と思いました。入札を始めると、驚いたことに、かなりの間、私の入札価格が最高でした。実は、オークション最終日でもまだ最高のままでした。その日、会社を出て、早く帰れるように電車で帰宅しました。オークションの終了時間が近づいていたので、駅を出るとすぐにウェブサイトで、まだ私が一番かどうか確かめました。落札はできていませんでした。本当にがっかりでした。「どうして電車に乗ったんだ。会社でもうちょっと待つべきだった」と自分を責めました。次の日に、オークションを運営しているウェブサイトのチャリティーバズからメールがあり、ダリオが二回目のランチミーティングを出しているので、落札価格と同じ価格で入札できるのなら、あなたが落札できると書かれていました。もちろん、喜んですぐに入札しました。

落札価格はいくらだったのですか。

たったの四万ドルでした。

ランチはどこで取ったのですか。

マンハッタンのウエストビレッジにあるイタリアンレストランでした。名前は覚えていません。

ランチはどうでしたか。

素晴らしかったです。レイ・ダリオの『Ｐｒｉｎｃｉ

ples（プリンシプルズ）――人生と仕事の原則』（日本経済新聞出版）には大きな影響を受け、トレードだけでなく人生についても、考え方が変わりました。

どのようにですか。

その本を読んだあと、私はすべてを疑い始めました。ダリオのその本での主張は、自分が現実と認識していることと現実は必ずしも同じではない、ということだと思います。目標を達成するには、自分の行動と、それによってやがて生じる結果とのつながりを深く理解する必要があります。それができれば、必要に応じて行動を調整して、望む結果が得られるようになります。そのメッセージで、自分のトレードのデータ分析を始めました。

その分析から何を学んだのですか。

私はまずトレード日誌を検討して、自分の認識を確かめたあと、トレード結果のデータを調べて現実を確かめました。そこで一つ気づいたことは、自分ではテクニカル分析が得意だと思っていたのに、実際は違っていたということです。

その認識によって、トレードは変わりましたか。

変わりました。テクニカル分析を見限ることにしました。

ランチでの会話はどういうふうに進んだのですか。

ダリオから「今はあなたの時間です。聞きたいことがあれば、何でも聞いてください」と言われました。

それで、最初に何を尋ねたのですか。

かなり緊張していました。今振り返ると、少し記憶が薄れています。私はダリオに、自分のトレードと相場と彼の人生観について話したいと言いました。

彼から何か具体的なアドバイスがあったのですか。

可能なかぎり過去にさかのぼって、自分の考えを検証してみることがとても重要だ、と言われました。彼は歴史に精通しています。人は最近の歴史や自分の経験を重視するので、十分に過去にさかのぼって自分の考えを検証していません。そのため、昔起きたことは盲点になってしまう、と彼に言われました。彼は確信を得るためには、自分の経験よりもずっと前まで歴史を振り返る必要があることを理解させてくれました。

では、市場を分析するとき、どこまでさかのぼるのですか。

できるかぎりです。

具体的にはどこまでですか。

現時点では一〇〇年前ぐらいですが、理想的にはそれよりもずっと前までさかのぼりたいです。読書は私のリサーチの一部です。最近読んだ本の一つはエドワード・チャンセラー著『**新訳　バブルの歴史——最後に来た者は悪魔の餌食**』（パンローリング）です。その本ではチューリップ投機までさかのぼって、バブルについて解説しています。

それは良い本ですか。

すごく良い本です。その本はダリオが話した、市場と投機についての幅広い歴史的視点を持つ手助けをしてくれます。

ほかに、ダリオとのランチで得た教訓はありますか。

彼が期待値についてどう考えているかが分かったのは貴重でした。誤って引用したくないのですが、大きくまとめると、彼は宇宙探査に対する社会の関心や支出を、可能性のある未開拓分野という観点で取り上げました。彼はこれを世間一般とは別の角度からとらえていたのです。つまり、深海はまだほとんど調査されていないから、海洋の探査をすべきだと考えていたのです。彼は期待値という観点から議論を組み立てていました。宇宙探査に使うのと同じ金額を海洋探査に使うほうが、はるかに多くのことを学べる、と彼は言っていました。言い換えると、海洋探査の期待値のほうが宇宙探査の期待値よりもはるかに大きいということです。ダリオの視点は魅力的でした。私はどうすれば市場で期待値を特定できるか、考え始めました。

期待値をどう定義しますか。

私にとっては、非常に不人気な市場についてコントラリアンの視点を持つことです。例えば、今年の初め（二〇一九年）には、トウモロコシは極端に人気薄でした。価格はここ数十年の最低水準で、投機筋の売りポジションはかつてないほどに膨らんでいました。そうした状況は、ファンダメンタルズに十分な変化があってそれを支持できれば、コントラリアンのポジションを取ることに高い期待値があるということになります。

ランチでは、食事をする余裕はありましたか。

（彼は笑う）。ダリオに、「ほら、これを食べたほうがいいよ。すごくおいしい」と言われました。そのときに初めて、私はまだ何も手を付けていないことに気づきました。

トレード手法を発展させるうえで、影響を受けた人はほかにいますか。

ええ、ピーター・ブラントです（第1章でインタビューをしたトレーダー）。私はブラントのファクターというマーケットレターをずっと前から購読しています。彼がポーランドに行くと聞いたので、本当に会いたいと思いました。それで、彼のアシスタントにメールを送って、会う手はずを整えました。結局、彼とは夕食と朝食を取りました。彼は自分のトレードについてとても謙虚です。彼は自分が何を知っているかを理解していて、自分のエッジ（優位性）から離れません。彼は自分に明確なエッジがあると分かるまで八年から一〇年くらいかかった、と言いました。彼でさえそれほどの時間がかかった、ということに驚きました。自分のエッジが本当は何なのかを理解するために、すべきことがまだまだ数多くあると気づきました。私のトレード結果のリターンの分布は大きなスキュー（歪度）を持っています。ブラントと話したあとで、大勝したトレードの特徴を調べる必要があると思いました。それらのトレードについて、当時の自分の感情、市場の全般的な特徴、自分の市場分析などについてです。あらゆることを調べました。大成功をしたそれらのトレードの共通点を探していたのです。

すべてのトレードで、そういう情報をすべて記録しているのですか。

二〇一一年から毎日、トレード日誌を付けています。

そして、ブラントに刺激を受けて、大勝したトレードの特徴をその日誌で調べたのですか。

そのとおりです。彼は「最も見栄えが良いトレード」と呼んでいるものの批評を毎年書いています。それは、彼が探している典型的なチャートパターンを最も明確に示していて、その後にパターンが示唆する値動きをしたトレードです。

それで、あなたは自分の「最も見栄えが良いトレード」がどういうものか知りたくなったわけですね。

そういうことです。

何が分かったのですか。

大勝したトレードすべてで、ニュースの流れに逆行する予想外のイベントが起きていることに気づきました。もう一つの特徴は、トレードをした理由が極めて明確だったことです。短期の視点と長期の視点を混同してはいませんでした。また、これらのトレードで大きな含み損の状態になったことは一度もなく、通常はほぼ即座に含み益が得られる傾向があるのに対して、成功しなかったトレードではすぐに含み損が発生して、そのままという傾向があることにも気づきました。

あなたは自分の感情を日誌に付けていると言いました。そういう情報がトレードの向上にどう役立ったのか、具体例を挙げてもらえませんか。

トレードにおける行動心理学は、パフォーマンスを向上させるために、もっと探求されるべき分野だと思います。ある種の感情はトレードに問題がある兆候です。例えば、ほんの一時期ですが、欲求不満とFOMO（Fear Of Missing Out。機会損失の不安）という二つの感情をたびたび日誌に付けていました。掘り下げて考えると、この感情の不一致は短期の視点とより長期の視点が対立していることに根本的な原因があると気づきました。今ではより長期のトレードをするようになったのですが、同じ市場で短期トレードの機会が反対側に見つかると、どちらの視点に立っても効果的なトレードができなくなりました。さらに悪いことに、かなりの含み益をそのままにしていました。それが欲求不満の原因でした。当時、より長期のトレードをする手法に移るところだったので、それが原因でこの対立が起きているのだと気づきました。問題を客観的に理解できると、適切な解決策を考え出せました。

その解決策は何でしょう。

特定の市場で長期的なポジションを取っている方向に逆行する短期トレードの機会がありそうだと予想してい

て、そのとおりの動きになったら、そのトレードをしますが、長期的なポジションはそのまま維持します。

ブラントから学んだことはほかに何かありますか。

ええ、彼は「リーク」について話しています。これは自分のプロセスをきちんと踏んでいないトレードで出した損失のことです。自分の口座でこの種のトレードを追跡してみたら、利益をさらに増やす妨げになっていることが分かりました。二〇一七年の利益は取引日の一〇％から得られたものでした。取るに足らないトレードをすると、資金と心理的資本を無駄に使うだけなので、それらのトレードを避けることがとても重要です。

ブラントのトレード手法は完全にチャートに基づいていますが、あなたの場合はファンダメンタルズに基づいています。彼から影響を受けたのはトレード手法とは独立した一般的な原則についてですか。つまり、自分のエッジを知ること、取るに足らないトレードを避けること、リスク管理といったことでしょうか。それとも、彼の手法の一部はあなたのトレードにも使えますか。

私は市場に対する彼の見方は時代を超えていると思っており、彼のチャートに関する原則も利用しています。彼は指標は使わず、チャートだけを見ます。これは私の市場の見方とも合っています。

それならば、一般的な価格パターンがあなたのトレードに影響することもあると思いますが。

あります。長期的なチャートパターン、特に長期にわたる横ばいは重要だと思います。横ばいをいつブレイクするかは分かりませんが、ブレイクすれば、大きな値動きが続くことがよくありますから。

チャートの値動きが重要だったトレードの例を教えてください。

非常に典型的な例だったので、一つのトレードがすぐに思い浮かびます。ただし、かなり前のものです。

時期は重要ではありません。大切なのは例のほうです。

二〇一三年五月の初めごろ、オーストラリア・ドルは長い間横ばいでした。この日（彼がチャートで示したのは二〇一三年五月九日）に発表された雇用統計は非常に強気でしたが、相場は長い横ばいを下にブレイクするという矛盾した日でした。雇用統計は単に強気というだけでなく、非常に強気だったのです。市場は一万一〇〇〇人増を予想していましたが、結果は五万人増でした。また、失業率は下がって労働力率は上がりました。出てきた統計数字はあらゆる点で強気でした。統計はヨーロッパ時間の午前二時三〇分に発表されました。発表直後に相場は反発しましたが、午前七時にオフィスに到着したときには、相場はすでに急落していて、価格は私が見ていた長期の横ばいを下にブレイクしていました。発表された数字とその後の値動きを見て、すぐに売り始めました。私は何も考えずに、ただちに売りポジションを取りました。

負けている時期には、何かを変えますか。

ドローダウンを被っているときには、体系的なプロセスに従ってトレードサイズを小さくします。損失が五％以下ならば、それはリターンを得るために当然に必要な変動だと考えます。しかし、いったん五％を超えると、トレードサイズを半分に減らします。

さらに減らす水準はありますか。

ドローダウンが八％を超えると、トレードサイズを再び半分に減らし、一五％に達したら、トレードを中断して休みます。

今までに、中断に至ったことはありますか。

フィナンシャル・タイムズが誤報を出した日以外に、一回ありました。職場に来て、リサーチをするだけで、トレードは何もしませんでした。

それがどれくらい続いたのですか。

それほど長くなかったです。一～二週間ぐらいです。

これまで、あなたがレイ・ダリオとピーター・ブラントから学んだ教訓について話をしてきました。ほかのトレーダーから学んだ教訓はありますか。

前の上司たちから、トレードで大事なことは自分が正しいかどうかではなく、利益を得ることだということを学びました。人はよく知的合理性に照らして正しいかどうかにこだわりますが、それは利益を得る妨げになることがあります。トレードを始めたとき、自分は何も知らないのだ、という態度でいました。そのため、自分の相場観を元に判断するのではなく、必ず相場の動きを見て逆から判断しました。「ギリシャがヨーロッパ諸国とどう交渉をするか、自分はこう見ているから、相場はこう動くだろう」とは考えません。相場の動きを見て、どうしてそういう動きをしたのかを振り返ります。例えば、EU当局が声明を出して、市場がそれに反応したら、それを見て、「ああ、彼らがそう言ったから、相場がそう動いたのだ」と解釈するでしょう。

成績を向上させたいトレーダーにどういうアドバイスをしますか。

　自分のトレードについて統計を取り、トレード日誌を付けるようにと言います。その情報があれば、プラス面とマイナス面の特徴を見つけてトレードを調整することができるはずです。他人の利益のためではなく、自分の利益のために自分のエッジを生かせる範囲にとどまること。次に、自分が最も良いトレードをしているところをイメージする。それはどう見えるだろうか。すべきことで、していないことは何だろうか。自分を守るために、どういう行動を取る必要があるだろうか。そういうプロセスを踏めば、自分のエッジを高めて、ネガティブな面を抑えられるようになります。

トレードであなたが従っているルールは何でしょうか。

興味深いことに、私の最初のルールと原則の多くは『**マーケットの魔術師**』に登場するトレーダーの発言から取ったものでした。やがて、それらのルールは自分の性格に合っていて、役立つものに変わっていきました。次が現在のルールです。

●アダム・ロビンソンの発言を言い換えるとこうなります。天才は自分がハンマーを持っていることを分かっていて、クギを探しているだけだ。大切なのは、自分の得意なことだけをする必要がある、ということだ。

●トレードのリターン・リスク比は極めて不安定で、ポジションを維持している間に劇的に変わることがあります。そのため、含み益が出たら、一部を利食いする必要があります。そうしないのならば、自分は百パーセント正しいと思い込んでいることになります。このルールは、トレードで大きな含み益が得られたあと、ポジションをすべて維持している間に相場が急に逆行するという経験を何度もして、学んだことです。

●私にはドローダウンに対する警告シグナルがあります。

これは個人的なルールです。私がドローダウンを被るときには、最初に次の三つが起きるようだということに気づきました。

●一日で二％以上の損失。
●一回のトレードでかなりの含み益を失う。
●大きなポジションを取ったのに、報われない。素晴らしいトレード機会だと考えて大きなポジションを取ったのに、結局は何の利益も得られない。

●別の個人的なルールは、相場と波長が合っていないという警告シグナルを表す感情に気づくことです。毎日のトレード日誌で気をつけているキーワードは「機会損失の不安」と「欲求不満」です。
●確実に利益を上げることではなく、自分が何をしているのかを明確に理解することを優先すること。確実さを求めると、動けなくなります。
●常にうまくいかない場合の準備をしておくこと。自分の想定と逆のことが起きた場合に何をすべきか知っておくこと。
●望んでいた機会ではなく、実際に得られる機会でトレードをすること。例えば、注文の一部しか約定されなかったとき、残りも約定させようとして、通常よりも相場を追いかけたくなることがあります。しかし、追いかけるのは自分の決めたプロセスを破ることになり、結果はたいてい悪くなります。
●損切りの逆指値は必ず、自分が立てていた仮説が崩れる位置に置くこと。金額で逆指値を置く位置を決めないこと。金額で決めるということは、そこがリスクをとれる限度だと思っているからです。金額で決めたいと思ったときは、ポジションサイズが大きすぎることを示しています。
●機会を逃したトレードで、そもそもその機会をとらえる準備をしていなかったものをとらえようとしないこと。市場では機会は絶えず訪れます。明日も太陽が昇るかぎり、利益を得られる日もまた訪れます。それは私が心配すべきことではありません。

初心者のトレーダーにどういうアドバイスをしますか。

よくその質問をされますが、答えるのは難しいです。私はいつも、トレードを仕事にしないようにと言います。ほとんどの人は成功するために必要な努力をしないからです。相場とトレードにおける問題の一つは、短期的には運に大きく左右されるため、利益が出ると自分の腕が良いからだと錯覚しかねないことです。医学生が医者になるには六年以上かかります。トレードで高度なスキルを身につけるのも変わりありません。トレードもほかの職業と同じです。成功するには長期間の努力が必要です。それだけの努力をする覚悟がないのなら、トレードには手を出さないように、とアドバイスをします。

彼らにそういうアドバイスをしても、まだトレーダーになりたいと思っている人にはどう言いますか。

すぐにトレードをしたがらないように。リサーチをして、自分の手法を見つけてから、始めるように、と言います。このアドバイスに従う人はほとんどいませんが。

最後に言いたいことはありますか。

トレードで成功するには、本当にトレードが大好きでないといけません。私にとって市場でのプレーは果てしないチェスのようなものです。それはゲームのなかで最もワクワクするものです。トレードをしてもワクワクしないのなら、悪い時期を良い時期で埋め合わせられるかどうか分かりません。

すべてのトレーダーが答えられなければならない質問は、「あなたのエッジは何ですか」だ。この質問に明確に答えられなければ、どのトレードに焦点を合わせるべきかや、どのトレードでポジションサイズを大きくできるかが分からない。ダリワルが行った重要なトレード改善策の一つは、彼の利益のほぼすべてを稼ぎ出したトレードの特徴を調べることだった。それを行ったおかげで、本当に重要なトレードを特定して、それらの執行や管理に集中できるようになった。おまけに、取るに足らないトレード――損益を総合するとマイナスになり、集中力やエネルギーを奪われるだけだったトレード――を大幅に減らすこともできた。いったん自分のエッジを特定できたら、それを生かせるトレードに絞るべきだ。特定の手法をうまく使いこなせるのに、通常は損で終わるようなトレードに手を出すせいで、得意なトレードを効率良く執行できないでいるトレーダーは驚くほど多い。

ダリワルはすべてのトレードについて詳しい日誌を付け、相場分析やトレードを行った理由だけでなく、感情も記録した。そのため、本当に自分のエッジを生かせるトレードが特定できた。この日誌を使ってトレードを分類することで、大きな利益が得られたトレードの共通点を発見できた。日誌を付けると、どういうトレードで利益を得ているかが分かるだけでなく、適切な判断と行動や、もっと重要なことだが、犯した間違いなど教訓になることを残しておける。日誌を定期的に見直して、それらの教訓を補強していけば、トレードを改善する最も効果的な方法になる。

トレーダーとして成功するには柔軟性が必要だ。ダリワルのトレードについて考えてみよう。最初、彼は主としてテクニカル分析を使っていたが、ほぼすべての利益がファンダメンタルズに基づくトレードから得られているると気づくと、テクニカル分析は補助的なツールとして以外には使わなくなった。彼独自の手法では、重要なイベントに対する最初の値動きをとらえようとした。しかし、彼が注文を出すよりも早く、アルゴリズムトレードが予想していた値動きを引き起こし始めると、彼はそれらの値動きに逆行する戦略に移った。つまり、最初の値動きのあとに、それとは正反対方向にトレードをするのだ。トレーダーとして成熟し、フルタイムのアシスタントの助けを借りて多くのリサーチを行うようになると、彼のトレードの主な手法はマクロ経済分析に基づくものになった。彼のトレード手法で唯一続いたのは変化だった。

彼が出した最大の損失は主として、フィナンシャル・タイムズのニュース速報の誤報というめったにない出来事のせいだったが、リスク管理が不十分だったせいでもあった。具体的には、彼は大きなポジションを取っていたが、損切りの逆指値を置いていなかった。彼がそれを行っていたら、公式発表のニュース速報がフィナンシャル・タイムズのストーリーと矛盾していると分かった途端に手仕舞えて、損失を大幅に減らせただろう。このトレード後、彼は大きなポジションを取るときには必ず損切りの逆指値を置くようにしている。

彼のリスク管理でもう一つ重要な要素は、ドローダウンが一定水準を超えたらトレードサイズを小さくするというプロセスだ。ドローダウンが五％を超えるとトレードサイズを半分にし、八％を超えると再び半分にする。それが一五％に達すると、トレードを再開する心構えができるまで、トレードを完全にやめてしまう。

彼は見過ごされがちだが、重要なポイントを指摘している。ポジションのリターン・リスク比は極めて不安定で、ポジションを維持している間に劇的に変わることがあると言う。例えば、三〇〇ポイントの利益を求めて、一〇〇ポイントのリスクをとるトレードを行ったとする。その後、相場がトレード方向に二〇〇ポイント動いた場合、リターン・リスク比はポジションを取ったときとは大幅に異なっている。彼は一部を利食いして、リターン・リスク比の不安定さを管理する。彼は手仕舞うまでポジションをすべて取り続けるのは、一〇〇%間違うことがあり得るにもかかわらず、一〇〇%正しくあろうとする試みだと主張する。相場が思惑どおりに動いたときに一部を利食いすれば、リターン・リスク比の変化に対応できるだけでなく、別のリスク管理のツールにもなる。相場が突然、取っているポジションに対して逆行しても、含み益の一部を利食いしておけば、含み益を大きく失わずに済むか、損失を小さく抑えることができる。彼は言わなかったが、思惑どおりに動いた場合にリターン・リスク比を調整するほかの方法は、仕切りの逆指値注文を現在の価格に近づけることだ。

損切りの逆指値は必ず自分が立てていた仮説が崩れる位置に置く必要がある。その位置よりも近くに逆指値を置きたい場合、そこがリスクをとれる最大の金額だからで、ポジションサイズが大きすぎることを示している。ポジションサイズを小さくして、リスクをとれる金額であると同時に意味がある位置に損切りの逆指値を置く必要がある。

自分の判断が間違っている場合に何をするか決めておく。ダリワルは考えられるシナリオごとにどう対処するか決めてから、トレード計画を立てる。ポジションを取ってからではなく、前もってトレードをどう管理するかを決めておくほうがはるかに良い。どうしてか。トレードをする前であれば、完全に客観的に決められるという長所があるが、いったんポジションを取るとその長所はなくなるからだ。

通常、トレーダーは、特定のイベントや状況に相場がどう反応するかについて自分の考えをまとめていて、それに合わせてトレードをする。ダリワルはこれとは逆に、事前に自分の考えを持たずに相場の動きを見て、それから値動きの原因を特定する。このようにして、ダリワルは実証されていない自分の理論や仮説に基づいてトレードをするのではなく、何が値動きの原因だったかを相場に教えてもらう。この方法が賢明であることは、彼の実績が証明している。

ファンダメンタルズに関するイベント後の値動きが予想と大きく異なる場合、重要なシグナルの可能性がある。ダリワルが話したオーストラリア・ドルのトレードはこの原則の完璧な例だ。驚くほど強気の雇用統計が発表されると、相場は当初、予想どおりに上昇した。だが、その後急落して直近の新安値を更新し続けた。ファンダメンタルズに関するニュースとその後の値動きがまったく矛盾していたことが、長い弱気相場の始まりを示す優れたシグナルになったのだ。

彼は主としてファンダメンタルズ分析と、ファンダメンタルズに関するイベントに相場がどう反応するかの研究に基づいてトレードをするが、テクニカル分析も補助的なツールとして使う。彼が価格に重要な影響があると考えているテクニカルの動きの一つは、長期の横ばいのブレイクだ。これが継続パターンならば、それまでと同じ方向に大きく動くことがある。オーストラリア・ドルのトレードでは、相場はファンダメンタルズに関するニュースに対して予想とは逆の反応をしただけでなく、長期のレンジ相場からのブレイクというテクニカルのシグナルも点灯させた。

ダリワルは、「トレードで大事なことは自分が正しいかどうかではなく、利益を得ることだ」と言う。要するに、知的合理性に照らして正しいかどうかにこだわって、判断を誤るトレーダーが多い。重要なのは、自分の相場観が正しいかどうかではなく、利益を出しているかどうかだけだ。

ダリワルのルールの一つは、確実に利益を上げることよりも、自分のやっていることを明確に理解することだ。相場に確実なことはない。そこで大事なのは確率だ。申し分ないほど確実かそれに近いトレードができるまで待とうとすると動けなくなり、確率が良い多くの賭けを逃してしまう。

華々しい成功を収めた多くのトレーダーに共通する特徴の一つは、努力することを惜しまないという点だ。このインタビューで、ダリワルがトレードを「果てしないチェス」と呼んだように、彼らはトレードをよくゲームに例える。あなたがトレーダーならば、自分の動機を疑ってみる価値はある。あなたがトレードをするのは、トレードというゲームが大好きだからなのか、それとも大金を稼げるかもしれないからなのか。前者ならば、あなたが成功する確率ははるかに高くなるだろう。

■参考文献

エドワード・チャンセラー著『新訳　バブルの歴史――最後に来た者は悪魔の餌食』（パンローリング）

第6章 ジョン・ネット

John Netto

ファンダメンタルズとテクニカルを融合させてイベントに立ち向かい、一〇年間で年平均四二％を実現する元海兵隊員

ジョン・ネットが高校を卒業したとき、彼が仕事で成功するとはだれも思っていなかっただろう。彼は成績が悪く、どんなことも失敗していた。大学に行こうとは考えもしなかった。

しかし、彼は自分には規則正しい生活と規律が必要だという自覚はあった。あるときひらめいて、海兵隊に入隊しようと決心した。彼は海兵隊員の美徳について語り出すと熱くなり、海兵隊員の経験が彼の人生を変えたと信じている。

基礎訓練と歩兵としての訓練を受けると、航空管制官の訓練を受けたくて、航空団への配属を希望したが、気象観測員の訓練に回された。海兵隊のほうでは、どちらも似たような任務だと考えたらしかった。訓練を終えると、日本に派遣された。彼は日本語が大好きで、語学学習用のテープを買って、日本語をすらすらと話せるようにした。日本人たちは、外国人は日本語を話せないと思い込んでいたので、日本語で話しかけたときの驚きの表情を見るのが快感だった。日本語がうまかったおかげで、彼はやがて東京のアメリカ大使館に駐留している、栄誉ある海兵隊保安警護隊に配属された。

彼は入隊中に海兵隊のＲＯＴＣプログラム（予備役将校訓練課程）を利用してワシントン大学に進学し、海軍士官候補生への道が開かれた。アジアの国の言語がとても気に入り、日本語と中国語を専攻した。彼は語学力を生かせるアジアでの任務に就きたいと考え、海兵隊の将校になろうと計画した。この計画は膝のケガが慢性化したため、断念せざるを得なくなった。彼は将校としての要件を満たす前に、障害による海兵隊からの除隊を受け入れた。除隊時に受け取る小切手と少額の給付金がトレードを始める資金になった。

ネットは日本語を学んだときと同じように、独学でトレードについて学んだ。そして、本やインターネットか

ら得た情報を利用して、完全にテクニカル分析に基づいた最初のトレード法を考案した。経験が増すにつれて、分析とトレードにファンダメンタルズ分析も含めることが重要だと気づいた。最終的には、相場を動かす主要なファンダメンタルズの理解と、それに一致する仕掛け水準を特定するためのテクニカル分析を組み合わせた手法を考案した。彼はイベントでトレードをするための戦略と、それらのトレードを一瞬で自動的に執行できる独自のソフトウエアを開発した。

彼のオフィスには、一〇台の大画面のモニターが並んでいる。六台の画面が一台のコンピューターに接続され、気配値、複数の時間枠のチャート、ポジションごとのリターン・リスクの監視、オプションの気配値、トレード画面、それに一般的なコンピューターソフトが表示されている。追加の四台の画面は二台目のコンピューターに接続されていて、イベントでのトレード用ソフト専用となっている。

彼は公式のトラックレコードを記録し始めて一〇年以上の期間に、想定口座資金で四二％の年平均利益を達成している（実際の口座資金ではなく想定口座資金で見ると、リターンもリスクも低くなり、とったリスクがより適切に示される）。この期間の最大ドローダウンは一五％だった。彼のリターン・リスク指標は優れていて、調整ソルティノレシオは四・七、月次ＧＰＲ（ゲイン・トゥ・ペイン・レシオ）は四・八だった（これらの指標の定義と説明については**付録2**を参照）。

彼のトレード手法は複雑で時間がかかるので、いつも忙しいと思うかもしれない。だが、それは間違っている。彼は現在、夜間のフルタイムの学生としてロースクールに通っている。彼がトレードをやめて、法律関係の職に就きたいと考えているわけではない。彼は法学の学位を金銭目的で使うことはおそらくない、とあっさり認めた。彼は退役軍人を無料で弁護するために、その資格を使いたいと考えているのだ。しかし、主な動機は日本語を学びたいと思ったときと同じように、法律を学びたいと思っただけだ。私からすると、すでに市場分析とトレードに一日中、熱心に取り組んでいるのに、知的好奇心のためだけにロースクールに通って負担を増やすのはまともとは思えない。しかしまた、私は直線的思考の持ち主で、彼はそうではないのだとも思う。

彼のインタビューは、文章にするのが難しいところがある。彼とのインタビューは骨が折れた。まず、彼は電車に乗るために急いで会話を終えようとするニューヨーカーのようなペースで話をした。そして、トレードについて話し出すと非常に興奮して、何を答えるときも話があちこちに脱線しているようで、そのどれもが質問に対する答えになっていないことも珍しくなかった。話の要点を示す例を挙げてほしいと言っても、その答えは複数の例が混じっていることが多く、順序立てて話されてもいなかった。このインタビューを編集しているとき、私は録音で何時間も離れた部分をまとめて、一貫した答えにすることがたびたびあった。

公平を期すために言っておくと、彼は自分の答えが明快さを欠いていたかもしれないと何度も気づいていた。それはインタビュー中の彼自身の次のような発言でも明らかだ。「答えがちょっと広がりすぎましたね」「これは本当に奥深いテーマです」「これはおそらくいらない裏話です」「情報がごちゃ混ぜですよね」「この話を再生しても、よく分からないかもしれません」。これらはすべて、本当だった。

―――――――――――――――

トレードに興味を持つようになったきっかけは何ですか。

ずっと、直感でいろんなイベントに賭けていました。高校生のとき、スポーツくじをしたい生徒たちのためにブックメーカーをしていました。フットボールの全試合で、オッズを均等に近づけるためにハンデを割り振り、どちらの側の賭けも受けていました。その代わり、ラスベガスと同じように手数料を取っていました。そうやって稼いでいました。払い戻しの一ドルに対して一・一〇ドルを取るようにしていました。

あなたはカジノだったのですね。

まさに、カジノの胴元でした。

それで、いくら稼いだのですか。

高校三年のときまでに、利益は七〇〇〇ドルくらいになっていました。私は成人したら違法なことをしたくなかったので、一二月一七日の一八歳の誕生日前にブックメーカーをやめることにしていました。最後の週末だった感謝祭で、本命とされる二八チームのうち二四チームが勝ちました。ほとんどの人は本命に賭けたがります。

その日、高校で稼いだお金のすべてと、持ってもいない一五〇〇ドルを失いました。

数年かけて稼いだお金以上の金額を一日で失って、どう感じましたか。

それはもう悲惨でした。でも、その経験から学んだことは、どんなに悪いことが起きても、次の日は必ず太陽が昇るということでした。

一〇代のときのその週末の経験は、何年後かにトレードを始めたときに、何らかの影響をしましたか。

間違いなく、影響しました。それほどの損をするはずがないと思っていたことを実際に経験して、トレードを始めたときにはめったにないイベントが起きる可能性に気づいていて、リーマンショックのようなことが起きる可能性もあると理解していました。一見考えられないほど大きなイベントが市場で起きる可能性があることは理解していました。リスクをとり始めた最初の時期に、めったにないイベントでひどい目に遭ったからです。トレードを始める前から、必ずリスク管理をしなければならないと分かっていました。

そう思ったのは、高校生のときに大損をした日のせいだけでしたか。

そのことと、海兵隊での経験から分かっていました。

どうして海兵隊に入ったのですか。

高校生のときは、成績が良くありませんでした。GPA（成績の平均）は一・八ぐらいだったと思います。興味は賭けの運営と得意な経済学の授業だけでした。大学には行くべきだと気づいていましたが、その準備ができているとは思えませんでした。高校卒業の約一カ月前に、学校に来ていた海軍のリクルート担当者から、海軍に入るつもりはあるかと聞かれました。すぐに、「いいえ、海兵隊のほうに入りたいです」と言いました。

それ以前のどの時点で、海兵隊に入ろうと思ったのですか。

何も思っていませんでした。海軍に入らないかと言われて、とっさに思いついたのです。成績が悪くて、自尊心に欠けていました。知能は低くないと感じていましたが、厳しい鍛錬が必要だということは分かっていました。それで、最も厳しくて最もひどい軍に入るという考えが理にかなっていると思ったのです。

海兵隊が最も厳しいから、そこに入るほうがいいと思ったのですね。

海兵隊を選んだのは、そこが最も厳しくて最も規則正しかったからです。私は高校で怠けていて、集中力も欠けていると分かっていました。規則正しい生活が必要だと思ったのです。

海兵隊にどれくらいいたのですか。

九年近くいました。

そのときの経験について話してください。

それは人生を一変させるものでした。自分の行動に責任を負ったり、居心地の良いところから無理やり追い出されるような環境では育っていませんでしたから。

大変な経験でしたか。

信じられないほど厳しかったです。

最も難しかったのは何ですか。

自分は訓練に最後までついて行ける、と信じることでした。

自信があまりなかったのですね。

自信はまったくありませんでした。高校の成績は悪くて、賭けの胴元をしてお金をすべて失いました。州の経済学の試験で良い成績を取ったことを除いて、何をやってもダメでした。子供のとき、兄は「また失敗したネットの計画」を意味する「ＡＦＮＳ」という言葉を使っていました。でも、起業のアイデアをいつも考えていましたが、ことごとく試しては失敗していました。私は自分の能力を疑うという悪い考えを克服する必要がありました。

海兵隊での経験はトレーダーとしてのあなたに影響を及ぼしましたか。

間違いないですね。海兵隊は規律や強いプレッシャーのなかで成果を上げる力を鍛えます。海兵隊員に課される訓練の多くは、強いストレスがかかる環境を作り出して、実戦で動けるようにすることです。新兵訓練を受けた最初の夜に三時間眠っていると、連中はゴミ箱のフタをたたきながら、「起きろ！　起きろ！」と怒鳴りました。まだ、あと九〇日あるのに、一日が三週間のように感じました。私はトレードがうまくいかずに、一日が三週間のように感じる日がありました。買うと相場が下げ、売ると相場が上げるのです。トレードは、楽な生活を送ろうと思っている人にとってはかなり難しいものです。海兵隊では逆境での対処法を学びました。それはトレードで成功するために欠かせない能力でした。五回続けて損切りの逆指値に引っかかっても、自分が決めたプロセスに従うことが必要です。海兵隊は失敗に対処する訓練をします。そこでは計画を立てることや責任を持つことの重要性がたたき込まれます。トレードで大切なのは責任です。自分の損失を何かほかのせいにするのではなく、自分で責任を取る必要があります。

どうして海兵隊を辞めたのですか。

辞めるつもりはありませんでした。海兵隊のＲＯＴＣプログラムを利用してワシントン大学に進学し、日本語と中国語を専攻しました。計画では将校になって、言語スキルを生かせる任務に就きたいと考えていました。卒業前にバスケットボールをしていて膝を壊しました。それは再建手術が必要なほどのケガでした。悪いことに、もう一方の膝は慢性の膝蓋腱炎でした。海兵隊にとっても私にとっても、そのケガで海兵隊員を続けるのは不可能だということは明らかでした。だから、障害による除隊を受け入れたのです。

海兵隊に属して、東アジアの言語を専攻したあと、どういういきさつでトレーダーになったのですか。

海兵隊員だった期間、年金プログラムで投資信託に投資させられていました。それが市場に初めて接する機会でした。トレーダーになるための最初の重要な段階は、ワシントン大学の学生新聞のビジネス編集者になったことでした。大きな影響を受けたフィボナッチ分析に関するジョー・ディナポリの『**ディナポリの秘数――フィボナッチ売買法**』（パンローリング）を含めて、トレードやテクニカル分析に関する本をたくさん読みました。一九九九年に、海兵隊の給料を貯金してためた七万五〇〇〇ドルで株式口座を開設しました。その口座資金を一九万ドルまで増やしたあと、二〇〇〇年のハイテク株の暴落で四万ドルまで減らしました。二〇〇〇年四月に起きた最初の弱気の波はなんとか乗り越えましたが、その年の終わりに起きた二回目の弱気の波にはやられました。

だから、あなたは資金を二倍以上に増やしたあと、すべての利益に加えて最初の資金の半分も失ったわけですね。それは……。

（ネットが話に割り込んできて、私の話を続ける）高校時代のブックメーカーの経験とそっくりでした。そこにはトレンドがありますよ（笑い）。

何を売買するかをどうやって決めていたのですか。

それは問題の一部でした。私は株の仕掛けと損切りの逆指値を置く位置を提供してくれるニュースレターの推奨どおりに従っていました。言っておきますが、これまでのトレードで、逆指値を置いていて問題になったことは一度もありません。高校時代の経験よ、ありがとう。いつ大損してもおかしくないということを常に分かっていました。

では、どうやって口座資金を一九万ドルから四万ドルまで減らしたのですか。

損切りの逆指値に続けて引っかかったのです。ほかにポジションサイズの問題がありました。私はいつも仕切りの逆指値で手仕舞っていましたが、ポジションサイズがあまりにも大きすぎました。「このトレードでなら、二万五〇〇〇ドルのリスクをとれる」と単純に考えて、六回続けて損をしたらどうなるかを理解していませんでした。

ニュースレターの推奨に基づいて、すべてのトレードを行っていたのですか。

自分の相場観が何を意味するにせよ、それに従ったトレードも何回かしました。

つまり、自分の手法は確立していなかったのですね。

自分の手法は何も持っていませんでした。まだ学んでいる途中でした。当時は、自分がまだ学んでいる最中だとは思っていませんでした。口座資金を七万五〇〇〇ドルから一九万ドルまで増やしたのですから、自分が何をしているかよく分かっているつもりでした。

トレードを再開したのはいつですか。

その後間もなく、フィボナッチリトレースメントに基づく手法を考案しました（フィボナッチ数列は前の二つの数値を足した数値［〇、一、一、二、三、五、八、一三、二一、三四、五五、八九……］の列だ。数値が大きくなるにつれて、数値は次の数値の六一・八％に近づき、二つ先の数値の三八・二％に近づく。フィボナッチ数列は貝殻の渦巻きや花びらの枚数など、自然界でよく見られる。フィボナッチ数列を利用するトレーダーは、六一・八％や三八・二％というカギとなる比率近くで起きる相場の反転を探す）。

フィボナッチリトレースメントの水準でだけトレードをしたのですか。

同じ価格帯で節目となるポイントが集中しているところを探していました。セットアップの基本的なものは短期の価格スイングの六一・八％のリトレースメント（押し・戻り）で、これは長期の価格スイングの三八・二％のリトレースメントと一致します。そして、両方ともほかの支持線か抵抗線の水準と一致していました。私は複数の支持線か抵抗線が同じ価格帯に集中しているポイントでポジションを取っていました。

その手法で成功しましたか。

二〇〇一年と二〇〇二年に、主に売りトレードで利益を上げました。しかし、二〇〇三年三月一七日に悲惨なことが起きました。その日はブッシュ大統領がイラクのサダム・フセイン大統領に対して、大統領を辞任しなければイラクに侵攻するという最後通告を出した日です。

その日の朝、相場は下げて始まり、売り始めました。ですが、相場はすぐに反転して、損切りの逆指値に引っかかりました。その時点で、その日の損は約一万四〇〇〇ドルでした。これは悪いことですが、何とか対処できます。再び売りましたが、また損切りをさせられました。今や、損の合計は二万八〇〇〇ドルになりました。しばらく様子を見て、また相場に戻りました。三回目の売りでも、損切りをさせられました。損は三万九〇〇〇ドルに膨らみました。少し様子を見て、またもや相場に戻って、売りました。今度は、相場は下げ始めました。損を半分取り返したとき、「損を全部取り返すぞ！」と思い始めました。損がわずか一万三〇〇〇まで減ったところで、再び損が増え始めました。四回目の逆指値による損切りで、損は四万ドルに膨らみました。最後に、もう一度売って、その日の大引けまでに六万三〇〇〇ドルを失いました。

その一日で、前年に稼いだ利益のすべてを失いました。とてもひどいトレードでしたが、それが実際に起きたことです。私はラスベガスで「オン・ティルト」と呼ばれることをやっていたのです。

オン・ティルトって何ですか。

これはポーカー用語で、損を取り返そうとして感情をコントロールできなくなり、悪い賭けを繰り返して、損を膨らませる人を指して言う言葉です。

その日のトレードでは、自分の手法に従っていたのですか。

最初のトレードは完全に私の手法に基づいていました。相場は過去数日間上げていて、抵抗線に達したあと、翌日の寄り付きでギャップを空けて下げ、反転したことを確認しました。でも、最初の損失を被ったあとは、損をして当然でした。ほかのトレードはすべて、オン・ティルトでした。

その日は、相場がニュースに対して予想されていた反応とは逆に動いた典型的な例だったですね。

そのとおりです。

私は二〇一六年の大統領選挙の夜に買わなかったことを、今でも残念に思っています。トランプが意外にも勝つと明らかになり、相場は初めのうち急落したのですが、突然に反転して、その後は着実に上げ続けました。そのとき、私はその予想に反する相場の動きが典型的な買いシグナルだと完全に理解していましたが、トランプの勝利にとても落胆したので、買う気になれなかったのです。

ネットはインタビュー前のメールで、二〇一〇年一月四日にNFA（先物業界の自主規制団体である全米先物協会）に送ったレターの写しを添付してきた。そこには、彼が一〇〇万ドルの想定金額の口座で取引をすることが確認されていた。彼はまた、NFAによるレターの確認書と二〇一〇年一月から始まる監査済みの取引実績も送ってきた。先物では、想定口座資金は取引の際に仮に想定する口座資金額を示し、実際に口座に入れている資金

ではトレードでとったリスクが正確に反映されない場合に用いられる。先物の証拠金は取引額のごく一部にすぎない。先物口座にかなりの余裕資金を入れていないかぎり、口座の資金額は、実際の取引金額よりも控えめな金額になるため、利益と損失が誇張される可能性がある。こうした場合でも、実際に口座に入れている資金の代わりに想定口座資金に基づけば、リターンもリスク指標（ボラティリティやドローダウンなど）も減って、より現実的なパフォーマンスの値が算出できる。

あなたが送ってくれたNFAへのレターとパフォーマンスの報告書は、あなたが二〇一〇年一月から公式のパフォーマンスを記録し始めたことを示しています。質問が二つあります。まず、二〇〇三年三月に大損をしたときから、二〇一〇年一月に公式のパフォーマンスを記録し始めるまで、トレードはどういう具合だったのですか。第二に、あなたはそれまで何年もトレードをしていたのに、なぜ二〇一〇年一月に公式にパフォーマンスを記録し始めようと決めたのですか。

その間、それなりに利益を上げていましたが、目を見張るほどの利益は出していませんでした。二〇一〇年一月を選んだのは、新しい一〇年の初めだということと、トレードを一段高い水準に引き上げたかったからです。ずっとトレードはしていましたが、生活費は主にブローカーとして稼いだ手数料で賄っていました。私の目標は完全にトレードに集中できるようになることでした。それで、二〇一一年に仲介口座を閉鎖しました。

あなたの手法はフィボナッチ数列に基づいていた当時から変化しましたか。

はい、重要な変化は、市場で支配的なナラティブの重要性に気づいて、トレードにもそれに対する理解を組み入れたことです。

市場のナラティブがどういう意味か、分かる例を挙げてください。

ナラティブとは市場レジーム（強気や弱気などの市場における特定の状況）と同じ意味の別の用語です。例えば、五年物国債の利回りは現在一・五％で、S&P五〇〇の配当利回りは二・八％です（インタビューは二〇一九年八月に行われた）。S&P五〇〇の利回りのほうがはるかに良いことを考えると、株式に資金が流入するというのが市場の支配的なナラティブです。このような状況で、S&P五〇〇を売るのは困難です。そうではなく、テクニカルの重要な水準近くでS&P五〇〇を買うべきです。実際にそこに投資資金が流入して、ファンダメンタルズの支持線が形成されるからです。

もう一つ例を挙げると、現在は利回りが重視されています。一七兆ドルものマイナス金利の証券が存在します。この状況が、現在の金が強気相場である理由を説明しています。どうしてか。金はある意味、金利ゼロの通貨だからです。金の金利がゼロということは、所有するためにお金を払わなければならない一七兆ドルの資産よりも魅力があるということです。その要素が現在の金相場の大きな推進力です。

ということは、金に対してこうした有利な状況であれば、市場が利回りを追求する条件が整っているかぎり、買い方としてしか金のトレードはしないということでしょうか。

ほとんどの場合はそうですが、常にとは限りません。

金相場が長期的に強気である要素が存在するという主張をしているのに、どういう場合に金を売るのですか。

金の価格を急落させるイベントが起きる可能性があります。例えば、ヨーロッパが財政刺激策を実施するという予想外の話が出れば、ヨーロッパの国債は大見出しになるほど、一時的に反発するでしょう。金はマイナス金利環境の恩恵を受けてきたため、そのイベントで、金は急落します。また、そのナラティブが広くフォローされた場合、やがて似たポジションに取引が集中する可能性があるため、市場は急激な反動に対して不安定になります。特に広まっているナラティブに反するイベントが起きてサプライズになった場合、そう言えます。

そうすると、金に対して長期的には強気でも、短期的には調整局面で売ることもあるわけですね。

もちろんです。こうした持続的で長期的なトレンドが形成されているときに、サプライズとなるイベントが起きれば、調整幅は大きくなる可能性があるからです。

市場のナラティブの解釈を基に行ったトレードの例を挙げてください。

二〇一三年五月、当時のバーナンキ議長は、FRB（連邦準備制度理事会）が金利調整をカレンダーベースに基づく決定からデータドリブンの決定に移行すると示唆しました。どういう意味でしょうか。これは雇用者数や小売売上高などの経済データが以前よりも影響力を増すということです。バーナンキの発言で市場のナラティブは変わりました。二〇一三年七月五日に発表された雇用統計では、求人件数が大幅に増えていました。私は発表前にすでに国債の売りポジションを取っていましたが、FRBが最近、データに基づいて金融政策の方針を決めるように変更したことを踏まえると、この数字は予想以上の影響を及ぼすと考えたため、売りポジションを大きく増やしました。それがこれまでで最大の利益を出した日でした。私は、相場を動かす可能性がある、市場のナラティブの変化を特定することを専門にしています。また、何がナラティブで、何らかの重要なイベントにつながるかを判断しようと努めています。

二〇〇三年のトレードでは、この手法を取り入れていませんでしたが、今から振り返ると、二〇〇三年三月にあなたが大損をした日のナラティブは何だったのでしょうか。

当時はまだ二年間の弱気相場の途中で、アメリカが開戦しようとしていたので、株式相場は新安値を付けるだろうと考えられていました。このナラティブは説得力があり、私もそう信じていました。しかし、説得力のあるナラティブが相場と矛盾する場合、ナラティブに基づくトレードで相場が反転すると、その値動きは強烈なものになることがあります。

市場のナラティブをトレードに取り入れ始めたのはいつですか。

おそらく、私のナラティブがトレードで初めて重要な役割を果たしたのは、二〇〇八年の金相場でした。私が正しかったことと間違ったことを話しましょう。私のナラティブはこうでした。世界中の市場で暴落が起きていて、FRBは金融緩和を迫られている。だから、金は上げるだろう、と。これは最初の3四半期の正しい説明で、主に金を買って非常に大きな利益を得ました。私が見逃したのは、世界でデフレに対する懸念が広がると、金もほかの市場と同様に暴落するという点でした。それが二〇〇八年の第4四半期に起きたことです。また、多くのヘッジファンドで解約が急増したせいで、彼らが資金調達を迫られることも見逃していました。ヘッジファンドは主に金を買っていましたから、ほかの資産と同様に金も売らざるを得ませんでした。

これまで、あなたのトレード手法でテクニカル分析と市場のナラティブがどういう役割を果たしているかについて話してきました。ほかに何が重要でしょうか。

過去一〇年間で利益に最も重要な貢献をしたのは、おそらくイベントに基づくトレードでした。これには予定されているイベントも、予想外のイベントも含まれます。

それぞれの例を挙げてもらえますか。

先週の金曜日、トランプ大統領がG7の会議に向かう機中から、着陸したら中国に対する報復措置をどう取るかについて、バカげたことをツイートしました。彼はツイートでは、明らかに怒っていました。それが予想外のイベントの例です。その日の夜に、彼はおそらく中国に対して追加関税を課すと発表するのが分かっている以上、買いでのリスクをとることはできません。

それに対して、どう対応しますか。

リスク資産を売れるだけ売ります。

あなたはどういうトレードをしたのですか。

S&P五〇〇を売りました。

でも、そのツイートが出た途端に急落しませんか。

下げは瞬間的ではなく、その後、一時間下げ続けました。

いつ売ったのですか。

即座に、です。私は「トレード・ザ・ニュース」という音声によるニュース配信を聴いています。これは相場を動かすニュースを一日中追跡・選別して、読み上げるだけのサイトです。トレードの最中にニュースを画面で見ることはできません。気が散りますから。それで音声で聞いています。トランプ大統領のツイートが読み上げられると、すぐに売りました。

注文が約定するまでに、どれぐらい下げましたか。

八ポイント下げましたが、それは問題にはなりませんでした。さらに五〇ポイント下げたので。

そのトレードから得られる一般的な教訓は何でしょう。

市場のナラティブを理解して、何がサプライズで何がサプライズでないかを知り、それに応じて動けるようにする必要があるということです。それがサプライズだということを知っておく必要があります。知らずにトレードをすれば、ただのカモになり、おそらく高値で買ったり安値で売ったりしたくなるでしょう。

ですから、あなたのイベントに基づくトレードは市場のナラティブと複雑に関係しているのですね。

もちろんです！　ナラティブによって、市場のイベントをどう解釈するかが決まります。同じイベントでも、ナラティブ次第で価格に対する影響は大きく変わります。例えば、ＯＰＥＣ（石油輸出国機構）が石油を減産するとはだれも予想していないときに、減産が行われた場合、エネルギー市場は不意を突かれて、価格が大きく動くこともあります。一方、同じ規模の減産でも、大方の予想どおりならば、価格はまったく反応しないか、いったんニュースが発表されると相場が反転することすらあります。そのため、ナラティブを知っておくことは、私のイベントに基づくトレードにとって極めて重要なのです。また、特定のチャートパターンがいつ大きな値動きを引き起こしそうか見抜けるという点で、テクニカル分析もより効果を発揮します。

予定されたイベントに基づくトレードの例を挙げてください。

今月初め（二〇一九年八月）に発表された農務省の穀物需給報告書が完璧な例です。背景として、六月の報告では、トウモロコシの作付面積は九一七〇万エーカーと発表されていました。この数字は一般的にかなり疑わしいと見られていました。中西部で大洪水が起きて作付けが遅れたために、作付面積は大幅に減少するだろうというのが大方の予想だったからです。農務省は一四州の作付面積を再調査して、八月の報告書で改訂することに同意しました。八月に報告書が発表されたら、作付面積の推定値は大幅に減少するだろうと市場は予想していました。しかし、農務省は一七〇万エーカー減らして、九〇〇〇万エーカーに改訂しただけでした。この減少幅は予想よりもはるかに少なく、相場にとっては非常に弱気な数字でした。さらに、農務省は意外にも収穫量の推定値も引き上げました。市場は八七〇〇万エーカーに近い数字を予想していました。九〇〇〇万エーカーに近い数字を予想していたアナリストはだれもいませんでした。この種の外れ値が出たら、市場がお金をくれているようなものです。価格が改定される必要があります。手仕舞いたいと思っているすべての人が手仕舞えるほどの流動性はありません。

しかし、その数字がそれほど弱気だったのならば、相場は瞬時にストップ安になりませんか（ストップ安は一日で許容される最大下落幅）。

あなたは市場が効率的だと仮定していますが、実際にはそうではありません。相場は確かにストップ安になりましたが、すぐにではありませんでした。MPACTのおかげでほぼ瞬時に売りポジションを取れました。

MPACTとは何ですか。

これはマーケット・プライス・アクションの略語で、今朝見せたソフトウエアプログラムのことです。ニュースをミリ秒単位で読み取って評価し、適切な価格で注文を出します。

ということは、そのソフトウエアでは、農務省が発表する可能性のある推定値ごとに実行するトレードを事前に決めているのですね。

そのとおりです。注文の執行は極めて重要です。私はトレードで得た利益と純資産のかなりの部分を投資して、イベントを解釈するソフトウエアのMPACTを構築しました。このソフトウエアはイベントごとに事前に考えていたシナリオと一致する値動きに対してトレードを行います。私の作業のほとんどは、イベント前に二〇、三〇、四〇のシナリオを想定して、各シナリオでの値動きでどういうトレードをするかを決めておくことです。

FRBのイベントの質的側面を複数分析して準備をするのに一週間費やすこともあります。FRBのイベントに対してスコアを付けるとき、①経済、②インフレ、③将来の金利見通し、④特異な要素――という四つの点について、FRBの発表を解釈するための枠組みを作ります。これら四つの要素は動的に重み付けをします。そして、MPACTはFRBの発表を読み取って、これら四つの領域のそれぞれを評価し、スコアを付けます。そして、スコアに基づいて、事前に準備されているシナリオを選択します。各シナリオは実行するトレードがあれば、それを特定します。

そのソフトウエアはあなたが作ったのですか。

私が設計して、プログラミングを行うために開発チームを雇いました。このプロジェクトでは、ソフトウエアの構築と改良に六年かかりました。

MPACTがFRBの発表でどういうトレードをしたのか、例を挙げてもらえませんか。

二〇一八年一二月、相場はFRBによる利上げをほぼ百パーセント織り込んでいたにもかかわらず、私は利上げはないし、利上げをした場合でも、発表ではそれで利上げを終了するという示唆があると予想していました。ところが、パウエル議長は「来年中に二回の利上げが必要となるほどの経済成長が見込まれる」という発言がありました。その発言は相場を急落させるのに十分でした。

それはあなたの予想とは正反対でしたが、あなたが準備していたシナリオには、FRBがさらに二～三回の利上げをすると示唆する場合も含まれていたのですか。

含まれていました。FRBが利上げしないと予想していたので、発表前にS&P五〇〇と金を買っていました。MPACTは自動的に私のポジションを手仕舞って、ドテン売りをしました。

分かりました。それは明快な例です。しかし、同じ発表のなかで矛盾する意味を持つ発言がある場合はどうなるのですか。

そういうことが二〇一七年三月に起きました、それは私にとって最悪のトレードをした日でした。FRBが六月にさらに利上げをすると発表すれば、金利市場は非常に弱気になると考えました。FRBが利上げを発表したので、五年物Tノートを大量に売りました。その日、私は二一万ドルの損を出して、年初来から稼いでいた利益のすべてを飛ばしました。

いったい何を間違えたのですか。

FRBは実際に六月に利上げする可能性を示唆したのですが、全体としてはハト派的な要素がいろいろと含まれていて、そのうちの一部はシナリオを作る過程で予想をしていませんでした。その時点では、スコアを付ける過程で現在行っているほど詳しい分析をしていませんでした。この過程では間違いから学ぶ必要があります。ですから、間違えると損をしますが、利益を得る機会につながる可能性もあります。

感情とトレードについて話しましょう。あなたがこのテーマについて反対の立場であることは分かっています。トレードに対する感情の影響をどう見ているのか、詳しく説明してもらえますか。

感情は自分の敵ではなく、味方です。感情はシグナルとして使えます。トレードの例を挙げましょう。二〇一五年九月に、S&P五〇〇は上昇したあと、八月の安値近辺まで急落しました。私はS&P五〇〇が暴落しそうだという動物的本能に圧倒されました。EミニS&P五〇〇先物を二〇〇枚売りましたが、これは大きすぎるポジションでした。

私がトレードをするときのプロセスには、感情の尺度で自分がどの位置にいるのかを自問することが含まれます。私はとても恐れているだろうか？　とても強欲になっているだろうか？　それとも、この両極端の間で感情的にバランスが取れているだろうか？　そのとき私は感情的な尺度の端にいて、とても強欲になっていました。「今とっているリスクに対して、自分はどれくらい用心しているだろうか？」と自問したとき、「何も用心していない」ことに気づきました。何のプロセスも踏まずに、すぐに売るのはあぶく銭狙いでしかないと感じました。そのことに気づくと、すぐに全ポジションを手仕舞いました。

私にとって最も良いポジションは、まだ不安要素があるときです。トレードをしているとき、自分の体がどれくらい緊張しているかを判断します。私は集中していて、不安も少し感じていたいのです。逆に、相場が自分の思った方向に動いてほっと安心し、リラックスしすぎたら、それは相場がもうすぐ反転するかもしれないという警告シグナルです。金を一五〇〇ドルで買い、一五三〇ドルになって、「よし、うまくいった。上げていく前に、買い増しておいたほうがいい」と感じたら、間違いなく、すぐに一五一八ドルに下げるでしょう。

ということは、皮肉なことに、あなたは本当に自信があるときではなく、まだ不安なときにポジションを増や

すことが多いということですね。

そのとおりです！

トレードに感情を持ち込まないようにとアドバイスをする私のような人々は間違っている、とあなたは言っているわけです。

信じられない！　どうして、そんなアドバイスをしたいのですか。そんなことをしたら、役に立つシグナルを捨てることになりますよ。どちらか一つ選ぶ必要がある場合、自分が知っているトレーダーたちのなかで、最も成功した三人のまねをしますか、それとも、最も下手なトレーダー三人とは逆のことをしますか。私ならば必ず、最も下手なトレーダーとは逆のことをするほうを選びます。トレードが上手な人でも常に利益を出すのは難しいですが、トレードが下手な人が常に損をするのは何も難しくありません。下手なトレーダーの特徴は何でしょうか。彼らは確固とした運用プロセスを持っていません。彼らは感情で決定を下し、信じられないほど衝動的です。そのため、彼らはパニックに左右されて、高値近くで買い、安値近くで売るのです。

私がトレードに感情を持ち込まないようにと人々に言うとき、それは感情に基づくトレードがたいてい間違っているからです。でも、あなたは、最も下手なトレーダーの貴重な代替指標は自分自身の極端な感情を認識することだと言いたいのでしょう。

そのとおりです！　トレーダーは自分の感情を理解して、それを記録し、自分のトレードに対するもう一つのシグナルに発展させる必要があるのです。

成功したトレーダーと損をし続けるトレーダーの違いは何でしょうか。

成功したトレーダーは冗談が分かります。彼らはすべてを適切に行っても損をすることがあると認識しています。彼らには決まった運用プロセスがありますし、プロセスに従う規律があります。そして絶えず改善に努めます。彼らはたとえ少しずつしか改善できなくても、損益に大きな影響を及ぼすことを理解しています。損をし続けるトレーダーは確実に利益を得られる手法を探します。そして、それですぐに成功しなければ、次の手法に移ります。

ほかのトレーダーにどういうアドバイスをしますか。

すぐに利益を出す必要はありません。損をしないことが利益を出すことと同じくらい大切なときもあります。プロセスを踏んだうえでリスクをとれば成功につながりますが、衝動的にリスクをとれば後悔することになります。

あなたはどうして成功したと思いますか。

週の始まりである月曜日が大好きな曜日だから、成功したのです。自分のしていることが大好きならば、きっと成功するでしょう。

インタビューをした多くの「マーケットの魔術師」と同様に、私は以前から、トレードに感情を持ち込まないようにというアドバイスをしてきた。一方、ジョン・ネットは、感情はトレーダーにとって最も役に立つツールの一つだという挑発的な見方をする。両者は矛盾したアドバイスのように見えるが、実際にはこの二つの意見に違いはない。彼も、感情は通常、トレードの判断に悪影響を及ぼすと考えている。実は、感情が誤った判断につながりやすいために、彼はこれをシグナルとして利用しようとしているのだ。極端な感情はだれにとってもトレード結果に悪影響をもたらすが、彼は自分自身のそうした感情に常に注意を払い、すぐに修正を要求する警告シグナルとして利用する。例えば、相場が自分の有利な方向に動いているときに、「これなら負けるはずがない。大きく動く前に増し玉をしておこう」という考えが浮かんだら、彼はすぐに手仕舞ってしまう。

ほとんどのトレーダーはファンダメンタルズ分析かテクニカル分析のどちらか一方に引きつけられるが、最も優れたトレーダーのなかには両者を組み合わせて使う人もいる。ネットの手法はファンダメンタルズ分析とテクニカル分析を使って相乗効果を発揮させている良い例だ。彼は支配的な市場のナラティブ、あるいはレジームについての自分の解釈から、どの市場で買い方に回るか、売り方に回るかを決める。いったんファンダメンタルズの方向性が決まると、テクニカル分析を重ね合わせて仕掛けるポイントを選ぶ。通常、これは相場が強く傾いていると彼が考える方向で、支持線や抵抗線での反発に乗るトレードである。

イベントに基づくトレードはネットの手法のもう一つの重要な要素だ。彼はFRBの発表や政府の報告などの予定されているイベントでも、予想外のイベントでもトレードをする。彼はイベントに基づくトレードで成功するためには、イベントの結果がサプライズかどうかをきちんと判断できる必要がある、と強調している。彼は結果が市場の予想と比べてサプライズと判断した場合にのみトレードを行う。相場は通常、サプライズに対して即座に目覚ましい動きをするので、この種のトレードでは明らかに執行スピードが重要になる。そのため、彼は独自のソフトウエアを開発して、イベントに関するテキストの読み取りから、トレードにどれくらい影響するかの判断、適切なトレードの執行までをすべて瞬時に行えるようにした。このプログラムを実行するためには、予定されているイベント前に、想定されるシナリオごとにスコアを付けて、トレードにどれほどの影響があるかを定義しておく必要がある。これは時間がかかる作業だが、彼の分析が正しければ、相場がイベントに即座に反応しても、トレードは瞬時に執行されるので、値動きのかなりの部分をとらえることができる。

損をすると、特にかなりの損をすると、同じ相場ですぐに損を取り返そうとしたがるトレーダーが多い。この誘惑に抵抗しよう！　ネットはトレード歴が浅い時期にS&P五〇〇を売って大損をした。しかし、この最初のトレード自体は間違ったものではなかった。これは彼の手法に従っていたが、相場の方向性について判断を誤ったのだ。話がそこで終わっていたら、それは残念な日ではあっても、大打撃を被るほどではなかった。問題は彼がその相場で損を取り返すことにこだわったことだ。彼はその日のうちに、売っては損切りの逆指値に引っかかるということを四回も繰り返した。これら四回のトレードはいずれも彼の手法とは無関係だった。彼は感情の悪循環に陥って、合理的な判断ができなくなった。ポーカー用語を使えば、彼は「オン・ティルト」だった。それらのトレードをすべて終えるまでに、彼は最初の大きな損を四倍にして、一日でほぼ一年分の利益を失った。相場で損をしたら、あきらめよう。事前に計画していなかったトレードをして、損を取り返したいという衝動に注意しよう。

この章を含めて、本書のいくつかのインタビューで取り上げられたテーマの一つは、ニュースに対して相場が予想外の反応をした場合、それは貴重なシグナルになるという考えだ。ブッシュ大統領のサダム・フセインに対する最後通告は、第二次湾岸戦争が差し迫っていることを示し、特に株式市場がまだ二年間の弱気相場の安値圏にあったため、弱気の展開と見られていた。予想どおり、相場はそのニュースで下げたが、その後反転、急上昇をして引けた。この予想外の値動きは長期的な強気相場が始まるシグナルとなった。

同じ原則のもう一つの例は、二〇一六年の大統領選挙の夜に生じた株式相場の動きだ。トランプは選挙で負けるだろうし、彼が万が一、勝てば、相場は急落すると見られていた。トランプが予想外に勝利することが明らかになり始めると、株式相場は予想どおりに下げ始めた。しかし、その後は当初の下げを取り返して、一晩中、急上昇し続けた。このニュースに対する相場の予想外の反応は、株価がほぼ途切れることなく一四カ月にわたって上昇するシグナルになった。

■参考文献

ジョー・ディナポリ著『ディナポリの秘数――フィボナッチ売買法』（パンローリング）

第2部　株式トレーダー

STOCK TRADERS

第7章

ジェフリー・ニューマン

Jeffrey Neumann

単純なトレンドラインの早期のブレイクで、一〇年間で年平均五〇％を稼ぐピーター・リンチを彷彿させる現場主義者

ある日、興味をそそられるメールを受け取った。

初めまして、シュワッガーさん
あなたのことを思いついてメールをしたのは、私が株式市場でとんでもない成功を収めたからです。何年も沈黙していましたが、今は自分の成功談を書き残せないかと思っています。そして、現在ではあなたに伝えるのが最も良いと思いました。以前は、株式トレードのグループで目立たないようにしていました。それは主として私の控えめな性格のためであり、セキュリティー面（ハッカーなど）も少し考えたためですが、何よりも、平穏に暮らしたいからです。私の親友たちでさえ、この業界で私が成功していることをまったく知りません。今、私には二人の幼い子供がいるので、私の成功談をいつかどこかで読んで、（いつの日か彼らが受け取る物質的なものを超えて）ありがたいと思えるように、記録に残しておきたいと思っています。
この最初のメールでは詳細は省きますが、私は二〇〇二年に二五〇〇ドルでトレードを始めて、現在までに五〇〇〇万ドルの利益（税引前）を上げています。私は世界中の数十カ国（おそらく六〇カ国以上）を旅行し、三〇歳の誕生日の年に七つの大陸すべてを訪れました。私は現在三〇代半ばで、私のトレードスタイルは長年のうちにチャートパターンに基づくデイトレードからスイングトレードへと進化してきました。私の株の選別法はテーマに著しく傾斜していて、ジェシー・リバモアと非常によく似た増し玉をしています。私は外部の投資資金は一銭たりとも受け入れたことがなく、一人でやってきました。
あなたが関心がおありか、この話を語ることができる人を推薦していただければ、助かります！

お時間をいただき、ありがとうございました。

ジェフリー・ニューマン

私は『**マーケットの魔術師**』シリーズの本をもう一冊書く計画をとりあえずしているが、しばらくは取りかかれない、という返事をした。いろいろな出来事があり、半年後に新しい本に取りかかろうと決めた。そして、ニューマンに証拠として毎月の取引明細書のコピーを送ってほしいと頼んだ。彼は私に彼のブローカーから入手できるかぎりのものをさかのぼって、一〇年分の報告書を送ってきた。初めの数年分のために、納税申告書の関連するページも提供してくれた。それらを合わせると、記録は一七年に及んだ。彼の投資開始時の資産額は実際には二五〇〇ドルではなく、七七〇〇ドルだった。その差額は父親が彼に残した株式で、それはトレードには使っていなかった。ニューマンは七七〇〇ドルの資金からトレードを始めて、年平均八〇％の割合で口座資金を増やしていった。これは二〇〇二～二〇〇八年に彼が多額の資金を引き出していることを考慮していないため、実際よりも控えめな数字になっている。この期間に引き出した分について、リターンの計算を調整できる月次報告書が入手できなかったためだ。口座資金が少なかった初期のリターンが特に高いため、運用期間全体の平均リターンは高くなっている。毎月の証券取引明細書が入手可能で、二〇〇九年一月時点の口座資金が二三〇万ドルだったときは、過去一〇年間の年平均リターンは五三％だった。

数千ドルを五〇〇〇万ドルまで増やしたのはこの成功談の一部にすぎない。おそらく驚くべきは、彼がペニー株のトレードで富の大部分を築いたというところだ。さて、私がペニー株について知っていることのほとんどは、ペニー（はした金）で想像できるとおりだ。私の印象では、ペニー株とは名ばかりの会社やカモから金を奪うための株価操作だらけの金融界のよどみを象徴している。おそらく大多数の市場参加者も同じような認識だろう。では、インサイダーではないトレーダーが部外者には簡単に勝てないゲームで、どうすれば大勝できるのだろうか。それがニューマンの語る話だ。

ニューマンは私を空港まで迎えに来て、私がターミナルのドアを出た直後に私を見つけた（おそらく、古い本の表紙に載っていた写真で私に気づいたのだろう）。私たちは彼の広い裏庭の屋根のあるオープンスペースに座ってインタビューを行った。そこは断続的に降る午後の雨から守られていた。私たちは休憩をして夕食を取るために地元の寿司屋に立ち寄った。ニューマンは私にウーバーでタクシーを呼ぶか、それとも近所の小道を歩くかを選ばせてくれた。私は断然、後者を選んだ。丸一日座っていたので、喜んでちょっとした運動をしたかったのだ。私は本を書くためにだれかにインタビューしているときは、いつも夕食中の会話を録音する準備をしている。経験上、食事というくつろいだ場で最高の話が出てくることがある、と知っているからだ。寿司は素晴らしかった。私は醬油とわさびを頼んだが、それは不要だった。それらを使うとそれぞれの寿司の微妙な風味を妨げるからだ。しかし、レストランの騒がしさはニューヨークの地下鉄並みだった。私はすぐに会話を録音しようという考えは捨てて、トレードにまったく関係ない話に終始するようにした。

私たちがインタビューを終えたところは、私が泊まることになっているゲストハウスだった。そこにはニューマンの事務所もあった。二時間もすると、彼がくたびれているのが分かった。彼は明らかに朝型だが、私は夜型だ。それに、追加で使える素材を何も引き出せていないことも分かった。おそらく彼はほっとしたと思うが、私はインタビューを終えた。私たちは彼のオフィスに歩いて行った。彼は大きなモニターで株価チャートをいくつか確認した。私が彼の横に立っていると、彼は私たちがその日に話し合った株式取引のチャートを出して、どこで買ってどこで売ったかを示した。インタビューで明らかになるように、セクターというテーマは彼の手法の重要な要素だ。彼は自分が得意とするセクターを定義している。私がそこに立っていると、彼はそれらのほとんど自分で定義したセクターのタブからさまざまな名前を読み上げた。リチウム、ポット、コバルト、グラファイト、代替エネルギー、ロボット工学、国土防衛、住宅建設会社、遺伝子検査、ウェアラブル機器、農業、海運といった具合だ。

子供のころ、将来どういう仕事をしたいか考えていましたか。

思い出せるかぎり幼いころから、医者になるつもりでした。父が医者だったので。町で成功している人は医者に思えたし、自分には思いやりもあると思っていたので、自分にはぴったりだと思っていました。

大学では医学部進学課程に進んだのですか。

ええ。化学を専攻して、副専攻で生物学を取りました。必要な単位は三年生のときまでに取りました。三年生を終えた夏休みに、バックパック姿でヨーロッパに行きました。それが人生で初めての旅行でした。その旅行で私は目を見開かされました。とても楽しかったので、もう大学には戻りたくないと思いました。

大学に戻ったのですか、それとも三年生のときに学位を取ったのですか。

三年で卒業できたと思いますが、先に進む心の準備ができていなかったので、何単位か残しました。自分が何をしたいのか分からなかったのです。四年生を終えたときも、取った科目はスキューバダイビングだけでした。

金融市場に最初に興味を持ったか、気づいたのはいつですか。

高校で経済学を取ったときです。授業で、一〇万ドルの仮想株式のポートフォリオを持ちました。そのころは学校でちょうどインターネットが利用できるようになったときでした。時間外取引の価格を確認する方法を見つけたので、前日から買う株を見つけることができました。私はゲームの早い段階でこのシステムの不具合を発見していたので、一〇万ドルを一〇〇万ドルくらいに増やせました。

つまり、システムの抜け穴をうまく利用したのですね。

そのとおりです。

初めてトレードをしたのはいつですか。

コンピューターを持っていなかったので、四年生のときに大学のコンピューター室で株取引を始めました。

トレードを始めた動機は何ですか。

医学部への進学を免れるためです。もう勉強をしないためです。

夏休みにヨーロッパ旅行をしたあと、それが楽に大金を稼げると思って、トレードを始めようと思ったのです

か。

基本的にはそうです。

トレードについて何か知っていたのですか、トレードか市場に関して何かを読んだことがあったのですか。

何もありませんでした。株取引を始めるまで、ビジネスや投機や統計について読んだ本はありませんでした。

では、どの株をいつ買うかをどうやって決めたのですか。

チャートを適当に見始めたら、七セントと八セントの間で取引されていて、一年間動いていない株を見つけました。

安かったから、ペニー株に引かれたのですか。

安かったことと、それらが動くと、値上がり率が大きかったからです。値上がり率が最大の株を見ると、それらはいつもペニー株でした。

取引口座にお金はいくら入っていたのですか。

秋の初めに車を運転していて嵐に巻き込まれ、保険会社から二五〇〇ドルの小切手を受け取りました。そのお金を使って取引口座を開設したのです。私がしたことで最も良かったことは、利益目標を設定したことです。一日に三％稼げれば、一年足らずで口座資金を一〇〇万ドルに増やせることが分かりました。

それはずいぶん甘い考えに聞こえます。

確かに、とても甘い考えです。全面的に同意します。それは運良く、注文で一セント以下の注文を受けてくれるブローカーを選べたからだったのかは分かりません。呼び値の刻みが分数（八分の一や一六分の一）から小数点（一セント）に変更されて間もないころにトレードを始めました。私のブローカーは一セント以下二桁まで注文を受け付けてくれました。でも、当時のほとんどのブローカーは一セントまでしか受け付けていませんでした。それが、初めて取引した株が動かなかった理由です。それは七セントと八セントの間で動かなかったのです。

それは七セントの買い注文と八セントの売り注文だったという意味ですね。

ええ、七セントの買い気配が一〇〇万株で、八セントの売り気配が一五〇万株といった感じでした。

それで、ブローカーはその間では注文を受け付けなかったのですか。

そのブローカーは受け付けました。彼らは七・〇一セントで注文させてくれました。そのため、だれがいつ売っても、私の注文は約定します。割り込むことができたのです。約定したら、七・九九セントで売り注文を出したので、だれがいつ買っても、私の注文は約定します。ですから、私はほとんどマーケットメーカー同然でした。私がトレードした株は七セントと八セントの間でしか動かなかったにもかかわらず、毎回、手数料を除いて一三％ぐらいの利益を得ていました。

トレードで損切りの逆指値を置きましたか。

逆指値を使ったことは一度もありませんが、私の買値の下に大量の注文があった場合、例えば七セントに大量の買い注文があるような場合ですが、そこで手仕舞うことができるのです。だから、損はわずか〇・〇一セントです。

それで、この例では必ず七セントで手仕舞うのですか。

ええ、その価格でかなりの出来高で取引された場合はですね。

あなたはトレードについてあまり知らない初心者だったのに、**賢明なことをしていたわけです。リスクに比べてリターンが非常に大きいトレードをしていたわけですね。**

初めてトレードをしたときから、「これで生計を立てられる」と思いました。最初から一日に数百ドル稼ぎ、いつの間にか、同じことをしながら一日に数千ドル稼いでいました。連続して利益を出すたびに、あと何日で一〇〇万ドルに達するかを書き留めていました。非常にうまくいった場合は、一回で五日も消すことができました。ある時点で、「あとわずか一〇〇日で、一〇〇万ドルに達する」と思ったことを覚えています。確かに、そこに達するためにはまだ九〇万ドル以上稼ぐ必要がありましたが、目標は達成できそうに思えました。

何日で一〇〇万ドルに達したのですか。

正確な日数は覚えていませんが、一年をそれほど超えてはいませんでした。私はトレードというものをまったく理解していないうちに、一〇〇万ドル以上稼ぎました。理解していたのはこのたった一つの手法だけでした。二三歳で、一〇〇万ドルを稼ぎました。それで引退するつもりでした。私は節約家で、ほとんどお金がかかりません。食事はカップラーメンで済ませていました。夏休みのヨーロッパ旅行は飛行機代も含めて、わずか一五〇〇ドルしかかかりませんでした。当時は預金の利息は約六％でした。一〇〇万ドルを預金しておけば、年に六万ドルの利息が入りました。税引後でもそのお金で十分に暮らせました。

それで、一〇〇万ドルに達したときに引退する計画だったのですか。

その時点では、基本的にそういう考えでした。ずっと旅行をしていようと考えていました。

最初の一〇〇万ドルを稼いでいた時期に、チャートを見ていましたか、それとも自分のしていることはチャートとは無関係でしたか。

チャートを使って動いていない株、つまり長期にわたって同じ売り買いの幅にとどまっている株を見つけていただけです。そうすれば、同じトレードを何度も繰り返せました。

このマーケットメーカーのようなトレードだけを行っていたのですか。

そうですが、一度だけ違うことをしました。数週間で二〇セントから二ドルまで急騰した株を買いました。そのときに、自分は株式トレーダーだと思い始めました。その株には実に素晴らしいストーリーがあったのです。そこは動物の移動を追跡する会社で、豚インフルエンザがはやった時期だったと思います。私がストーリーにほれ込んだのは、そのときが初めてでした。その株を買うと、急落し始めました。

あなたが買ってどれくらいで急落し始めたのですか。

ほぼ同時にです。株価は文字どおり数分で二ドルから一ドルになりました。冷や汗をかきながら、「とても良い戦略を使っていたのに、一度やり方を変えたら、大損だ」と思ったのを覚えています。自律反発を待って手仕舞いましたが、それでもその一回のトレードで口座資金の約三〇％を失いました。

手仕舞うまで、何日くらい持っていたのですか。

その日のうちに手仕舞いました。

マーケットメーカーのようなトレードに戻ったのですか。

ええ、それしかしませんでした。

いつも、ぴったり何セントかの買い気配値よりも〇・〇一セント高い価格で買い注文を出したのですか。

初めのうちはそうしていましたが、ほかの人たちもまねをし始めたので、自分が約定するところまで買い注文を引き上げ、売り注文を引き下げるしかなくなりました。

そのゲームはいつ終わったのですか。

始めてから約一年で終わりました。売り買いの値幅がとても狭くなったので、やめるころには、買値の一〇〇分の二～三セントくらいしか高く売れませんでした。

そこから、どういう方向に移ったのですか。

ソフトウエアを使って、画面の下部にフォローしたい株だけを表示するティッカーテープを組み込めるようにしました。大量の注文が入った株だけを監視して、大口投資家が何をしているかを追跡できるようにしました。大口投資家が買い集めていそうな株だけを買いたかったのです。

いつ株を買うかは、どうやって決めたのですか。

テクニカル分析を使い始めました。

テクニカル分析はどこで学んだのですか。

多くの時間を使って、チャートを見ていただけです。その時点では、チャート関係の本はまったく読んでいませんでした。大きな値動きをしたチャートを見て、株価がどうして特定のポイントから上げたのかや事前に出来高の急増があったのかなどを観察しました。私はこれまでで最も単純なトレンドラインの分析を思いついて、今でもそれを使っています。

それはどういうものですか。

下降トレンドがしっかり形成されているものを探して、

一時的に戻ったところを結んだ線を引きます。

それは通常のトレンドラインとどう違うのですか。

トレンドラインのブレイクについて言っているアドバイスの多くは、水平線を上にブレイクする場合についての話です。私のトレンドラインを使えば早く買えるので、有利になると感じたのです。

（実際には、ニューマンは下降トレンドラインからのブレイクではなく、横ばいの水平線から上にブレイクした場合を説明している。彼の発言から推測されるように、別の種類のトレンドラインを使っているわけではない。彼は、安値近くに形成された横ばいから上へのブレイクではなく、下降トレンドラインから上へのブレイクで買っていると言いたいのだ。明らかに、前者の価格シグナルのほうがより高値で点灯することになる）。

下降トレンドラインを上にブレイクしたらすぐに株を買いたかったのです。下降トレンドラインで値幅が狭くなると、大量の売りが出ることが多い。例えば、三一セントで一〇万株の売りが出ていたら、私は最後の一万株を買おうとします。

あとに買いが続かなければ、どうするのですか。

それはまずいですね。株価はこんなふうに動いているべきです（彼は指をパチンと鳴らす）。通常、そのトレードが適切かどうかはすぐに分かります。

ということは、そのトレードがすぐに適切な動きをしなければ、手仕舞うのですね。

はい、即座に手仕舞います。三〇・一セントで株を買って、三〇・〇セントに下げたら、そこで売って手仕舞います。

株価が上げたら、どこで手仕舞うのですか？

当時は、最初の急騰ですぐに半分を売っていました。今は、そこは買い増しをするところです。それから当時は、横ばい後に再び上げたら、そこで残りの半分を売っていました。

トレンドラインにどういう時間枠を使っていたのですか。

当時は、買った日に手仕舞いたかったので、一カ月のトレンドラインを好んでいました。私にとって、一カ月のトレンドラインからのブレイクは、おそらく六～八時間続くことを意味しています。はるかに大きな上昇につながる、長期のトレンドラインからのブレイクを探すようになったのはもっとあとです。

今は何を探しているのですか。

一～五年のトレンドラインからのブレイクを探しています。もっと重要なところでポジションを取り、より大きな値動きを狙うトレードをしたいからです。

短期の値動きをとらえるトレードから、長期的な視点でのトレードに移ったのはいつですか。

現在のようなトレードを初めてしたのは、リサーチがとても得意なｓｏｎｇｗがチャットルームに載せた推奨をフォローしたときでした。彼は混合ガソリンのエタノール含有量を一％から五％に増やす法案が提出されるというニュース記事を載せました。チャットルームでの当初の反応は、ガソリンの比率が九九％から九五％に減っても大したことではないというものでした。ｓｏｎｇｗはすぐにこのニュースを読み替えて、エタノールの需要が四〇〇％増えるという点を強調しました。そこで、ピンときました。これが大変なことなのだと気づきました。法案が通ることは分かっていたので、エタノール関連株をたくさん買いました。

それらの株はすでにニュースに反応して、上げていなかったのですか。

その投稿があったのは法案が議会に提出される二週間も前でした。そのニュースは地元のカンザスシティーの新聞に掲載されましたが、全国メディアはまだ取り上げていませんでした。ｓｏｎｇｗのリサーチ能力が非常に高かったので、この記事を見つけられたのです。やがて、このニュースが主要メディアに取り上げられ始めて、広く配信されるにつれて、株価が上昇していきました。

ポジションをしばらく維持したのは、そのときが初めてだったのですか。

そうです。

エタノール関連株をどれくらいの期間、保有していたのですか。

上昇波のすべてです。法案が議会に提出された日に売りました。上昇が終わるまで、しっかり保有していました。買ったエタノール関連株のうち、三銘柄は一〇取引日で一〇〇〇%以上も上昇しました。私がそのときまでの全トレードで得た利益よりも、その二週間のトレードで得た利益のほうが多かったと思います。確実な材料があって期日が明確な場合に、特定のセクターがいかに強い動きをするかを、そのときに初めて目の当たりにしました。この種のトレードが強い確信を持って行えるもので、口座資金を飛躍的に増やせるということに気づきました。

つまり、法案が議会に提出されたときに、株価は天井を付けたのですね。

大衆がこれから上昇が始まると思った瞬間に、材料が織り込み済みになるのには本当に驚かされます。

このトレードであなたのトレード方法は変わりましたか。

変わりましたね。そのときに初めて、セクターをトレードするという考えが浮かびました。それまでは、一回限りの株はチャート上の波をとらえる以外に買う理由が自分でも分からないまま、トレードをしていました。この明白な材料をきっかけにした上昇を見て、私のトレードは変わりました。現在のトレードはすべてこの方法でやっています。私はセクターの全銘柄を同時に買うのが好きです。あるセクターを買うとき、手当たり次第に買います。セクター内のすべての銘柄、すべての関連株を買います。最初に小さなポジションを取ってから、そのアイデアを集中的にリサーチし始めます。セクター内のすべての会社の書類を読みます。そのトレードに確信が持てたら、数百回、時には数千回も増し玉をしていきます。最初は監視目的で、一銘柄につきわずか一〇〇〇ドルのポジションしか持っていないかもしれません。しかし、いったんそのアイデアが気に入ったら、何百万ドルも賭けます。

あなたはまだそのチャットルームに参加しているのですか。

いいえ、五年くらい前にやめました。

どうしてですか。

ほかの人の発言はもう参考にしたくありません。自分のアイデアを、他人の目を通して判断したくないのです。それに、チャットルームはトレーダーがうわさ話をする場所ですから。

材料を探してセクターのトレードに焦点を当てたこと以外に、トレード手法は以前とどう変わりましたか。

今は、ただここに座って会社の情報を見るだけでなく、会社を訪問します。消費財を作っている会社であれば、それを買って、それが気に入るかどうか確かめます。気に入らなければ、その会社の株はトレードしません。

例を一つ挙げてもらえませんか。

数年前、３Ｄプリンティングが話題になり始めたので、四台の３Ｄプリンターを一万ドルで買いました。作りたい物を自分で作れるようにＣＡＤを独学しました。そして、カメの家用のくいを設計してプリントしました。

（ニューマンは大きなカメをペットとして飼っていて、裏庭をとてもゆっくりと歩き回っている）。どの３Ｄプリンターが最も良いかや、なぜ良いのかを知りたかったからです。オンラインの株主向け決算報告を聞くだけでなく、３Ｄプリンターのカンファレンスにも参加しました。それらの企業が何をしているのかを理解するために３Ｄプリンティングについて十分に学び、それらを自分で使ってみたことで、株価が上昇する前にポジションを取ることができました。私は自分が投資する各セクターの専門家になるのです。

あるセクターが気に入ったら、どこで仕掛けるかをどうやって決めるのですか。

３Ｄプリンティングの場合、株価はすでに上昇し始めていたので、下降トレンドラインのブレイクを仕掛けのシグナルには使えませんでした。

そういうときは、どうするのですか。

そのときには、三〇日下降トレンドラインか三〇日フラットラインを使う必要がありました。

つまり、短期の調整から上へのブレイクについて話しているのですね。

そういうことです。

どこで手仕舞うかをどうやって決めるのですか。

それは状況によります。材料の重要性やセクターの強さ次第です。どこで手仕舞うかを事前に決める式やルールは持っていません。例えば、一〇％上げたら売るといった決まりはありません。

3Dプリンターを例にすれば、それらの株をどこで手仕舞おうと決めたのですか。

この分野のリーダーである3Dシステムズはわずか一年ちょっとで一〇ドルから一〇〇ドル近くまで上げました。株主総会にはもう多くの株主が参加していました。チャットルームやCNBCでは3Dプリンティング株について多くのことが語られていました。みんなが話題にし始めると、私の強みはもうありません。その時点でまだ手仕舞っていなければ、手仕舞うところを探したがっていると思います。

相場が下にブレイクするのを待ったのですか、それともただ手仕舞ったのですか。

仕掛けるポイントを決めるために下降トレンドラインを引くのと同様に、手仕舞うために上昇トレンドラインを引きます。セクターの先導株が上昇トレンドラインを下にブレイクしたら、それよりも小さな銘柄がいくつか持ちこたえていても、全銘柄を手仕舞い始めます。

もう一つ言っておきたいことがあります。3Dプリンティングの経験から、今までで最大の利益を得たトレードにつながりました。バイオプリンティングを行う3Dプリンティングの会社を見つけたのです。そのオルガノボという会社は人の細胞を膨大な数に培養して、3Dプリンターに入れてさまざまな形に作り上げます。細胞をさまざまな立体にすると、平面の細胞とは異なる反応をします。この技術を使って、特定の人に最も適した薬を決めることが目標です。この会社のことを聞くとすぐに株を買い始めました。それは店頭市場に上場して約二カ月後のことでした。当時の時価総額はおそらく四〇〇〇万ドルくらいにすぎませんでした。3Dプリンティング株で儲けていたので、確信が高まると文字どおり毎日、買い増していきました。

私はトレードを、ピースを組み立てる必要があるジグソーパズルに例えます。このパズルではピースの数が増えていました。つまり、ほかの3Dプリンティング株が上げていました。これは私にとってパズルの大切な要素です。そして出来高も増えていました。会社を設立した

ＣＥＯ（最高経営責任者）をしている人を訪ねると、会社に対する強い熱意が伝わってきました。最初のエンジェル投資家にも会いました。また、彼らの３Ｄバイオプリンターが実際に動いているところも見学しました。その後、ナスダックへの上場と同時に新株が発行されて株数が増えたため、株価は約三〇％下げました。しかし、上場は株を買う最大の機会を提供していると考えて、そこで一気に買いました。おそらく最も買っていたときには、発行済み株式数の三％か四％を保有していたと思います。当時の株価は三・五〇ドルでしたが、一年以内に一二ドルになり、そこでほとんどを売りました。それで一〇〇〇万ドルを稼いだ年になりました。

手仕舞ったあと、オルガノボ株はどうなったのですか。

少し上げてから、下げ始めました。今では約一ドルまで下げています。

大きく上げたあと、元の株価まで下げてしまったのですね。それは３Ｄプリンティングのセクター全体でも同じでしたか。

ええ、それらの株は暴落して、元の株価まで下げました。

ほかに、あなたが際立っているトレードと考えるものはありますか。

私にとって最高のトレードができた会社の多くは、もはや存在していません。

一例を挙げてもらえますか。

二〇〇九年のある日、スポンジテックというペニー株が一日で二億株の出来高になっていることに気づきました。インサイダー取引の書類を確認すると、最近になってインサイダーが〇・七セントで七億五〇〇〇万株買っていたことが分かりました。それは発行済み株式の半分に相当します。何の会社か調べてみると、石鹸入りのスポンジを作っていることが分かりました。「ああ、これはちょっと気になる」と思いました。商品を注文して試してみると、気に入りました。でも、最も大きかったのは、インサイダーが発行済み株式の半分を買ったという書類でした。それで、六〇〇万株か七〇〇万株を買いました。

いくらで買ったのですか。

一セントから二セントの間です。その後、この会社は大々的に広告キャンペーンを打ちました。HBOという有料テレビで放映されているハードノックというサッカー番組のスポンサーになりました。選手を見ると必ず、ジャージにスポンジテックのロゴが目に入りました。また、メジャーリーグのオールスター前夜祭で開催されるホームランダービーを後援して、会社名の入った巨大な垂れ幕が張られました。全米オープン女子テニス大会を後援して、テレビでセンターコートに会社のロゴが映るようにしていました。この会社名は至るところで見られました。彼らはドラッグストアのウォルグリーンとCVSで販売を開始しました。私はポジションを維持して、会社がどこまで大きくなるか待つことにしました。

ある日、株価が一〇セントまで上げたあと、数人の友人とバーに行ったとき、彼らがスポンジテックについて話していました。彼らはその株について熱く語っていましたが、彼らは株取引の仲間ではありませんでした。彼らはおそらくスポーツ広告で、その株を見つけたのです。彼株価は上げ続けました。

私は毎年夏に旅行をしますが、その夏は旅行中もスポンジテックのポジションを維持することにしました。一セントそれは私が取っていた唯一のポジションでした。ケニアで上げるたびに、一〇万株を売っていました。ケニアで狩りをしていたとき、友人からスポンジテックが二五セン狩トまで上げたというメッセージが届きました。一株二五セントだと、時価総額は四億ドル近くになりますが、彼らが作っているのは石鹸入りスポンジだけです。私はあわてました。

上げているときに売り続けていたのですが、あとどれくらい残っていたのですか。

まだ半分以上のポジションを持っていました。数百万株です。ケニアでキャンプをしていたので、コンピューターがなく電話もつながりませんでした。

電話がつながらないのに、どうやってメッセージを受け取れたのですか。

ブラックベリーを持っていたので、ほかのブラックベリーのユーザーからメッセージを受け取ることができたのです。国際電話をかける方法はあったのかもしれませんが、方法が分かりませんでした。それで、受付の女性にお金を渡して、ダイヤルアップ式のコンピューターを使わせてもらいましたが、とても遅くて、一トレードを完了させるのに数分かかりました。最後の注文を入れたときには、株価は二八セントまで上げていました。テントに戻ると、友人から「スポンジテックが五セントまで下げた！　どうすればいいんだ？」というメッセージが届きました。

同じ日にですか！

ええ、本当にテントに戻ってわずか五分後です。

友人に何と伝えたのですか。

私は手仕舞っているときに、自分のポジションを売っているというメッセージをすでに送っていました。あとで彼から、株価が五セントまで下げたというメッセージを受け取ったとき、言うべき言葉が見つかりませんでした。

旅行中に、その株のフォローはしていたのですか。

定期的にしていました。そのポジションにはかなり安心していました。

友人からメッセージを受け取る前に、株価を確認した最後はいつですか。

おそらくその数日前でした。

ということは、メッセージが来なかったか、注文の処理が数分遅れていたら、残りのポジションで含み益のほぼすべてを失っていたわけですね。

ええ、それは七〇万ドルに値するメッセージでした。

株価が急落した原因は何だったのですか。

私には、それは『欲望と幻想の市場』（東洋経済新報社）に載っていることがそのまま実行されたように思えました（投機に関するこの古典的な本は主人公がジェシー・リバモアだと考えられていて、闇取引と相場操縦に満ちた時代が背景になっている）。インサイダーたちは七億五〇〇〇万株を保有していました。二カ月前なら、一セントでも一億株すら売ることはできませんでした。大々的に広告を打って、株価を一〇セント以上に上げて、一〇セントなら割安だと思われるようにできれば、七億五〇〇〇万株すべてを一〇セントで楽に売ることができます。その日はインサイダーが持ち株を売り抜け始めて、株価が下げ始めてもそれ以上売れなくなるまで売り続けたのだ、と確信しています。

（二〇一〇年にＳＥＣ［証券取引委員会］はスポンジテック社と経営陣を、「大成功をした会社の株を買っているると投資家に信じ込ませて、株価をつり上げて売り抜けるという大がかりな策略」で告訴した。また、スポンジテック社はマディソン・スクエア・ガーデンや多くのプロスポーツチームをだまして、数百万ドルの後援費と広告費を支払わなかった）。

売り方でもトレードをしますか。

けっして売りからは入りません。

では、相場が暴落した二〇〇八年のトレードで、どうやって買いだけで一〇〇万ドル以上の利益を上げたのですか。

私のトレードでは、旅行が役に立ってきたように思います。夏はトレードをするには常にとても厳しい時期だと思っていて、夏にトレードを休むのが役に立ちました。二〇〇八年の秋に帰国したとき、世界中で相場が暴落していました。私は新たにトレードを始める用意ができていました。口座資金はそれまでで最高になっていました。多くの種類の株を新しく監視することができました。夏にトレードをしていた人々の口座資金は大打撃を受けていて、彼らは完全にやる気をなくしていましたが、私は動きをとらえる用意ができていました。

金融株は特に大きく下げていたので、それらを底値で買おうと試し玉を入れては、損切りの逆指値に引っかかっていました。ある時点で、動く必要があることは分かっていました。すると、ある日、金融株にいつもと違う動きがありました。大引けまで残り一〇分のときに、金融株を一括大量購入しました。

どうしてですか。

急勾配の下降トレンドラインを大商いを伴って上にブレイクしたからです。だれかが買っていたので、私もその動きに乗りました。株を大量に買い、レバレッジを効かせるために二週間後に満期になる金融株のオプションを大量に買いました。大引け後に、友人とテニスをするために車を運転していると、ラジオでＴＡＲＰ（不良資産救済プログラムのこと。これによって、政府は金融機関から最大七〇〇〇億ドル相当の非流動資産を購入できるようになった）についての話を聞いたことを覚えています。この言葉を聞いたのは初めてでした。大変なことになるのが分かりました。翌朝、私が買った株はすべて大きく上げました。買値から五〇％も上げたものもありました。寄り付きから五分以内に、前日に買ったすべてのポジションを利食いしました。その日に九〇万ドル近く稼ぎました。そのポジションを取っていた時間は、前日の一〇分と寄り付き後の五分で、合計で取引時間のうちのわずか一五分でした（ニューマンがとらえたのは大底ではなく、短期の安値にすぎなかった。相場はその後数カ月、下げ続けたので、彼が素早く利食いをしたのは極めて幸運だった）。

あなたはペニー株のトレードから始めました。何千万株ものトレードをしている現在、どういう株に焦点を合わせているのですか。

今でも、小型株に焦点を合わせています。最も得意とするところは、時価総額が二億ドルから五億ドルの株です。

どうしてですか。

それぐらいの規模の会社のほうが、株価が大きく動く可能性がはるかに高いと思うからです。

口座資金がはるかに大きい現在でも、ペニー株のトレードをすることはありますか。文字どおり、一ドル以下の株をです。

もちろんです。それらはときどき、最高のトレードになりますから。

流動性は問題にならないのですか。

注文を分割します。それに、時間をかけて増し玉をしますし、時には毎日買います。

手仕舞いはどうするのですか。

買った銘柄が適切で、株価が急上昇すれば、市場も熱を帯びて、流動性が大幅に高まる傾向があります。利食いをするころには通常、その株の流動性は十分に多くなっています。

そういうペニー株をトレードした最近の例を教えてください。

CBD（大麻に含まれるカンナビジオール）が連邦レベルで合法になる約二カ月前（農業法案が可決されるまでは、個々の州レベルでは合法ギリギリのグレーな存在だった）、テキサス州で最大の地元の酒屋に行きました。ノンアルコール飲料担当の責任者に「CBDが入っている飲料はありますか」と尋ねました。彼は立ち止まって、「一つありますよ。その商品のおかげで私の人生は大きく変わりました」と言いました。彼の話は一五～二〇分間も続きました。彼は六〇歳で、腕の痛みに苦しんでいました。店内放送で彼の名前が呼ばれても、まったくお構いなしでした。彼はこの水がどれほど気に入ったかを話し続けました。私もワクワクして、四ドルの小さなビンをケースで買いました。

帰宅すると、その会社について調べてみました。株価は二セントで、二年の下降トレンドラインの先端に位置していました。責任者が商品にほれ込んでいて、小ビンが四ドルで売れていることを考えると、売り上げは目覚ましく伸びるかもしれないと思いました。また、私にはチャートで主として使う買いシグナルがありました。長期的な下降トレンドラインから上へのブレイクです。発行済み株式数の二～三％を買いました。その商品を試飲してみて、私にも効きそうだと思ったからです。

あなたはどんな病気を患っていたのですか。

数年前に椎間板ヘルニアになり、鎮痛剤を毎日飲んでいました。

それで、CBD入りのこの水は効いたのですか。

効果はありましたが、水のおかげなのかプラセボ効果なのかはよく分かりません。それから毎日、その店に行きました。だれがその商品を買っているのか知りたかったからです。

その責任者は、あなたが毎日店をうろついているのをちょっと変だと思わなかったのですか。

最初に行ったときに、彼に理由を話しました。私はその会社の株に興味があり、ほかのCBD関連株もたくさん買ったと言いました。彼はそれをかっこいいと思っていました。彼と知り合いになりました。店員がみんな、その水を飲んでいることにも気づきました。

株価が急上昇し始めて、ほんの数週間前に買ったところから一〇〇〇％も上げました。株価は二五セントになりました。私が店に行くと、責任者が駆け寄ってきて青ざめた顔で、「ちょうど商品をすべて返品したところです。水に何かが浮かんでいるのを会社が見つけたのです」。私が「分かりました。また、売るつもりですか」と聞くと、「うちの倉庫のものはすべて返品しました。また、販売するかどうかは分かりません」という返事でした。

大急ぎで家まで車を走らせました。帰宅して商品を見ると、前日に買ったケース中の商品には茶色いものが浮かんでいました。その時点までは、その株を長く持っていたいと思っていましたが、急いで売り始めました。流動性はたっぷりありました。そこのCEOはちょうどその日の朝に会見をして、年間売上高が一〇〇万ドルを超えたら、コカ・コーラが買収に関心を持つかもしれないと話していました。その日の出来高はおそらく一億株ぐらいあったと思います。その時点で三〇〇〜四〇〇万株を持っていたのですが、株価はまったく動かないまま、すべてを天井で売り抜けることができました。

つまり、あなたは主要販売代理店が商品を返品するということを事前に知っていたわけですね。

ええ。私はそれをインサイダー情報とは言いませんが、情報を探していれば、見つけられる種類のものでした。

あなたが買ったほかのCBD関連株はどうなったのですか。問題はその一社に限られていたのですが、ほかの会社も影響を受けたのでしょうか。

すべての持ち株を売ったので、ほかの会社にも影響はありました。私は、それらの銘柄についてはおそらく一般株主のなかでは最大の保有者でしたから。

その後もその業界に関心を持ち続けました。カリフォルニアに一カ月滞在して、CBDとTHC（テトラヒドロカンナビノール）に関連する株の専門家になりました。上場している大麻を扱う小売店や薬局のチェーン店のすべてに行きました。資本金が一〇億ドルのメドメンという小売りチェーン店がありました。その一つの店に四五分間いました。従業員は二〇人いました。私がそこにいる間にお客が一人入って来て、マリファナを一つ買っていきました。「従業員の時給はおそらく一五ドルか二〇ドルくらいだろう。店は一等地にあるので、賃貸料は高いはずだ。この会社は売っている商品を自分では製造していない、しかも、ほとんど商売になっていない。この会社に一〇億ドルの価値があるはずがない」と思いました。私は株の空売りはしないので、それはしませんでしたが、その会社の株を少し買っていたので、その店を訪ねたあと売ってしまいました。その株についてブログに投稿もしました。

その株は結局どうなったのですか。

数カ月で六ドル以上から約二ドルまで下げました。

ここで取り上げられた例のほとんどが新製品に関するもののようです。それはあなたの投資手法で欠かせないものですか。

私は新製品が出たら、いろいろ試すのが好きなんです。時には新製品が世に出る前にそれらの利用法に想像を巡らせます。何年だったかは覚えていませんが、ノートパソコンに接続すれば親指の指紋認証でログインできるスキャナーを購入しました。ドングルとiPhoneを手に持ちながら、「これはだれでも考えつくことだ。どうして自分のスマホにはこの機能がないんだろう」と思ったのを覚えています。数年後、生体認証センサーを開発するオーセンテック社の株を監視し始めました。下降トレンドから上にブレイクするシグナルが点灯したとき、少し買いました。そして株価が上げるにつれて、買い増していきました。その後、この会社はサムスンと契約を結びました。「わあっ、これで準備万端だ！」と思いました。そのときほど分かりやすいトレードに出合ったことはありませんでした。私はこれに賭けました。この一銘柄で口座資金の三分の一以上になりました。

文字どおり、口座資金の三分の一以上が一銘柄で占められたのですか！

そうなんですよ。今でも、そういうことはときどき、やりますよ。この時点では、平均買値は非常に安かったのです。増し玉をしていて、ポジションの最後の部分を注文していました。サムスンとの契約が発表されて約二週間後に、アップルがこの会社を買収しました。持ち株が買い取られたのは、それが初めてでした。

口座資金の三分の一以上を一銘柄が占めているとき、どうやって身を守るのですか。

その銘柄の動きが適切でなければ、増し玉と同じ方法で手仕舞っていきます。

動きが適切でない、とはどういう意味ですか。

株価が上げるのではなく下げ始めたり、流動性が低下したり、買い注文ではなく売り注文が大量に出ていたりする場合です。私がある会社の株の数％を買い集めるまでに、その株がどういう動きをするか、よく分かっていますす。その株の動きに変化が起きたら、ポジションを減らし始めます。

暗号資産（仮想通貨）とこの分野のニューマンのポジションについて長い会話が続いた。簡潔にまとめると、彼はチャートでの価格のブレイクに基づいて非常に早いうちに買い、二〇一七年後半に最高値に達するまでの上昇でほとんどのポジションを維持していた。私たちの会話は彼が手仕舞おうと決めた理由に移った。

手仕舞おうと決めたとき、何か雰囲気が変わったのですか。

ええ。私はそれを私のゴルフコース指標と呼んでいます。通常、ゴルフ仲間とは相場の話はしません。私が最初のティーのところに行くと、一度も株をやったことがない六〇歳の人がライトコインについて尋ねてきました。それは大衆がこのトレードについて知っているという明らかな兆候でした。その時点で、このトレードを一年以上続けていました。それで手仕舞い時だと思ったのです。

トレードで逆指値に引っかかった場合、ふさわしい条件ならば、再び仕掛けることを考えますか。

もう一度、買うのは私には簡単です。前よりも高値で買うことに何の不安もありません。

あなたのトレード法に影響を与えた本はありますか。

相場関係の本を初めて読んだのは、おそらくトレードを始めて一年以上たってからです。

どういう本ですか。

『欲望と幻想の市場』です。

その本はあなたのトレードに影響しましたか。もし影

響をしたのなら、どういう影響でしょうか。

すでに行っていたことが間違っていないと確信しました。最も重要なことは、適切なセットアップが形成されている場合は大きく賭けて、そうでない場合は小さくしか賭けないということです。私の勝率が五〇％を大きく下回っていても成功しているのは、年に一～二回、パズルのすべてのピースがそろっていて、大きく賭ける必要があるときが分かるからです。

その本から得たことはほかにありますか。

ジェシー・リバモアが大玉のポジションを取っているときに、その事実を伝える記事が出たという逸話が載っていました。その記事のおかげで、翌日に株価が急上昇し、リバモアは流動性の高まりを利用して売り抜けました。私がペニー株や小型株を持っているとき、この逸話で、利食いをするには流動性が高まっている時期を利用する必要があることを思い出します。

自分のトレード法をどのように説明しますか。

トレードをジグソーパズルと見立てています。最初に四隅をそろえる必要があります。

四隅とは何でしょうか。

最初の隅はテクニカル分析です。適切なチャートパターンが必要です。二番目の隅はその企業の資本構成がすっきりしていることです。

それはどういう意味でしょう。

株にオプションやワラントがほとんど、あるいはまったくなく、できれば発行済み株式数が二億株以下であることです。

ほかの二つは何でしょうか。

適切なセクターに属していて、その株かセクターを上昇させる材料かストーリーがあることです。四隅がそろえば、ほかのピースを入れることができます。

それらには何が含まれるのですか。

関係書類を詳細に調べて、経営陣が以前に何をしたかを確認し、製品を自分で試してから、適切に増し玉をしていきます。

あなたのトレードにおけるルールは何でしょうか。

次は何が来るだろう、ですね。常に次に来る大きな機会を探しています。また、適切な動きをしていないポジションを手仕舞うとき、いつでも仕掛け直せるということが分かっています。リターン・リスク比が一〇対一のトレード機会を探します。

成功するのに役立ったと自分で信じている個人的な特徴は何でしょうか。

テレビで見たインタビューでとても良かったのは、金融危機後のデビッド・テッパー（デビッド・テッパーは大成功を収めたヘッジファンド「アパルーサ・マネジメント」の創設者）に対するものでした。彼は自分を大移動するヌーに例えて、真っ先に谷に入って新鮮な草を食べ尽くすヌーになりたいと言いました。最初に行くと、ライオンが待ち伏せしていることがときどきあるので、群れの真ん中にいるほうがずっと安全ですが、そうすれば、新鮮な草は食べられません。その発言は本当に頭に残りました。

それは自分を描写しているからですか。

それは、私がどういうふうに市場に入りたいかを説明していたからです。私は一番になりたかったのです。ときどき痛い目に遭っても、次のテーマを真っ先にとらえることができれば問題ありませんでした。

ほかにどういう特徴が成功の役に立ちましたか。

間違いを犯したときには、それにすぐに気づき、方針を変えて、問題点を正します。どの間違いからも学びます。間違っていると気づいて手仕舞った瞬間に、それは終わりにします。一分後にはもうそのトレードのことは忘れています。起きたことは起きたことです。私は間違いを受け入れています。

「早い」。ある夜、ニューマンの章に取りかかっていた日の夜に床に就いたとき、この言葉が頭に浮かんだ。ニューマンにインタビューをしているときにも、インタビューの録音を聞いて、この章を書き起こしていた最初のころにも、私はこのことに気づいていなかった。彼がトレードで達成した素晴らしい成功の根底にある共通テーマと、繰り返し現れる彼のエッジ（優位性）の源は彼の

早さだ。ナスダックが呼び値の刻みを分数から小数点に変更すると、ブローカーによって異なる気配値が出されたために、一時的なトレード機会が生じた。すると、彼はすぐにそれをうまく利用した。

その後のトレードでは、彼は長い下降トレンドラインを上にブレイクしたときに買うという手法を用いた。これはトレンド転換に関する最も早いテクニカルのシグナルだ。もちろん、この種の仕掛けでは、適切なブレイクの前に複数のダマシのブレイクで買ってしまうことがよくある。しかし、この点でも、彼は早い。ブレイク後の上昇が続かなければ即座に手仕舞うため、仕掛けが早すぎたときでも、ほぼ損益ゼロで手仕舞っている。

ニューマンは3Dプリンターなどの新製品を扱うセクターをごく初期の段階に買うことを目指している。これらの新興産業の多くは、新製品に対する誇大広告のせいで、初期のファンダメンタルズでは正当化できない買いが大量に入ることでまず上昇の波が生じ、次に現実が明らかになると、ほぼ確実に下落するという価格サイクルをたどる。これらの会社の株価は再び上昇する場合もあれば、そうでない場合もある。いずれにしろ、ニューマンは上昇段階をとらえようとしているように思える。

マーケットの魔術師たちの教訓をテーマに講演するとき、「楽に大金を稼げる」からトレードに興味を持つという考えを、私は誤った例としてよく取り上げる。皮肉なことに、ニューマンはまさにこの動機でトレードを始めて、成功したのだ！　私は今でも、一獲千金を夢見てトレードをする人のほとんどは失敗すると思っているが、彼にインタビューをして、このルールには明らかに例外があると認めざるを得ない。

下降トレンドラインを上にブレイクしたか、しそうなときに買うことはニューマンの成功に欠かせない要素だ。確かに、この手法そのものはトレードで成功するための戦略とはとても言えない。チャート分析がますます一般的になっていることを考えると、トレンドラインからのブレイクではダマシが非常に多いため、長期的にはこのシグナルでは目を見張るほどの利益を得るどころか、総計では利益よりも損失で終わる可能性が高いとさえ言える。それでも、ニューマンがどこで買ったかを見ると（彼はインタビュー後にモニター上で一連のチャートをめくって、どこで買ったか教えてくれた）、いかに見事な仕掛けだったか驚かざるを得ない。どのチャートでも、彼が仕掛けたところは長期的な下落後にほぼ垂直に近い急騰をする直前の大底に近かった。これは尋常ではない。それはあたかも、彼がその後の月々の値動きのコピーを事前に持っていたかのようだ。

では、どうして彼はこのダマシが多いシグナルを、信じがたいほど効果的に使えたのだろうか。カギは、トレンドラインから上へのブレイクは彼の戦略の一要素にすぎないという点だ。トレンドラインのブレイクでの買い自体は、間違いが少ない人しか勝てないゲームだ。彼がこの手法を効果的に使えるのは、どのブレイクで買えばよいかが分かるからだ。彼の中核をなすトレードのすべてではないにしても、多くには次の特徴がある。

●株価は大幅に下げたか、安値近くで長く横ばいを続けている。
●その会社には大きく成長しそうなサービスか製品がある。
●株価がすぐに急上昇しそうな材料がある。
●その株はニューマンが大幅上昇の寸前であると考えるセクターに属している。
●彼はその製品に詳しく、通常は自分でも試している。
●株価には上げる兆候が見られる。すなわち、長期に及ぶ下落か横ばい後に突然上げるか、比較的に薄商いの状況が長く続いたあとに出来高が一時的に急増するか、これらの両方が見られる。

これらの要素のすべてではないにしても、ほとんどを満たしていれば、ブレイクした銘柄を探そうとする。これは下降トレンドラインから上へのブレイクという極めて簡単なシグナルで買う、一見すると単純なトレードに思われるが、さまざまな要素がそろっているかを考慮したはるかに複雑なトレードだ。

トレンドラインのブレイクをシグナルに使うという平凡な手法を用いながら、彼はどうして成功できるのか。この点を説明する重要な要素がもう一つある。それは仕掛けとは何の関係もない。彼は買う条件が整ったと思った瞬間に株を買う（例えば、決定的なブレイクが始まり、大量の売り注文が出たときの最後に買う）。買ったあとに再び下げ始めた場合はもちろん、上げない場合は即座に手仕舞う。彼は少なくとも多少は上昇が続きそうなところで買うので、たとえそれがダマシであっても、通常は損がほとんど出ないところで手仕舞える。そのため、彼の驚異的な実績は、仕掛けの優れた戦略だけでなく、思惑どおりの値動きをしないとためらいなく手仕舞える決断力にも支えられている。彼の手仕舞い戦略は、彼がこれをリスク管理という言葉で考えているかどうかにかかわらず、しっかりしたリスク管理になっている。

ニューマンの仕掛けのシグナルをピーター・ブラント（第1章を参照）のものと比較するのは興味深い。ニューマンが下降トレンドラインから上へのブレイクでしか買いたがらないのは、シグナルが適切な場合より安く買えるからだ。彼は安く買うために、多くのダマシのシグナルを受け入れる用意がある。ブラントはこれとは正反対の手法を用いる。トレンドラインからのブレイクは信頼できないと考えているので、彼は使わない。彼は長期的な横ばいからのブレイク後にしか買いたがらない。このほうが信頼性が高く、仕掛け値の近くに意味がある損切りの逆指値を置けるからだ。二人はテクニカルの仕掛けのシグナルについて反対の見方をするが、どちらも非常に成功している。これは適切なトレード法は一つではないという大原則の典型例だ。

ニューマンとブラントは仕掛けのタイミングという点で対照的なのに対して、ニューマンの手仕舞いのタイミングはジェイソン・シャピロ（第2章を参照）が言った

「みんながしていることを調べて、反対のことをします。みんなが同じトレードをしているときに、彼らは損をするからです」というコントラリアンの哲学を体現していることに注意してほしい。この文はニューマンがどう手仕舞うかの良い説明になっている。このインタビューで取り上げられたほぼすべてのトレードにおいて、彼はトレードが人気になったときに手仕舞っていた。次の例を見てもらいたい。

●ガソリンのエタノール含有量を増やす法案が議会に提出されて、メディアでの報道がピークに達した日に、彼はエタノール株をすべて売った。
●3DプリンターがCNBCで取り上げられたり、チャットルームで話題になったりするほど人気になると、彼は3Dプリンター株を売った。
●株式投資をしない友人たちがバーでスポンジテックについて話をしていたので、彼はポジションを減らし始めた。
●彼は自分の「ゴルフコース指標」に基づいて、暗号資産（仮想通貨）を手仕舞った。

トレーダーは自分のトレード手法と計画に従う必要がある。計画をしていなかったトレードに夢中になっていないか注意をしよう。ニューマンが最大の損（比率の点で）を被ったのは、トレードを始めてから早い時期で、着実に利益を生んでいたマーケットメーカー戦略から外れて、ストーリーが良かった急騰株を衝動的に買ったときだった。その一回のトレードで、彼は一日で口座資金の三〇％を失った。

驚くべきことに、ニューマンが大成功をしたトレードの多くは、長期的な視点ではまったく間違っていた。3Dプリンター株やオルガノボは上昇分すべてを消し、最終的には彼が最初に買った水準よりもさらに下げた。スポンジテックは後に詐欺だと分かり、無価値になった。重要なのは、その株が長期的にどういう動きをするかではなく、保有している間にどういう動きをするかだ。彼は仕掛けと手仕舞いのテクニックによって、大きな損失を免れつつ、思いがけない大金を手にすることができた。トレードでの成功は予測によってではなく、仕掛けと手仕舞いの方法で示されている巧みな資金管理によって得られるものだ。

ニューマンのトレードの多くは運が良かっただけのように見える。例えば、彼がCBD関連株を最高値近くで手仕舞えたのは、偶然にも店員が商品に不純物が混じっていたと彼に話したからだ。しかし、考えてみよう。彼は運に恵まれる立場にいたのだ。彼が店でその貴重な話を聞けたのは、現地調査や地元の店での売れ行きを監視していたおかげだった。彼がケニアで狩りを楽しんでいたとき、スポンジテックが史上最高値を付けた。その日に、ブラックベリーのユーザーからメッセージを受け取ることができたのは、ちょっと運が良すぎるほどだった。しかし、このメッセージを有効に使えたのは、株が熱狂的に買われていた最中にポジションをすぐに手仕舞うという直感的な行動が適切だったからだ。

スポンジテックのトレードは『**続マーケットの魔術師**』（パンローリング）で話された次の原則の完璧な例にもなっている。「熱狂かパニックの最中にトレードをしていると気づいたら、ポジションを減らそう。上げでも下げでも、放物線状の値動きは突然、急激に終わりを告げやすい。幸いにも、垂直に近い値動きへと変わりつつある相場に乗っているのなら、トレンドが思惑どおりに動いている間に、ポジションを少しずつ減らすことを考えよう。相場が転換するのではないかと恐れているのなら、それはポジションを軽くするのに打ってつけの合図だ」。『ピーター・リンチの株で勝つ』（ダイヤモンド社）の読者ならば、このインタビューの一部からリンチの中心的なメッセージがすぐに思い浮かぶはずだ。具体的には、新製品を試し、店を直接訪れ、その製品の売れ行きを確認するというニューマンの習慣は彼のトレードでの成功に不可欠なもので、仕掛けと手仕舞いが最も優れたトレードの一部はこの習慣によって得られたものだ。彼は「自分がよく知っているものに投資しなさい」というリンチの哲学を体現している。また、リンチが「テンバガー」と呼んだ、株価が一〇倍になりそうなトレード機会を探すことに焦点を当てている。

ニューマンはトレードに特に強い確信を持っているときに、一気に動く。例えば、オーセンテックの場合、口座資金の三分の一から二分の一をこの一銘柄で占めていた。彼が途方もない利益を積み重ねてこれたのは、強い確信を持っているときに極めて積極的にポジションを取ったことも大きかった。ただし、彼のトレードスタイルのこの側面には特に注意が必要で、ほとんどのトレーダーがこれをまねようとするのは危険だ。彼が一銘柄で極端に大きなポジションを取って成功したのは、次の三つの要素が備わっていたからだ。第一に、彼は強い確信を持っているトレードでの勝率が高い。第二に、彼は増し玉をするので、一銘柄か一セクターで口座資金の三分の一を占めるころには、平均した買値が非常に安くなっているので、株が下げ始めたときでも、かなりの含み益がある。第三に、おそらくこれが最も重要なことだが、株価が下げ始めるか、思惑どおりの動きをしていないか、兆候が見られたら、彼は素早くポジションを減らしていくか、一挙に手仕舞う。これらと同じレベルのスキルを持っていないかぎり、ポジションをこれほど集中させるのは非常にリスクが高く、口座資金をすべて失ってしまう危険がある。

第8章 クリス・カミロ

Chris Camillo

SNSで新トレンドをいち早くキャッチし、一四年間で年平均六八％のリターンを続けるソーシャルアービトラジャー

市場分析の歴史を振り返ると、手法はファンダメンタルズ分析かテクニカル分析、あるいはこれら二つの組み合わせに分類できる。しかし、クリス・カミロの手法はどちらでもない。彼の手法は処理能力の速さとソーシャルメディアを利用できる現代でなければ不可能だろう。彼はまったく新しい市場分析とトレード法を考案して力を発揮した。彼はこの手法を「ソーシャルアービトラージ」と呼んでいる。

彼のトレード手法は日常生活におけるトレンドと文化の変化を観察するなかで考案された副産物だ。彼はトレンドを見つける範囲を広げるためにティッカータグズ社を設立して、特定の株にとって重要な単語かその組み合わせ（彼は「タグ」と呼んでいる）がソーシャルメディアでどれほど取り上げられているかを監視・測定できるソフトウエアを開発した。彼は自分の手法を説明すると、人々が戸惑うと言う。「人々は私に、『あなたはPER（株価収益率）も、経営陣も、値動きも見ないと言うのですか』と尋ねるでしょう。私は『タグ以外は何も見ません』と答えます」

視覚的な比喩を使うと、カミロのトレード歴は広い海峡で分断された二つの島に例えることができる。一つは険しくて荒涼とした岩礁で、もう一つは緑豊かな熱帯の楽園だ。インタビューで詳しく説明されるように、一〇代前半に行った最初のトレードを除くと、彼の一期目のトレードは惨めな失敗に終わった。何年にもわたって異なる手法を試しては失敗を繰り返し、投資資金を次第に使い果たしていった（幸いなことに、資金は彼のそれなりの給料からためていたものに限られていた）。一〇年間、トレードを中断したあと、二〇〇六年にトレードを再開した二期目では、以前のトレードとはまったく対照的に目覚ましい成功を収めた。トレードを再開して約一四年間の年平均リターンは六八％で、八万三〇〇〇ドルの当

初資金を現金の引き出し分を含めて二一〇〇万ドルまで増やした。

私がカミロに初めて会ったのは、詳細は明らかではないが、アドバイスが欲しいので話をしたいというメールを受け取ったときだった。私は電話ではなく、ボルダーまで来て直接会いたいのなら便宜を図ると返事をした。地元のお気に入りスポットの一つであるバフというレストランでブランチを取りながら、長時間話をした。彼の主な職業はトレードだが、映画の脚本（映画化はされていない）を書いた大学生のとき以来、映画に興味を持ち続けている。彼は現在、ダム・マネー（Dumb Money）というユーチューブの動画を制作している。このシリーズは主として、カミロと彼の友人たちが地元企業に投資する短い動画で構成されている。カミロはいつの日かトレードについての映画を撮りたいと思っており、プロジェクトの進め方を探っていた。そして、どういう形で参加してもらうかはまだ決まっていないが、私に参加する気があるかや、このアイデアについて何か良い考えがあるかを知りたがっていた。私は、トレードを正確に描写しつつ興味をそそる映画を制作するという二つの目標は両立しないように思われるので、このコンセプトを実行するのは難しいと思う、と彼に話した。彼はまだ解決策を見つけていないが、今でも検討中だ。

カミロと直接会うまでに、私は『マーケットの魔術師』の本をもう一冊書くことを決めていたが、彼と初めてメールをやりとりした時点ではまだ決めていなかった。自己紹介のメールを読んで、彼を本で取り上げることになるかもしれないと思ったので、本で取り上げられることに興味があるのなら、月次報告書を送ってほしいと頼んだ。ボルダーで会ったときにはすでに、彼にインタビューをしようと決めていた。トレードに関する話は実際にインタビューをするときのために取っておきたかったので、そういう話は一切しないように気をつけた。

インタビューの予定を立てるとき、八時間をあてるようにした。初めて話をしたときに、彼が話し上手だと分かったし、会話が広範囲に及ぶと思ったからだ。効率良く仕事をするために、私がオースティンに滞在する日にインタビューをすることにした（カミロはダラスに住んでいた）。当日の朝、オースティン空港に到着すると、雷雨のせいで午後遅くまでの全便が欠航になっていた。私に唯一残されていたのは、降り続く雨とそのせいで起きた交通渋滞のなかをレンタカーで四時間走ることだった。インタビューでは、主題を引き出すのが難しくて苦労する場合もあれば、会話がスムーズに流れる場合もある。欠航と運転による疲れからくるストレスを考えると、カミロへのインタビューが後者に属するのは幸運だった。

インタビューは彼の家の裏庭の屋根がある場所で行ったので、降り続く雨を避けることができた。そして、彼の所属するクラブでも、夕食を取りながら会話を続けた。レストランの雑音で録音が聞き取りづらくなるのを避けるために、地上の「ワインセラー」で二人だけで夕食が取れるように取り計らってもらえた。これはとてもありがたかった。

いつごろから相場を初めて意識するようになったのですか。

兄が株のブローカーでした。弟は常に兄に敬意を払うものです。ですから、それがトレードについての第一印象だったと思います。しかし、一二歳か一三歳になるまではあまり興味がありませんでした（彼は大声で笑う）。いつも知識の裁定取引（knowledge arbitrage）を意識していて、ある意味、幼いころからそれを行っていました。

知識の裁定取引って、どういう意味ですか。

一二歳くらいの子供のころから、ガレージセールに夢中になりました。毎週、水曜日と木曜日に新聞に載っているガレージセールの分析をしました。できる場合は、ガレージセールの開催前にその家に行って、販売予定の商品について尋ねました。転売できるものを探していたのです。特定の物だけを収集する人を見つけていました。私は「ファンマン」と呼んでいた古い扇風機だけの収集家を知っていました。もう一人、古い時計の収集家も知っていました。

特定の物だけを収集している人をどうやって見つけたのですか。

骨董品店街やフリーマーケットに行って、特定の品物だけに興味があって、余計にお金を払っても買いたいと思っている人を探しました。当時、イーベイはまだ存在していませんでした。

買った物の品質をどうやって評価できたのですか。年代物の時計を買っているとしたら、それががらくたではないとどうやって分かったのですか。

どうやっていたのか、自分でもはっきりとは覚えていません。ガレージセールと遺品や不用品セールのほとんどは年配の女性たちが行っています。彼女たちは衣服、家具、陶磁器、骨董品などの品物については高度な知識を持っていますが、時計や古い電車のおもちゃなどの男性が好む品物についての知識はほとんど持っていません。彼女たちは男性向きの品物は何であれ、ただ番号を付けて処分していました。私が買っていたのは、売り手がまったく価値がないと考えていた物だったので、安く売られていました。その特定の品物に興味がある人を見つけだしていたのです。このダラスで何年もそういうことをして、のめり込んでいきました。宝探しか知識の裁定取引とでも呼べばいいのか分かりませんが、それに夢中でした。

一〇代前半のころ、ガレージセールの場所までどうやって行ったのですか。

自転車かバスを使いました。

それで、いくらぐらい稼いだのですか。

まったく稼げない週末もあれば、一〇〇ドルか二〇〇ドル稼げた週末もありました。当時はそういう生活をしていました。車を細部まで磨き上げるディテーリング事業もしていました。私はとても企業家精神にあふれた若者だったのです。体は子供でも、心は三〇歳でした。一方で、私はすべきことをしていませんでした。高校のクラスで下から四分の一に入る成績で卒業しました。ほかの生徒たちほど頭が良くなかったからではなく、興味がないことに集中できなかったからだと思います。当時、興味があったのは学校ではなく、お金を稼ぐことでした。現在ならば、おそらくＡＤＤ（注意欠陥障害）と診断されて、薬を飲まされていたでしょう。当時はそういう診断をされることはありませんでした。

どうやってガレージセールの裁定取引からトレードに移ったのですか。

毎週、金曜日と土曜日にガレージセールに出かける前に、セブン・イレブンに寄って、スナップルのアイスレモンティーを買っていました。お店ではいつも二台の冷蔵庫いっぱいのスナップルが置かれていました。ある朝、その店に行くと、スナップルの飲み物すべてが一台の冷蔵庫の半分にまとめられていました。スナップルはほとんど残っておらず、私の好きな種類もありませんでした。店員に何が起きたのか尋ねました。すると、アリゾナなどの新しい競合他社の商品が出てきたので、スナップルは限られた種類しか置かないようにした、という説明をされたのです。

その日帰宅すると、兄にその話をしました。そして、「ねえ、これで何かお金を稼ぐ方法はない？」と尋ねると、「あるよ。スナップルのプットオプションを買うことで、スナップルを空売りするんだ」と言われました。兄はスナップルの決算発表が一週間後にあると言い、プットがどういう働きをするかを説明してくれました。兄に三〇〇ドルを渡して、スナップルのプットを買ってもらいました、一週間後、この会社は販売経路の在庫が増えていると発表しましたが、当時はその意味が理解できませんでした。しかし、セブン・イレブンでひらめいたことは正しかったので、トレードでお金が三倍になりました。それは、私にとって夢のような瞬間で、そのときからトレードに夢中になりました。

そのとき、何歳だったのですか。

一四歳ぐらいでした。

プットについてのお兄さんの説明は理解できたのですか。

ええ、すべて理解できました。当時、分かっていなかったのは、自分が発見した手法がいかに強力なのかということでした。スナップルのトレードを考え出した方法が、最終的に投資で成功するための手法だとは気づきませんでした。この手法が思い浮かぶまでに何年もかかりました。

その後、高校時代と大学に入ったころにしたトレードはうまくいきませんでした。それは悲惨なものでした。タイトルは覚えていませんが、ある本は銀市場を窮地に追い込んだハント兄弟に関するものでした。しばらくの間、商品に夢中になりました。家から数マイル先に銀を買える店があったので、そこに行って、一〇〇オンスの銀の延べ棒を買いました。毎日、新聞を読んで、銀価格をグラフにしました。五カ月もたって、商品ではまったく儲かりそうにないことに気づきました（彼は大声で笑う）。

あなたのトレードに良い影響を与えた相場の本はありましたか。

長年にわたって、多くの相場関係の本を読んできましたが、大きな影響を受けたのは『ピーター・リンチの株で勝つ』（ダイヤモンド社）だけでした。

実際、スナップルのトレードはその本の主題のシンボルなのかもしれませんね。

本当にそうかもしれません。この本に共感して、投資の考え方に大きな影響を受けました。私がスナップルのトレードでやったことは単なる運ではないという自信がつきました。この本を読んでいなかったら、「店内を見回すだけでは、ウォール街の賢い連中には勝てない」と思っていたでしょう。私はテクニカル投資にもファンダメンタル投資にも興味が持てませんでした。ファンダメンタルズ分析は確かに理にかなっていますが、自分でやる気にはなれませんでした。退屈だとしか思えなかったのです。ファンダメンタルズ分析をしている賢い人はたくさんいるのだから、彼らを上回ろうとするのは時間の無駄でしかないと思っていました。

リンチの本で学んだ主な教訓をまとめると、どうなりますか。

中心テーマは、自分の日常生活のなかから投資対象を探しなさい、という考え方だと思いました。

いつ証券口座を開設したのですか。

大学生のときにフィデリティ証券で口座を開設しました。大学がブルームバーグの端末を導入したとき、だれも使い方を知りませんでした。私は説明書を読んで使い方を学びました。大学生のときにはオプションのトレードをよくしていました。お金があまりなかったことと、限られた資金で利益を得るにはオプションを使うしかないと考えたのです。ほとんど毎回、リスクが高いアウト・オブ・ザ・マネーのオプションをトレードしていました。二〇倍の大きな利益を狙って、ほとんどのトレードで損をしていました。

トレード用の資金はどうやって工面したのですか。

まだ週末に車のディテーリング事業をしていて、それでかなり稼いでいました。また、フィデリティ証券で投資信託のトレーダーとしてフルタイムの仕事に就いたのですが、予想以上に退屈でした。仕事は電話に出て、お客さんに投資信託の見積もりを出すことだけでした。

フルタイムの仕事だけでなく、車のディテーリングもやっていたのですか！　どうやって勉強する時間を作ったのですか。

私は忙しいほど、何でもうまくやれると分かったのです。それに、大学には興味がありませんでした。卒業に必要なことをしていただけです。よく授業をさぼって地下室に行き、公衆電話のプッシュホンでトレードをしていました。オプションのコードをプッシュホンで押すと、コンピューターブログラムが入力したコードを読み込んで返してきます。この作業はとても遅くて、一つのトレードをするのに一五分から二〇分もかかりました。

私はあなたがフィデリティ証券で、フルタイムで働いていると思っていました。どうしてそれらの注文を出せたのですか。

フィデリティ証券では、大引け後に仕事をしていたのです。

あなたの取引口座の資産はどれくらいだったのですか。

とても少なかったです。ほとんどのトレードで損をしていましたから（笑い）。

トレードで勝ったことはあるのですか。

何度かありましたが、どういうトレードだったかは覚えていません。覚えているのは、投資した資金をすべて失ったということだけです。

仕事で稼いだお金を投資で失っていたのですね。

百パーセント失っていました。

最初のトレードで非常にうまくいったあと、負け続けたとは皮肉ですね。

最初に成功したので、トレードに夢中になり、何年もいろんな方法を試しながらお金を失っていきました。だれもが知っている手法では、うまくトレードできないことに気づきました。そんなことを繰り返しているうちに、投資に対する興味がなくなりました。

結果を考えると、当然でしょうね。明らかに、ある時点で再び興味を持つようになったはずですが、トレードをいつ再開したのかと、何がきっかけで再開したのかを教えてください。

再開したのはずっとあとです。おそらく、一〇年後ぐらいでした。当時、市場調査会社で働いていて、仕事は順調でした。でも、給料以上のお金を必要としていました。それで、トレードを再開したのです。当時はあまりお金に余裕がなかったので、八万ドルぐらいから始めたと記憶しています。

以前のトレードで負け続けたのに、どうして今度はトレードで稼げると思ったのですか。

市場で儲けるチャンスがあることは分かっていました、その方法はまだ見つけていませんでしたが。どうして最初の方法に戻ったのかは自分でも分かりません。おそらく潜在意識のせいでしょうが、自然にそこに向かいました。それに、市場調査の業界にいたこともおそらく助けになりました。私は世界最大のパネル調査会社のパネル部門を統括していました（パネル調査を行う会社は回答者の大規模な母集団から、広告のターゲットに合ったパネル〔回答をしてくれる人々〕を選ぶ）。

私は膨大な量の調査を見ることができたので、市場調査はそれほど正確なものではないことに気づきました。人々は自分がすると言ったとおりには行動しないのです。例えば、ｉＰｈｏｎｅが発売されたときに、「キーボードがない携帯電話を買いますか」という質問をすると、人々は「いいえ、そんなものはけっして買いません」と答えたでしょう。私は人々の言うことと実際にすることに大きな食い違いがある事例をたくさん見てきたので、市場調査業界をまったく信頼できなくなりました。それに、調査はとても遅かったのです。

遅さよりも、正確さの問題のようですが。

遅いことも問題だったのです。企業が調査をしようとするとき、まず研究論文を用意し、第三者の会社を雇って質問を作らなければならず、それに数週間かかります。それから質問をパネル調査会社に渡します。調査が終わると、結果の分析をするのに六～七週間かかります。それが非効率だと分かっていました。トレードを再開したとき、私は自分の観察に基づいて投資するという最初の手法に戻りました。その時点では、自分の運が良かっただけなのか、良いところに目を付けたのか分かりませんでした。でも、その後、数年間に行ったトレードのほとんどで利益が出ました。

それらのトレードの例をいくつか挙げてもらえますか。

それらはピーター・リンチが説明している種類のものでした。例えば、チーズケーキ・ファクトリーやＰ・Ｆ・チャンズです。ウォール街のトレーダーはこれらのレストランチェーンを目にすることがありません。それらについての記事を読むことはあっても、それらのレストランがアメリカ中部にとってどういう意味を持つかは理解できません。私のほうが非常に有利な点は、テキサス州に住んでいたことで、それらがいかにすごい投資対象であるかを直接確認できたことです。それらは状況を一変させました。平日にレストランに入るのに二時間以上も待たされるのは初めてです。彼らはそれまで中華料理など食べたことがないのに、です。

そして、まだ食べたことがない人がほかにも大勢いたということですね。それらのレストランで長蛇の列ができているのを目撃したことが重要だったのですか。

というよりも、ウォール街の連中は地理的なことなどについて先入観を持っているせいで、彼らには見えていないことがあると気づいたからです。「あなたの手法は中小企業ではうまくいっても、大企業では絶対にうまくいかないと思う」と言う人がいます。でも、それは正しくありません。最初のｉＰｈｏｎｅが発売されたとき、私はアップル株を買いました。それは人々が先入観を持っていることに、ほとんどのトレーダーが気づいていなかったからです。

最初のｉＰｈｏｎｅは当初、ＡＴ＆Ｔだけから発売されました。当時、マンハッタンのＡＴ＆Ｔのネットワークはひどいもので、ほとんど使い物になりませんでした。だれもその事実には触れませんでしたが、ｉＰｈｏｎｅが発売された年に金融業界で採用が遅れたのは、それが主な理由でした。さらに、金融業界は企業同士のコミュニケーションに必要だという理由で、ブラックベリーに縛られていました。私は早くからこうした先入観に気づいていました。ニューヨークに住む友人たちがｉＰｈｏｎｅについて最初に言ったことは、「ｉＰｈｏｎｅだとＡＴ＆Ｔにつなぐ必要があるので、ここでは使えない」でした。

ｉＰｈｏｎｅが発売された初日のことは忘れられません。最初に買った人がそれを見せてくれたとき、自分がどこにいたか覚えています。パーティーに行ったとき、二五人がどういう反応をしているかを見ました。そのとき、それが大ヒットすると分かりました。私はアップルの社員ではなかったし、アップルの製品は一度も買ったことすらありませんでした。

トレードを再開して一年目は、自分の成功に本当に驚きました。正直なところ、単に運が良かったからなのかどうか分かりませんでした。その時点で、ポートフォリオのトラッキングサービスのコベスターに加入しました。コベスターに加入している約三万口座のなかで、しばらく一位を維持していました。そのとき、すごい手法を見つけだしたのだと気づきました。職場の友人に、「いつか、この仕事でよりも、証券口座のほうでもっと稼げるようになる」と言ったことは忘れられません。給料が一番良かったときの年収は二〇万ドルを少し超えたぐらいでした。当時の口座資金は約一〇万ドルでしたが、急速に増えていました。一〇〇万ドルまで増やせるだろうかと思ったことを覚えています。実際に一〇〇万ドルに達するまでそれほど時間はかからず、仕事での収入よりもトレードでの収入のほうが上回っていました。そのときに、仕事を辞めたのです。

フルタイムでトレードをするために、会社を辞めたのですか。

ええ、でも、それは私には危険なことでした。そのとき以来、苦労しています。振り返ってみると、トレードを再開したときに成功できたのは、無意味な情報を無視して我慢強く待てたことが大きかったと思います。私はこの業界で働いてはいませんでした。トレードは私の仕事ではなかったので、プレッシャーも感じていませんでした。半年間、トレードをしないでも平気でしたし、だれに対しても責任を負う必要もありませんでした。ここ数年の最大の過ちは、いつもトレードをしすぎた結果でした。自分で最も確信を持ったトレードだけをしていたら、口座資金は現在の一〇倍になっているはずです。私の手法が最もうまくいくのは、注目されていない重要な情報を見つけて、これならトレードができるという極めて強い確信を持てたときです。そういうことは頻繁には起きません。「強い確信を持てるトレード機会が現れるまで、これから三カ月は何もしないで待つ」とはなかなか言えません。

強い確信が持てる機会を見つけだす方法について詳しく説明してもらえませんか。

自分のトレードを「ソーシャルアービトラージ（social arbitrage）」と呼んでいます。「ソーシャル」とは経済的なものではないという意味です。私のトレードは、重要な情報なのに、投資家たちに気づかれていないか、過小評価されているものを早いうちに見つけられるかどうかにかかっています。ある意味で、ガレージセール時代とは逆のものに焦点を当てていました。ガレージセールで買っていた物は、ガレージセールを主催する女性が誤った価格を付けた男性向けの商品でした。ウォール街では多くの先入観があるために、私には女性向けや若者向けや地方中心のものについての情報を見つける機会があることに、すぐに気づきました。私の手法がこれらの分野だけに依存しているとは言えませんが、以前はそこに焦点を当てていました。私はファッションとポップカルチャーにのめり込みました。それらはウォール街の典型的なトレーダーやファンドマネジャーがまったく注目しないものです。

トレードの機会をどうやって見つけたのですか。

これは脳の再訓練とでも呼ぶような方法です。普段どおりの生活をしていながら、非常に異なった方法で観察するのです。意味がありそうなものを発見したら、いつでも調査を続けます。例えば、二〇一三年にウェンディーズがプレッツェル・ベーコン・チーズバーガーを発売したとき、できるかぎり何度も足を運びました。ウェンディーズを十数店回って店長と話をし、そこで何年働いているのかや、この商品は過去に出た季節商品とどう違うのかを尋ねました。答えはいつも同じで、「こんな商品はこれまでに見たことがありません」というものでした。お客にも、どう思っているかを尋ねました。

でも、あなたはダラスの消費者心理を調査しているだけですよね。それが国全体で起きていることを代表しているとどうして言えるのですか。

ダラスのすごいところは、ここが全米をよく代表する市場だという点です。それに、ファストフードについてオンラインでチャットをしているサイトもいくつか調べました。変わっていると思うかもしれませんが、実際にそういうサイトがあるのです。これはウォール街が完全に逃した、素晴らしいトレードでした。どこのファストフードチェーンも、たいてい春に季節商品を出します。通常、それらは季節ごとに変わりますが、さほど影響はありません。しかし、この商品はとても好評だったので、会社の業績にも影響しました。それほどの影響は以前にはなかったので、株をフォローしている人々は注目していませんでした。

これまで行ってきた多くのトレードのうちで、特に苦痛だったものはありますか。

皮肉なことに、とても残念だったトレードは、とても利益が大きいトレードでもあったのです。随分前の話ですが、とても寒い冬で、多くの消費者がアンダーアーマーのコールドギアという防寒用の下着を着用しているのに気づきました。ところが、ウォール街はそれを完全に無視していたのです。

私はクロスカントリースキーをしていますが、一九七〇年代はパタゴニアというブランドの防寒タイツを買ったことを覚えています。コールドギアはどこが違うのですか。

アンダーアーマーは一般大衆のためにこれを作ったのです。この会社はこのタイプの商品をこれまでのどの会社よりも幅広く流通させました。

この消費者のトレンドをどうやって見つけたのですか。

ソーシャルメディアで見つけました。私は独自に組み合わせた単語グループをたくさん持っていて、それを毎晩、監視しています。当時は、コールドギアやアンダーアーマーなどの単語を含む組み合わせを監視していました。フォローしている単語が会話に現れる量を測定しています。この量が異常に多い場合は、何かが起きていることを示す最初のシグナルです。トレードの調査と分析に一日四時間ぐらいしかかけませんが、アンダーアーマーのようなトレードの機会を見つけたときは一日に一四～五時間、数日から数週間かけてデューデリジェンスを行います。

デューデリジェンスとは具体的にどういう意味ですか。

私はトレードに関するデータをできるだけ集めます。まずは仮説を立てます。この例の場合、アンダーアーマーではコールドギアの売れ行きが絶好調だという仮説を立てました。次に、仮説を検証する必要があります。店長や消費者にインタビューをしたり、オンラインで仮説に関するあらゆる情報を集めたりしました。調べたほぼすべての情報から裏付けが取れました。それは、私が今までに行った最大のトレードの一つでした。確信の強さを利用したトレードをしていると、九五％以上の確信を持つことがあります。しかし、それほどの確信を持っていても、利益を出せるとは限りません。常に外部要因が影響してきます。

これがどうして最も残念なトレードだったのですか。

アンダーアーマーが決算発表をする数日前に、ルルレモンの決算発表があったのですが、それが悲惨だったのです。

アンダーアーマーとルルレモンに相関があったのですか。

当時は十分な相関があったので、ルルレモンの株価が決算発表後に大幅下落すると、アンダーアーマーの株価も急落しました。

それはあなたの言う外部要因の完璧な例ですね。

そうです。その後、比較的権威がある調査会社が、アンダーアーマーの決算についてネガティブな予想をした弱気のリポートを発表しました。一方、私はそれまでで最大のポジションを維持していました。一週間前には九八％の確信を持っていたのですが、それらの出来事のあとには、確信はおそらく六〇％ぐらいまで下がりました。

それで、どうしたのですか。

恐怖心と自信喪失のせいで、ポジションの三分の二を損切りしてしまいました。

ポジションはどれくらいの大きさだったのですか。

口座資金の八～一〇％ぐらいをリスクにさらしていました。しかし、オプションを使っていたので、株価がオプションの権利行使価格を下回って引けたら、全額を失う可能性がありました。それはとてつもなく大きなトレードでした。一日でそれほどの大金を失いたくなかったのです。

あなたは通常、オプションでポジションを取るのです

か。

　十分な流動性があって、オプション価格が妥当であればそうします。

その条件を満たすのは、トレードの何％ぐらいでしょうか。

　約五〇％です。

レバレッジを効かせるために、オプションを使うのでしょうね。

　そうです。

アウト・オブ・ザ・マネー、アット・ザ・マネー、イン・ザ・マネーのうち、どのオプションを使うのですか。

　それはトレードをしていくなかで変わってきました。以前はアウト・オブ・ザ・マネーのオプションをよく使っていました。現在のポートフォリオは大きくなっているので、アット・ザ・マネーかイン・ザ・マネーのオプションを使うことが多いです。それでも、強い確信がある場合は、アウト・オブ・ザ・マネーのオプションで投資することもあります。

――トレードに口座資金の何％を使いますか。

　強い確信があるときのトレードでは、株価がそれほど下げなくても全額を失う可能性があると分かったうえで、五～一五％使う場合があります。

オプションの期限がどれくらいのもので、ポジションを取るのですか。

　情報が広まるイベント（通常は決算報告）がどうなるかを見極めようとします。最近のウォール街はクレジットカードなどのデータを使って、未知の情報をより早く特定するのがうまくなっているので、私がトレードで利用する情報の多くは決算発表前に知られるようになってきています。それで、オプション代を節約するために、決算発表日前に満期になるオプションを買うことがときどきあります。その場合、決算発表日前に予想どおりに相場が実際に動くことを望んでいます。

アンダーアーマーの残りのポジションはどうなったのですか。

　決算が発表されると、最初に予想していたとおりでした。コールドギアの売り上げは驚異的で、株価がどこまで上げたか正確には覚えていませんが、二〇％近く上げたと思います。前に損切りをした三分の二のポジションを合わせても、結局は大きな利益になりました。ポジションをすべて維持してさえいれば、途方もない利益だったでしょう。

でも、結局は大きな利益が得られたわけです。そのトレードがどうしてとても苦痛だったのですか。

自分の確信が完全に正しかったときに、ポジションのほとんどを手仕舞ってしまったからです。そのトレードについてはとても後悔しています。

それで、あなたはどう変わったのですか。

このゲームでは自信が大事だということを学びました。外部要因のせいで自信が揺らいだりしてはいけません。自分がすべきことを分かっていますが、それを実行するとなると、話は違います。以前は市場について、「連中は私が知らないことを知っているに違いない」と考えていました。そういう考えを絶えず振り払おうとしていました。アンダーアーマーのトレードのあと、「二度とそんな考えでふるい落とされたりしないぞ」と自分に言い聞かせました。

その後、その教訓が生かされたトレードはありますか。

もちろんです。数年前にネットフリックスが「ストレンジャー・シングス」という番組を配信したときのトレードが良い例です。ネットフリックスは世界でも最もアナリストの調査対象になっている企業の一つで、ウォール街で最も優秀な人々がフォローしています。ネットフリックスで新番組が配信されるたびに、会話に現れる単語の量を測定して、番組に対する関心の高さを監視しています。ウォール街では視聴者数に注目します。ネットフリックスについて、ニールセンのような格付けを提供する会社があるのです。この方法の問題点は、ネットフリックスの人気番組はどれでも、視聴者数がほぼ同じであることです。ですから、その統計からは何も分かりません。

ネットフリックスがストレンジャー・シングスを配信したとき、だれでもこれが人気番組だと分かっていましたが、それ自体は役に立つ情報ではありません。それに、ネットフリックスの多くの番組が人気になるので、人気番組だというだけでは何の意味もありません。本当に知りたいことは、ストレンジャー・シングスが異常な人気だったかどうかでした。私はストレンジャー・シングスという言葉が話される量を測定し、それを過去五年間にこの会社が制作した上位五番組と比較しました。ほかのどの人気番組でも、話される量は最初の一週間でピークに達し、その後は前の水準に戻っていました。ところが、ストレンジャー・シングスは違っていました。確かに最初の週にピークに達しましたが、その後も毎週その水準を維持したのです。この番組が始まってから最初の六〇日間に触れられたすべての単語を合計すると、過去に一番人気だった番組の三倍でした。

このトレードで特に興味深いのは、ウォール街のほとんどのアナリストがネットフリックスのその四半期決算は悪いと予想していたことです。これはアンダーアーマーのトレードをして数年後のことで、ネガティブな予想はあちこちから出ていました。不安にはなりましたが、行動に影響しないようにしました。私はネットフリックスに多額の投資をして、ポジションをすべて維持し続けました。これが強い確信に基づくトレードだと自分で言った日付を残しておきたかったので、ネットフリックスについて記事も書きました。

決算が出ると、業績がとても良かっただけでなく、ストレンジャー・シングスの人気が好業績の原因だったと発表されました。これが人気番組なのはだれでも知っていましたが、彼らは過去のほかの人気番組とは違うということには気づいていなかったのです。私はそれに気づいていました。このトレードはその年で最も利益が大きかったものでした。

ほかにも、特に重要な教訓を得たトレードはありますか。

二〇〇八年の大統領選後間もなく、オバマ大統領夫人がジェイ・レノのトゥナイトショーに出演したとき、J・クルーの黄色のドレスを着ていました。私はその回の放送を見ていました。この出来事はJ・クルーにとって、一〇年に一度と言ってもいいほどの決定的な瞬間でした。そのショーのあと、彼女はほとんどのタブロイド紙やファッション雑誌の表紙を飾っていました。その直後、アフリカ系アメリカ人がJ・クルーを一つのブランドとして完全に受け入れたのですが、私はこのトレードの機会を逃しました。

あなたは番組を見ていたのだから、トレードの機会に気づいたはずです。

気づいていませんでした。番組は見ていましたが、観察はしていませんでした。その機会を逃したのがとても衝撃的だったので、イーベイでそのドレスを買いました。今もクローゼットにしまっています。見せてもいいですよ。

どうしてそのドレスを買ったのですか。ドレスを目の前にして、その逃したトレードを思い出すためですか。

ええ、見逃している機会が毎日、いかに多いかを思い出したいからです。そのトレードの機会を逃したおかげで、この手法を使って見つけた一つの機会ごとに、何十ものほかの機会を逃していることに気づいたのです。

それで、あなたはどう変わったのですか。

自分の手法をもっとうまく使える方法を考え出す必要があると分かりました。より多くのデータをとらえる必要がありました。もっと幅広く収集する方法を考案しなければならなかったのです。この手法で非常に成功していたので、「今の一〇倍、ひょっとすると一〇〇倍のトレードを逃していたとしたら、どれほどの利益を逃していたのだろう」と思いました。

そのトレードを逃した理由は何だと思いますか。

私の手法はとても簡単なものなので、理屈ではだれにでもできます。同時に、とても難しくもあります。株価が大きく動くのには、それだけの理由があります。多くの場合、その会社のサービスか製品に対する需要に大きな変化があったからです。その変化を早いうちにとらえる方法があるでしょうか。それが可能だとは分かっていましたが、それらをより多くとらえる方法を考え出せませんでした。私がとらえる機会は非常にランダムでしたし、当時、住んでいるところで見たものに限定されていました。

双子の子供を持つ親友がいて、彼の妻がフェイスブックに次のようなことを投稿していました。「双子の子供たちが生まれて初めて一切喋らなくなった。私は家で何かとんでもないことが起きたのだと思った。子供部屋に駆け込んでみると、テレビでチャギントンの番組をじっと見ていた。この番組は私にとって救世主である」。すると、ほかの母親たちも、自分の子供たちもこの番組に夢中だという投稿をし始めました。あなたがポートフォリオマネジャーだとして、友人の奥さんのこの投稿を見たとします。あなたは何かするでしょうか。おそらく、ちらっと読んで次の投稿に移るでしょう。私は立ち止まって、「チャギントンって何だろう」と考えたことを誇りに思いました。チャギントンをグーグルで検索すると、ヨーロッパの小さな会社が制作した番組で、幸いにも上場されていました。アメリカで番組が人気なので、この会社はおそらく大きなライセンス契約が何件か交わされるだろうと考えました。それで、この会社に投資をしました。約四カ月で、株価は五〇％上昇しました。

その日はうまくやれました。しかし、その日でさえ、同様の機会をどれだけ逃したか分かりません。そこで、その後数年間、どうすればこの手法を拡大できるか、しきりに考えました。それができれば、ヘッジファンドを立ち上げてこの手法でトレードをするか、ウォール街にそれを売却するか、あるいはその両方ができると思ったのです。最終的に、その両方を行うことにしました。

理屈では、その手法でとらえられるトレード機会のほとんどを逃しているという問題を、どうやって解決したのですか。

ツイッターやフェイスブックにアクセスして、今起きていると思ったことを手作業で探すのはとても非効率です。「各上場企業にとって意味がある単語や単語の組み合わせを作り上げることができればいいのでは」と考えました。これらの単語には、すべての重要な上場企業、ＣＥＯ（最高経営責任者）、製品、ブランド、テクノロジー、文化の動向、それに特定の企業に影響を与える可能性がある政府の規制が含まれます。要するに、会社に影響がありそうな単語で、だれかが話すか書きそうなものを考えつく必要がありました。私はこれらの単語の組み合わせを「ティッカータグ」と名付けました。

意味がありそうなそれらの単語の組み合わせをすべてまとめるには、膨大な作業が必要に思えますが、どうやって実行したのですか。

私のパートナーは優秀なコンピューター科学者でした。地元の大学に通う四〇人の学生を雇い、これらのティッカータグを整理するところから始めました。彼らは二五万のタグを整理しました。それらをツイッターやフェイスブックなどのソーシャルメディアの企業から提供されている非構造化データと組み合わせて、それらのソーシャルネットワークでタグに言及された頻度をリアルタイムで測定しようという考えでした。例えば、現在のｉＰｈｏｎｅが発売される三週間前にこれを買いたいと話していた人数と、以前のｉＰｈｏｎｅが発売される三週間前の人数を比較することだってできます。

この事業にかかる費用をどうやって工面したのですか。

ティッカータグズという会社を立ち上げるために、トレードで出した利益のうち一〇〇万ドルを使いました。さらに、数百万ドルを調達しました。

タグの価値はそれらをまとめた人々の能力によって変わりませんか。四〇人の学生が仕事を正しく行っているかどうかを、どうやって確認したのですか。

会社ごとのタグの収集法を指導しました。それぞれの学生に会社のリストを渡していました。リストにある各会社について四半期決算を調べて、その会社のニュース記事を探し出すように指導をしていました。これらはすべて、その会社の株価を動かす要素を見つけることを最終目標としています。彼らは会社の業績に影響する可能性があるものに関した単語にタグを付けます。例えば、「プレッツェル・ベーコン・チーズバーガー」はウェンディーズのタグになります。

最終的に、一〇〇万を超えるタグを二〇〇社以上に付けました。これで、会話で異常に増えたタグが現れたらそれを検出し、ベンチマークと比べて多少なりとも細かい主題に関心があるかどうかを判断します。ベンチマーク対比は、会社の前年度の数字との時系列比較か、競合製品の数字とのクロスセクション比較かのどちらかです。会話がある主題に集中すると、システムがそれを特定します。これが私にとっての最終段階であり、私の手法で取り組んできたものすべての集大成だと確信していました。私たちはウォール街にとって最も影響力がある、機関投資家向けのデータ製品を構築できたと思いました。

ほかの方法ではそれまで見逃していたようなトレードの機会を、ティッカータグズによって特定できた例を挙げてもらえませんか。

ティッカータグズを利用すれば、非常に早いうちに製品を見つけることができます。完璧な例はラクロワです。この製品を知っていますか。

妻と私は実際、大量に買っています。

ラクロワだけでなく、ボトル入り飲料水という市場セグメントについて話す人々が次第に増えていることに非常に早い段階で気づきました。ウォール街がこのことの重要性に気づく何年も前に、消費者行動の変化を特定できました。私はナショナル・ビバレッジ・コーポレーションに初期に投資をしました。この変わった会社はフロリダでラクロワを製造していて、この製品が売り上げの大部分を占めています。ですから、この会社はほとんどラクロワだけでビジネスをしていたのです。

私が行っていることは、変化を早く見つけだすことです。それだけです。これができる何かを開発できたら、ウォール街でこれ以外は不要になると分かっていました。変化を最も早く特定できるのはどの時点でしょうか。それは常に、人々がそれについて話しているときでしょう。社会が炭酸飲料から炭酸水に移っていることを早い段階で認識できました。そして、この変化が起きたときに、ラクロワがたまたまそこにあるブランドだったのです。私は文化の変化に賭けています。ナショナル・ビバレッジは特定の会社にプラスになり、ほかの会社にはマイナスになる文化の変化を早い段階で発見するという、この手法の最も典型的で見事なトレードでした。

情報の流れはソーシャルなコミュニケーション、つまりオンラインやオフラインで人々が話し合うところから始まります。次に、経済関係以外の新聞や雑誌に流れます。すると、経済関連のメディアがそれを取り上げます。そして、最後の段階で、会社の決算報告に現れるのです。ウォール街はクレジットカードの使用履歴など、これまで入手できなかったデータを入手できるようになりました。クレジットカードのデータは人々が何を買っているかを決算発表前に教えてくれます。それはトレーダーである私の競争相手です。このデータを定期購読していますが、これを頼りにトレードはできません。

社会での会話とクレジットカードのデータでは、どちらのほうが早いのですか。

そこがまさにポイントなんです。どうすればクレジットカードの利用データよりも早く分かるでしょうか。情報をより早く入手する唯一の方法は、会話に現れるトレンドに注意を払うことです。「つまり、あなたは人々の将来の行動を予測しようとしているのですね」とよく言われます。しかし、それは正しくありません。将来について予測をしようとはしていません。現在を素早く正確に表そうとしているのです。人々がこれから何をするかを予測しようとしているのではなく、今何をしているのかを見極めようとしているのです。人々が今何に興味を持っているのか、今何を買っているのか、をです。人々は何かが起きているか起きる直前に、そのことについて話をします。私の世界では、そこが最も早く変化を特定できるところです。

では、会話の情報によるシグナルを早く受け取るのに、どうしてクレジットカードの利用履歴のデータを定期購読しているのですか。

それは、私の持っている情報がいつ広まるのかを知りたいからです。

なるほど。トレードを手仕舞うためにそのデータを使っているのですね。

そうです。情報がすでに十分に広まったかどうかを知るためです。

オンラインで話題になることが増えたおかげで、売りのトレード機会になった例はありますか。

もちろん、ありますよ。文化的な変化を特に気に入っている理由は、ウォール街がそれをとらえるのがいつも遅いからなのです。女性が従来のブラジャーからワイヤーなしのブラジャーに移るか、ブラジャーを着けないという文化的な変化がありました。女性が「ノーブラ」になったり「ブラレット」を着けたりする話が増えていることに、早い段階で気づきました。女性はこのような形でワイヤーなしブラに言及しています。ヴィクトリアズ・シークレットは伝統的なワイヤー入りブラジャーやバストを寄せるブラジャーで有名で、それがこの会社のブランドイメージです。新しいトレンドがこのブランドにとって破滅的になるだろうと思いました。「ノーブラ」と「ブラレット」という単語の会話での頻度を監視していれば、このことは明白でしたが、ウォール街はこれをまったく見ていませんでした。

このアイデアをうまく利用するために、プットを買ったのでしょうね。

ええ、二回連続で決算発表前に短期のプットを買いました。どちらのトレードも大成功でした。

ほかに売り方でトレードをした例はありますか。

ええ、これはこれまでのトレードで最も気に入っているものの一つです。メキシコ料理チェーンのチポトレが大腸菌による食中毒のせいで大騒ぎになったときのことを覚えているでしょう。

もちろん、覚えています。

大腸菌による騒動がチポトレの客足にどう影響するかを判断するために、ウォール街では膨大な検討が行われました。この騒動前は、昼食時に長蛇の列ができることで有名になりました。チポトレはとてもはやっていたので、人々はそこで昼食を取っているというツイートをよくしていました。また、どれほど並んで待っているかについてもよくツイートをしていました。オンラインの会話で「チポトレ　ランチ」や「チポトレ　行列」といった単語の組み合わせを監視すると、客足をリアルタイムで測定できました。これらの単語の組み合わせへの言及は、ほぼ一夜で約五〇％減りました。

食中毒のニュースは夕方のすべてのニュース番組で取り上げられました。株価はすぐに急落したのではないですか。

株価は急落しましたが、最終的に付けた安値ほどではありませんでした。市場では、大腸菌に対する恐怖は長くは続かないだろうというのが大方の見方でした。この食中毒のせいで客足が極端に落ち込むとは、だれも予想していませんでした。しかし、翌年になっても、チポトレへの言及が戻らなかったので、客足が減ったままだと分かりました。

いつ売ったのですか。

その食中毒の直後ですが、翌年は決算発表などの報道があるときに仕掛けて手仕舞いました。

ああ、もう一つ素晴らしい売りトレードの例がありました。ドキュメンタリー映画「ブラックフィッシュ」公開後のシーワールド（フロリダ州）です。

それは私も見ました。優れた映画でした（この映画はシーワールドのシャチがベテラントレーナーを含む三人を殺した事故に焦点を当てながら、捕獲されたシャチが受けている肉体的・精神的危害について語るドキュメンタリーである）。

この映画が公開されると、インターネット上でシーワールドに対する国際的な抗議活動が大々的に起きました。通常、ブランドにとってネガティブなことが起きても、比較的早く回復することが多いものです。典型的な流れは、ブランドにとって何か悪いことが起きると、会社がブランドイメージを回復するために何かを行い、数週間か数カ月後には、みんなが忘れてしまうというパターンです。シーワールドはネガティブな会話が急上昇したあともさらに増え続けたという、まれな状況の一つでした。会社に対するネガティブなイベントが起きた多くの場合とは異なり、ネガティブな会話は消えませんでした。シーワールドの時価総額はその後の一年半で四〇％以上減りました。私は状況が改善されず、市場も改善しているとは信じていないことが分かったので、この期間のうち、決算発表などの情報が発信される前後に、株を繰り返し空売りしました。

これはシーワールドに言及する会話を探したということですか。

いいえ、この場合は会話のセンチメントを解釈していたのです。これは非常にネガティブでした。映画が公開されてからは、シーワールドについての会話の一〇〇％近くがネガティブなもので、何年も中立になりませんでした。私は通常、センチメントに基づくトレードはしませんが、この場合はセンチメントが極端に一方に傾くというまれな状況でした。

売り方でのトレードは何％ぐらいですか。

約二〇％です。私は中立的で、好機であればどちらのトレードもしますが、発見の約八〇％は買い方に関するものです。会話量の増加を探していると、悪いことではなく、良いことに関するもののほうが多いのかもしれません。

どうしてティッカータグズを売却しようと決めたのですか。

数年前、ツイッター社から電話があって、今後数年間でデータ使用料金が上昇するという連絡があり、その上昇幅が非常に大きかったのです。それで、さらに五〇〇万ドルを資金調達するか、会社を売却するかを決める必要に迫られて、会社を売却することに決めたのです。ティッカータグズ社を設立したのは、これが良いアイデアだから他人が関心を示すだろうと考えたからではなく、自分が必要だと分かっていたからです。それで、今ではティッカータグズは私の会社ではなくなり、私は顧客になりました。

無料で利用できる契約を交わされたのでしょうね。

現在もこの会社に顧問としてかかわっています。このプラットフォームをいつも使っているので、これを改良する手伝いをしているのです。私はほかのどの顧客よりも、このプラットフォームに感謝しています。

顧問になることで報酬が支払われているのですか。

ティッカータグズは非常に高額のプラットフォームですが、私は無料会員です。会員にはヘッジファンドと銀行のみがなれます。

このツールをヘッジファンドや自己勘定でのトレード業務に利用できるようにすると、効果が落ちるという心配はありませんか。

いいえ、ヘッジファンドがこのツールに私ほどの自信を持つまでには、非常に長い時間がかかると思っています。実際、ティッカータグズを開発していたとき、自分のアイデアをヘッジファンドにもよく伝えていました。

仕掛けたあとに、そのアイデアを教えたのですか。

たとえ、ポジションをまだ一部しか取っていない場合でも、私のトレードについてはヘッジファンドと自由に話していました。

情報を共有すると、自分が完全にポジションを取る前に、価格が大きく動くことが心配になりませんでしたか。

いいえ、彼らはその情報では動かないと知っていましたから。この種の手法は彼らにとって非常に異質なので、安心感や信頼感を持てていません。そのため、彼らがたとえトレードを実行したとしても、私よりもはるかにゆっくりと動くでしょう。

私はなぜウォール街がこの手法を徹底的に調べないのか考えていました。ティッカータグズを発売するまで、理由が分かりませんでした。発売後、二年続けて二週間に一回、ニューヨークに行き、ほとんどの一流ヘッジファンドと話をしました。そこのマネジャーたちは、今まで出会ったなかでも非常に頭の良い人々でした。彼らの世界は本当に自己主張が強いところです。物事の見方がたくさんあり、それぞれが決まった手法にこだわっているので、私が行っていることを彼らが採り入れるのは過激で極端なことなのです。特定の株価に影響を及ぼす会話量といった手法は、長く使われてきた歴史がないため、彼らはそれに目を向けることができません。彼らは株価とデータに高い相関がないと信頼できない、と考えます。

ネットフリックスのときのように、会話量が急増すれば、必ず株価が動くとは言えません。それは独自のイベントでした。トレーダーはこのデータを理解し解釈したら、それを信頼する必要があります。ヘッジファンドマネジャーたちは再現性があって体系的な手法を望みます。彼らはこの手法によって、信頼度が高くてトレードができる情報をどれぐらい得られるか知りたがっていました。私は確かな数字を言えませんでした。それは年に数回かもしれないし、二五回かもしれません。彼らは再現性があり、何千ものティッカータグで使えるものを望みます。このデータが使える頻度にばらつきがある点に彼らは不安を感じていますが、私は不安ではありません。

自分の手法でなければ、だれもそれを信用しないでしょう。一般に販売されているシステムの何％に価値があるのか、私は知りません。仮にそのうちの九〇％以上――これはかなり誇張しています――が妥当なリスクで利益を出せたとしても、それを買った人の九〇％以上は損をするだろう、と私はいつも人々に話しています。理由は、どんなシステムや手法であっても損失が発生する時期がありますが、自分の手法でないと自信が持てないので、使うのをやめてしまうからです。ヘッジファンドのところに行って、彼らが使ったことのない戦略を売り込んでも、あなたほどの確信はけっして持てないでしょう。あなたでさえ、確信を持つまでに何年も要したのですから。

何年もどころか、一〇年以上かかりました。

タグの一つの量が急増したとき、強気の場合も弱気の場合もあるのでは。

会話の文脈を見ます。どういう話かはすぐに判断できます。データだけではけっしてトレードをしません。私が行うすべてのトレードには一つの主張と関連するストーリーがあります。

今、行っているトレードを例にしましょう。二カ月ほど前に、エルフという低価格の化粧品メーカーについての会話が急増していることに気づきました。このメーカーの業績はここ数年あまり良くありませんでした。これだけでは、人々がこの会社の製品を気に入ったから会話が急増したのか、それとも製品に不満を述べているからなのか分かりません。

さらに調べてみると、この急増は一五〇〇万人のフォロワーがいるジェフリー・スターというユーチューバーが化粧についてアドバイスをしている動画のせいらしいことが分かったのです。彼はドラッグストアのウォルグリーンやターゲットで販売されている八ドルくらいのエルフの化粧品を使って顔の半分にメイクをしました。顔のもう半分は六〇ドルくらいの最も売れ行きが良い化粧品でメイクをしました。そして、八ドルの製品も六〇ドルの製品と同じくらい良いと言ったのです。彼の発言で、エルフというブランドに対する消費者の認識は、ドラッグストア向けの安い化粧品から、高品質の化粧品へと一変しました。株価は二カ月で五〇％以上上げました。おかしな話ですが、エルフをカバーしているほとんどのアナリストは、ジェフリー・スターがだれだか間違いなく知りません。

強気と弱気の両方のトレードで、同じ単語の組み合わせを使ったことはありますか。

もちろんです。「銃　教室」は良い例です。S&W（スミス&ウェッソン）が良いという単語の組み合わせは、人々が銃をどれくらい買っているかを示す良い指標です。

「銃　教室」ですか。

ええ、教室です。興味深いでしょう？　人々が初めて銃を買いに出かけるときはまず、射撃教室を探すのです。銃の売り上げの良い指標となるもう一つの組み合わせは、「銃　禁止」です。ですから、銃の販売が禁止されるのではと心配する人や射撃教室を探している人が急増したときには、銃の売り上げが増えている兆候と見ます。これらの単語の組み合わせを、S&Wのメーカーであるアメリカン・アウトドア・ブランドの買いシグナルとして何度も使いました。また、トランプが大統領に就任したときには、これを弱気のシグナルとしても使いました。銃の禁止と射撃教室について話す人々が大幅に減少すると、銃市場は予想どおりに崩れて、銃メーカーの株価は暴落しました。

同じ単語の組み合わせを使って、強気と弱気の両方のトレードができたもう一つの例は、国内最大級の屋根材販売業者であるビーコン・ルーフィングです。この会社は、通常の季節よりもひょうが激しく降るときに売り上げが伸びます。ひょうによる被害を特定するのは難しいです。たとえ、ひょうの嵐が多くても、屋根が多い人口密集地で起きなければ、屋根材の事業がドカンと動くことはないからです。

ダジャレじゃないですよね。

ああ、そうですね（意図しないダジャレに笑う）。保険業界は屋根の被害に対する保険請求の推定値を発表していますが、実際に被害が起きて何カ月もたってからです。私は「屋根」「ひょう」「被害」の組み合わせを見ます。毎年、三月から五月の期間にこの組み合わせは急増します。数年前に、以前のどの季節よりも三倍も急増していることに気づいたことがあります。そこまで異常な急増が三回続けて起きたので、この季節はひょう被害が多いと気づき、その仮説を基にビーコン・ルーフィングの買いポジションを取りました。思惑どおり、この会社はその後非常に強気の決算を発表しました。逆に昨年の三～五月は、この同じ組み合わせの量が極端に少なくて、株価はその後五〇％近く下げました。

先ほど、ティッカータグズには一〇〇万以上のタグがあると言われました。明らかに、これらのタグのほんの一部しかフォローできません。フォローするタグをどうやって決めるのかと、そうやってもほとんどの機会を逃さないために何をしているのかを教えてください。

細かなタグをすべてフォローすることはできません。代わりに、「アンブレラタグ」と呼んでいるものを使います。このタグは単語の組み合わせで、ソーシャルメディアで何かが話題になっていることをいち早く知らせて、ほかにどのタグを見るべきかを教えてくれます。

アンブレラタグの例を挙げてもらえませんか。

「はまっている　新しい　ゲーム」という組み合わせは、インターネットの会話で新しいゲームが話題になっているときに、私に警告を発してくれます。そのため、そのゲームについて何も知らなくても、どのゲームのタグをフォローし始めるべきかを知る手がかりをすぐに与えてくれるのです。

その単語の組み合わせは、「銃　教室」「屋根　ひょう被害」など、先ほど話したほかの組み合わせとどう違うのですか。「アンブレラタグ」とは何なのでしょうか。

アンブレラタグは、そのカテゴリーに入るものすべてを拾い上げます。例えば、「おもちゃ」というカテゴリーの場合、ときどき見る関連単語は数百、あるいは数千あるかもしれません。ですが、「おもちゃ」という単語とそれに関連する「はまっている」などの感情を表す単語の組み合わせが、その日に異常なほど増えていれば、おもちゃのセクターで何かが起きていると分かります。

つまり、アンブレラタグは特定の株式に関することではなく、セクター全体のどこかで起きていることが分かる単語の組み合わせということですか。

そのとおりです。一セクターよりもさらに一般的で、はやっているものすべてをとらえるためのタグもあります。

非常に一般的なアンブレラタグの例は何でしょうか。

「ある物　見つけられません」という組み合わせです。私が使っているアンブレラタグ、特に対象が広いタグについては、詳しいことまでは話せません。

一般的なアンブレラタグのシグナルで行ったトレードの例を挙げてもらえますか。

数年前、一般的なアンブレラタグから、「エルマーズグルー（液体のり）」への言及が急増していることが明らかになりました。最初、この急増には戸惑いました。どうしてエルマーズグルーなんだろう、と思いました。詳しく調べると、これはスライムの自作と関連していることが分かりました。当時、子供たちの間ではスライムで遊ぶのがはやっていました。そのスライムの主成分がエルマーズグルーだったので、どこでも品切れになっていたのです。

エルマーズグルーのメーカーはどこですか。

ニューウェル・ブランズです。

エルマーズグルーはこのメーカーの製品のうち、どれくらいを占めているのですか。

そこが面白いのです。エルマーズグルーがこの会社の製品に占める割合は小さかったのですが、会社は成長が遅かったのです。スライムが大人気なのが分かって、エルマーズグルーの売り上げが最低でも五〇%、ひょっとすると一〇〇%ぐらい伸びると思いました。会社の売上高の年平均成長率はわずか一・五%ぐらいだったので、会社の業績に大きな影響があると思いました。予想どおり、その四半期の利益は一七%増えました。これは主に、エルマーズグルーの売り上げが伸びたためです。ニューウェル・ブランズをフォローしていたアナリストのだれも、エルマーズグルーの売り上げに注目しようとは思わなかったでしょうから、私はこのトレードが自慢です。

あなたのトレードの仕掛けから手仕舞いまでのプロセスについて説明してもらえませんか。

市場で知られていないか、注意を払われていないと思う情報を見つけるたびに、それが会社の業績に影響するかどうかを判断しなければなりません。会社が非常に大きくて、情報がそのごく一部に関するものであるため、業績に影響しない場合もあります。情報が重要だと考えた場合、次にそれが投資家にどれくらい広まっているかを判断する必要があります。すでに市場で知られていれば、株価に織り込み済みと考えます。情報が重要で、まだ広まっていなければ、トレードをする期間に、会社の業績に大きく影響する外部要因があるかどうかを調べます。訴訟が差し迫っているか、経営陣が変わるか、新製品が発売されるかなど、私がトレードをする情報よりも影響力がありそうなことはあるのかどうか、です。情報を無価値にする要因をすべて除外できたら、「情報の不均衡」があるという結論を出します。

この手法で興味深いのは、会社のほかのファンダメンタルズや値動きとはまったく無関係に使っているところです。株価が割高であろうと割安であろうと、気にしません。株価は広まっている情報に基づいて、かなり効率的に調整されていると思います。新しい情報が流れると、株価はそれに応じて調整するはずです。

最後に、トレードをする期間を決めて、どのオプションを買うのが適切かを判断します。例えば、新しい映画が予想以上の大ヒットになると考えてディズニーをトレードする場合、公開される最初の週末を超えてすぐに満期になるオプションを買います。オプション代をできるだけ安く抑えるために、情報が広まったらできるだけ早く満期になるオプションを選びたいのです。通常、決算発表の前後に満期日を迎えるオプションを選びますが、新製品の発売日や決算の予想に使える売り上げデータで選ぶ場合もあります。決算発表日前に情報が広まると予測できる場合、その日よりも前に満期になるオプションを買うことには明らかな利点があります。価格には決算発表をめぐる余分なボラティリティが織り込まれていないからです。

分かりました。ここまでは仕掛けについての説明でした。手仕舞いのほうはどうでしょうか。

市場が見ていないか評価していない情報で、私が持っている情報は一つだけです。しかし、株価を左右する可能性がある情報はたくさんあります。例えるならば、私の手法はルーレットの回転盤から五つの黒い数字が除かれていることを知っているので、赤に賭けるようなことです。投資が成功すると分かっているわけではありません。知識にエッジ（優位性）があると分かっているから賭けるのです。トレードをしている銘柄の情報がウォール街に達したら、それが証券会社による分析であれ、メディアの記事であれ、会社自体からの発表であれ、それを「情報の平等」と呼び、トレードを即座に終わりにします。情報の不均衡が解消したらすぐに売る必要があります。情報の不均衡があるときにだけ投資をして、それが解消すれば、売らなければならないのです。

利益が出るかどうかに関係なく、売るのですか。

情報の不均衡が解消したときに含み益になっていようと、含み損になっていようと、関係ありません。どちらにせよ、自分の手法に従うしかありません。

株価を知る必要はほとんどない、と言っているように聞こえますが。

株価がいくらなのかさえ知りたくありません。

ヘッジファンドを設立したのはいつですか。また、なぜそれを閉鎖したのですか。

ティッカータグズのプロジェクトが完成に近づいていたころ、みんなにヘッジファンドを立ち上げるべきだと勧められたので、そうしたほうがいいと思ったのです。彼らは私のリターンを見て、同じことを大規模に行えたら、途方もないヘッジファンドができると言ったのです。

私も同じことを言ったでしょうね。

コンセプトは、ティッカータグズがヘッジファンドの原動力になるというものでした。一年半をかけて、ファミリーオフィス（資産家一族の資産管理組織）と会合を行い、主にダラス地域に住む二三人の投資家を集めました。私自身は一〇〇〇万ドル近い投資を約束しました。ヘッジファンドの設立に約二五万ドルを使いました。ファンドの設立はとても面白そうでした。これは私とは反対側にいる人々が行っていたことで、私はその世界を知らなかったからです。

あなたのヘッジファンドは何という名前だったのですか。

SIAです。これはソーシャル・インフォメーション・アービトラージの略です。ティッカータグズのベータ版ができたのとほぼ同時に立ち上げました。

自分のヘッジファンドで使う予定だったティッカータグズを通じて、同じ手法をほかのヘッジファンドと共有することにためらいはありませんでしたか。

まったく、ありませんでした。ティッカータグズの価値は私の小さなヘッジファンドの価値をはるかに超えていると思っていたからです。問題は、ティッカータグズをデータ製品として販売するためにヘッジファンドと行った会合の一週目に、彼らに言われたことです。彼らはコンセプトは気に入ってくれたのですが、どのファンドも私が自分のヘッジファンドで運用をしているかぎり、二度と会わないと言うのです。自分たちがデータを見る前に、私が自分のファンドでそれを使ってトレードをするリスクがあると言われました。そのため、ティッカータグズの販売と自分のヘッジファンドでの運用の両方ができるという考えは単純すぎました。要するに、ヘッジファンドは六〇日間しか運用せずに、閉鎖せざるを得ませんでした。

では、ヘッジファンドを設立してすぐに閉鎖したのは、ティッカータグズの販売の妨げになったからなのですか。

良かったかどうかは別にして、それが私の下した結論でした。

ヘッジファンドを閉鎖しなければならないと気づく前に、ヘッジファンドでトレードをしましたか。

二回しました。最初のトレードはジャックス・パシフィックというおもちゃを製造する小さな会社でした。そのトレードは、ディズニー映画「アナと雪の女王」と提携しているスノー・グロー・エルサという人形に基づいて行ったものです。その人形は歳末商戦の直前に発売されました。それはその時期に最も人気のおもちゃだっただけではなく、七～八年間でその時期に最も売れたおもちゃでした。

その人形はディズニー映画に関連していたのですから、ほかの多くの人も気づいたのではないでしょうか。

同じディズニー映画に関連する商品はたくさんあったのですから、必ずしもそうではありません。不思議なことに、人々はいつも一つの人気商品に集まってくるように見えますが。

この人形は新製品だったのですが、どういうタグでとらえたのですか。

私たちはすべての会社にタグを付けています。調査担当者たちは四半期ごとに各企業のデータを更新して、重要なものがあれば新しいタグを追加します。ですから、スノー・グロー・エルサもタグでした。過去五～六年間の歳末商戦で売れたおもちゃをベンチマークにすると、このおもちゃとほかのおもちゃを会話量で比較することができました。このおもちゃが絶対に大ヒットすると分かり、実際にそうなりました。これは重要な基準を満たした、確信度が非常に高いトレードでした。市場はこのおもちゃがどれほど売れそうか分かっていませんでしたが、会社の業績は上がりました。

小さな会社だったので、業績は大幅に向上したでしょうね。

驚くほどでした。私はこの自分のヘッジファンドでの最初のトレードを誇りに思っていました。決算発表の前夜は一睡もできませんでした。思ったとおり、翌日に発表された決算は予想を大きく上回りました。早朝の時間外取引では、株価は三〇％上昇していました。有頂天になっていました。私はなんと言っても、地元の顔見知りの投資家に感心されたかったのです。ところが、寄り付き直前に一〇分で三〇％下落して、前日とほぼ変わらずで寄り付きました。次の二時間で、その株の出来高が史上最高だった日に、株価が二五％下げました。何が起きたのか、分かりませんでしたし、理解できませんでした。

その時点まで、会社は株価を下げるようなことは、何一つしていませんでした。世界で最も売れている玩具製品が今あるのに、株価は暴落していました。何が起きたのかが分かったのは二カ月後でした。この会社は過去二〜三年間、苦労の連続でした。だから、会社の株の一一％を保有する筆頭株主のファンドがその日に持ち株をすべて売却したのです。ジャックス・パシフィックは人気株ではなかったので、明らかにこのファンドは流動性があって強気になった最初の日に、全持ち株を売却しようと決めたのです。

決算発表後は、あなたの言葉では「情報の平等」が起きるので、ポジションをすべて手仕舞ったのでしょうね。

私はわずかにアウト・オブ・ザ・マネーのオプションのポジションをすべて維持していました。株価は前日とほぼ変わらずで寄り付いて下げたので、ポジションを手仕舞う機会はありませんでした。

すると、そのオプションでプレミアムをすべて失ったわけですね。そのトレードでヘッジファンドの資産の何％を失ったのですか。

おそらく四％ぐらいです。ヘッジファンドの二回目のトレードで、ほぼ同じ金額の利益を出したので、ヘッジファンドを閉鎖したときの資産は当初とほぼ同じでした。ヘッジファンドを立ち上げるときに二五万ドルを使ったので、損をしたのは私だけでした。

最初のトレードで損をしたときには、まだヘッジファンドを閉鎖することになるとは思っていなかったわけですね。そのトレードで損をして、悩みませんでしたか。

とても悩みました。他人のお金を運用するのに必要なものが、自分にはないと分かりました。

自分の資金をトレードで失ったときよりも、そのときのほうが悩みましたか。

つらかったです。自分の口座でその一〇倍の資金を失っても、そのときほど悩まなかったでしょう。私が強い確信を持っているトレードで損を出すことはめったにありません。そして、これは強い確信があるトレードでした。同じ機会が再び訪れたら、このトレードを一〇回でも行うでしょう。

あなたの手法は、私がこれまでにインタビューをしたどのトレーダーの手法ともまったく異なります。ご自分では、ほかの多くのトレーダーとどう違うと思っていますか。

私はファンダメンタルズ分析もテクニカル分析も楽しめないので、それらの手法ではけっして成功できないでしょう。毎晩、分析に四時間使いますが、本当に楽しいのです。次の大きなトレード機会にいつ出合えるか、まったく分かりません。子供のころ、ガレージセールに行ったときと同じ感覚です。毎晩、この作業を始めますが、何が見つかるかは分かりません。でも、この分析を楽しんでやっています。だから、これが得意なのだと思います。

私のしていることはほかのトレーダーとは非常に異なっています。私よりもリスク許容度が高い人を見つけるのは難しいでしょう。私は損切りの逆指値をまったく使いません。ほとんどのトレーダーは、「絶対にナンピンをするな」と言うでしょう。ポジションが含み損になっていても、情報の広がりに何も変化がなければ倍の金額でナンピンします。値動きは気にしません。ほかのトレーダーは体系的で規則的な手法を望みますが、私はできるだけ体系的で規則的なものから離れようとしています。

あなたのどういう性格が成功に役立ったと思いますか。それらのうち、どれが生まれつきのもので、どれが身につけたものでしょうか。

現在、子供だったら、私はADDと診断されるでしょう。興味があることに集中できるのが一番の強みだと思います。今、行っているような分析では膨大な作業が必要ですが、利益はたいていすぐには得られません。私は強い確信を持てるトレードを何カ月も見つけられなくても、続けられます。

ADDは適切な用語でしょうか。これは集中ができないという意味ではありませんか。

賛成できません。ADDは生まれつき興味があるもの以外には、集中できない症状です。興味があることには、正反対の驚くような集中力を見せます。

ほかに重要な性格はありますか。

我慢強さです。ある時点でトレードの機会が生じることは分かっていても、それがいつで、どの会社なのかは分かりません。毎日の作業を続けていれば、明日か四カ月後かは分かりませんが、何かが見つかります。そのトレードが見つかるまで、我慢強く待てます。

生まれつき、我慢強い性格なのですか。

まったく逆です。トレードを始めたころは、ほとんど我慢ができませんでした。過去一五年間に少しずつ身につけてきたのです。今では、以前よりもはるかに我慢強いトレーダーです。私の戦略では、並外れた忍耐力が必要です。私の手法では、理想的には二カ月ごとに一度だけトレードをすべきですが、毎日の作業をして、これほどの頻度でしかトレードをしないでいる我慢強さはなかなか持てません。まだ苦労しています。

トレーダーになりたい人に、どういうアドバイスをしますか。

ウォール街のプロのトレーダーをまねるために、自分を変えようとすべきではありません。生まれつき、数学の才能に恵まれていないのであれば、数学を学ぼうとしないことです。金融論の知識がないのなら、財務分析を学ぼうとしないことです。どんな人でも、知識か強い関心を持っていて、深い専門知識を身につけるために途方もない時間を費やしてもかまわないと思える分野がおそらくあるでしょう。そういうことを実践しているのなら、専門知識を持たない人に勝てます。市場参加者のほとんどは専門知識を持っていませんから。自分を生かせる分野を見つける必要があります。私は新人トレーダーに尋ねます。あなたの得意分野は何ですか？　どの分野の専門知識がありますか？　大好きなので、空き時間に一日四時間を費やして調査をしてもかまわないと思えることがありますか？　投資は自分の興味があることをして、利益が得られる数少ない職業なので、これは私にとって非常に面白いことなのです。

トレードで成功するためには、独自の手法を見つける必要がある。私がこれまでにインタビューをしてきた人のなかで、カミロほどこの原則がよく当てはまる人はいないだろう。彼は独自の手法を考案しただけでなく、ほかとはまったく異なるトレード法を発明した。彼はファンダメンタルズ分析もテクニカル分析も楽しめなかった

ので、市場分析の三番目のカテゴリーである「ソーシャルアービトラージ」を考え出した。これは株価に影響を与えるが、まだ株価に織り込まれていない社会の変化やトレンドを見つけて利益を上げる手法だ。彼は最初、日常生活での観察からこうした機会を見つけていた。やがて、ティッカータグズというソフトウエアを開発すると、ソーシャルメディアがトレード機会を見つけるための主なツールになった。

おそらく多くの読者は、「ソーシャルメディアをツールに使うというアイデアは面白そうだが、ティッカータグズを利用できない自分に、どんなメリットがあるのだ」と考えるだろう（ティッカータグズは機関投資家だけが利用できる）。この反論は、もっと一般的なことを見逃している。ティッカータグズは社会や文化のトレンドを利用する特に効率的な方法だが、これしか方法がないわけではない。実際、カミロは、ティッカータグズを開発するまでの約一〇年間、一般的な手法で大いに成功した。重要な教訓は、日常生活やソーシャルメディアで新しいトレンドに注意を払い、それらを敏感に察知できれば、トレードの機会を見いだせるということだ。例えば、チーズケーキ・ファクトリーやＰ・Ｆ・チャンズなどのトレードについて考えてみよう。カミロはこれらのレストランチェーンに対するアメリカ中部の人々の反応を、観察によって見つけだした。彼はウォール街では、この反応は見落とされると分かっていた。消費者の製品に対する反応を観察していれば、大企業のトレード機会でさえ見つけることもできる。例えば、カミロはｉＰｈｏｎｅが初めて発売されたときの人々の反応を見て、アップル株を買った。

質問　カミロは自分のヘッジファンドで最初に行ったトレードでジャックス・パシフィックのコールオプションを買ったが、満期が来て無価値になった。彼はこのトレードでどういう間違いを犯したのだろうか。次を読む前に考えてほしい。

答え　これは引っかけ問題だ。彼は間違いを犯してはいない。そこが重要な点だ。彼は自分の手法にきちんと従い、強い確信を持ってトレードをした。これは、総合的には大きな成功を収めてきた種類のトレードだった。しかし、この場合には、筆頭株主が持ち株すべてを処分するという、まったく予測不能の出来事のせいで、得られたはずの利益が一瞬で損失に変わった。時には、最も良く練られたトレードでさえ失敗することがある。それは負けトレードになるが、悪いトレードではない。それどころか、彼がそうしたトレードを繰り返し行えば、大きな利益が得られるだろう。だが、それらのトレードのうちどれが損失で終わるかを事前に知ることはできない。ここで得られる教訓はこうだ。負けトレードと悪いトレードを混同しないように。両者は必ずしも同じではない。負けトレードが良いトレードの場合もある。同様に、勝ちトレードが悪いトレードの場合もある。

ポジションを取っているときは、だれの言うことにも耳を貸さないようにしよう。自分の手法に従い、相反する相場観に影響されないようにしよう。カミロが最も後悔しているトレードでは、彼は自分とは正反対の相場観に影響されて、アンダーアーマーのコールオプションの三分の二を損切りしてしまった。しかし、結局はトレードの前提にしていたことのほうが完全に正しいと実証された。彼はこの教訓を学び、ネットフリックスで買いポジションを取っていて、似た状況になったとき、相反する相場観を無視した。私自身の経験でも、他人の考えに耳を貸すと、驚くほど悲惨な結果になることがある。

私がインタビューをした何人かのトレーダーは、適切な機会が訪れるまで我慢強く待つ力はとても役に立つ、と言った。これは身につけるのが最も難しい性質の一つでもある。カミロは強い確信を持っているときにだけトレードをしていたら、はるかに大きな利益が得られたはずだと信じている。彼は、「長年にわたる私の最大の失敗はトレードをしすぎたことでした」と述べている。カミロの問題は、彼の好む強い確信を持ったトレードは二カ月に一回か、もっと少ない頻度でしか行えない点だ。一日に四時間を費やしてトレードの機会を探して調査をしてから仕掛けるまでに、何カ月も待つのは難しい、と彼は言う。しかし、彼は我慢強さがいかに重要かを認識していて、長年にわたって我慢強くなったことで、大きく成功できるようになったと信じている。

すべてのトレードが同じわけではない。カミロと同様に、多くのトレーダーは成功の確信度が異なるトレードを行っているかもしれない。自分の手法に沿ったすべての機会でトレードを行うことと、強い確信を持っているトレードだけを行うことを両極端とすると、その間に落としどころがある。あるいは、強い確信を持っているトレードではポジションを大きくし、そこまでの確信がないトレードではポジションを小さくするという方法でポジションサイズを変えることもできる。

自信は今後、トレードで成功することを示す最も良い指標の一つだ。マーケットの魔術師たちは、自分が市場で勝ち続けられるという自信を強く持っている傾向があり、カミロも確実にその一人だ。彼は自分の手法に自信たっぷりで、その手法のおかげで明らかなエッジを持ち続けられると固く信じている。彼はこれまでも成功してきたが、将来はもっとうまくできると考えている。トレーダーが成功する可能性を確かめる一つの方法は、どれくらいの自信があるかを測ることだ。トレーダーは「私は自分のトレード手法とプロセスで勝てると確信しているだろうか？」と自分に問う必要がある。「はい」ときっぱり言えなければ、自分の手法をもっと信頼できるようになるまで、リスク資産を極力抑えながらトレードをする必要がある。

カミロは一四歳のときに、初めてトレードを行った。私がインタビューをした偉大なトレーダーの多くは、子供のころからトレードや市場に興味を持っていた。これが当てはまるトレーダーはおそらく、成功する可能性が平均よりも高いだろう。

成功したトレーダーは自分のしていることが大好きだ。カミロは関心や情熱を生まれつき持てる手法を発見したから成功した。実際、彼の手法は子供時代の起業家のような趣味を反映していた。彼はファンダメンタルズ分析にもテクニカル分析にも興味を持てなかった。彼がそれらの伝統的な手法を身につけようとしていたら、おそらく成功しなかっただろう。

第9章 マーステン・パーカー

Marsten Parker

柔軟にシステムを変えたり、捨てることで、二二年間で年平均二〇％の実績を上げるシステムトレーダー

私が『**マーケットの魔術師――米トップトレーダーが語る成功の秘訣**』（パンローリング）のためにエド・スィコータにインタビューをしたとき、私は彼に「あなたが守っているトレードのルールは何ですか」と尋ねた。彼が言った二つのルールは次のとおりだ。

一．必ずルールを守る
二．いつルールに従うべきでないかを知る

マーステン・パーカーにインタビューをしたとき、この一見ふざけたようなスィコータの発言を思い出した。トレードについてのパーカーの話はスィコータのこの返事の正しさを証明しているからだ。

パーカーのパフォーマンスの統計数値を初めて見たとき、私は彼を本書では取り上げないだろうと思った。彼の実績は確かに良かったが、彼のリターンもリターン・リスク指標も、すでにインタビューを済ませたか、予定しているほとんどのトレーダーの並外れた水準には及ばなかったからだ。しかし、彼の実績は二二年間のもので、私が取り上げることに決めたほとんどのトレーダーよりもかなり長期のものだと気づいた。これは考慮すべき重要な点であり、無視することはできない。

パーカーの過去二〇年間の年平均リターンは二〇・〇％で、対応する期間のS&P五〇〇トータル・リターン・インデックスのリターン五・七％の三倍以上である（パーカーがトレードを始めてから最初の二年間の実績はリターンとリターン・リスク指標の計算から外した。この期間には、残りのトレード歴で使っているシステムトレードとは異なる裁量トレードが含まれているからだ。また、この期間には、別のトレーダーのトレードに従ったトレードも含まれていた。この二年を含めると、リターンとリターン・リスク指標の値はもっと良かった）。彼

のリターン・リスク指標の値はしっかりしている。調整ソルティノレシオは一・〇五、月次GPR（ゲイン・トゥ・ペイン・レシオ）は一・二四で、対応するS&Pインデックスの値の約三倍だ（これらについての説明は**付録2**「パフォーマンスの指標」を参照してほしい）。私が見つけたトレーダーたちの並外れた実績のせいで、私はトレーダーを選択する際に、厳しくなりすぎていたことに気づいた。S&Pインデックスを二〇年にわたって同様の比率で勝てたら、資産運用をするプロのマネジャーの九九％以上がきっと興奮するだろう。

パーカーを取り上げることに決めた要因がもう一つあった。彼は私が見つけた唯一の純粋なシステムトレーダーであり、そのパフォーマンスは十分に取り上げる価値があった。私が見つけた並外れた実績を残しているトレーダーは、システムトレーダーよりも裁量トレーダーのほうに偏っていて、トレーダー全体をよく代表していないのかもしれない。だが、私はこれが実態なのではないかと思っている。一九八九年に最初の**『マーケットの魔術師』**が出版されて以来、傑出した個人トレーダーは裁量トレーダーが多く、この偏りは年々いっそう増しているように見える。システムトレーダーで利益を出しているトレーダーは多いかもしれないが、長期にわたってベンチマークを大きく上回っているトレーダーはほとんどいない。私は厳密なシステムトレードで生活できるようになったトレーダーを取り上げることが望ましいと思った。

私がインタビューをしたほとんどの成功したトレーダーは、幼いころから相場に関心を持っていたが、パーカーはそうではなかった。彼が熱中したのはトレードではなく、音楽だった。彼の人生の目標はプロのバイオリニストになることだった。彼はニューヨークのマネス音楽大学に通っていたが、プロのクラシック音楽家として大成するには実力不足だと悟った。彼にとって、音楽はその後も人生で欠かせないものであり続け、現在はマサチューセッツ州ニュートンを拠点にするオーケストラのコンサートマスターだが、キャリアとしてはそれ以上先には進めない。

パーカーがやがてトレードにたどり着いたのは、若いころにコンピュータープログラミングに熱中した時期があったからだった。彼が最初に興味を持ったのは、パソコンが登場する前の中学三年生のときだった。彼が通っていた学校にはデータ・ゼネラル社のノヴァというミニコンピューターがあったので、そこで初めてプログラミングに触れたのだった。プログラミングに対する興味は大学にコンピューター室があったことで再燃し、母親がDEC（ディジタル・イクイップメント）社のVT180というパソコンを送ってくれたことで、いっそう高まった。この趣味がプログラミングの仕事につながり、最終的にはシステムトレードに行き着いた。

パーカーのトレード歴は三つの時期に大きく分けることができる。着実に利益を出していた最初の一四年間、トレードをやめてしまおうと思うまでに至ったその後の三年間、そして、リターン・リスク指標の値が最高になった直近の四年間だ。私は彼の仕事部屋でインタビューをした。彼が飼っている二匹の猫のうちの一匹が机に飛び乗りたがった。その猫が私のレコーダーの停止ボタンを踏んでしまうのではないかと心配で、猫から目を離せなかった。パーカーはこれまでの全取引の記録を残していた。彼が作ったプログラムを用いると、トレードシステムや買いトレード・売りトレードごとに区分された、年ごとの損益チャートを表示することができた。彼のトレード歴についてインタビューをしているとき、彼はこのプログラムを使って絶えずパフォーマンスのチャートを表示した。

プロの音楽家として生きようと考えていたバイオリニストから、どうやってトレーダーの道に進むことになったのですか。

高校時代に夢中になったことが二つありました。一つはバイオリンで、もう一つはコンピューターのプログラミングでした。私はジュリアードを受験したのですが、合格できませんでした。それで、マネス音楽大学に入学しました。そこは滑り止めに受けていた大学でしたが、そこでも最も下手な演奏者の部類に入っていたと思います。努力は続けていましたが、一流にはなれないと気づかされました。プログラミングを専攻できる大学に移ろうかとも考えましたが、その時点ですでに三年生だったので、学位を取ったほうがいいと思ったのです。

コンピューターで、それまでにどういう経験をしていたのですか。

最初にコンピューターに触れたのは中学三年のときで

した。学校には冷蔵庫大のコンピューターがあり、代数の授業でBASICによるプログラミングをする必要がありました。それがとても楽しかったので、コンピューター室によく行きました。プログラムはテレタイプで書きました。プログラムを保存したければ、こんなに長いロール紙にプログラムを印刷する必要がありました（彼は手を大きく広げる）。私は紙テープの小さなロールが入った箱を、自分のソフトウエアライブラリとして持ち歩いていました。その後は、バイオリンに熱中して、高校を卒業するまでコンピューターにはあまり触れませんでした。

大学時代に、再びコンピューターに熱中しました。マネス音大では、学生がメリーマウント・マンハッタン・カレッジの授業を受けられる取り決めがありました。そのコンピューター室にアップルⅡがあることを発見したので、そこで多くの時間を使って、アップルⅡをいじっていました。母は広告代理店で働いていて、一番のクライアントがＤＥＣでした。母は私がコンピューターに興味があることをそこの部長の一人に話したのです。すると、彼が「一台余っているのがあるから、息子さんに送ってあげるよ」と言ってくれたのです。そのコンピューターがニューヨークのアパートに届いたとき、自分のやりたいことは音楽ではなく、プログラミングだと分かったのです。

卒業後はどうしたのですか。

卒業したら、ボストンに戻りました。したいことが思いつかなかったからです。結局、コンピューターソフトの販売店に就職しました。初期のパソコンが普及し始めていた一九八〇年代初めのことです。

人生で何をしたいか、考えていましたか。販売店のセールスマンではなかったと思いますが。

いいえ、そのころは何をしたいのか分かりませんでした。プログラミングに多くの時間を費やしていました。

どういうプログラムですか。

ゲームなどの楽しいもののプログラムを書いていました。自分の家計簿用のプログラムも書きました。それに使ったのは、六四Ｋのメモリーしかない最初期のコンピューターでした。一〇ＭＢのハードディスクを一〇〇〇ドルで買ったことを覚えています。

販売店の仕事はどれくらい続けたのですか。

ほんの数カ月です。パーティーで、従業員が二〇人ぐらいのコーテックスという小さなソフトウエア会社の社長に偶然会いました。そして、そこの技術者による面接を受けさせてくれました。

大学を卒業してコンピューターソフトの販売店に就職する前に、プログラミングの仕事に就こうとしましたか。

いいえ、単なるアマチュアだったので、プログラマーとしては就職できないと思っていましたから。

面接はどうなったのですか。

自分が書いたプログラムをいくつか持っていきました。それを見て、「ああ、君には才能があるよ。試験的に採用しよう」と言われました。インターンと同じくらいの安い給料で雇われました。でも、生活していけるように、一年目に二回、給料を上げてくれました。そこで五年間働きました。

どうして、辞めたのですか。

その会社はＤＥＣのＶＡＸミニコンピューター用のソフトウエアを開発していました。パソコンでもっと仕事をしたかったので、パソコンに比重を置いていて、一〇〇人ぐらいの従業員がいるソフトブリッジという会社に就職したのです。一九九一年までの三年間、そこで働きました。グループ全体が解雇されると分かったとき、グループのリーダーがセグエソフトウエアという小さなスタートアップ企業に連絡を取りました。そこは、スプレッドシートをユニックスに移植する仕事をロータスから依頼されていました。私たち四人は「ソフトウエア品質管理」というグループを結成し、ロータスの請負業者であるセグエの下請け業者になりました。プロジェクトのＱＡ（品質保証）グループとして採用されたのです。

当時、ほとんどのソフトウエアテストは手作業で行われていたので、非常に時間がかかるだけでなく、間違いも起きやすかったのです。私たちは特許を取った手法でテストを自動化するソフトウエアを開発しました。

最終的に、セグエは株式と引き換えに私たちの技術を買うことに同意し、そのグループはセグエに吸収されました。興味深いことに、ヘッジファンドのルネサンス・テクノロジーズの創業者であるジェームズ・シモンズがセグエの主要な投資家で、彼が合併交渉にかかわったおかげで、私たちの技術と引き換えにセグエの株が手に入ったのです。

その当時、シモンズがだれなのか知っていましたか。

だれかが、彼は商品トレーダーをしているお金持ちなんだと言っていました。商品トレーダーがどういうものかすら知りませんでした。会社には厳しい禁煙という社内規定がありましたが、シモンズは唯一の例外でした。

どうやってプログラミングからトレードに移ったのですか。

私たちの品質保証ソフトウエアが業界をリードしていた一九九五年の一時期は、ほぼすべてのハイテク企業が上場できる時期でもありました。一九九六年にセグエが上場しました（証券コードはSEGU）。株価は二三ドルで寄り付き、その後の一カ月で四〇ドルまで上昇しました。高値のときには、私の持ち株は約六〇〇万ドルの価値がありました。しかし、まだ六カ月のロックアップ期間中で従業員は持ち株を売れなかったのです。その後間もなく、ナスダック銘柄が調整しました。また、一部の大口顧客がソフトウエアの購入を延期したので、業績を下方修正せざるを得なくなりました。二カ月後にセグエの株価は四〇ドル以上から一〇ドルまで下げました。結局、一九九七～一九九八年に平均一三ドルぐらいで持ち株をすべて売却しました。一九九七年末に、トレードをするためにセグエを退職しました。

トレードをするために退職したのですか。いつ市場に興味を持ったのですか。

会社が上場してからです。約一五万株を持っていたので、株価が気になって毎日見ていました。

あなたの資産のほぼすべてが上場株だったのですから、株価を見始めたのは理解できます。でも、そこからどうしてトレードを仕事にできると考えるようになったのでしょう。

すぐに、そう考えたわけではありません。私が演奏をしていた地元のオーケストラの役員の一人が公認会計士でした。まず、その彼にアドバイスを求めました。彼はファイナンシャルプランナーを紹介してくれました。その人は株式市場がどうして年に一一％ずつ上昇し続けるかを、ファイナンシャルプランナーらしく熱く語りました。彼は年に二％を支払ってくれたら、私のお金を投資信託に入れられると言いましたが、投資信託からも年二％が請求されます。その計画にはあまり納得できませんでした。私は本屋の投資コーナーに行って、トレード関係の本を買い始めました。最初に買った本の一冊はアレキサンダー・エルダーの『**投資苑**』（パンローリング）でした。書名（原書名は『トレーディング・フォー・ア・リビング［Trading for a Living］』）を見て、「ああ、人々は生計を立てるためにトレードをするのか。なんてうまい考えだ！」と思ったのです。

仕事を辞めたとき、どういうトレードをするつもりか、何か考えていたのですか。

　そこはまったく分かっていませんでした。何の計画もありませんでした。興味があるのだからトレード法を学べるだろうと、なんとなく直感で思っていただけです。トレードで生活できれば楽しいだろうと思いました。それに、家族と一緒に過ごす時間や、バイオリンの練習時間を増やせることも気に入りました。それは単に一つの実験でした。いつでも、ほかの仕事には就けると思っていたのです。

　また、ザ・ストリート・ドットコム（TheStreet.com）でテクニシャンズ・テイクというコラムを書いていたゲイリー・スミスとも交流するようになりました。彼の手法はウィリアム・オニールのＣＡＮＳＬＩＭを応用したもので、そこからファンダメンタルズの要素を外して、利益目標は非常に近くに設定していました（ＣＡＮＳＬＩＭの説明はウィリアム・Ｊ・オニール著『**オニールの成長株発掘法**』（パンローリング）を読んでほしい。オニールは『**マーケットの魔術師**』でインタビューをしたウィザードの一人でもあり、そこでもこの方法について説明している）。スミスは自分の記事に載せている戦略について説明してくれました。私がシステムトレードの詳しい説明に接したのは、そのときが初めてで、興味をそそられました。それで彼にメールを送り始め、やがて彼と一緒にトレードをするようになりました。

　一九九八年二月に、彼の手法を使ってトレードを始めようと決めました。これは一部が裁量で、一部がメカニカルでした。手仕舞いは完全に定義されていました。ポジションを取ったら、買いの場合ならば五％高いところに利益目標の指値を、七％安いところに損切りの逆指値を置くブラケット注文を出します。この戦略では買いと空売りの両方を行います。主な基準は出来高の異常な増加でした。二人ともインベスターズ・ビジネス・デイリーを購読していたのですが、そこには前日に出来高が異常に多かった銘柄が表示されていました。基本的には、過去二〇日間の一日当たり平均出来高と比べて出来高が多い銘柄です。

何倍ぐらいを多いと考えるのですか。

最近の平均出来高の二倍以上でした。私たちは表のすべての銘柄を調べて、レラティブストレングスが八〇に満たない銘柄（過去五二週間で、ほかの銘柄の少なくとも八〇％をアウトパフォームしていなかった銘柄）を外します。ですから、基本的には、上昇力が強くて、前日に異常に出来高が多かった銘柄を探しました。この二つの条件によって、トレード候補の株が二〇～三〇銘柄に絞り込まれます。ここからが裁量の部分です。これらの銘柄のチャートを見て、前の横ばい圏を最近ブレイクして、新高値を付けた銘柄を探します。

買いでも空売りでもトレードをしたと言われましたが、売りシグナルの条件は買いシグナルを逆にしたものでしたか。

いいえ。前提条件は買いと同じで、上昇力が強くて出来高が異常に多い銘柄だけを調べていました。空売りの場合の違いは、ブレイクして新安値を付けた銘柄ではなく、直近の高値から急落した銘柄を探していたという点です。

今、説明されたのはゲイリー・スミスの手法だと思います。あなたのほうはどういうアイデアを提供したのですか。

最初のうちは、あまり貢献していませんでした。主に彼のトレードを見ているだけでした。しかし、トレードを二人で一カ月続けたあと、「この手法を検証してみませんか」と提案しました。つまり、私はトレード結果の検証というアイデアを出したわけです。検証を進めていると、チャートを見て、どのトレードをするかを決めるプロセスがいいかげんに思えました。私は何でも検証したかったのです。だれかが言ったというだけで、何らかのパターンで利益を得られると考えるのでは安心できませんでした。定量化できるようにしたかったのです。

その手法の検証を提案したとき、スミスはどういう反応をしたのですか。

彼はそのアイデアを気に入ってくれました。おそらく、ドローダウン（資産の大幅な減少）の最中に提案したからでしょう。ドローダウンに陥ると、だれでも検証したくなりますから（彼は笑う）。最初にしたことは、さまざまな利益目標と損切りの逆指値の検証です。コンピュータターを使ったこの検証を初めとして、過去データに合わせすぎたナイーブなシステム開発を行うようになりました。検証をして、何が最も効果的かを見つけだすのはとても刺激的でした。その時点では、カーブフィッティング（システムを過去データにぴったり合うように最適化すること）とデータマイニング（データからパターンを発見する手法）の危険性をまったく認識していませんでした。単純に、過去に最も利益を出せたものが、今後も最も利益を出せると思っていました。

その最初の検証から何か役立つことが見つかりましたか。

損切りの逆指値を使うと、システムのパフォーマンスに悪影響があることに気づきました。

では、利益目標に達しなかった場合、どうやって手仕舞ったのですか。

逆指値を使いますが、大引け時にのみ稼働させました。

なるほど、損切りの逆指値を使わなくなったのではなく、日中には使わなくなったのですね。

そういうことです。日中に損切りの逆指値を置くと、日中の無意味な変動によって頻繁に逆指値に引っかかることが分かったのです。

初めて検証に取り組んで、ほかに何か重要な変化はありましたか。

最も重要な影響は検証用のソフトを作り始めると、それに夢中になってしまうことでした。実際には、私はトレーダーというよりはソフトウエアの開発者なのです。一九九九年半ばには、チャートパターンの見た目が良いとトレードで成功する確率が高くなるとは思えなくなりました。私はチャートの評価を自分のソフトウエアに任せたかったのです。しかし、スミスのトレードの独自性は、彼がチャートを巧みに読み取ることで成り立っていました。彼はそのころには、チャートマンというニュースレターの定期購読事業を始めていて、毎日、推奨銘柄を発表していました。それで、連絡は取り合っていましたが、結局は別々の道を進むようになりました。

当時、トレードに使うシステムを開発したのですか。

急に、完全なメカニカルトレードに移ったのではありません。一九九九年のほとんどはソフトウエアを開発しながら、絶えずトレードルールの微調整をしていました。その一方で、ある程度の裁量も用いていました。資産は一一月末までに、年初から約二〇%増えました。利益はすべて空売りで得たものです。一二月は株価の急騰に間に合わせようと、調子に乗って空売りの量も頻度も増やしました。その最後の月に年初来の利益のほぼすべてを失いました。一方、一九九九年の買いトレードのほうも実はマイナスでした。まず、あり得ないことです。その経験から、裁量を採り入れた手法を厳しい目で見るようになり、その時点から百パーセント、メカニカルトレードで行こうと決心しました。

そのシステムはまだスミスから学んだトレード法に基づいていたのですか。

だいたいはそうです。私が最初に、独自の検証で発見し、実際にそれを使って利益を出せたのは、一日目の株価の下げが大きいほど、下げ続ける可能性が高いということでした。最初の下げが大きいほど、株は売られ過ぎだと直感的に思っていたので、これは信じがたい発見でした。初めは、下げた一日目に異常に大きく下げた銘柄の検証すらしませんでした。検証は二～六%の範囲の下げに限定していました。次に、「全部、検証してみよう」と思ったのです。すると、一日目に二〇%下げた銘柄は、翌日も下げ続ける可能性が非常に高いことが分かりました。

それは興味深いですね、その特徴は今でも通用しますか。

いいえ、最初のうちは、このパターンで非常にうまくいきました。二〇〇〇年から二〇一二年までの利益の半分以上は、この戦略による空売りで稼ぎました。しかし、二〇一三年にうまくいかなくなりました。

その話はあとでしましょう。最初に作ったシステムでは、買いと同じくらい空売りもしたのですか。

いいえ、そのシステムでは、買いの仕掛けに必要な上昇幅よりも売りの仕掛けに必要な下落幅のほうが大きかったので、空売りは買いの半分ぐらいにすぎませんでした。

今では多少、問題があると分かっていますが、当時はシステムを使い続けてドローダウンが生じたら、そこで過去データによる検証をし、それほど大きなドローダウンが生じないパラメーターを見つけだして、それらのパラメーターに変えるという手法を取っていました（パラメーターとは、シグナルを点灯させるタイミングを変えるために、トレードシステムで自由に割り当てることができる変数である。例えば、システムが売りシグナルを点灯させるために、特定の日に一定の株価下落率が必要な場合、その比率がパラメーターの値になる。同じシステムでも、パラメーターの値を変えればシグナルも変わる）。

完全にメカニカルな手法を初めて採用した二〇〇〇年に使っていたシステムは、大幅なドローダウンが生じるまで同じパラメーターでトレードを続けること以外に、どういう特徴があったのですか。

私はトレードで使ったシステムはすべて保存しています（パーカーはコンピューターを検索して、二〇〇〇年に使ったシステムを見つけた）。二〇〇〇年のシステムで得た利益はすべて空売りによるものです。その年のシステムの売りシグナルの完全なルールは次のとおりです。

- 一日の平均出来高が二五万株以上
- 株価は一〇ドル以上、一五〇ドル以下
- 大きく下げた日の出来高が過去二〇日間で最も多い出来高よりも一五％以上多い
- 株価は直近二〇日の高値から五％以内を維持したあとに五％以上下げるか、直近二〇日の高値から一〇％以内を維持したあとに一〇％以上下げる
- 最初の下落では、下げ幅は一・五〇ドル以上
- 一二％下の利益目標か、三ドル上の逆指値で手仕舞う

これはとんでもなく適当な逆指値ですね（彼は数十年ぶりにこれを見て、驚きつつ面白がっている口調で言った）。前日よりも出来高が多くて上昇した日には手仕舞う、という追加のルールもありました。

大きな変更を加える前に、このシステムでどれくらいの期間、トレードをしたのですか。

わずか一年ぐらいです。このシステムは二〇〇〇年には非常にうまいきました。実際、これまでで最高の年でした。しかし、二〇〇一年の初めに約二〇％のドローダウンが生じました。「ああ、これはもう役に立たない。やめるしかないか」と思いました。一カ月以上、トレードをしませんでした（画面上のエクイティカーブ［資産曲線］が、二〇〇一年三月に横ばいになっているところを指す）。それまで、翌日の寄り付きにトレードを始めていました。私が行った最大の変更は大引け二〇分ぐらい前にシステムを稼働させて、シグナルが点灯した日の大引けに仕掛けられるようにしたことです。私は市場の動きが加速していることを理解するようになりました。

二〇〇一年三月から二〇〇四年まで、大引けに仕掛けるという同じ基本システムを使いました。その後、二〇〇五年の初めに、再びドローダウンが生じたのですが、そのシステムでは損失を回避するパラメーターが見つかりませんでした。大引けで仕掛けるのでさえ不十分で、当日のもっと早い時間帯にシグナルを見つける必要があるのだと気づきました。一分ごとの出来高を使って一日の出来高を予測するという、新たなアイデアを思いつきました。一日の出来高が異常に多いと予測される銘柄が現れると、シグナルを点灯させるために使っていたのと同じ式を当てはめました。午前九時三五分から一分ごとの出来高を集計しながら一日の出来高を予測し、トレードの条件を満たした時点で、その銘柄を買うか空売りをしたのです。

その変更は役に立ちましたか。

二〇〇五年五月にシステムの変更をして、すぐに利益が得られただけでなく、二〇〇五年一〇月から二〇〇七年一〇月までの二四カ月は私のトレード歴のなかで最も利益が多かった期間でした。

大引けに仕掛けていたシステムはどうなったのですか。

それは二度と使えませんでした。二〇一四年にスピーチを行ったとき、一九九〇年代半ばからその時点まで、大引けで仕掛けた場合のエクイティカーブを作成してみました。すると、二〇〇五年の初めに、このシステムが行き詰まっているように見えました。それ以前の一〇年間は安定して利益を出せていたのに、二〇〇五年の初め以降はずっと損失が出るようになっていました。トレードシステムの検証をした全期間で、これほどの急激な転換を見た記憶はありません。パラメーターが間違っているというだけでなく、大引けで仕掛けるシステムが役に立たなくなったのです。

つまり、全トレード歴で最高のパフォーマンスを出した期間に、同じシステムを日中ではなく大引けで実行していたら、損をしていたと言っていることになります。日中にトレードをすると、それほどの違いが生まれたのですか。

ええ。通常、年に一〇〇〇回以上のトレードを行っていたので、一トレードの利益目標はかなり低かったのです。ですから、わずかな差が大きな違いを生むことになったのです。

つまり、大引けを待つのではなく、日中に実行することで、そのシステムで利益を得られるかどうかが決まったわけですね。数時間後に実行すると負けるというほど不安定なシステムだと、使うのにためらいはなかったのですか。

いいえ。私はシステムがうまくいく理由やどこにエッジ（優位性）があるかを考えようとしていたからです。取引の執行が加速しているのに気づいていました。高頻度取引が登場していました。ほとんどの投資信託は一日中、人間による執行からアルゴリズムによる執行に移行していました。素早く執行すれば大きな違いを生む可能性があるのは、理にかなっています。当時、私は「早く動くことが唯一のエッジだ」と言っていました。

日中に執行するこの基本システムは、どれくらい機能し続けたのですか。

二〇一一年八月に、株式市場は大きく下げました。買いポジションを持っていて大きな損失を出しましたが、売りポジションの利益で相殺できました。この戦略はそういう形で機能するように作られていました。つまり、相場に大きな動きがあっても、一方が他方を補うべきなのです。しかし、二〇一二年になると、空売りがその役割を果たしていないことに気づきました。大きなドローダウンはなかったのですが、買いでの損失を補えていなかったのです。二〇一二年後半には、空売り戦略で長期のドローダウンが始まりました。私の空売り戦略はそこで終わったも同然でした。

もちろん、今は未来のことが分かったうえで話をしています。システムが機能しなくなったと最終的に判断したのはいつですか。また、そのとき、どうしたのですか。

私は定期的に生じるドローダウンとシステムが機能しなくなった場合の区別に、いつも苦労しています。そのシステムは長年役に立っていたので、どこか変だと感じたからといって、すぐに使うのをやめる気にはなれませんでした。二〇一三年はだれでも買いで利益を出せたはずでした。株価指数は大きな下げもなく、一直線に上昇しました。私の買いポジションのパフォーマンスは株価指数を下回り、売りポジションは散々でした。その年が、初めて負けた年になりました。

まあ、株価指数が一直線に上昇しているので、売りポジションで損を出し続けるのは納得できます。

ええ。ですが、株価指数が上げていたほかの年では、私の売りポジションは損益ゼロに近かったのです。二〇一三年の買いでの平均回帰戦略（平均回帰システムでは、価格が一定期間、平均に戻るという仮定に基づいて、買われ過ぎで売り、売られ過ぎで買う）を検証すれば、それらが非常に優れていたことが分かります。このころは人々が押し目買いという言葉を使い始めた時期でした。何が起きていたかというと、私が売りトレードで使っていたのと同じシグナルが人気の買いシグナルになったのです。

システムで一時的にドローダウンが生じているのか、それが機能しなくなったのかを判断することは、システムトレーダーにとって大きな悩みです。それにはどういう対処をしていますか。大引けでの仕掛けから、出来高の予測に基づく日中の分単位での仕掛けに移るといった、システムに構造的な変更を加えたときは、何をきっかけに変更しようと決めたのですか。

単に考えついたから変えた、というときもありました。アイデアを考えつくと検証をして、「わあ、こっちのほうがずっといい」と思うとシステムを変更して、それでトレードをしました。しかし、通常は、ドローダウンが生じると、いろいろと新しいアイデアを出して、それらを検証したいと思うことのほうがはるかに多いです。

二〇一三年にドローダウンが生じたときも、同じような方法で新しいアイデアを探したのですか。

はい。インターネットで新しいアイデアを探そうと決めました。ストックビー（Stockbee）というトレードに関するサイトを見つけました。そこのフォーラムによく行き、自分のトレード歴を公開して、最近抱えている問題を伝えました。すると、だれかが平均回帰を試してみれば、と提案してくれました。

当然ですが、平均回帰はあなたのしていたこととは正反対ですよね。

ええ、まあそうです。平均回帰は落ちてくるナイフを捕まえるようなもので、うまくいかないと常に思っていました。この手法の検証は一度もしていませんでした。さらに調べていくと、キース・フィッチェン、ローレンス・コナーズ、ハワード・バンディという人たちが平均回帰戦略について論じた本を見つけました。それらの戦略をいくつか検証すると、優れた結果が得られました。

あなたが使うことに決めた平均回帰システムの基本コンセプトは何でしょうか。

買いの平均回帰システムの場合、下げ続ける株は買いたくないので、株価が上昇トレンドにあるというのが基本的な条件でした。次の条件は、ある期間内に株価が直近の高値から一定割合下げる必要があるというものでした。この二つの条件を満たした場合、その株の一日の平均ボラティリティに基づいて、ある一定の安い価格に買い注文を入れました。

そのシステムでの成功は、パラメーターの適切な値を選べるかどうかに大きくかかっているのではないでしょうか。

いいえ。実は、このシステムでは幅広いパラメーターで利益が出ます。仕掛けに使うパラメーターが極端なほど、トレード数は減りますが、一トレード当たりの利益は高くなります。逆に、仕掛けにほどほどのパラメーターを使えば、トレード数はかなり多くなりますが、一トレード当たりの利益はわずかになります。つまり、この両極端の間のどこかの値を選ぶことになります。

平均回帰のトレードを手仕舞うときはどうするのですか。

買いの場合、相場が下げているときに指値で仕掛けて、高値で引ける日を待って手仕舞います。平均回帰システムの秘密は、このトレードでは、最初は通常、大引け時点で含み損になり、利益を得るには持ち越す必要があるということです。この戦略では大きな上昇を待つのではなく、小さな利益を積み重ねようとしているだけです。

相場がポジションに逆行した場合は、どうしますか。損切りの逆指値は置きますか。

逆指値は使いません。それを使うと、二〇％下に置くといった非常に緩い逆指値でも結果が悪くなります。

これは平均回帰トレードが抱える難しさです。買いの場合、相場が一気に大きく下げ過ぎたから、ポジションを取るわけです。ところが、損切りの逆指値を置いて、それに引っかかると、もっと下げ過ぎたところで手仕舞うことになり、ルールに自己矛盾が生じることになります。

そうなんですよ。輪ゴムが伸びるほど、トレードをする可能性が高くなるのです。それが逆指値を使えない理由です。

では、どうやってリスクを限定するのですか。上げる日がなく、相場が毎日下げ続けた場合、どうするのですか。

五日のタイムストップを使います。五日以内に高く引けない場合は損切りします。また、最初はしていなかったのですが、すべてを損しても口座資金のドローダウンが一〇％以内に収まるように、ポジションサイズを小さくしています。

ああ、そういうことですか。私は何かが抜けていると思っていました。損失がどこまでも膨らむのを避けるには、ほかにルールが必要だということは分かっていました。ですから、高く引ける日があるか、五日後に手仕舞うかなのですね。

そうです。また、バイオテクノロジー株は売りの対象から外しています。医薬品の試験結果やＦＤＡ（食品医薬品局）の決定によって株価が急騰する可能性があるからです。

売りの平均回帰トレードは、買いの場合の正反対ですか。

いいえ、違います。

買いの平均回帰トレードと売りの平均回帰トレードの主な違いは何でしょうか。また、どうして区別をしたのですか。

　知り合いの多くは「売りの平均回帰システムで良いものが見つからない」と言います。それは、彼らが買いの平均回帰システムを正反対にしたシステムを作ろうとしているからです。つまり、彼らは下降トレンドの戻りで株を空売りするシステムを構築しようとしているのです。それではうまくいきません。私の売りの平均回帰システムでは、上昇トレンドにある株しか空売りの対象にしません。

買いでも空売りでも、平均回帰トレードでは長期的に上昇トレンドにある株だけに焦点を当てているわけですね。でも、相場がすでに上昇トレンドの場合、売りの平均回帰トレードをどう定義するのですか。

　通常、これらのシグナルは、調整もない大きな上昇トレンドでの突出高で点灯します。短期での特に目立った上昇、つまり、短期での株価上昇率が大きいものを探しています。

それまで使っていたモメンタムを利用したシステムから平均回帰システムに切り替えたのはいつでしょうか。

　平均回帰戦略の検証結果は良かったのですが、完全に切り替えるのにはためらいがありました。そこで、最初のモメンタム戦略は機能しなくなっている兆候があったのですが、それでもその戦略で口座資金の半分をトレードして、残りの半分を開発したばかりの買いと売りの平均回帰戦略でトレードをしようと、二〇一三年の終わりに決めました。二〇一四年は、従来のシステムではほぼ損益ゼロでしたが、新しい平均回帰システムでは資産が約四〇％増えました。ただし、このシステムでは口座資金の半分しか使っていなかったので、口座全体では二〇％しか資産が増えませんでした。新しいシステムを慎重に導入したせいで利益を取り損ねて、腹立たしく思いました。

　二〇一四年の終わりに、従来のシステムはエッジが失われたと判断して、二〇一五年以降は新しい平均回帰システムだけでトレードをしようと決めました。今度こそは絶対に利益を取り損ねないと決意して、愚かにも資金の一二〇％を割り当てました。新しいシステムは、最初の四カ月は非常に好調で、資産は二五％以上増えました。

累積利益は二〇一五年五月には最大になりました。しかし、その年の残りの期間は悲惨でした。

私はそのときに、平均回帰に固有のテールリスク（確率は低いが、発生すると多大な損失を被るリスク）を発見しました。まず、中国のＡＤＲ（米国預託証券）を空売りしていたときに、それらが上昇し続けて損失を被りました。次に、ヒラリー・クリントンが薬価の規制についてツイートすると、バイオテクノロジーセクターが暴落しました。平均回帰システムではこのセクターの銘柄を買い続けていたのですが、それらは下げ続けました。年初からの利益をすべて失っただけでなく、二〇一五年全体では約一〇％の純損失で終わりました。それは私のトレード人生で最大のドローダウンでした。

私は負けトレードが集中的に発生するリスクを十分に理解していませんでした。それは「小鳥のように食べて、象のようにフンをする」という利小損大の現象でした。私はこういう可能性があることを認識していて、その点を考慮したシステムを作っていました。システムが一九八〇年代以降のすべての相場調整期にどう機能したかを詳しく分析していました。しかし、二〇一五年には以前のデータにはなかった、特定のセグメント（最初は中国、次にバイオテクノロジー）での突然の大きな値動きが発生して、それが以前には見られなかったほど長く続きました。

さらに悪いことに、このドローダウンの全期間中のポジションサイズの再計算を、通常のように毎日の口座資金額で行わずに、最大資産額で行い続けました。平均回帰システムがドローダウンから素早く回復することが多いことに気づいていたので、ポジションサイズを大きくしておけば、早く回復できるはずだと考えたのです。

私の従来のモメンタム戦略とは対照的に、平均回帰システムでは買いと売りでお互いをヘッジできるとは限らない、ということをまだ発見していませんでした。平均回帰システムでは、相場が下げているときに売りシグナルは点灯しません。そのため、買いの平均回帰システムは売りのモメンタムシステムでヘッジする必要があります。

二〇一五年の終わりに、最初の伝統的なシステムを併用することにしました。この変更をした直後、買いの戦略が二つともうまくいかず、どちらの売りの戦略も損を補えなかったので、二〇一六年の最初の二週間で一〇％の損失を被りました。そして、資産はいつの間にか最大額から四五％も減少していました。その時点で、それ以上の損は受け入れられず、トレードをやめました。完全に自信を失っていました。とにかく、「もう、トレードはできない」思いました。

どうやって自信を取り戻したのですか。

時間を置けば済む問題だったのだと思います。数カ月後には、「今、やめるわけにはいかない。これに多くの投資をしてきたんだ。自分がやっていることは分かっている」と思いました。私はいくらか保守的な別の手法を考え出しました。それ以来、かなりうまくやっています。

また、初めてトレードプランを書きました。それは主として、何か別の仕事をするよりもトレードを再開したほうがいい、と妻に分かってもらうのが目的でした。

それには、どういうことを書いていたのですか。

最も重要なルールはシステムストップを入れることでした。具体的には、トレードを開始したときの水準から資産が一〇％減るか、少なくとも五％増えたあとに一五％減ったら、トレードを中止しました。

そのときに、初めてシステムストップを使ったのですか。

いいえ、資産が二〇％減少したら、必ずシステムを停止させていました。二〇〇一年と二〇〇五年にこのストップに引っかかり、どちらの場合もトレードを停止させました。

それらの中断はどれくらい続いたのですか。

検証をして何らかの調整を行い、もうトレードを再開できると思えるまでです。

数日ですか、数週間ですか、それとも数カ月ですか。

二〇〇一年は二～三週間でした。二〇〇五年は一カ月か二カ月でした。二〇〇五年に長く中断したのは、主として日中に毎分シグナルを検出するシステムに切り替える必要があるという結論に達したからです。そのためには、新しいソフトウエアを開発する時間が必要でした。

ということは、システムストップは新しいものではなく、とるリスクを以前のドローダウンの半分にしただけなのですね。

そのとおりです。

二〇一六年三月にトレードを再開したとき、買いと売りの平均回帰システムだけを使ったのですか。

最初のうちはそうでした。

では、従来のシステムを再び併用した期間は数カ月だけですか。

数週間しか続きませんでした。

平均回帰システムだけでトレードをしていたのであれば、そのシステムだけを使っていた二〇一五年に経験したのと同様のドローダウンをどうやって防いだのでしょうか。

ルールをいくつか変更しました。たとえ日中に一時的であっても、総ポジションが資産の一〇〇%を超えないようにしました。また、ポジションサイズを一定の株式数から一定の資産比率に切り替えました。最後に、バイオテクノロジー株は極端な値動きをしやすいことが分かったので、買いでも売りでもこのセクターを外しました。

次に行った重要な変更は何でしたか。また、変えた理由は何でしょうか。

平均回帰システムだけでトレードをしたのは、二〇一六年三月から二〇一七年一二月までの話です。その期間のトレードは順調でしたが、従来のモメンタムシステムを使わなくなってから、それらに代わるものを探していました。そして、モメンタムシステムと平均回帰システムの両方で買いと売りを行う、四つの手法を併用するシステムというアイデアが浮かびました。相互に差別化され分散した複数のシステムでトレードをすれば、最も優れた単一システムよりも良い結果を生む可能性があります。

私はストックビーに集まる人の多くがＩＰＯ（新規公開）株のトレードに集中していることに気づきました。そこで最近、新規公開した株に限定してモメンタムシステムの検証を行うというアイデアを思いつきました。すると、ＩＰＯ株には独自の特徴がいくつかあることに気づきました。新高値で買うという非常に単純なトレンドフォローシステムは、一般の株ではまったくうまくいきませんでしたが、最近のＩＰＯ株では非常にうまくいくと分かったのです。

ＩＰＯ株のモメンタムシステムでは空売り用のシステムもあったのですか。

　ありましたが、トレードはあまり頻繁にはなされず、実質的な影響はあまりありませんでした。また、今年（二〇一九年）には、平均回帰で仕掛ける売りのモメンタム戦略を追加しました。

ということは、現在は五つのシステムでトレードをしているのですか。

　しばらく、そうしていましたが、数カ月前に、買いの平均回帰システムを止めました。追加したリスク管理のルールに従ったためです。これはエクイティカーブがその二〇〇日移動平均線を下回ったら、システムを止めるというものです。それが買いの平均回帰システムで起きたのです。そのときに初めて、各システムのエクイティカーブをシステムの停止シグナルとして使うというアイデアを採り入れました。買いの平均回帰システムは現在、三二％のドローダウン状態ですが、現在は使っていないので、それによる今年の損失はわずかです。

いつシステムを再稼働させるのですか。

　エクイティカーブがその二〇〇日移動平均線を上回ったら、システムを再稼働させる場合もあります。しかし、現在のドローダウンの大きさと、それが長く続いたことを考えると、このシステムでのトレードはもう魅力がありません。

つまり、システムを停止する手法を買いと売りの戦略ごとに適用して、エクイティカーブの二〇〇日移動平均線を上回っているシステムだけでトレードをするわけですか。

　そういうことです。

そうすると、買いか売りの一方の戦略だけでトレードをする場合がときどき出てきませんか。

　最近、エクイティカーブをシステム停止のシグナルとして監視し始めたばかりなので、買いの平均回帰システムで二〇〇日移動平均線を下回ったのは今年の一回だけです。このシステムはもう使えないと判断したあと、最近は買いの平均回帰戦略を構築する別の方法をいろいろと考えて検証するのに数日を費やしました。そして、有効だと思われる新たなシステムを見つけて稼働させました。実は、私は停止したシステムを再稼働させるよりも、新しい調査を行う場合のほうが多いのです。

最適化についてどう思いますか（最適化とは、特定のシステムで最も成績が良くなるパラメーターの値を見つけるプロセスのこと。最適化は、過去に最も成績が良かったパラメーターが今後も良い成績を出せる可能性が高い、という前提に基づいている。しかし、この前提の妥当性には疑問の余地がある）。

うまくバランスを取って、より良いパラメーターを探すと同時に、過度の最適化を避ける必要があります。最初のころは、どちらも分かっていませんでした。使ってみたいパラメーターを追加し、小数点以下まで使ったあらゆる値で検証をして、過去に成績が最も良かったパラメーターを選んでいました。それはおそらく間違っているとは思っていましたが、ほかに何をすべきか分かりませんでした。やがて、頻繁に最適化をしても利益の向上にはつながらず、最も成績が良い最近のパラメーターを探すのは幻想だと気づきました。

現在は何を変えているのですか。

現在は、できるだけ少ないルールを使い、ある程度良いと思われる範囲にある少数のパラメーターだけで検証をした、できるだけ単純化された戦略を構築することに関心があります。例えば、利益目標のパラメーターであれば、一％間隔で六％から一二％の間の値を検証するかもしれません。私が良いと思うのは、パラメーターが異なっていても結果に大きな違いがないときです。それはシステムが堅牢だという意味だからです。パラメーターを用いたルールをシステムから完全に排除できれば、もっと良いと思っています。今後、新たな戦略を考案するときには、最適化プログラムの実行さえしないかもしれません。

トレードを始めたときに知っておきたかったことで、今、分かっていることは何でしょうか。

これは笑ってしまう質問ですね。私は今でも、そんなに分かっていないと思います。いろいろな意味で、今も相変わらず無知だと感じています（笑い）。ある意味では、「分かっていることは何もない」が答えです。今していることを最初から分かっていたら、そもそもトレードをしてみようとは思わなかったかもしれません。母は非常に貧しい家庭で育ち、大学にも行けませんでしたが、ビジネスで成功を収めました。その母は「自分にはできないということが分かっていなかったから、成功したのよ」とよく言いますから。

こういう前提で、最初から知っていたら役に立ったと思う知見を次に挙げましょう。

一．単一のシステムにルールを追加し続けて最適化を繰り返すよりも、単純で分散化された複数のシステムを併用するほうが効果的である。

二．過去検証において利益が減ることが分かっていても、各戦略にオン・オフのスイッチ（例えば、エクイティカーブの移動平均線を下回ったら停止）を入れておくほうが賢明である。システムはうまく機能しなくなることがあるが、そのときにこのルールがあれば損失を大幅に減らすことができる。実行する戦略が多いほど、一つの戦略を停止する心理的負担が少なくなる。その意味で、このルールはルール一の重要性を高めている。

三．平均回帰戦略におけるテールリスクは、一回のトレードで大損を出すせいではなく、それほど大きくない損失を集中的に出すせいで生じる可能性が高い。損失の連続的な発生はどの検証でも過小評価されている可能性が高いことを考慮すべきだ。

四．あっという間に成功して、一五年間も順調なトレードを続けたあと、トレードをやめるしかないほどのドローダウンを被ることもある。だから、可能であれば、別の収入源を残しておくことを勧める。

五．自分の話や知識を他人と共有すると、役立つことが得られる。これは私が長年踏み出せなかったことだ。

トレーダーになりたいと思っている人にどういうアドバイスをしますか。

生計を立てるための仕事を辞めないように。相場がいかにランダムであることが多いかについて、理解を深めること。すべてを検証すること。だれかが言ったからといって、何かがうまくいくとか、いかないとは思わないように。いつも試す気持ちを持ち続けること。

パーカーが長期にわたって成功を収めた最も重要な要因はおそらく、システムが有効性を失ったと思うと、進

んでシステムを大幅に変更するか、完全に放棄さえした彼の判断にあるのだろう。彼はこうした大幅な変更をこれまでに何度も行い、惨事を避けてきた。驚くべきことに、彼のシステムの一部は長年、利益を出し続けたあとに機能しなくなり、二度と回復しなかった。彼はトレード手法を大胆に変えて、モメンタムシステムから正反対の平均回帰システムに切り替えさえしたが、そうした柔軟性がなかったら、トレーダーとして成功するどころか、二度と立ち直れなかっただろう。

システムトレーダーは、システムのルールにひたすら従うようにとよく勧められる。使っているシステムに確実なエッジがあり、効果的なリスク管理が備わっているのなら、これは適切なアドバイスだ。この場合、システムがシグナルを発したのに考え直す行為は、悪い結果を生むことが多い。この点で、この章の初めに引用したエド・スィコータの「必ずルールを守る」という最初の格言が間違いなく当てはまる。実際、パーカーはこの提案に従って、完全にメカニカルなシステムを設計した。

問題は、システムがしばらく機能したあと、完全にエッジを失うか、損を出し続けることすらあることだ。このやっかいな現実から分かることは、システムトレーダーが長く成功を維持するには、システムを止めるか大幅に変更できなければならないということだ。「いつルールに従うべきでないかを知る」というスィコータの二番目の主張は、この問題に対処することを意図した言葉だ。繰り返すが、パーカーはこの原則に従い、システムを時には大幅に、何度も変更した。彼が長期にわたって成功を維持するためには、これが極めて重要だった。

システムトレーダーが直面する深刻なジレンマは、損失が続いているときに、それが一時的なものであり、やがて回復して再び資産が増えていくのか、それともシステムは二度と回復しないのかを判断することだ。これら対立する二つの解釈のどちらを取るかについて、簡単な判断法はない。しかし、システムトレーダーがこの章から学ぶべき教訓は、時にはシステムを捨てることが正しい場合もあるということだ。これはトレードの規律を守る――この場合は、システムに必ず従う――ことが良くない場合のまれな例だ。

パーカーは利益を出し続けるために不可欠なトレード戦略の変更を行ったが、それらはどれも本質的な変更だった。例えば、仕掛けを大引けから日中に変更したり、モメンタムシステムから平均回帰システムに切り替えたり、一般の株には使えないがＩＰＯ株では効果を発揮する新システムを開発したりした。この種の根本的な変更は、システムのパラメーターの値を変えるといったうわべの変更とはまったく異なる。パーカーはドローダウンが生じるたびに、それが消えるか小さくて済んだはずの値にパラメーターを調整したが、その後の利益向上にはほとんど役立たないことを、今では認識している。過去の成績が最大になるようにパラメーターを絶えず調整（いわゆる最適化）しても、成績が落ちる場合すらある。

システムを開発するトレーダーは最適化に付き物の落とし穴に注意する必要がある。危険なのは、最適化によって成績が落ちる可能性があることではなく（その可能性はあるが）、システムを検証すると成績が向上するという誤った期待を抱かせることだ。最悪の場合、未来の情報を使って最適化することもあり、その結果、正しく検証し直せば期待利益が明らかにマイナスになるシステムを選んで、トレードしてしまう可能性もある。もう一つの危険性は、過度に最適化（過去の成績が最大になるようにシステムを微調整すること）をすれば、過去のデータに合わせすぎた結果、その後にうまく機能しないシステムを設計してしまいかねないことだ。

パーカーは当初、これらの落とし穴に気づいていなかった。経験を積んでようやく、最適化に付き物のゆがみや過度の最適化の欠点に気づいたのだ。パーカーは最適化で得られる結果と実際の結果の差について、次のように述べている。「私のトレード人生全体で、私が使ったシステムを過去データで検証すると、通常は年間利益率が五〇～一〇〇％で、最大ドローダウンは一〇％以下という結果が得られました。それらを実際に使えば、年間利益率は二〇％近くでした。これが私の期待している数字です」。彼は現在、最適化を大幅に限定していて、新しい戦略を設計する際には最適化プログラムを実行しない場合さえある。

私が過去に何度か行った検証から、私自身が最適化で重要と考えたことは次のとおりだ（最適化に関する次の説明は、二〇一七年版の『ア・コンプリート・ガイド・トゥ・ザ・フューチャーズ・マーケッツ［A Complete Guide to the Futures Markets］』［ジョン・ワイリー・アンド・サンズ］の三〇九～三一〇ページを書き換えたものだ）。これらはパーカーの見解とも一致していると信じている。

一．過去のパフォーマンスについて最適化を行えば、どんなシステム（繰り返すが、どんなシステム）でも非常に利益率が高いものにできる。過去の利益が向上するように最適化できないシステムを見つけたら、それはおめでたいことだ。取引コストが高すぎないかぎり、それと反対のことを行えば、金のなる木を発見したことになる。だから、最適化をしたシステムで過去の成績が信じがたいほど良くなれば、一見素晴らしそうだが、大した意味はない。

二．最適化では常に、繰り返すが、常に、システムの将来のパフォーマンスが誇張される。通常は、現実とはかなりの差がある（例えば、トレーラートラック三台分ぐらいの価値）。だから、絶対に最適化で得た結果でシステムの長所を評価しないことだ。

三．ほとんどとは言わないまでも、多くの場合、最適化によって将来の成績が向上したとしても、ほんのわずかにすぎない。

四．最適化に何らかの価値があるとすれば、それは通常、システムで使うパラメーターの値の範囲を幅広く決めることだ。最適化で微調整を繰り返しても、良くて時間の無駄であり、最悪の場合、自分をだますことになる。

五．これらのことを考慮すると、複雑で凝った最適化は時間の無駄だ。最も単純な最適化をすれば、有意義な情報が得られる（役に立つ情報があると仮定した場合）。

まとめると、通説に反して、トレードで用いるパラメーターの値を妥当な範囲からランダムに選ぶよりも、最適化をしたほうが長期的により良い結果を生むとは言えない。混乱が生じないようにはっきり言っておくが、これは最適化には何の価値もないという意味ではない。最適化は、使うパラメーターの値から外す必要がある極端な値がどの範囲にあるかを決めるのに役立つ。また、一部のシステムでは、極端な値を外したあとでも、パラメーターを選ぶのに最適化が役立つ場合もある。それでも、最適化によって得られる改善の程度は一般に考えられているよりもはるかに小さい、と私は言っておきたい。最適化についての仮定をむやみに信じるのではなく、まずはそれらの仮定がどれほど適切かを検討すれば、かなりのお金を節約できるだろう。

裁量トレーダーであれシステムトレーダーであれ、成功するためにリスク管理は欠かせない。長年にわたって、パーカーは複数のリスク管理のルールを用いてきた。それらのルールには次のものが含まれる。

一．トレードの停止　パーカーは、口座資金が一定の割合まで減少したら、トレードを停止させる。パーカーは最初、資産のドローダウンが二〇％に達すると、トレードを停止していた。二〇一六年に、トレードをやめることを考えたが、再開した。その際、このパーセントを一〇％と厳しくした（口座資金がいったん五％増えると、この割合を一五％に増やした）。トレードの停止は非常に効果的なリスク管理ツールだ。これで、トレーダーは許容できる最大損失額を決めることができる（自分のルールを厳守する規律があると仮定する）。そうすれば、最初に最悪の結果を決めておける。この損失を食い止めるポイントを小さくしておけば、損失を自分にとって快適な範囲内に抑えることができる。

口座資金に基づいてトレードを停止できるようにしておけば、成功する機会を高めることもできる。あまりにも多くの人は資産に対するリスクを限定していないため、一回の大損で二度とトレードができなくなる事態に陥りかねない。最初のトレードで失敗しても出直せるように、常に資産に対するリスクを抑えておこう。ポーカーの賭け金で例えると分かりやすい。弱い手が配られた場合、別の手で再びプレーができるように、資金をすべて賭けずに損を限定したほうがよい。

二．システムの停止　パーカーは、システムごとのエクイティカーブにトレンドフォローの考え方を当てはめて、システムを停止させるシグナルに使っている。具体的には、エクイティカーブが二〇〇日移動平均線を下回ったら、そのシステムでのトレードを停止し、二〇〇日移動平均線を再び上回ったらトレードを再開する。パーカーが使うこのシグナルに、魔法のようなものは何もない。リスク管理の手段として、エクイティカーブにテクニカル分析を当てはめるという考え方が重要なのだ。このリスク管理戦略は、システムトレードと裁量トレードの両方で、各システムに対してだけでなくポートフォリオに対しても用いることができる。

システムやポートフォリオのエクイティカーブを利用してシステムの停止を判断する場合、全体として有益かどうかは使っているシステムや手法によって変わる。しかし、トレーダーは少なくともこの手法が有益かどうかを調べる必要がある。移動平均線を用いたシグナルに基づいて、システム（あるいはポートフォリオ）を停止・再開させると総リターンが落ちる場合でも、リスクを減らすことができる（例えば、ドローダウンを小さくできる）。重要なことは、この手法がリスクに対するリターンの比率を上げられるかどうかだ。もし上げられるのなら、リターンが減少しても、トレードサイズを大きくすれば、リスクを抑えながらリターンの減少分を補うことができる。ファンドシーダー・ドット・コム（https://fundseeder.com/home）に口座資金のデータをリンクさせるかアップロードすれば、エクイティカーブにテクニカル分析を当てはめるツールを見つけることができる（完全開示　私はファンドシーダー・ドット・コムと金銭的な利害関係がある）。

三．ポジションサイズの調整　パーカーは二〇一五年に大変な目に遭い、逃した機会を補うためにポジションサイズを大きくすることの危険性を学んだ。ポジションサイズは毎日の口座資金額に基づき、一貫した式を使って計算する必要がある。そうしなければ、運良く特大の利益を得ることがあっても、ドローダウンが増大するリスクがある。

トレードで生計を立てるのは難しい。パーカーは二〇一六年の初めにトレードをやめることを真剣に考えた。これは累積利益が最大になってからわずか八カ月後のことで、まだ五〇〇万ドル以上勝っていたときの話だ。トレードで生計を立てるつもりなら、累積利益が増え続けているだけでは不十分だ。それは生活費の累積引き出し額と税金の合計以上に増え続ける必要がある。パーカーはこの仕事の難しさを経験して、トレードで生計を立てたいと考えている人に対して、できるだけ本業を続けるようにとアドバイスしている。

■**参考文献**

ローレンス・コナーズ著『「恐怖で買って、強欲で売る」短期売買法――人間の行動学に基づいた永遠に機能する戦略』（パンローリング）
ローレンス・コナーズ著『コナーズRSI入門――個別株とETFで短期売買を極める』（パンローリング）

ローレンス・コナーズ著『高勝率システムの考え方と作り方と検証――リスクが少なく無理しない短期売買』（パンローリング）
ローレンス・コナーズ著『コナーズの短期売買戦略――検証して初めてわかるマーケットの本当の姿』（パンローリング）
ローレンス・コナーズ著『コナーズの短期売買実践――システムトレードの心得と戦略』（パンローリング）
ローレンス・コナーズ著『コナーズの短期売買入門――トレーディングの非常識なエッジと必勝テクニック』（パンローリング）
ローレンス・コナーズとリンダ・ブラッドフォード・ラシュキ著『魔術師リンダ・ラリーの短期売買入門――ウィザードが語る必勝テクニック基礎から応用まで』（パンローリング）
クリス・ケインとローレンス・コナーズ著『アルファフォーミュラ――相関のない戦略で構成する最強ポートフォリオ』（パンローリング）
キース・フィッチェン著『トレードシステムの法則――検証での喜びが実際の運用で悲劇にならないための方法』（パンローリング）
アレキサンダー・エルダー著『投資苑――心理・戦略・資金管理』（パンローリング）
ウィリアム・J・オニール著『オニールの成長株発掘法【第4版】――良い時も悪い時も儲かる銘柄選択をするために』（パンローリング）
ローレンス・コナーズ『DVD　スイングトレードを成功させる重要なポイント』（パンローリング）

第10章

マイケル・キーン
Michael Kean

長期保有とバイオ株のイベントを利用した短期の売りトレードを組み合わせ、一〇年間で年平均二九％を誇る独りマネーマネジャー

マイケル・キーンはニュージーランドで大学生だったときに、趣味で株式投資を始めた。複数の金融サービス会社で四年間、投資やトレードとは無関係の仕事をしたあと、ニュージーランドを離れてロンドンに行き、世界有数の金融センターで自分の関心分野に近い仕事を得ることを望んだ。市場関連の仕事には一度も就けなかったが、彼はくじけなかった。ロンドンにやってきて二年後、スティール・ロード・キャピタルという資産運用会社を設立して、副業で友人や家族のために少額の資産を運用し始めた。最終的には仕事を辞めて、ポートフォリオの運用に専念した。彼は今でも一人で運用を行っている。彼の運用成績は大部分のヘッジファンドの成績を上回っているが、運用資産はかなり少なく（八〇〇万ドル）、多額の運用は望んでいない。

キーンは何年もかけて、長期の株式投資とイベントを利用した短期のトレード――主に、バイオテクノロジー株の売り――を組み合わせた独自の運用手法を考案した。売りポジションのほうでは、反対側にあまり洗練されていない買い手がいそうな状況に焦点を当てている。このトレードは通常、小型株がニュースか近く行われる重要なイベントに反応して、ファンダメンタルズでは正当化できないほど急騰した場合に行われる。

ポートフォリオの投資部分とトレード部分とが逆相関しているため、彼は株価指数を大きく上回るリターンを生み出すと同時に、最大ドローダウンを二〇％以下に抑えることができた。資産運用会社を設立して一〇年間で、二九％の年平均リターン（管理手数料を除く）を達成した。これは同じ期間のＳ＆Ｐ五〇〇の年平均リターン一一％のほぼ三倍だ。彼の月次ＧＰＲ（ゲイン・トゥ・ペイン・レシオ）も二・八六と、Ｓ＆Ｐ五〇〇の〇・九六のほぼ三倍である。

キーンはロンドンに一〇年住んでいたが、ニュージー

ランドなまりが今でも強く、彼が言ったことに戸惑って、ときどきもう一度言ってほしいと頼むときがあった。例えば……。彼がファンドの仕組みよりもマネージドアカウントの仕組みを使う利点について話していたとき、「それでエドマンドを大いに節約できました」と聞こえた。「何を大いに、ですか？」と私は混乱して聞き返した。結局、彼が「アドミン（管理費）」と言っているのが分かった。また、加齢性黄斑変性症（ＡＭＤ）の治療薬の臨床試験について話していたとき、彼は「リスキアー・インジェクション（より危険な注射）」のように聞こえる言葉を言い続けた。これでは意味をなさないので、私は彼の話を止めなければならなかった。「リスキアー・インジェクションって、どういう意味ですか？」と私は尋ねた。彼がその言葉を何回か繰り返して、ようやく「レスキュー・インジェクション（救済のための資金投入）」と言っているのに気づいた。もう一つ例を挙げよう。インタビュー中、株価の値動きについて話す際、彼は「クロージンググレイン」という言葉を使い続けた。株価の動きについて話しているのは文脈から明らかで、何と言っているかを確認するために再び話をさえぎりたくなかったので、私はそのまま聞いていた。この章を書くためにインタビューの録音を聞いていて初めて、「クロージンググリーン（高く引ける）」と言っているのだと気づいた。彼は、私が彼のなまりに苦労しているのを楽しみ、私の誤解を何度か笑っていた。インタビュー後、「私のニュージーランドなまりが解読できないときは、遠慮なく連絡してください！」というメールを送ってきた。

並外れたトレーダー（第5章を参照）で、キーンへの投資家でもあるダルジット・ダリワルは次のように述べた。「キーンは、株式の買いと独自の売り戦略という非常に異なる二つの手法を組み合わせている点でユニークです。これら二つを行えるということは、彼が人としていかに柔軟性があるかを示しています。そして、柔軟性は投機というゲームで重要な要素です」

ニュージーランド人でありながら、どこで相場に興味を持ったのですか。ニュージーランドの市場では、おそらく大した動きはなかったと思いますが。

いや、それは誤解です。実は、ニュージーランドの株式市場は一九八〇年代に強気相場になり、その後は長く停滞しました。子供のときに両親から聞いた話では、株式市場で思いがけない大金を手にしたので、現在所有している農場の頭金を支払えたそうです。ニュージーランドでは一九八〇年代に株式市場が大相場になりました。そのきっかけは、ニュージーランドが世界で最も閉鎖的な経済圏から、数年で最も開放的な経済圏の一つに移行したことでした。関税と補助金と税金がすべて大幅に引き下げられたのです。

それは政権交代によるものでしょうね。

ええ、労働党政権になって、改革されました。

労働党は中道左派ではなかったですか。

そうでした。

それなのに、経済の開放を推し進めたのですか。

おかしいですよね。

まあ、アメリカではそれと正反対の奇妙なことが起きていますけど。共和党員がトランプ大統領の貿易戦争と巨額の財政赤字を支持していますから。

金融規制も大きく緩和されました。これらの政策変更の結果、巨額の資金がニュージーランドの株式市場に流れ込んだのです。

それは海外からの資金ですか、それとも国内の資金ですか。

どちらもあったと思いますが、それは典型的な個人投資家主導の大相場でした。みんなが株を買っていて、両親も同じでした。二人は貯金をすべてつぎ込んで株を買い、一九八七年初めに持ち株をすべて売って農場を買いました。それが、二人の夢だったのです。そのときに株を売ったのは、政府の補助金を利用して家を買っていた人は五年間、家を所有し続ける必要があったからです。二人は五年が経過するとすぐに家を売って、農場を買いました。彼らは非常に幸運でした。五年ではなく、六年の所有義務があったら、話はまったく変わっていたでしょう。アメリカのブラックマンデーはニュージーランドではブラックチューズデーでした。一九八七年にアメリカで株価が暴落すると、ニュージーランドの株式市場のバブルもはじけました。半年で、株式相場は五〇％下げました。それから、そのときの高値に戻るまで二〇年以上かかりました。

ご両親は投資で何％の利益を上げたのでしょうか。

それは分かりませんが、ニュージーランドの株式相場は六倍もの上昇をして、両親は高値を付けて半年以内に売ったので、投資したお金は少なくとも三倍にはなったと思います。

それで、運に恵まれたおかげだとしても、ご両親が農場を買えるほどの大金を株式相場で得たことが記憶に残っていたのですね。彼らが株を売って農場を買ったとき、あなたは何歳だったのですか。

まだ、五歳ぐらいでした。しかし、それは子供のときからわが家で語り継がれてきた話なので、記憶に残っていたのです。父は株式市場のバブルについて異なる見方をしています。自分が儲かったのは純粋に腕が良かったからだと主張しています。

相場やトレードへの関心は、家族の話からどうやって高まっていったのですか。

大学に通っていたころ、相場に興味を持つようになりました。いつも株式市場について話をしていた仲間がいました。結局、その八人で投資クラブを設立しました。一人一〇〇〇ドルずつ出して、共同投資口座を開設しました。最初のうちは、典型的な株式投資クラブのようにミーティングを行って、各人が意見を出していました。でも、そのうちに私ともう一人の友人だけですべてを仕切るようになり、ほかの仲間はその銘柄選択に従っていただけでした。卒業後、その友人は投資銀行に就職したので、参加できなくなりました。そのため、二〇〇四年以降は、私一人でポートフォリオを管理していました。クラブは二〇一〇年まで続きました。

パフォーマンスはどうでしたか。

二〇〇八年までは、良くて平均的でした。二〇〇八年に六カ月で五〇％の損を出しました。それでも、株はバカげているほど安いことに気づきました。投資家の何人かを説得して追加投資をしてもらい、二〇〇九年にはポートフォリオの価値が八八％上昇しました。

どうして投資クラブを二〇一〇年に閉鎖したのですか。

投資クラブを正式な投資の仕組みに変えたかったから

です。二〇〇九年の好成績を利用して、何人かの投資クラブの参加者を説得して、マネージドアカウントの仕組みで私に投資してもらいました。

投資にどれくらいの時間を割いていたのですか。

可能なかぎり、時間を割きました。当時はロンドンで働いていたのですが、幸運にも非常に柔軟な在宅勤務という形態で働くことができました。毎日、朝早く起きて正社員としての仕事をし、午後にアメリカ市場でトレードをしました。それはほぼフルタイムでトレードをしながら、家賃も払えるという独特の状況でした。

なぜニュージーランドを離れて、ロンドンに行ったのですか。

ニュージーランド人は二〇代のときに数年間、ロンドンに行くのが一般的なのです。

ロンドンに引っ越したのは、市場に関連した仕事を見つけるためですか。

ええ、ロンドンは世界の金融センターなので、銀行か資産運用会社で働くといった、私の興味に近いことができると思ったのです。

ロンドンで仕事を見つけるのに何か苦労はありましたか。

二〇〇八年九月にロンドンに行きました（彼は金融危機が起きたときに到着したので、これを言いながら笑う）！　チューブ（ロンドンの地下鉄）から外に出て、配られていた無料の新聞を手に取ったことを今でも覚えています。毎日、前日にシティで解雇された人数が見出しになっていました。その数字はいつも数万人単位でした。

そんな状況で、どうやって仕事を見つけたのですか。

スプレッドシートを使う作業で、三カ月契約の仕事が見つかりました。その三カ月が結局は四年続きました。その後、フルタイムでトレードに専念するために、仕事を辞めました。

マネージドアカウントの仕組みでトレードを始めたとき、どういう戦略を用いたのですか。

最初はバイ・アンド・ホールドの投資とマクロ戦略のトレードを組み合わせることから始めました。マクロのほうでは一度も大きな成功はできませんでした。巨大な市場を対象にトレードをしていて、自分よりも詳しい人が常にいるわけですから、このトレードは気に入りませんでした。最初の大きな成功は、店頭市場で仕手株の空売りをしたときです。それらは、材料が何もないのに五〇セントから五ドルか一〇ドルまで上昇して、一日で暴落する株でした。私は低位株をカバーするリサーチ業者やブログを見つけました。それらのほとんどは株価の上昇に焦点を当てていましたが、私は空売りに興味を持ちました。

そういう株が急騰したあと、再びほぼ無価値になることがあるということは理解しています。しかし、それらがどこまで上昇するかを判断するのは難しそうです。価値のない株が五〇セントから五ドルに上昇する可能性があるのなら、その株は容易に一〇ドルまで上昇する可能性もあります。多大なリスクをとらずに、どうやって空売りしたのでしょうか。

それらの株は通常の株と比べると、独特な値動きをします。典型的なパターンは、株価が五〇セントぐらいから始まり、毎日二〇セントか三〇セントずつ上昇します。重要な節目は、高く引けることができない日です。それは人為的に株価を上げるのに苦労していることを示していて、そこで上昇が終わるのです。

あなたは文字どおり、それらの株が毎日、階段状に上げていき、高く引けなかった日のあとに一直線に下げると言っているのですか。

そうです。最初に下げた日の翌日は六〇～七〇％下げることがあります。これらの株はいつも階段状に制御されて上げたので、これは非常に素晴らしい戦略でした。上場株ではときどき、暴騰し続けることがありますが、これらの店頭株ではそういうことはけっしてありませんでした。

それはいつも成功したのですか。最初に下げた日のあとに、新高値を付けたことはなかったのですか。

それらの株の空売りで大きな損を出したことは一度もありません。ただし、四半期に一回ぐらいは、そういう可能性はあるでしょう。

この戦略をいつまで使ったのですか。

一年か二年、そのトレードをしていました。

一貫して勝ち続けていたのに、どうしてもっと続けなかったのですか。

空売りの対象を見つけるのが非常に難しかったので、この戦略を拡大できなかったのです。それに、大胆な詐欺が横行するようになったので、やがてSEC（証券取引委員会）がこれらの株の取引を積極的に停止させるようになりました。

二年以下の期間に、これらのトレードを年に数回しか行っていなかったとすると、この戦略はポートフォリオの一部しか占めていなかったようです。あなたのトレードの大部分は何に基づいていたのですか。

中核のバイ・アンド・ホールドの投資を除くと、得意分野はバイオテクノロジー株のトレードで、これはやがて、利益の六〇％ぐらいを占めるまでになりました。

どういう戦略を使っていたのですか。

バイオテクノロジー株は優れたトレード手段です。それらには第二相試験と第三相試験の臨床結果などの重要な材料があります。それらは小規模なバイオテクノロジー企業にとって、命運にかかわるイベントです。これらの試験結果で企業の評価が変わるため、大きなトレード機会になるのです。

バイオテクノロジーは非常に専門的な分野です。生物学か医学の専門知識がなかったとすると、こうしたイベントでどうやってトレードができたのですか。

これらの株の値動きには、この分野の専門家でなくても利益を出せるパターンがあります。例えば、相場が堅調なときには、第三相試験の結果の発表など、重要な材料が出る二～三カ月前にバイオテクノロジーの小型株を買うことができます。私はその銘柄が人気化する前や証券会社がその株式を格上げし始める前、そして試験結果が成功すれば株価が急騰しそうだと考えて証券会社の顧客が買い始める前に、それらの株を買っていました。そして、試験結果が発表される前に売っていました。試験結果の発表を期待して二倍になる株もありました。

臨床試験の結果発表のときに、株価が上昇トレンドではなく下降トレンドだった場合はありましたか。

市場が全般的に調整局面のときには、そういう可能性もありますし、実際にありました。でも、この戦略の主な落とし穴は、臨床試験の結果がいつ発表されるかを知る必要があることでした。ほとんどの小型バイオ株（時価総額が一～四億ドルの株）は一般に、優良資産を持っていません。それらの会社が第三相試験の段階にあっても、時価総額がそこまで小さければ、彼らが素晴らしい発見をした可能性が低いことを示唆しています。どこの大手製薬会社でも、第一相や第二相試験の段階で臨床試験の成否について判断をしています。したがって、彼らが第三相試験の段階にある会社にかかわらないと決めたということは、ネガティブな意味を持ちます。

臨床試験の結果が発表される時期を絞り込めないことはありましたか。

結果がいつ発表されるか分からない株を避けるか、結果の発表時に株をまだ保有している可能性を最小限にするために、通常よりもはるかに早く手仕舞いました。

結果が発表されたときに、株をまだ保有していたことはありますか。

まったく予想していないときに結果が発表されたことが二～三回あり、まだポジションを維持していました。

そういう場合にはどうなるのですか。

その株で六〇％か七〇％の損が出ます。

まだ、その戦略を使っているのですか。

ほんの少しです。今の私にとっては、重要度がかなり低い戦略です。アメリカでの薬価は大きな課題であり、バイオテクノロジーはパフォーマンスが悪い状態が続いているセクターです。

ほかにどういう戦略を使っているのでしょうか。

時たま、バイオテクノロジー企業の臨床試験の結果に賭けることがあります。

どういうきっかけで、臨床試験の結果の良しあしに賭けるのですか。

薬自体について何も知らなくても、うまくいかない可能性が非常に高い状況があります。例えば、時価総額が三億ドル以下のバイオテクノロジー企業が抗がん剤で第三相試験を通過した例はありません。

それは、その薬が有望ならば、大手製薬会社がその会社をすでに買収しているからですか。

買収しているか、時価総額が三億ドルではなく、一〇億ドルになっています。

結果発表前の期間に株を買って、結果が発表されるころに売りに切り替えることもときにはあるのですか。

ありますが、売りでは気をつける必要があります。常にサプライズの可能性があるからです。私は通常、そのトレードでは空売りではなく、プットを使います。

バイオテクノロジー株のトレードで、今説明した二つ以外に使う戦略はありますか。

バイオテクノロジー株で行うトレードのほとんどは日中から数日までの短期で、そのほとんどは売りです。

どういう材料でそれらのトレードをするのですか。

もちろん、バイオテクノロジー株の主なニュースは臨床試験の結果に関連していますが、株価に影響するほかのニュース全般も材料になります。それはＦＤＡ（食品医薬品局）の発表の場合もあれば、第三相試験での追加データの発表の場合もあります。会社による何らかの発表の場合もあります。会社が記者会見をして、株価が二〇～三〇％上げることもあります。私の仕事は、そのニュースが予想どおりなのか、何らかの意味があるのか、会社にとって都合の良いように話をしているだけなのかを読み解くことです。バイオテクノロジーはおかしな業界です。そこには、とんでもない宣伝をする経営陣が集まることがあります。

その種のトレードの例を挙げてもらえますか。

今年（二〇一九年）初めのアビンガー（ＡＶＧＲ）が良い例です。この会社は第三相試験で良いデータを発表し、翌日に株価が前日の終値から四〇％近く上昇しました。しかし、報道をよく調べてみると、それは二年前に発表された元のデータの追跡調査データだと分かりました。それはニュースではなかったのです。さらに、会社のファンダメンタルズは悪く、売上高は低迷していて、多額の負債を抱えていました。すぐにこの株を売って、二日以内に手仕舞いました。その時点で、株価は上昇分をすべて消したあと、さらにいくらか下げていました。

昨年（二〇一八年）はあなたが初めて負けた年でした。何が原因だったのですか。

資産が四％減少しましたが、これはS&P五〇〇のパフォーマンスとぴったり一致していました。買いトレードはS&P五〇〇よりもかなり悪かったのですが、売りトレードでかなり補えました。

どうして買いのほうはそんなに悪かったのですか。

中国株でポジションを取りすぎていたときに、貿易戦争で大打撃を受けたのです。JDドットコムで最大の損を出しました。

そこはどんな会社なのですか。

アマゾンの中国版です。最初は株価が割安だった二〇一六年に、二〇ドルぐらいで買ったのです。二〇一八年の初めごろには五〇ドルまで上昇しました。ある程度上げたときに一部を利食いしていましたが、ポジションの三分の二ぐらいはまだ維持していました。二〇一八年までに、大きな変化がいくつかありました。この会社はもう市場シェアを伸ばしておらず、ほかの中国株は下落し始めていました。それらは危険信号でしたが、本当の警告シグナルは、グーグルがこの会社に投資して、グーグルのショッピングプラットフォームでその会社の製品を宣伝する契約を交わした、という発表が会社側からあったときでした。株価はこのニュースに反応してギャップを空けて上げ、その日の高値近くで寄り付きました。しかし、その後急落して引けました。その日よりも前の、ファンダメンタルズに変化が起きたときに手仕舞っておくべきでしたが、最悪の間違いはその日の値動きを無視したことでした。生計を立てるためにトレードをしている身としては、もっと慎重であるべきでした。その後の数カ月で、再び二〇ドルまで下げました。

そして、下げているのに、ずっと持ち続けたのですか。

（彼は笑いながら）ずっと持ち続けましたね。

そんな間違いをしたことが以前もありましたか。

はい、初めてトレードをしたときに。

どうして、JDドットコムで同じ間違いを繰り返したた

と思いますか。

一つには、そのポジションがとても気に入っていたからです。また、短期トレードが絶好調だったので、そのポジションを持っていても問題ないと、自分を正当化したのです。

株価が再び二〇ドルまで下げたときは、どうしたのですか。

二〇ドルだと、株価は再びとんでもなく割安になったので、高値で売った分を買い直しました（その後、二〇二〇年の春までに、株価は完全に高値まで回復し、史上最高値を更新している）。

短期トレードはすべて、バイオテクノロジー株ですか。

大多数はそうですが、約二〇％はほかのセクターです。一例を挙げると、マクドナルドがカナダのレストランの一部でビヨンドミート（ＢＹＮＤ）の代替肉を実験的に提供すると発表したので、最近、ビヨンドミートを売りました。ニュースでは、相場は終値で一三八ドルだったのが、寄り付き前には一六〇ドルを大きく上回っていました。

どうして売ったのですか。

バイオテクノロジー株の売りについて、これまで話してきたのと同じ考えでした。マクドナルドがビヨンドミートの代替肉を実験的に提供すると発表したのは大変良いことでしたが、ビヨンドミートは上場以来、この種の発表を行ってきました。マクドナルドはまだ契約を交わしていない唯一の大手チェーンでした。ですから、これは完全に予想されたニュースでした。

つまり、ニュースはすでに株価に織り込み済みだったということですね。

株価はそれを大きく超えて上げていたと思います。今年（二〇一九年）に上場後、この株は二～三カ月で四五ドルから二四〇ドルまで急騰しました。浮動株が少なくて、踏み上げがあったせいで、極端な上昇をしたのです。創業者たちが持ち株の一部を売却しているというニュースが流れると、株価は二週間足らずで一四〇ドル以下まで急落しました。つまり、私が売ったもう一つの理由は、マクドナルドに関するニュースが出たとき、ビヨンドミートの株価がすでに下げていたからです。株価がまだ急騰段階だったら、そのニュースで売りを仕掛けることはなかったでしょう。株の性質が一変したので、売る気になっただけです。

そういう強気のニュースで株価が上昇しているときに空売りをする場合、どれくらいのリスクを許容できると考えているのですか。

その場合は損切りの逆指値を置いて、相場がポジションに対しておおよそ一〇％逆行するまで許容するでしょう。バイオテクノロジー株以外のポジションでは、ポートフォリオの約〇・三％しかリスクをとらずに、ポジションサイズはそれに合わせます。生計を支えるのに貢献しているバイオテクノロジー株では、一回のトレードでポートフォリオの一％近くのリスクをとることもあります。特に良いセットアップが形成されたら、二％か三％のリスクをとる場合もあります。

ポートフォリオにさまざまな戦略を組み込むとき、どういう構成にしますか。

通常、ポートフォリオのおよそ六〇％で買いポジションを取ります。この比率は、市場全般がどれくらい割安かや割高かを判断することによって変わります。残りの部分で短期トレードを行い、ときどきより長期のバイオテクノロジー株の空売りをします。株式の買いに六〇％、債券の買いに四〇％を割り当てて、債券を分散に用いる典型的なポートフォリオに例えると、私の六〇対四〇のポートフォリオでは短期のトレードが分散の役目を果たします。

空売りは短期トレードの何％ですか。

約七〇％です。

ポートフォリオで買いポジションを取る株式はどうやって選ぶのですか。

買いのほうは二つに分けることができます。一つ目は大型株で、これは無差別に売られていると判断したときに買います。二つ目は利益成長率が高い小型株です。

無差別に売られているときに買った大型株の例を教えてください。

現在、保有しているのはバイエルです。この会社は一年以上前にモンサントを買収しました。その直後に、モンサントは除草剤でガンになったと主張する人々から大量の訴訟を起こされました。そのため、株価は過去の平均的な評価水準よりも四〇～五〇％割安になっています。市場は三〇〇～四〇〇億ユーロの賠償を織り込んでいると言えます。私の見方では、この金額はとんでもない想定です。タバコの訴訟を除いて、一〇〇億ユーロを超える和解金の支払いは一度もありません。モンサントは五～一〇億ユーロぐらいで和解すると思います。

小型株はどうやって選ぶのですか。

通常は急成長している会社を探します。年間売上高が少なくとも二〇～三〇％増えていて、規模は大きくありません。そのため会社はおそらくまだ赤字ですが、経営が順調であれば、二～三年以内に妥当なＥＰＳ（一株当たり利益）になり、株価は二～三倍になる可能性があります。目標を達成して利益を出し始めたら、株価上昇の材料になるので、私はこういう急成長株が好きです。

リスク管理はどのように行っていますか。

不況期には、市場は通常、二〇～三〇％下げます。六〇％の買いポジションが市場とほぼ同等のパフォーマンスだとすると、一二～一八％ぐらいの損失が出るでしょう。短期トレードと売りポジションでその損失を補うことにしています。

つまり、リスク管理でカギとなる要素はポートフォリオの構成ということですね。個々のポジションのリスク管理はどうするのですか。

近く発表される臨床試験の結果が良くないと思われる会社を探して、空売りをしますが、その場合にとるリスクは一～二％です。今は、資産が年初から二〇％以上増えているので、一回のトレードでそれ以上のリスクをとっています。前に話したビヨンドミートのトレードのような、典型的な短期トレードでとるリスクは〇・三％です。

最も苦痛だったトレードはどういうものでしたか。

二〇一二年に行ったトレードです。まだトレード歴が浅く、現在のようなリスク管理をしていなかった時期でした。ブロードビジョン（ＢＶＳＮ）というテクノロジー株がわずか一カ月余りで四倍になりました。経営陣でさえ、株価がなぜそこまで上昇したのか分からないと言っていました。きちんと事業を行っている会社でしたが、株価は仕手株と同じように動いたので、私は仕手株と同じようなトレードをしました。株価は一カ月余りで八ドルから三〇ドル以上まで上げました。私は初めて下げたときに空売りをしました。ところが、いったん上昇トレンドが崩れると下げ続ける仕手株とは異なり、この株は再び急騰しました。数日で二倍近くになり、ポートフォリオの価値の約一〇%を失いました。もう手に負えなくなって、損切りをしました。

結局、その株はどうなったのですか。

五六ドルまで上昇して、八ドルまで下げました。

その後、一回のトレードで大損をしたことはありますか。

ポートフォリオのトレードの部分では、それ以上の損を出したことはありません。大きな損失は常に買いのほうで生じています。

それは、ポートフォリオのトレードの部分（主に売り）を、投資（買い）でヘッジしようとしているため、投資の部分には損切りの逆指値を置かないからでしょうか。

そのとおりです。

買いポジションで含み損が大きくなり、そのトレードは間違っていたと判断して損切りをしたことはありますか。

二〇一四年の残り一カ月という時点で、資産が三五%増えていたので、もっとリスクをとってもかまわないという気になりました（思い出し笑いをする）。残念なことに、そこで思いついたトレードは、当時大きく痛手を被っていた石油・ガスセクターの下落がきっかけでした。今振り返るとバカげているのですが、パイプライン事業を行うロシア企業の株やＭＬＰを大量に買い始めました。株価は七〇%も下げていたので、それ以上は下げないと思っていたのです。ところが、実際にはもっと下げました。

そして、それらはポートフォリオの買いの部分だったので、損切りの逆指値を置いていなかったのですね。

そういうことです。

判断を誤ったと考えて、手仕舞ったのはいつですか。

二週間後に、それらの株で資産の七％を失った時点で手仕舞いました。それらのポジションをもう二～三週間持っていたら、わずかな損で手仕舞えていたでしょう。でも、私にはそれらのポジションを維持する理由がありませんでした。

それは、それらの株が通常では行わないたぐいの投資だったからですか。

そうです。それらは私の得意分野とは何の関係もありませんでした。それは単なる無謀なトレードにすぎませんでした。バイオテクノロジー株の空売りのように良いセットアップが形成されるのを待つのではなく、それらの株について何も知らないのに、大きく下げていたという理由だけで買うのに熱中してしまったのです。

自分の手法から外れたのはそのときだけだったのですか。

ええ。それ以来、自分の得意な手法から外れないように自分を律しています。

トレードを始めたときに知っておきたかったことで、今知っていることは何ですか。

自信過剰ではなく、自信があまりないほうがいい、ということです。トレードを始めたばかりのころは、株について何か調査をすると、自分が一番よく知っている気になっていました。今はその正反対です。自分は愚かだと思い、そのつもりでトレードをしています。勝率は良くて五〇～七〇％ぐらいでしょう。ですから、常に、トレードがうまくいっていない場合は手仕舞う理由を探しています。

負けている時期には何か違うことをしますか。

トレードは続けますが、一トレード当たりのリスクを減らします。通常、良いセットアップで一％のリスクをとる場合は、それを〇・三％まで減らします。

トレーダーになりたい人に、どういうアドバイスをしますか。

●粘り強さが必要です。きちんとしたエッジ（優位性）を手に入れるには時間がかかると認識しましょう。
●自分のエッジを知り、そのエッジを中心にトレードを行うプロセスを考え出す必要があります。

●自分の間違いからしっかり学べるようになる必要があります。間違いから何かを学ぶまで、すべての間違いを分析し、学んだことを自分のプロセスに取り入れましょう。

●困難な時期を乗り切るには、トレードが大好きでなければなりません。

リスクが非常に高いと思われるトレード――例えば、臨床試験の結果発表に基づくバイオテクノロジー株の売りや、会社の発表で翌日にギャップを空けて上昇した株の空売り――がキーンのリスク管理戦略の核になっているとは皮肉な話だ。

キーンの適切なリスク管理は個々のトレードの水準（トレードごとに損失を抑える）とポートフォリオの水準の二つの層から成る。ポートフォリオの水準にも、二つの要素がある。まず、個々のトレードと同様に、ポートフォリオ全体の損失を抑えるためのルールがある。このルールには、損失が拡大するにつれてイクスポージャーを減らす決まったプロセスか、損切りをする一定の比率が含まれる。ポートフォリオの水準でのリスク管理の二つ目の要素は、ポートフォリオの構成に関係している。相関性の高いポジションは一定の範囲に限定される。ポートフォリオに無相関か、さらに良いのは逆相関しているポジションを含めると理想的だ。

キーンのトレードの基本理念には、無相関や逆相関のポジションから成るポートフォリオを構築するという考えが中心にある。株式のバイ・アンド・ホールドのポートフォリオでは、ほとんどのポジションの相関が高くなるという問題に直面する。キーンのポートフォリオの大半も株の買いポジションで構成されている（この比率は、株式市場全般をどれくらい割安・割高と彼が判断しているかによって変わることもあるが、平均で約六〇％だ）。キーンはこの部分を、株式の買いポジションと逆相関するトレード戦略と組み合わせることで、相関性の高いポジションで構成される株式投資部分の問題を解決する。

ポートフォリオのトレードの部分は、ほとんどが非常に短期のトレードで構成されていて、一部にバイオテクノロジーセクターの中期の売りポジションが含まれる。短期トレードの四分の三近くとバイオテクノロジー株の中期トレードが売りポジションであるために、逆相関が得られる。トレード部分の買いポジションでさえ、その会社の固有のイベントに基づくデイトレードなので、株式の保有部分とは無相関である。二つの逆相関部分がポートフォリオに入っていることで、弱気相場での下振れリスクを抑えつつ、株式の長期的な上昇を享受できる。

バイオテクノロジー株の売りで株式の保有部分をヘッジするというキーン独自の手法は、ほとんどのトレーダーには使えないし、勧めることもできない。しかし、読者に関係するのは、ポートフォリオのリスクを減らすための彼の手法ではない。重要なのは、無相関、できれば逆相関のポジションを探すという考え方だ。トレーダーはトレードに集中するだけでなく、トレードがポートフォリオ内でどういう組み合わせになるかにも注意を払う必要がある。

キーンは個々のトレードでもリスク管理を行う。これは理論的には無限大のリスクがある売りトレードでは特に重要だ。彼はトレード歴が浅い時期に、判断を誤った場合にどうすべきかの計画もなく急騰株を空売りして痛い目に遭ったことで、個々のトレードでリスクを抑えることの重要性を学んだ。株価は数日で二倍近くになり、ポートフォリオは一〇％の損失を被った。これは彼のトレード歴で最大の損失だった。彼はこの過ちを二度と繰り返さなかった。彼は通常、得意なバイオテクノロジー株のトレードではリスクを一％に抑え、それ以外のトレードではわずか〇・三％に抑える。また、株式の買いポジションでは損切りの逆指値を使わないが、大型株を買うときには大きく売り込まれたあとだけにして、さらに下げるリスクを限定している。

通常、キーンは自分の戦略の基準に合った場合にしかトレードをしない。しかし、二〇一四年の終わり近くに、この規律を緩めてしまった。その年は残りあと一カ月という時点で、資産が三五％増えていた。彼はこの利益を考えると、リスクを大きくとっても問題ないと思った。彼はエネルギー関連株が急落していたので、それらをまとめて買ったが、そのトレードは彼の通常の手法とは何の関係もなかった。二週間以内に、彼はその年の利益の七％を失った。トレードが特に好調なときには、いい加減になりやすい。パフォーマンスが良い時期には調子に乗らないように気をつけよう。

ファンダメンタルズに関する重要なニュースで予想に反する値動きが起きた場合、重要なシグナルであることが多い。グーグルとの取引を発表後のＪＤドットコムの値動き——最初に上昇したあと急落して引ける——は、この原則の完璧な例だった。その後、株価は急落し続けたからだ。

第11章 パベル・クレイチー
Pavel Krejci

決算発表直後の買いのデイトレードだけで、一一年半（実質的な売買期間は年四カ月）で年平均三五％を成し遂げる元ベルボーイ

パベル・クレイチーって、だれだろう（アイン・ランドには申し訳ない）。彼の口座資金額がファンドシーダー・ドット・コム（https://fundseeder.com/home）のランキングのトップ一〇に常に入っていて、トップ五に入ることも多いのを見て、私はこう思ったのだ。ファンドシーダー・ドット・コムはトレーダーにパフォーマンスの分析を無料で行ったり、証券口座をこのサイトにリンクさせると、実績を証明する機能を提供したりするサイトだ（完全開示　私は共同設立者として、ファンドシーダー・ドット・コムと金銭的な利害関係がある）。

クレイチーのエクイティカーブ（資産曲線）を見ると、いつも着実な上昇トレンドになっていて、ほとんど四半期ごとに上昇していた。リターンデータの流列は巨額詐欺事件を起こしたマドフのものに似ていたが、クレイチーの口座は「証明済み」であるため、私はこの数字が本当だと分かった（口座は有名な証券会社にリンクしているため、彼のリターンはそこから直接得られた）。私はついに、彼に電話をして、この見事なフォーマンスについて話を聞いた。分かったことは次のとおりだ。

クレイチーはチェコに住んでいる。高校卒業後は一年間、兵役に就いた。その後、プラハで一〇年間、ベルボーイとして働いた。途中でレストランを開業したが、お金が必要だったのでベルボーイの仕事も続けた。彼はこの時期、仕事と事業のために一日一四時間も働いた。レストランは一〇カ月で閉鎖に追い込まれた。彼は事業で失敗した理由を説明する際に、「私は人を管理することができなかったのです」と言った。

まだベルボーイとして働いていたときに、トレーダーになりたいと思い、二万ドルで株式口座を開設した。最初のトレードはうまくいかなかった。六カ月で当初資金の八〇％を失い、二〇〇五年末に口座を閉鎖した。彼はその後六カ月をトレード手法の研究と開発に費やした。

二〇〇六年半ばまでに、彼は大事な発見をしたと確信した。そして、二万七〇〇〇ドルで再び株式口座を開設した。これには兄からの借金も含まれていた。一年余りで、口座資金を二倍以上に増やし、これでベルボーイの仕事を辞められると思った。

クレイチーは株の買いだけで一四年間運用してきた株式トレーダーで、同じ運用をするプロのマネジャーの九九％以上に勝っている。九九％ではなく、九九・九％と言ったほうが正確かもしれないが、確認するデータがない。

トレードを再開した最初の二年半（二〇〇六年半ばから二〇〇八年末まで）に、彼は四八％の年平均リターンを達成した。この年平均リターンよりももっと印象的なのは、二〇〇八年に株を買うだけのロングオンリー戦略で資産を一三％増やしたことだ。この年にS&P五〇〇は三七％も下げたのに、だ！　残念ながら、彼はこれら初期のトレードについては年次報告書しか持っていなかったので、リターン・リスク指標の計算に含めることができなかった。

その後の一一年半の年平均リターンは三五・〇％（S&P五〇〇は一三・六％）であり、日次データに基づく最大ドローダウンはわずか一三・二％だった（月末のデータでは七・〇％）。彼のリターン・リスク指標は際立っていた。調整ソルティノレシオは三・六、月次GPR（ゲイン・トゥ・ペイン・レシオ）は六・七、日次GPRは〇・八一だ（これらの統計数字の定義と解釈については**付録2**を参照）。これらの数字は対応するS&P五〇〇の三～七倍である。彼の初期の実績がこの計算に含まれていたら、S&P五〇〇をさらに大きく上回っていただろう。また、彼の実績は非常に一貫していて、全四半期の九三％でプラスのリターンを達成している。

クレイチーは『**マーケットの魔術師**』シリーズに登場する人物のなかで、口座資金が圧倒的に少ない。彼の取引口座にある資金はいつも五万～八万ドルの範囲だ。彼は出来高が非常に多い大型株でしかトレードをしないので、これよりもはるかに多額のポートフォリオでも、彼の手法を使うのは容易だ。トレードをした株の流動性と並外れたパフォーマンスを考えると、彼の口座資金はどうしてそこまで少ないのか疑問に思うだろう。答えは簡単だ。彼は利益を生活費に回しているのだ。そのせいで、彼のリターンは一貫して並外れているが、口座資金を増やすことはできなかった。

私は二〇二〇年にクレイチーにインタビューをした。この時期は世界的にコロナウイルス感染症が流行したために、旅行や個人的な会合ができなかった。そのため、私たちの「会議」はズームを介して行われた。

クレイチーは株式を買うだけの戦略で、どうやって並外れたパフォーマンスを出せたのだろうか。それが私たちのインタビューの主題だった。

あなたの学歴が高卒だということは知っています。大学に行こうとは思わなかったのですか。

私は成績があまり良くありませんでした。今振り返ると笑える話ですが、高校の経済学の先生に、「パベル、君は経済学に関係がある仕事では絶対にうまくいかないな」と言われたのを覚えています。高校の成績は一から五までの五段階評価で、最高は一で最低が五でした。経済学は三でした。数学はもっと悪くて四でした。大学ではたった一日もやっていけないと分かっていました。トレードでは、教育はそれほど重要ではないと思います。トレードを学ぶ情熱のほうがはるかに重要です。

トレードを始めたきっかけは何ですか。

ホテルで働いていたとき、多くのビジネスマンがウォール・ストリート・ジャーナルやフィナンシャル・タイムズを読んでいるのを見かけました。「そこに座って新聞を読み、電話をかけて注文を出すだけとは、なんて素晴らしい仕事なんだ」と思いました。トレードで生計を立てられたら、言うことなしだ、と思いました。もちろん、私はそれまで一度もトレードをしたことがなく、何も知りませんでした。二〇〇五年に株式口座を開設して、トレードを始めました。

アメリカ株をトレードしていたのですか。

最初から、アメリカ株をトレードしていました。

市場やトレードについて知るために、どういう本を読んだのですか。

チェコ人の著者によるテクニカル分析の本を何冊か読みました。チェコ語に翻訳された『**マーケットの魔術師**』（パンローリング）も読みました。

トレードを始めたとき、どういう手法を使ったのです

か。

手法というものは何も持っていませんでした。株価が上げているように見えたら、その株を買いました。損切りの逆指値を置かなかったことが最大の問題でした。

口座の資金はどれくらいだったのですか。

二万ドルでした。

その資金はどうなったのですか。

半分を失って、トレードをやめました。トレードが下手だったからですが、もっと大きな問題は地元の証券会社から一〇〇株につき往復で一〇ドルの手数料を取られたことです。これほどの手数料を取られていたら、デイトレードでは利益を出せません。

どれくらいの期間、トレードを中断していたのですか。

半年以上、トレードをしませんでした。口座に入れるお金をためて、兄からさらに五〇〇〇ドルを借りたので、少なくとも一日三回デイトレードを行える資金が作れました。

その期間に手法を考え出したのですか。

ええ。それは現在使っている手法と似ていました。最大の違いは、当時はトレードをする株の出来高や流動性に注意を払っていなかったことです。

このころは、まだベルボーイとして働いていたのですか。

ええ。一年を通して利益を出せるようになってから、仕事を辞めるつもりでした。二〇〇七年の終わりごろに実際に辞めることができました。

それ以来、トレードの利益で生活をしてきたのですか。

はい。それと、最初のころはスポーツ賭博で少しお金を稼ぎました。一部のブックメーカーに勝つのは難しくありませんでした。ただし、こちらが何をしているかを知られると、追い出されます。

どういうスポーツに賭けていたのですか。

あらゆるスポーツに賭けました。どのスポーツでも違いはありませんでした。

どういう方法で賭けたのでしょうか。

シュアベットと呼ばれる手法です。一種の裁定取引です。

ブックメーカーが自分たちの分け前を取るのに、なぜ裁定取引ができるのでしょうか。

両側に賭けるのです。例えば、ドイツとイギリスの試合があるとします。同時に、イギリスのブックメーカーでドイツに、ドイツのブックメーカーでイギリスに賭けるのです。

どのチームを応援するかは国によって違うので、オッズも国によって違うということですか。

そうです。ほとんどの人が自国チームに賭けるので、ブックメーカーは試合の直前にオッズを調整する必要があるため、自国チームへの払い戻しを減らして、外国チームへの払い戻しを増やします。そのため、一時的に、通常は数秒ですが、裁定取引ができる時間があるのです。そこを素早くとらえる必要があります。賭けの利益は非常に少なかったのですが、負けることはありませんでした。彼らが私の賭けを受け付けなくなり、私の口座を閉鎖するまでの約一年半、それを続けました。

トレード法を考案するのにどれくらいの時間がかかりましたか。

一年ちょっとです。当時はまだフルタイムで仕事をしていました。仕事と株の調査とトレードで、一日一六時間ぐらいを費やしていました。

試してから捨てた手法はありますか。

最初はさまざまな手法を試しました。中期のトレードも試しましたが、ポジションを維持し続けるのは自分の性格に合わないと分かりました。

それで、どういう手法が自分に向いていると思ったのですか。

一日で大きく動く株を探しました。一九九七年までさかのぼってチャートを見ると、年に四回、一日の値動きが非常に大きい銘柄がたくさんあることに気づきました。最初は、なぜそういうことが起きるのか不思議でしたが、決算発表のせいだと分かりました。そして、決算発表の翌日の値動きには似ている点があることを発見しました。

データを持っていた一九九七年までさかのぼっても、それは当てはまりました。

決算発表だけに基づいてトレードをしているのなら、トレードのほとんどは短い期間に集中していると思いますが。

ええ、トレードのほとんどは、決算発表が集中する各四半期の約一カ月の間に行います。一部の決算はこれらの期間から外れた時期に発表されます。そのため、一年のうち、多くのトレードを行うのが四カ月、トレードの回数が少ない期間が三カ月、調査に集中する期間が五カ月になります。

どういう調査をしているのですか。

それまでのトレードを見直して、どうすればもっとうまくやれたかを確認します。例えば、もっとあとで売っていたら、利益が増えていただろうか、といった疑問に対する答えを見つけようとします。

その調査を手計算でするのですか。

そうです。私の仕事は九五％がアナリストで、五％がトレーダーです。トレードは頻繁にはしません。トレードをする前に勝率が高い機会を見つける必要があるからです。

フォローしている株の銘柄数はどれくらいですか。

二〇〇～三〇〇銘柄ぐらいです。

それらの株には共通の特徴がありますか。

一日の出来高が非常に多い株です。私は決算発表の翌日にトレードをするのですが、その日の平均出来高が五〇〇～一〇〇〇万株あるものを対象にします。

あなたのトレードサイズは非常に小さいので、流動性は問題にならないはずですが、どうして出来高が多いことが最も重要なのですか。

何年も前に、いつかもっと大きな口座資金でトレードができるようになるかもしれないと思っていました。そこで、目についたどんな株でもトレードをするのをやめて、流動性が高い株に絞ったのです。

では、成功して運用する資産を集められたら、同じ手

法を使い続けられるというのが動機だったのですか。

そういうことです。

決算発表後のトレードでは、買いも空売りもするのですか。

いいえ、買い手にしかなりません。空売りはまったくしません。

弱気の決算発表ではなく、強気の決算発表後に行うトレードは何％ぐらいですか。

トレードの八〇％と利益の九〇％は、上昇トレンドにあって強気の決算発表が行われた株と言えるでしょう。

決算発表は強気だったが、下降トレンドの株を買うことはあるのでしょうか。

ありますが、そういう機会はまれです。そのセクター全体が強ければ、株価のトレンドはそれほど重要ではないので、下降トレンドの株でも買う場合があります。

強気の決算発表後に買う理由は、寄り付きで市場が決算内容を十分に織り込んでいない場合、適切なタイミングで買えば利益を得る機会があるからだと思います。しかし、弱気の決算発表後に買う理由は何でしょうか。

下降トレンドで売り残が多い株には、大きく売られ過ぎているせいで、弱気の決算でもプラスの反応を示すものがあるのです。

決算内容と株価のトレンドには四つの組み合わせがあります。

①株価は上昇トレンド、強気の決算発表
②株価は上昇トレンド、弱気の決算発表
③株価は下降トレンド、強気の決算発表
④株価は下降トレンド、弱気の決算発表

あなたは利益の九〇％は①で得ているとおっしゃいました。それなら、ほかの三つのトレードをわざわざする理由は何なのでしょうか。

①のトレードはリターン・リスク比も一番高いのです。問題は、私がフォローしている銘柄のなかから、株価が上昇トレンドで決算も強気のものを常に十分な数だけ見つけられるわけではない、という点です。ですから、①のトレードを補うために、頻度が低いほかの三つでもトレードをする必要があるのです。

決算発表後にトレードをするかどうかを何で決めるのですか。

私はトレード対象の銘柄すべてについて、決算発表後の値動きのチャートを一五年分ぐらい持っています。株価が横ばいか下降トレンドではなく、上昇トレンドだったときに、決算発表後にどういう動きをしていたかを調べます。最も良いのは、市場全般が横ばいから下落に転じているときに、トレード候補の銘柄が上昇トレンドを形成していて、強気の決算発表が出た場合です。そのときは、市場全般の上昇の単なる反映ではなく、その銘柄そのものが強いことが分かるからです。

ほかに探している価格パターンはありますか。

ええ、最高の状況は、上昇トレンドのときに人々が決算内容を心配して、発表前に株価が押すときです。そういうときに決算が強気だと、発表前にいったん手仕舞った人々が一気に買い直す傾向があります。

決算発表後に買いの良い候補になるパターンがほかにありますか。

ええ、前回の決算発表が弱気だった場合、今回も同じことが繰り返されるのではと心配して、多くの買い手がいったん手仕舞います。決算発表が強気だった場合、彼らは買い直します。

前回の決算発表が弱気なのに、なお株価は上昇トレンドであることが強気の指標になる理由が、もう一つ考えられます。基本的に、こうした状況は、その株が前回の弱気な決算発表後に上昇トレンドを再び形成できたことを意味します。弱気のニュースを無視できたということ自体が、強気の指標です。決算発表後にトレードをするかどうかを決める際に、ほかに検討することはありますか。

私が検討するのは、業績予想をどれくらい上回ったか、売り残がどれくらいあるか、プレオープンでの出来高がどれくらいあり、どういう値動きをしているか、などです。

トレードをするかどうかは、決算発表に対して株価が最低でも何%か動くかどうかによりますか。

まさにそのとおりです。

すべての株を同じ方法でトレードしているのですか、それとも株によってトレード法に違いがありますか。

すべての株を同じように分析します。また、すべてのトレードで損切りの逆指値を置きます。

一回のトレードでどれくらいのリスクをとりますか。

仕掛け値の約四～五％下に逆指値を置きます。

買い注文と同時に置くのですか。

買って一秒後に逆指値の注文を出します。

決算発表後のプレオープン市場でトレードをするのですか、それとも通常の取引時間まで待ちますか。

通常の取引時間まで待ちます。しかし、その株のプレオープンでの値動きは、私が見る最も重要なことの一つです。また、その株をフォローしているアナリストのコメントや目標株価の修正にも特に注意を払っています。私はすべてのアナリストが過去にその株について語ったことをノートにまとめています。彼らの過去の株価目標はいくらで、それをどのように変えてきたのか。三年前の発言と比べて、現在はどう言っているのか。アナリストのこれまでのレーティング評価に株価はどう反応していたのか。アナリストは常に間違っていると言われます。それは一般的には当てはまるかもしれませんが、決算発表の翌日には、彼らのレーティングが値動きに重要な影響を及ぼすことがあるのです。

寄り付きで買うのですか。

寄り付いて数分後から三〇分くらいまでのどこかで買いますが、出来高が最も多い最初の三〇分間に必ず注文を出します。

なぜ寄り付きではなく、寄り付き後にしばらく時間を置いてから買うのですか。

寄り付きとその直後は、売り気配値と買い気配値の開きが非常に大きくなることがあり、非常に高いところで約定する恐れがあるからです。また、損切りの逆指値を置くには、相場が落ち着くまで待つ必要があります。寄り付き後数分以内に買って逆指値を置けば、たとえトレードの判断が正しかったとしても、ふるい落とされる恐れが非常に大きくなります。

押し目買いができるまで待ちますか、それとも寄り付き後しばらくして買いますか。

それはその銘柄の過去の値動きのパターンによります。銘柄ごとに動き方も異なりますから。寄り付き後に反落しやすい銘柄もあれば、すぐに上げていきがちな銘柄もあります。例えば、先ほど話した状況で、前回の決算発表が弱気だった銘柄はすぐに上がると考えられるので、通常は寄り付き後かなり早いうちに買います。

どこで手仕舞うかをどうやって決めるのですか。

それは値動きによりけりです。特に売り残が多いと、一日の早い段階で大幅に上げることがあり、その場合は利食いをします。しかし、目立った動きがない場合は通常、大引けまで待ってから手仕舞います。

特に苦痛だったトレードはありますか。

トレードを始めたころ、一回のトレードで口座資金の三〇％を失ったことがあります。名前すら覚えていませんが、ある株を買いました。最初は上げていましたが、その後下げ始めました。私は再び上げると思い続けていましたが、もう二度と上げませんでした。損切りの逆指値も置いていませんでした。

その株をいつまで持ち続けたのですか。

何週間も持ち続けました。それが私にとって最大の間違いでした。その後、私は二度と翌日まで持ち越していません。

そのとき以来、すべてのトレードで損切りの逆指値も使い始めたのですか。

そうです。それを使わなかったら勝ちトレードの比率は上がりますが、リターンはおそらくほぼ変わらず、ドローダウンははるかに大きくなるでしょう。

勝率は何％ぐらいですか。

約六五％です。

勝ちトレードでの利益は負けトレードでの損失よりも大きいですか。

勝ちトレードでの平均利益は負けトレードでの平均損失の約一・五倍です。

大損をしたトレードで逆指値を置かなかったこと以外に、トレードで犯した間違いはほかにありますか。

私の最大の間違いは、十分に積極的でなかったことでしょうね。私がこれほどリスクを嫌う人間でなければ、私の手法ではもっと利益を出せるでしょう。一五％か二〇％のドローダウンを被ったら、私はトレードをやめるでしょう。私はトレードで三回続けて損をしたら、とても苦痛を感じます。

おおざっぱに言うと、あなたは毎年稼いだ利益を口座から引き出していて、取引口座の金額はほぼ変わらないままに見えますが。

トレードで稼いだお金はすべて、生活費に回しています。私の口座の資金が一〇年前とほぼ変わらないのを見るのは悲しいことですが、それが現実です。

まったく利益を出せない年があったら、どうなるのですか。

一年間、利益を出せなくても、生活はできます。二年間、何も利益を出せなければ、やめるしかないでしょう。そこでトレードは終わりにするでしょう。

トレードで生計を立てることに満足していますか。

満足しています。これは私の性格によく合っています。私は独りでやるのが好きなのです。大勢の人たちと働くと落ち着けません。私は釣りをし、森を散歩し、庭仕事をして、トレードをする生活に満足しています。これらはすべて、私一人でできる活動です。私は自分が平均的な教育を受けた平均的な人間にすぎない、と分かっています。昔、自分に何ができるか考えていたとき、成功するかどうかが同僚や上司やほかのだれかによって決まるのではなく、自分だけの力で決まるものを見つけたいと思っていました。自分で稼げたら、それは素晴らしいことです。損をしたら、それは自分が間違ったせいです。トレードはこの点で最高です。成功するか失敗するかが自分だけの力で決まる仕事は、そんなにありません。

トレードで成功したのはなぜだと思いますか。

私が成功したトレーダーかどうかは分かりませんが、成功しているとすれば、それは私が損を出すのを嫌うからです。負けているときは必死になります。そういうときは、トレードを改善する方法を見つけること以外、何も考えられません。この点で、負けている時期は、実はその後のトレードに役立っているのです。

おそらく、このインタビューで最も重要なメッセージは、成功は可能だということだ。過去二〇年間にトレードの定量化が一気に進んだことを考えると、多くの個人トレーダーや投資家は、まだ自分でも成功できるだろうかと思っている。確かに、博士号を持つ人を多く抱える資金運用会社に個人トレーダーが太刀打ちできるだろうかと思っても不思議ではない。

株価指数連動型投資信託などのベンチマークを上回れないという意味で、個人の市場参加者の大半が成功していないことは事実であり、この基準に照らせば、プロのマネーマネジャーの大半も成功していない。しかし、クレイチーは今なお、個人トレーダーでも成功できるし、優れた成績を残せるということを示した。彼は高校以上の教育を受けず、指導者もいなかった。資金も最低限しかなかった。それでも、彼はロングオンリー戦略の株式運用会社やヘッジファンドの九九％をはるかに上回るパフォーマンスを達成する手法を開発した。また、彼はトレードの利益で一四年間、生活してきた。

クレイチーは成功するにしろ失敗するにしろ、自分の責任でできる仕事をしたかったので、トレードで生活する道を選んだ。ここで注目すべき言葉は責任だ。勝つトレーダーは、結果に責任を負うのは自分だということを理解している。彼らが損をしたら、次の二つのうちのどちらかの説明をするだろう。「私は自分の手法に従っていた。負けたトレードは避けられない比率の範囲内だった」と言うか、「私は間違いを犯した。それはまったく自分のせいだ」と言うかだ。一方、負けるトレーダーはいつも負けた言い訳をする。彼らは「他人の間違ったアドバイスに従った」とか、「市場が間違っていた」とか、「高頻度取引業者のせいで価格がゆがめられた」などと言う。政治のことは別にして、トランプ大統領は間違いや失敗の責任をけっして負わないので、彼がトレードをすればひどい結果になるだろう。

クレイチーは自分の性格に合った手法を見つけたおかげで、最終的に成功したトレーダーの一例になった。彼はポジションを翌日に持ち越すのが不安だった。「持ち続けるのは自分の性格に合わない」と彼は言う。決算発表の翌日にだけトレードをすることで、彼はリスクを許容範囲に抑えながら大きな利益を出せるデイトレードの戦略を考案できた。教訓は、市場で成功するには、自分にとって快適なトレード法を見つける必要があるということだ。自分の手法に違和感がある場合は、それを変える方法を考え出す必要がある。

私がインタビューをした非常に多くのトレーダーに共通する特徴の一つは、仕事に熱心に打ち込むところだ。クレイチーは自分のトレード法を確立するために、日中の仕事と市場についての調査のために一日一六時間を費やす必要があった。彼の手法では、一年のうち五カ月はトレードの機会がなくなるが、それでも、彼はそれらの月を利用して一日中、調査を続ける。

クレイチーは、自分が長く成功してきたのは、負けている期間の過ごし方にあると考えている。ドローダウンが生じると、彼はいつも自分の手法を改善するための研究に集中するようになる。

クレイチーが、リターン・リスク指標の値が極めて高い成績を収められた重要な要因は、トレードを限定していたことにある。彼は勝率が高いとみなした場合しかトレードをしない。多くのトレーダーが取るに足らないトレードに手を出さずに、勝率が高いトレード機会が訪れるまで待つというやり方でトレード数を減らせば、成績を向上させることができる。

クレイチーのエッジ（優位性）は、トレードの選別と売買のタイミングにあるが、利益を出し続けられたのはリスク管理のおかげだ。彼のリスク管理には二つの要素がある。第一に、彼の手法ではポジションを翌日まで持ち越すリスクをとらない。第二に、彼はすべてのトレードで損切りの逆指値を置くため、どのトレードでも損失を限定できる。彼によると、逆指値を置かなければ、勝ちトレード数は増えるが、リターンはほぼ同じでドローダウンが大きくなる。ドローダウンが大きくなれば、トレードをやめざるを得なくなっていたので、リスク管理が彼の長期的な成功に役立ったのだ。

結論　マーケットの『魔術師による四六の教訓』

ここでは、本書のすべてのインタビューから集めた重要な教訓を要約している。インタビューをした一人一人のトレーダーはそれぞれ独自の手法で相場に取り組んでいるが、それでもインタビューから得られる洞察には、すべてのトレーダーが重視すべき一般的な教訓が含まれている。

『マーケットの魔術師』シリーズのほかの本を読んだ人は、それらの本に載せた同様の要約とかなり重複していることに気づくだろう。それは驚くことではない。偉大なトレーダーたちのアドバイスはその手法やトレード期間にかかわらず、市場における重要な真実を反映しているからだ。しかし、以下の要約は本書のインタビューだけに基づいているため、教訓の一部は本書にしかないものだ。

一．唯一の正しい道というものはない

本書を読めば、市場で成功するための唯一の方法などない、ということがよく分かるはずだ。トレーダーたちが並外れたパフォーマンスを達成するために歩んだ道はそれぞれ大きく異なっている。彼らの手法はファンダメンタルズに基づくものからテクニカルなものにまで及び、両方を組み合わせたものも、それらのどれにも当てはまらないものもあった。ポジションを維持する期間も数分から数カ月まで、とさまざまだった。トレードで成功するために大事なのは、唯一の正しい手法を見つけることではなく、自分にとって適切な手法を見つけることだ。その手法が何なのかはだれにも分からない。それは自分で見つけるしかない。

二．自分の性格に合ったトレード法を見つける

どんなに優れた手法でも、自分の信念や落ち着ける範囲から外れたものならば、結果は良くないだろう。成功するためには独自の手法を見つける必要がある。次にいくつか、例を挙げよう。

●ダリワルはテクニカル分析を用いてトレードを始めた。彼はそれがうまくいく理由が分からなかったので、その手法に不安を感じた。そのため、将来もうまくやれ

る自信がなかった。彼はファンダメンタルズ分析に変えてから大成功をした。その手法では、価格がある水準から別の水準に移る理由がもっとはっきり理解できると感じた。

●カミロはファンダメンタルズ分析にもテクニカル分析にも魅力を感じなかったので、第三の市場分析カテゴリーであるソーシャルアービトラージを思いついた。これは、特定の株に影響を与えるが、まだ株価には織り込まれていない社会の変化やトレンドを見つけることによって利益を得る手法だ。

●クレイチーは翌日にポジションを持ち越すことに不安を感じた。そういうリスクをとることをとても嫌ったので、許容できるリスクで大きなリターンを生み出せるデイトレード戦略を考案した。

教訓は、市場で成功するには、自分が安心できるトレード法を見つける必要があるということだ。

三．適切な手法を見つけるまでに、手法を変えなければならない場合もある

リチャード・バーグはテクニカルトレーダーとして出発し、ファンダメンタルズ分析の手法に変え、最終的にはファンダメンタルズ分析とテクニカル分析を組み合わせた場合に最もうまくいくことを発見した。パーカーはトレード手法を根本的に変えて、モメンタムシステムから正反対の平均回帰システムに変えた。彼にこの柔軟性がなかったら、トレードで利益を出し続けられるどころか、生き残ることもできなかっただろう。

四．トレード日誌を付ける

トレード日誌はトレードを改善するのに利用できる最も効果的なツールの一つだ。トレード日誌を付けると、何を正しく行い、何を間違えているかという二つの重要な情報が得られる。インタビューをしたトレーダーのうちの数人（バーグ、ソール、ダリワル）は、詳しい日誌を付けることがトレードの改善にいかに重要な役割を果しているかを強調した。日誌はトレードを行った理由とその判断が正しかったか間違っていたかを記録するだけでなく、感情面を記録するのにも役立つ。例えば、バーグは自分の考えや感情を毎日記録して、自分の考え方の弱点を見つけたり、考え方がどう変化しているかを追跡したりしている。

五．トレードを種類ごとに分類する

トレードを種類ごとに分類しておくと、何がうまくいき、何がうまくいかなかったかを判断するのに非常に役立つことがある。システムトレーダーはトレードの種類ごとに振り返って検証できるが、裁量トレーダーはトレードを行ったときにその種類と結果を記録しておく必要がある。ブラントが後悔していることの一つは、トレードの種類ごとに結果を残していなかったことだ。例えば、彼は週末の分析でリストに載せなかった銘柄のトレードは、平均すればパフォーマンスが悪かったと信じているが、その推定が正しいかどうかは実際には分からない。

六．自分のエッジを知る

何が自分のエッジ（優位性）なのか分からない人は、エッジを持っていない。自分のエッジを知ることは、どういうトレードに焦点を合わせるべきかを見極めるために非常に重要だ。例えば、ダリワルはトレード日誌を詳しく付けていたおかげで、特大の利益が得られたトレードの特徴を調べることができた。そして、それらのトレードには共通点がいくつかあることを発見した。①予想外のイベントが起きていたこと、②短期の視点と長期の視点を混同していなかったこと、③仕掛けてすぐに含み益になる傾向があったこと――だ。利益の大部分がどういうトレードから得られているかに気づいたこと、つまり自分のエッジを理解したことが、並外れた成績を生み出すために重要だった。彼がアドバイスするように、「他人のゲームではなく、自分のゲームをして、自分のエッジが生かせる範囲にとどまろう」。

七．自分の間違いから学ぶ

トレードを向上させるには間違いから学ぶ必要がある。おそらく、トレード日誌を付けることの最大の利点は、トレードでの間違いを見つけるのが非常に簡単になることだろう。日誌を定期的に見直せば過去の間違いを思い出せるため。同じ間違いの繰り返しを減らせる。ソールは日誌を使うことで、勝った期間のあとにどういう間違いをしているかに気づいた。

彼は非常に大きな利益を出した期間のあと、仕掛けの基準を満たさないトレードをしていることに気づいた。彼は労働者階級の家庭で育ったので、これらの基準に満たないトレードをするのは、「浮かれ気分から現実に戻る」ための自滅的行為だということに気づいた。いったん問

題に気づくと、彼は同じ間違いを避けられるようになった。

トレード日誌で自分の間違いに気づいたもう一人のトレーダーはダリワルだ。彼は感情の不一致を感じていたが、それは短期の視点とより長期の視点が対立しているトレードに原因があると気づいた。彼は長期的なポジションを持っているときに、それに逆行する短期のトレード機会を見つけると、どちらの視点でもうまくトレードができなかった。自分の間違いの原因を認識すると、彼はこの二つの相反するトレードを分けることで問題を解決した。長期的なトレードを続けたまま、短期の機会でのトレードを別に行うようにしたのだ。

八．非対称的な戦略の力

インタビューをしたトレーダーのほとんどは、大きな損失よりも大きな利益のほうがはるかに多く、はるかに大きい（時には途方もない利益）という特徴があった。これらのトレーダーは非対称的なトレード戦略を用いて、リターン分布でスキュー（歪度）が右に大きいリターンを達成した。

非対称の王はアムリット・ソールで、一五％を超える利益を出した日が三四日あり（そのうち一〇〇％を超える日が三日）、二桁の損失を出したのは一日だけだ（その二桁の損失でさえ、コンピューターの不具合のせいだった）。彼は、価格が一気に大きく動く確率の高いイベントが起きるまで待ってトレードをし、相場が予想どおりの反応をしない場合はすぐに手仕舞う。これらのトレードの平均利益は平均損失よりもはるかに大きい。

別の例として、ニューマンはピーター・リンチが「テンバガー」と呼んだ株価が一〇倍になりそうなトレード機会を探すことに焦点を当てている。彼はトレンドラインを上にブレイクしたときに買い、その後、株価が上げなければすぐに手仕舞う。

九．リスク管理が重要

読者はこれについてすでに何度も聞いたことがあるだろうが、成功しているトレーダーのほとんどが資金管理の重要性を強調しており、これはきちんと聞いたほうがよい。確かに、資金管理は仕掛け戦略の考案ほど興味をそそられないが、優れたパフォーマンスを達成するためだけでなく、生き残るためにも不可欠なものだ。次はインタビューで取り上げられたリスク管理の要素のいくつかだ。

●個々のポジションのリスク管理　私がインタビューをしたトレーダーの多くが損切りの逆指値を置かなかったせいで最大の損失を被っている。これは特筆すべきことだ。ダリワルの最大の損失――フィナンシャル・タイムズの誤報に反応して行ったトレードによる損失――は逆指値を置いていなかったせいで、相場の逆行幅と同じくらい大きかった。決定的な瞬間にコンピューターの電源が突然落ちたときに、ソールは最大の損失を被ったが、それも損切りの逆指値を置かなかったことが原因だった。キーンはトレード歴が浅かった時期に、自分の判断が間違っていた場合にどうすべきかの計画もなく、急騰した株の空売りをして、個々のトレードでリスクを限定することがいかに重要かを学んだ。株価は数日でほぼ二倍になり、ポートフォリオの一〇%を失った。それは現在までで最大の損失だった。これら三つの事例で、彼らは全員、その後損切りの逆指値をきちんと置くようになった。彼らは二度と同じ間違いを繰り返さなかった。リスク管理に関して、トレーダーがやり方を変えた例をもう一つ挙げておこう。シャピロは五〇万ドル以上の口座資金を二回失ってから、トレードをするときには必ず損切りの逆指値を置くポイントを事前に決めるようになった。

●ポートフォリオのリスク管理　個々のトレードの損失を限定することはもちろん重要だが、適切なリスク管理としては不十分だ。トレーダーはポジション同士の相関についても考慮する必要がある。ポジション同士の相関が高ければ、すべてのポジションに損切りの逆指値を置いていても、異なるトレードで同時に損が出やすくなるため、ポートフォリオのリスクは許容できないほど高くなる場合がある。シャピロは、相関するポジションが多すぎるという問題を二つの方法で対処する。一つは個々のポジションサイズを小さくすること、もう一つはポートフォリオに逆相関するトレードを追加することだ。

キーンのトレード哲学の中心には、無相関や逆相関のポジションでポートフォリオを構築するという考え方がある。ロングオンリー戦略を用いる株式ポートフォリオでは、ほとんどのポジションの相関が高いという問題に直面する。キーンのポートフォリオの約六〇%は株の買いポジションであり、当然ながら、ポジション同士の相関は高い。彼はポートフォリオのこの部分に対して、大部分が空売りのトレードと組み合わせることで、株の買いポジションと逆相関させるという戦略を用いる。

●口座資金に基づくリスク管理　個々のポジションとポートフォリオの両方でリスク管理を行っていても、資産のドローダウンが許容できる水準を超えることがある。資産に基づくリスク管理は、ドローダウンが一定水準に達したら、ポジションサイズを減らすか、トレードを完全にやめる。例えば、ダリワルはドローダウンが五％を超えたらポジションサイズを半分に減らし、八％を超えたらさらに半分に減らす。一五％に達したら、トレードを再開する準備ができるまで完全にトレードをやめてしまう。

資産に基づくリスク管理は比率ではなく、金額で行うこともできる。この二つは同じことだが、新しい口座でトレードを始める場合は特にだが、金額に基づいてリスクを限定する水準を決めるという考え方のほうが役に立つかもしれない。新しい取引口座でトレードを始めるときに私が勧めるリスク管理は、トレードをやめるまでにどれだけの損を許容できるかを決めることだ。例えば、一〇万ドルで口座を開設した場合、すべてのポジションを清算してトレードをやめるまで、一万五〇〇〇ドルのリスクをとってもよいと思うかもしれない。この種のリスク管理が理にかなっている理由は三つある。

①口座資金がリスクをとれる限度まで減少したら、それはトレードがうまくいっていないことを意味する。その場合は、トレードを中断して、手法を検討し直すことが理にかなっている。
②損を出し続けているのならば、いったんトレードを休み、準備ができてやる気になってから再開するほうが通常は有益だ。
③おそらく最も重要なことは、どこまでの損失なら許容できるかをトレードを始める前に決めておくことだ。そうすれば、一回の失敗ですべてのリスク資産を失わずに済む。この手法が強力なのは、基本的に非対称的な戦略だからだ（それが有利な点については**八**で説明した）。つまり、リスク許容範囲として設定した金額しか失う心配はない一方、利益に限度はないということだ。

一〇．損切りの逆指値は意味があるところに置く

ダリワルは、損切りの逆指値はトレードを行うときに立てた仮説が崩れる水準に置く必要があるという重要なことを主張している。どれだけの損なら許容できるかで置く位置を決めないように。意味がある水準に置くとリスクをとりすぎるのなら、それはポジションサイズが大きすぎるということだ。ポジションサイズを減らして、トレードアイデアが正しければ相場がそこまで逆行してはならない価格に逆指値を置き、損失をそのトレードのリスク許容限度内に収まるようにしよう。

一一．損切りの逆指値に引っかかるまで待つ必要はない

損切りの逆指値は一回のトレードで被るだいたいの最大損失を一定の金額に抑えるために置くものだ。しかし、バーグがアドバイスしているように、逆指値に引っかかるまで待つ必要はない。含み損の状態が長く続くほど、手仕舞いを真剣に検討する必要がある。バーグは、相場が逆指値の水準に達する前に手仕舞うことで節約できるお金は、相場が回復した場合に得られる利益よりも大きいと信じている。

一二．ブラントの金曜日大引けでのルール

ブラントは金曜日の大引け時点で含み損の状態にあるトレードはすべて損切りする。このルールは、含み損のトレードで損切りの逆指値に引っかかるまで待たないというバーグの考え方（一一）の一つの具体例だ。ブラントは金曜日の終値が一週間で最も重要な価格だと考えている。なぜなら、それはこの時点でポジションを維持しているどのトレーダーも、ポジションを翌週に持ち越すリスクを受け入れた価格だからだ。ブラントは、金曜日の大引けで含み損になっていると、ほかの場合よりも損が大きくなると考えている。トレードをしている人は彼のルールを適用（あるいは追跡）して、減らせた損失が取り損ねた利益を上回るかどうか、実際に確かめてみることを勧める。

一三．損を減らそうとして、決断を先延ばしにしない

ブラントが最大の損失を被ったのは、第一次湾岸戦争の開始時に原油先物を買ったときで、市場は翌日に彼の損切りポイントを大きく下回って寄り付いた。私が彼にそういう状況では手仕舞いを遅らせるのかと尋ねると、「損を減らそうと先延ばしにしても、損が増えるだけです」

と答えた。原油価格はさらに下げ続けたので、これは確かにこのトレードでは正しかった。また、私は彼の警告が一般的にも良いアドバイスだと確信している。

一四．成功したトレーダーは明確な手法を持っている

良いトレードは衝動的な手法とは正反対だ。インタビューをしたどのトレーダーも明確な手法を持っていた。トレード手法は、適切なリスク管理（九）と自分のエッジを生かせるトレード（六）に基づくべきだ。

一五．自分の手法に合ったトレードから外れない

トレーダーはしばしば自分の得意分野ではないトレードをしたくなる。キーンが規律をなくしたときに起きたことがその一例だ。その年も残り一カ月という時点でかなりの利益を得ていたので、彼はエネルギーセクターが大幅に下げているという理由だけで、無謀にも関連する銘柄をいくつも買った。そのトレードは彼のいつもの手法とは何の関係もなかった。その衝動的なトレードで、彼は二週間後に手仕舞うまでに資産の七％を失った。自分の手法に関係のないトレードをしたいという衝動に負けないようにしよう。

一六．手法を変える必要がある場合も出てくる

市場は変化する。効果的な手法でさえも時がたてば、変える必要が出てくるかもしれない。例えば、ダリワルがトレードを始めたころに最も効果的だったトレード戦略は、ニュースの見出しの方向にすぐに仕掛けて、ニュースに対する市場の最初の反応をとらえようとするものだった。しかし、そうしたトレードを人間よりも素早く実行できるアルゴリズムプログラムが発達すると、彼の戦略は実行できなくなった。彼は戦略を正反対に変更して、見出しに対する最初の反応とは逆のトレードをするようになった。トレード歴が長くなるにつれて、彼はファンダメンタルズの徹底的な調査に基づく、より長期的なトレードに焦点を合わせるようになった。

ブラントは戦略を修正する必要に迫られたもう一人のトレーダーの例だ。彼は古典的なチャートパターンに基づいて仕掛けていた。しかし、かつては信頼性が高かったパターンの多くが有効ではなくなった。彼は仕掛けのシグナルに用いるパターンの数を大幅に減らすことで対処した。

一七．手法の一部に不安がある場合は変更しよう

手法に不安な部分がある場合は、それをどう変更すべきか考える必要がある。例えば、バーグは大きな含み益が生じたのに、そのかなりの部分を失うことがあったので、自分の手仕舞い戦略に不安を感じた。この不安感のため、彼は手仕舞い戦略を変えてこの問題に対処した。

一八．トレードアイデアをどう実行に移すかが重要

バーグが最大級の利益を得たトレードは、イギリスのEU（欧州連合）からの離脱を問う国民投票が可決されるという賭けだった。可決というサプライズから利益を得たい場合、一般的なトレードはポンド売りだった。この直接的な手法の問題点は、投票速報が各地域から入ってくるたびにポンドが激しく変動することだった。この直接的な手法では、トレードのタイミングがほんの少しずれただけでも、逆指値に引っかかって大きな損失を被るリスクがあった。

バーグは投票が可決されたら、市場はTボンド（米長期債）を買うといったリスク回避に向かうと推測した。ポンド売りよりもTボンドの買いのほうが有利な点は、Tボンドの変動のほうがはるかに小さいため、判断が正しかった場合は逆指値に引っかかりにくく、判断を間違えた場合でも損失が少なくて済むところだ。Tボンドの買いという間接的なトレードは、リスク調整済みリターンがはるかに良いトレードアイデアの実行法だった。アイデアを実行する直接的な方法が常に最も良いとは限らないということだ。

一九．強く確信したトレードではポジションサイズを通常よりも大きくする

すべてのトレードでポジションサイズやリスクを同じにしないようにする。本書で取り上げたトレーダーのなかには、信じがたいほど大きなリターンを得た人々がいるが、その重要な要因の一つはうまくいくと強く確信したトレードで非常に大きなポジションを取ったことだった。例えば、ソールは成功する確率が高くて、リスクに比べて特大のリターンが得られると判断したトレードでは積極的に大きなポジションを取る。ニューマンはトレードがうまくいくと強く確信したときには積極的になる。オーセンテックの場合、口座資金の三分の一以上がこの単一の銘柄で占められていた。

誤解のないように言っておくと、これは強く確信をしたときには通常よりも相対的にポジションを大きくする

ようにというアドバイスであり、ソールやニューマンなどのトレーダーが特に魅力的なトレード機会を見つけたときに行ったように、資産に対しての比率が特大になるようなポジションを取るようにという意味ではない。ソールやニューマンは並外れて腕の良いトレーダーであり、強く確信を持ったトレードでの勝率は高い。また、相場がポジションに逆行し始めた場合は即座に手仕舞う。ほとんどの普通のトレーダーはどんなに強い確信を持っていても、特大のポジションを取るのは危険だ。

二〇．あまりにも大きなポジションを取って、恐怖に支配されないようにしよう

あまりにも大きなポジションを取ると、恐怖のせいで正常な判断ができなくなる。バーグはトレード歴が浅いころ、落ち着けないほどのポジションサイズを標準にしていた。その結果、多くの良いトレード機会を見送った。ここでのアドバイスと一つ前のアドバイスとに矛盾はない。そこでは単に強い確信があるときには通常よりもポジションサイズを大きくするようにとアドバイスしただけだ。その場合でも、恐怖のせいで正常に判断できなくなるほど大きくしてはならない。

二一．トレードがうまくいくようにと願い始めたら、手仕舞おう

トレードがうまくいくように願っていることに気づいたら、それは間違いなくトレードに確信がない証拠だ。ソールはトレード歴が浅い時期にテクニカル分析のシグナルに基づいてトレードを行っていたとき、それがうまくいくようにと願っていることに気づいた。仕掛けたあとは運任せということに落ち着けず、テクニカル分析によるトレードは自分向きの手法ではないと悟った。

ソールは別の機会に、取るに足らないアイデアに基づいて、相関が高い三銘柄で最大のポジションを取った。リスクマネジャーに何をしているのかと尋ねられて、彼は突然、トレードがうまくいくようにと願っていることに気づいた。この経験を思い出して、「もはやトレードをしているのではなく、甘い期待を抱いているだけだと気づいた瞬間、私はすぐにすべてを手仕舞いました」と述べた。

トレードがうまくいくようにと祈り始めたのなら、それはギャンブルであって、トレードではない。

二二．他人の勧めに従ってトレードをしないこと

人は自分自身の手法と判断に基づいて、トレードをする必要がある。たとえアドバイスが正しかったとしても、他人の勧めに従ってトレードをすれば、ひどい結末で終わるだろう。例えば、ブラントはフロアトレーダーの推奨に従ってトレードをして損をしたが、フロアトレーダーのほうは大きな利益を出していた。ブラントはポジションを維持する期間が自分とフロアトレーダーではまったく違うことを理解していなかった。カミロが最も後悔しているトレードでは、結局は素晴らしいポジションだったのに、その三分の二を相反する相場観に影響されて損切りしてしまった。

二三．トレードの判断と結果を区別すること

多くのトレーダーは結果だけを見て、自分のトレードに誤った評価を下す。バーグに最悪のトレードは何だったのかと尋ねると、皮肉なことに彼は即座に、株と国債を同時にトレードして、わずかな損失を出したときだと説明した。そのトレードで、彼はすぐに大きな含み損を抱えたが、これほどの損は確定できないと思った。彼がためらっていると、相場がある程度順行した。彼はその機会を利用して手仕舞い、そこそこの損失で済ませることができた。彼が手仕舞った直後に、相場は再び彼が当初取っていたポジションに大きく逆行した。最初に損切りができなかったことが、たまたま彼にとって有利に働いた。しかし、彼は単に運が良かっただけで、大きな間違いを犯したことに気づいた。相場が一時的に順行していなかったら、最初の大きな含み損よりももっと悲惨な損を被っていたかもしれない。

バーグはそこそこの損失という結果と、口座資金に多大な損失をもたらしかねなかった損切りの先送りという判断を区別できた。重要なことは、勝ちトレード（あるいは、ここの例のように損が小さなトレード）が悪いトレードの場合もあるということだ。同様に、正しいリスク管理で総合的には利益が出せる手法に従っているのならば、負けトレードが良いトレードの場合もある。

二四．トレードのリターン・リスク比率は絶えず変化する

ダリワルは、トレードの状況は絶えず変化するので、それに応じて手仕舞い戦略を調整する必要があると指摘している。トレードを始めるときに利益目標と損切り・利食いの逆指値を決めていて、価格が利益目標の八〇％

まで達した場合、その時点のリターン・リスク比率はトレードの開始時点とは大きく異なっている。その状況では、最初の手仕舞いの計画はもはや適切ではない。相場が大きく有利な方向に動いた場合は、逆指値を近づけるか、一部を利食いするか、この両方を検討しよう。

ブラントはかなりの含み益が得られたのに、損益ゼロになるまでポジションを維持し続けるトレードを「ポップコーントレード」と呼ぶ。彼は一部を利食いして、利益を守るための逆指値を近づけることで、ポップコーントレードを避ける。これはトレード状況の絶えざる変化を認識していて、それに対応した手法だ。

二五．感情はトレードに悪影響を及ぼす

トレーダーは感情や衝動のせいで、しばしば間違いを犯す。ブラントが言ったように、「最悪の敵は自分自身」だ。次の三つの項目では、トレードに悪影響を及ぼす感情に基づいた行動について詳しく説明する。

二六．衝動的なトレードから身を守る

衝動的なトレードを定義すれば、感情に基づいたトレードということだ。感情に基づいたトレードをすれば負けやすい。計画していなかったトレードに夢中にならないように注意しよう。ニューマンはトレード歴が浅い時期に、着実に利益を出していた戦略から逸脱して、強気のストーリーで急騰していた株を衝動的に買い、比率で見て、最大の損失を被った。その一回のトレードのせいで、一日で口座資金の三〇％を失った。

二七．強欲から行うトレードはたいてい残念な結果に終わる

強欲になると、取るに足らないトレードをするか、あまりにも大きなポジションを取るか、この両方をしてしまう。バーグの最悪の損失は強欲のせいだった。彼はマリオ・ドラギＥＣＢ（欧州中央銀行）総裁の記者会見での発言に基づいて、まずユーロで大きな売りポジションを取った。この最初のポジションは彼の手法に完全に沿ったものだった。しかし、彼は続いて、ドイツ国債で大きな買いポジションを取った。これは最初のポジションと非常に相関が高かった。しかし、ドラギ総裁の発言はユーロにだけ関係していたので、そのトレードは正当化できるものではなかった。バーグはドイツ国債を買って、イクスポージャーを二倍にしたのは単なる強欲のせいだ

ったと認めている。その後、どちらのポジションでも相場が逆行した。その日、彼が手仕舞うまでに口座資金の一二％を失った。これはそれまでで一日での最大の損失だった。しかも、損失のほとんどは衝動的に追加で買ったドイツ国債によるものだった。

自分の手法に従ったものではなく、強欲のせいでトレードを行おうとしている場合は注意する必要がある。そうしたトレードはたいていひどい結果に終わるものだ。

二八．同じ銘柄で損を取り返そうという衝動に注意しよう

特にトレード初心者は損をすると、反射的に同じ銘柄で損を取り返そうとする。おそらく雪辱を果たしたいか、前回の損の埋め合わせをしたいという欲求からくるこの衝動は、感情に基づくトレードを引き起こす。そうしたトレードは特に悪い結果をもたらしやすい。

二〇〇三年三月一七日、ブッシュ大統領はイラクのサダム・フセイン大統領に対して国外に退去しなければイラクに侵攻するという最後通告を出した。ジョン・ネッフがこの日にした経験は、同じ銘柄で損を取り返そうとすることがいかに危険かの典型的な例だ。最初、彼はS&P五〇〇がその日に下げて寄り付いたので、さらに下げると予想して売った。ところが、相場は突然反転し、彼は損切りの逆指値に引っかかって、大きな損を出した。彼がそこでやめていたら、それは通常の悪い日で済んでいただろう。しかし、彼は骨をくわえた犬のように、売りを繰り返した。その日の大引けまでに五回売っては損切りを強いられて、最初の損失をほぼ五倍にし、前年に稼いだ利益をすべて失った。

二九．悪いトレードで被る本当の損失

多くのトレーダーは気づいていないが、悪いトレードで被る最大の損害はトレードで出た損ではなく、悪いトレードをした動揺のせいで、次の良いトレード機会に手が出せず、利益を逃すことだ。バーグは**二七**で述べたように、強欲から行ったトレードのせいで最大の損失を被った。その翌日にイングランド銀行は利上げに傾いた。そのイベントは彼が利益を得るのに最もふさわしい機会だった。しかし、彼は前日に一二％の損を出したため、動揺が収まらず、仕掛けることができなかった。彼の予想どおり、相場は大きく動いたが、彼はそのトレードをしていなかった。教訓は、トレードで間違いを犯したと

きの代償は、しばしばトレードで出した損失を大きく上回るということだ。だからこそ、トレードでの間違い（自分のルールを破ったせいで被る損失）を避ける必要がある。

三〇．利益目標でポジションのすべてを手仕舞わないように

相場はトレーダーの利益目標をはるかに超えて動き続けることが多い。そのため、価格が利益目標に達したときにポジションのすべてを手仕舞うのではなく、ポジションのごく一部を維持して、利益を守る逆指値を近づけることを検討すべきだ。そうすれば、相場がトレード方向にさらに動き続けた場合、利益を大きく増やせる一方、相場が逆行しても失う含み益はわずかで済む。

例えば、バーグは相場が利益目標に達したら利食いをする。しかし、ほとんどの利益を確定させたあと、ポジションの五～一〇％を長く維持することにしている。そうすれば、最小のリスクで利益を数％追加することができる。

三一．高揚感や恐怖で動いている相場に乗っている場合、一部またはすべてを手仕舞おう

急騰や急落は突然、急に終わりがちだ。そういう状況でうまく相場に乗っているのなら、ほぼ垂直に動いている間に、一部か、すべてを利食いすることを検討すべきだ。ニューマンのスポンジテックのトレードは、この原則に従って手仕舞った完璧な例だ。

三二．立て続けに勝ったあと、うぬぼれて雑なトレードをしないように注意しよう

トレードが非常にうまくいった期間のあとは、パフォーマンスが最悪になりやすい。なぜか。連勝するとうぬぼれるようになり、うぬぼれると、トレードがずさんになるからだ。口座の資金がほぼ毎日最高を更新していて、ほぼすべてのトレードがうまくいっているとき、トレーダーは自分の手法にそれほど厳密に従わなくなり、リスク管理も甘くなりやすい。インタビューをしたトレーダーの何人かは、パフォーマンスが最高だった時期のあとに最低になるという、まさにこの経験をした。

●ブラントがフルタイムでトレードを始めて最初に負けた年は、利益が最高だった年の翌年だった。

●ソールは最初の六カ月のトレードのあと、自己満足というワナに陥った。彼自身の言葉では、「私はうぬぼれていて、規律を緩めていました」。彼はこの時期に、取るに足らないトレードで相関が高い三銘柄で限度いっぱいのポジションを取った。会社のリスクマネジャーがすぐに介入していなかったら、巨額の損失を被る可能性があった。

●二〇一八年前半にパフォーマンスが落ちた理由をバーグに尋ねると、彼は「二〇一七年はパフォーマンスが非常に良かったので、もっと積極的にやれると考えながら、二〇一八年に入りました。私はリスクをとりすぎていました」と言った。

ここでの教訓は、万事うまくいっているときは気を付けよう！

三三．考えを変える柔軟性は一つの特徴であり、欠点ではない

ブラントのツイッターフォロワーの何人かが、彼が相場観を変えた――彼はよくそうする――と批判しているのは皮肉だ。それは非常に間違った見方だ。トレーダーが成功するためには、柔軟に相場観を変えることが不可欠なのだ。あなたが自分の相場観に固執しているのならば、一度間違えて口座資金に大打撃を受ければ、それが分かるだろう。ブラントの座右の銘は、「持論を持ちつつ、柔軟に修正する」だ。これは、仕掛けるときには確信を持っているべきだが、相場が自分のポジションに逆行したらすぐに手仕舞うべきだという意味だ。

三四．トレードの機会損失はトレードで損を出したときよりも苦痛で、高くつくこともある

大きな利益が得られる機会を逃すと、トレードで何回か損を出したときと同じくらい利益に影響を与えることがある。しかも、そうした機会損失は、トレードで損を出したときよりもはるかに苦痛を感じることがある。バーグは取引時間中に用事で銀行に出かけたため、膨大な利益を得る機会を逃した。トレードの機会を逃す主な原因の一つは、悪いトレードをして動揺が収まらないためだ（二九を参照）。

三五．相場と波長が合わないときの対処法

負けが続いていて、やることなすことすべてが間違っ

ているように感じるとき、最も良い行動はトレードを中断することかもしれない。損は損を生む。休憩はサーキットブレーカーの役目を果たす。バーグはトレードの失敗で冷静さを失っていると感じたときは、「休憩を取り、運動し、自然が豊かなところに出かけて、楽しく過ごす」と述べている。

相場と波長が合わないとき、ブラントには別の対処法がある。彼はトレードサイズを小さくする。そうすれば、損が出ている期間のドローダウンを小さくできる。

損が出ている期間のダリワルの対処法はこれら二つを組み合わせたものだ。彼はドローダウンが五％を超えると、ポジションを半分に減らし、八％を超えると、ポジションをさらに半分に減らす。そして、一五％に達したら、トレードをいったん完全に中止する。

これらすべての手法の根底にある考えは、負け続けているときにはトレードを中断するかポジションサイズを縮小して、リスクを減らす必要があるということだ。

三六．ニュースに対する市場の予想外の反応

ニュースに対する市場の予想外の反応は貴重なシグナルの可能性がある。この考えはインタビューで繰り返し出てきた。いくつか例を挙げよう。

●ダリワルは、ファンダメンタルズが強気だったのに、オーストラリア・ドルが下にブレイクしたときにそれを売ったトレードについて語った。その日に発表された雇用統計の数字はすべて非常に強気だった。当初、オーストラリア・ドルは予想どおりに上昇した。しかし、その後、上昇は止まり、長期の横ばい圏の安値を割った。非常に強気の統計と矛盾する非常に弱気の市場の反応を見て、彼はオーストラリア・ドルが急落すると確信した。

●ブラントが最大の損失を出したのは、市場で極端に予想外の反応が見られたときだった。湾岸戦争が始まったとき、彼は原油を買っていた。開戦のニュースで、原油価格は大引け後に上昇し始めた。その夜、原油はカーブ（ロンドンの時間外取引）で二～三ドル高く取引されていた。しかし、翌朝、原油はニューヨーク市場の終値よりも七ドル下げて寄り付いた。これは夜間取引の水準から一〇ドルの下げだった。強気のニュースに対するこの極端な弱気の反応は、長期的な弱気のシグナルになった。

●ブッシュ大統領がサダム・フセインに最後通告を出した日に、ネットはS&P五〇〇を繰り返し売って損失を出した（詳しくは二八を参照）。これはニュースに対する市場の反応が予想外だったのに、それを重視しなかった結果だった。

●キーンは最大の持ち株だったJDドットコムで起きた典型的な予想に反する値動きを無視した。グーグルとの契約が発表されたあと、JDドットコムの株価は最初のうちは上昇したが、その後反落し、大きく下げて引けた。この不吉な値動きにもかかわらず、彼はポジションを維持し続け、その後数カ月で半値以下になった。彼はこの経験について、「最悪の間違いはその日の値動きを無視したことでした。生計を立てるためにトレードをしている身としては、もっと慎重であるべきでした」と語った。

●二〇一六年の大統領選挙の夜、トランプが予想外に勝利することが明らかになり始めると、株価指数は予想どおりにそろって下げ始めた。しかし、その後はトランプの勝利が確実になったにもかかわらず、株価指数は急反発した。ニュースに対するこの予想外の反応は、株価がほぼ途切れることなく一四カ月にわたって上昇するシグナルになった。

三七．利益を出すことと正しいこと

自尊心や知的に正しいかどうかへのこだわりはトレードに害を及ぼす。トレードで重要なことは利益を出すことなのに、多くの人はそのことよりも自分の理論や予測の正しさにこだわる。ダリワルが簡潔に述べているように、「トレードで大事なことは自分が正しいかどうかではなく、利益を得ることだ」。

三八．継続的に利益を得ようとするのは逆効果の場合もある

継続的に利益を上げようとするのは立派な目標と思うかもしれないが、実際には逆効果になる場合もある。トレードの機会は定期的に訪れるわけではない。機会が少ない時期に一貫して利益を得ようとすれば、取るに足らないトレードに手を出して、結局は総合すれば損で終わる可能性がある。バーグは上司から継続的に少しずつ利益を上げるようにと言われたが、そのアドバイスは自分のトレード法とは両立しないと感じたので、従わなかった。「私はそんな具合にトレードができるとは思ってい

ませんでした。しばらくは何も稼げないが、その後、一気に利益を出すというほうが現実的でしょう」と彼は言った。驚くほど皮肉なことに、ソールは負けるトレーダーを見ていて、彼らが毎月お金を稼ぐという目標を持っているという共通点があったと述べた。

三九．新しい行動のトレンドを注意深く観察する

日常生活やソーシャルメディアで新しいトレンドに注意を払い、それらを敏感に察知できれば、トレードの機会を見つける情報源になることがある。本書で取り上げたカミロとニューマンという二人のトレーダーが用いる戦略では、消費者や文化的なトレンドを早いうちに発見することが重要になる。例えば、カミロはチーズケーキ・ファクトリーやP・F・チャンズなどのレストランチェーンに対するアメリカ中部での反応を観察して、トレード機会を特定した。彼はウォール街のトレーダーがこれらの反応に気づかないことを知っていた。ニューマンの最高のトレードの多くは、３Dプリンターや CBD（カンナビジオール）を添加した製品などのトレンドを早いうちにとらえることで、実行されていた。

四〇．トレードシステムはときどき機能しなくなる

パーカーが繰り返し経験したように、システムはしばらく機能したあと、完全にエッジ（優位性）を失うか、損を出し続けることすらある。この不都合な事実が意味することは、システムトレーダーが長く成功し続けるには、システムの使用をやめるか、大幅に変更する能力が不可欠ということだ。パーカーは現在、システムストップを用いている。つまり、システムのエクイティカーブ（資産曲線）にトレンドフォローを当てはめて、システムを停止させるシグナルに使っている。具体的には、エクイティカーブが二〇〇日移動平均線を下回ったら、そのシステムでのトレードを停止している。

四一．トレードで生計を立てるのは難しい

ブラントが指摘するように、「市場は年金を得る場ではない」。トレードで生計を立てるのがいかに難しいかを示す一例を挙げよう。パーカーは二〇一六年の初めにトレードをやめることを真剣に考えた。これは累積利益が最大になってからわずか八カ月後のことで、まだ五〇〇万ドル以上勝っていたときの話だ。トレードで生計を立てるつもりなら、累積利益が増え続けているだけでは

不十分ということを覚えておく必要がある。もう一つ面倒なことは、生活費は絶えず一定額が必要なのに対して、トレードの利益は定期的には得られないという点だ。パーカーはこうした現実を意識して、トレードで生計を立てたいと考えている人はできるだけ本業を続けるように、とアドバイスしている。

四二．仕事熱心

多くの人は簡単に大金を稼げると思ってトレードに引かれるが、皮肉なことに、優れたトレーダーは非常に仕事熱心だ。クレイチーは高い労働倫理を持つトレーダーの良い例だ。彼は自分に合ったトレード法を考案するために、日中の仕事と市場調査に一六時間を費やす必要があった。彼の手法では、一年のうち五カ月はトレードの機会がない。その五カ月を休んでいることもできたが、彼はこの時期を利用して市場調査を続けるために、一日中作業に没頭する。別の例（しかし、別の唯一の例ではない）を挙げると、ソールは高い労働倫理のおかげで成功したと信じている。彼はトレードを始めたころ、一日に一五時間から一八時間仕事をしていたこともあったことを覚えている。「私はだれよりも働く意欲があります」と彼は言う。

四三．自分が出した結果に責任を持つ

クレイチーは成功するにしろ失敗するにしろ、自分の責任でできる仕事をしたかったので、トレードで生活する道を選んだ。この持って生まれた考えは勝つトレーダーの一つの特徴だ。成功するトレーダーは自分の間違いや損失に責任を負う。負けるトレーダーは自分が出した結果をいつも他人やほかの何かのせいにする。

四四．我慢強さの二つの側面

市場は維持するのが難しい特徴に報いる傾向がある。我慢強く待つのは難しい。そのためには、生まれ持った本能や欲望を克服する必要がある。これは偉大なトレーダーたちの多くが持っていた特徴だ。市場での成功に不可欠な我慢強さには二つの側面がある。

●適切なトレードを待つ我慢強さ　トレードの機会は断続的に訪れる。ほとんどのトレーダーは自分の基準に合う素晴らしいトレード機会が訪れるまで待てずに、取るに足らないトレードに手を出してしまう。基準に

満たないトレードには二つのマイナス面がある。第一に、それらは総合すれば損で終わりやすい。第二に、それらに手を出していると、本当のトレード機会から注意がそれてしまう。さらに悪いことに、それらで大損をすると、大きな利益を得る機会を逃す原因になる。

二九のバーグが逃したトレードがその一例だ。

ソールは自分のことを、「私の手法はよく狙撃兵スタイルと呼ばれます。私は常に一撃で射止める用意をして待ちます」と述べるように、適切なトレードの機会を待つ我慢強さがある典型的なトレーダーだ。彼は利益の大部分を占めるトレードの実行は簡単だったと言う。難しかったのは、利益が得られる適切な機会を待ち、「資金や心理的資本（ポジティブな心のエネルギー）を無駄に使う」取るに足らないトレードを避けることだった。

●**良いトレードで利益を伸ばす我慢強さ**　良いトレードを続けるのにも我慢強さが必要だ。トレードで含み益が生じると、相場が逆行して含み益が消えるのではないかという恐れから、すぐに利食いしたくなる。シャピロは状況のせいですぐに利食いができなかったときに、良いトレードをし続ける我慢強さの力を学んだ。当時、彼はアフリカで三週間の休暇を過ごしていたが、連絡が取れないため、相場の確認やトレードができなくなることが分かっていた。彼はブローカーに損切りの逆指値の指示を出すと、旅行から戻るまで口座の確認をしなかった。そして、積極的にトレードをしているときよりも、休暇中のほうがはるかに大きな利益が得られたことを発見した。彼が最終的に開発した手法では、関連する条件が満たされている場合、ポジションを数カ月維持することができるため、この教訓は生かされた。

四五．トレードにおける精神状態の重要性

ソールは、「いったん自分の手法をものにしたら、精神状態がトレードで成功するための最も重要な要素になる」と考えている。彼の場合、適切な考えをするためには心安らかで集中する必要がある。彼は呼吸法と瞑想を用いて、彼が「没入」と呼ぶ状態に達することで、予想されるイベントに備える。また、彼はトレード日誌を付け、感情と損失の関係をグラフ化することで、否定的な考え方を変えて、自滅的なトレードに手を出す感情を特定することの重要性を学んだ。

バーグはソールのおかげで、良い考え方をすることがトレードをうまくやるために重要だということを理解できた、と信じている。ソールと同様に、バーグも葛藤がない心安らかな状態でトレードをしようとしている。彼はスプレッドシートにトレードの行為だけでなく、さまざまな心理的要素（例えば、うぬぼれ、機会損失の恐れ、幸福度など）を書き込んで、それを毎日監視している。彼は自分の感情をトレードに対する情報として使っている。自分の感情が良いトレードの妨げになっていると感じたら、適切な考え方に戻るまでトレードを休む。彼は次のように述べている。「心理的資本はトレードで最も重要です。一番大切なのは、間違いを犯したり、トレード機会を逃したり、大きな損失を被ったりした場合の反応です。まずい反応をしていると、間違いが増えるだけです」

四六．成功したトレーダーは自分のしていることが大好きだ

このインタビューを読んで、あなたはトレードが大好きだと話すトレーダーの多さに驚いたはずだ。いくつか例を挙げよう。

- ダリワルはトレードをゲームに例えて説明した。「私にとって市場でのプレーは果てしないチェスのようなものです。それはゲームのなかで最もワクワクするものです」
- カミロはトレードのアイデアを見つけることの楽しさについて、次のように述べている。「毎晩、分析に四時間使いますが、本当に楽しいです。次の大きなトレード機会にいつ出合えるか、私にはまったく分かりません。子供のころ、ガレージセールに行ったときと同じ感覚です」
- ネットは自分の成功を次のように説明した。「私は週の始まりである月曜日が大好きな曜日だから、成功したのです。自分のしていることが大好きならば、きっと成功するでしょう」
- シャピロは、私生活はすべて順調に思えたにもかかわらず、トレードをやめた時期にうつ病にかかった。うつ病の原因は結局、何だったと思うかと尋ねると、彼は「それは明らかでした。私はトレードが大好きでした」と答えた。
- ソールはトレードをしたくなったきっかけを思い出し

て言った。「レディング大学には模擬トレードルームがありました。それが市場とトレードとの最初の出合いで、私はそれらがとても気に入りました」

●キーンはトレードが大好きなことがトレーダーにとっていかに重要かを説明して、「困難な時期を乗り切るには、トレードが大好きでなければなりません」と言った。

●ブラントが商品取引所のピットで初めてトレーダーを見たときの反応は、「すごい！　自分もこれがやりたい」だった。彼のトレードに対する情熱は、トレードを本当にやりたがっていた最初のころの説明にも出てくる。その情熱は一〇年以上続いた。やがて、トレードに対する熱が冷めてきて、一四年後にトレードを完全にやめた。彼はその当時について、「その時点で、トレードを楽しめなくなりました。トレードは骨の折れる仕事になりました」と言った。一一年間休んだあと、再びトレードをしたくなり、第二のトレード人生を始めて成功し、そこから一三年以上続いている。

あなたが純粋に好きだという動機でトレードをしたいのならば、成功する確率は大いに高まるだろう。

エピローグ

古くさい冗談を書き直してみた。シナゴーグで出会う二人は何年も同じ議論を繰り返してきた。デイブは、市場は効率的なので、偶然でないかぎり市場に勝てる人はだれもいないと主張する。サムは、トレードの機会がある以上、市場のパフォーマンスを上回ることは可能だと主張する。何年にもわたる実りのない口論の末、ついに二人はどちらの主張が正しいか、ラビに決めてもらうことにした。

彼らはラビにこの言い争いを解決してほしいからと説明して、会ってもらう約束をした。彼らがラビの家に着くと、ラビはオフィスで一人ずつ話しましょう、と言った。まず、デイブがラビのオフィスに入った。

ラビは、「妻がいることを気にしないでください。私の代わりにメモを取るためにいるだけです」と言った。

デイブは「問題ありません」と言い、自分の主張について説明をし始めた。「私は市場が効率的だと信じています。これは何千もの学術論文に裏付けられた主張です。それに、これは単なる理論的な主張ではありません。実証研究でも、タイミングを自分で計ろうとして行動する個人投資家は指数連動型の投資信託よりも成績が大きく下回ると繰り返し示されています。プロの資産運用者でさえ、平均では一貫して市場平均よりも成績が悪いという結果が出ています。これらすべての証拠に照らせば、トレードは愚か者がするゲームです。人々はインデックスファンドを買うだけにしておいたほうが、はるかに良い結果が得られるでしょう」

熱心に耳を傾けていたラビは「あなたは正しいです」とだけ言った。

デイブは誇らしげにほほえみ、会話の結果に満足してオフィスを去った。

次に、サムがオフィスに入った。同じ説明を受けたあと、彼は自分の主張をした。彼は、効率的市場仮説の無数の欠陥について、長い説明から始めた（効率的市場仮説の欠陥についての議論は長くなりすぎるので、ここではできない。興味のある読者は、私の著書『**シュワッガーのマーケット教室**』［パンローリング］の第2章を参照してほしい）。次に、彼は言った。「あなたは私がトレードで生活費を稼いでいることをご存じです。私はすてきな家を持っています。家族には大事にされています。

私がシナゴーグに毎年気前良くしている寄付は、私がトレードで得た利益から出しているのです。明らかに、トレードでかなりの利益を得ることは完全に可能です」

細心の注意を払って聞いていたラビは「あなたは正しいです」と答えた。

サムは満足げにほほえんで、オフィスを出た。

ラビと妻だけになると、妻が彼のほうを向いて、「ねえ、あなたが賢いことは分かっていますが、二人とも正しいということはないのでは」と尋ねた。

「君の言うことはもっともだ」とラビは答えた。

しかし、ラビの妻は間違っている。デイブとサムの主張は状況が異なるために、どちらも正しいのだ。トレーダー（あるいは投資家）の世界は二つのグループに分けることができる。エッジ（優位性）がある手法を持っている人々と、エッジを持っていない人々だ。エッジを持っていないグループのほうがエッジを持っているグループよりもはるかに大きい。トレードや投資に特別なスキルがない市場参加者（ほとんどの人が含まれるグループ）は、自分で相場の判断をするよりも、指数連動型の投資信託に投資するほうが、良い結果が得られるだろう。そのため、皮肉なことに、私は効率的市場仮説が妥当だとは思っていないが、ほとんどの人はこの理論が完全に正しいかのように行動するのが最も良いと思う。だから、株価指数への投資を支持する。これが、デイブの主張が正しいときの状況だ。

しかし、難しいことと不可能なことはまったく別の話だ。本書に登場したトレーダーたちが長期（通常は一〇年以上）にわたって市場のベンチマークを大きく上回っている事実を、単なる「運」で説明することはできない。これが、サムの主張が正しいときの状況だ。

トレードで成功する可能性について、本書で伝えることが一つあるとすれば、それはこうだ。成功は可能だ！　しかし、これはほとんどの人にとって実現できる目標ではない。トレードで成功するには、勤勉さと生まれつき持っている能力と有利な心理的特徴（忍耐力や規律など）が必要になる。エッジがあると実証できる手法を考案して、それを厳格なリスク管理と組み合わせることができる少数の市場参加者ならば、トレードで成功することは挑戦的ではあっても、達成できる目標である。

第3部　特別インタビュー

シュワッガーへの二九の質問

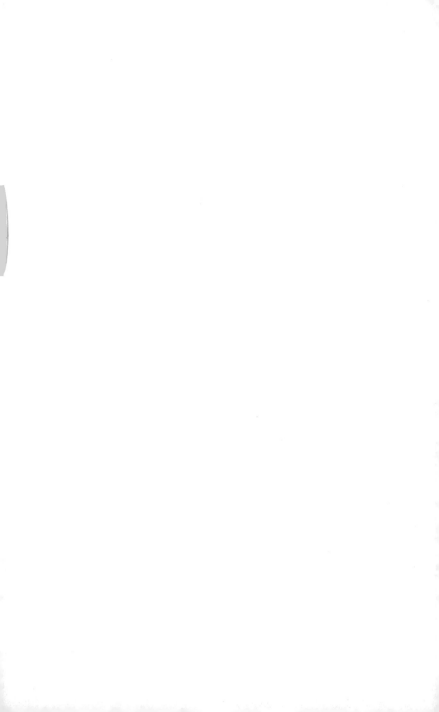

第12章 ジャック・シュワッガー

Jack Schwager

だれもがジョーダンやボルトにはなれないが、自分の性格に合った手法でトレードをすることが成功への近道

（**編集部注**　世界のトレーダーや投資家に絶大な支持を受けてきた『マーケットの魔術師』シリーズも、本書で五冊目となりました。その日本語版の刊行を記念して著者のシュワッガー氏にさまざまな質問をして、答えてもらいました）

『マーケットの魔術師』シリーズ全体についての質問です。インタビューしたなかで人として最も素晴らしかったウィザードはだれですか？

とても難しい質問ですね。非常に多くのトレーダーがそれぞれ独自の素晴らしさを持っていましたから。しかし、あえて一人選ぶとすれば、**『続マーケットの魔術師』**（パンローリング）でインタビューをしたエドワード・ソープでしょう。彼の業績や革新は信じられないほど多岐にわたっていますから。学者として出発し、物理学の博士号論文を書いているときに、自分には数学の知識が不足していると判断しました。そこで、大学院でさまざまな数学の講義を受けて、最終的に数学の博士号を取得したのです。物理学博士号を取得するための論文を完成させることはありませんでした。彼は金融の分野でも、それ以外の分野でも業績を残しています。それらには、次のものが含まれます。

- ニュートン物理学を使って、ルーレットで勝つために使える最初のウェアラブルコンピューターをクロード・シャノンと共同開発しました。
- ブラックジャックでプレーヤーのほうがエッジ（優位性）を得られる賭け方の戦略を初めて考案し、それを世界的なベストセラーになった**『ディーラーをやっつけろ』**（パンローリング）で公開しました。そのせいで、カジノは運営方法を変えざるを得なくなりました。

●シーン・カソーフとともに、ワラントなどの転換証券（例えば、オプション、転換社債、転換優先株）のトレードによって、持ち株をヘッジする最初の体系的な手法を考案しました。その手法は『ビート・ザ・マーケット（Beat the Market）』で詳しく述べられました。
●ブラック・ショールズ・モデルと同等のオプション価格決定モデルを最初に定式化しました。彼はブラック・ショールズ・モデルが公表されるよりも前に、同等の方程式を使って、実際にワラントとオプションのトレードを長年にわたって行い、大きな利益を上げました。
●マーケットニュートラル戦略のファンドを初めて設立しました。
●初めてクオンツファンドを設立して、成功しました。
●転換社債アービトラージを初めて実行しました。
●統計的アービトラージを初めて実行しました。

トレードのパフォーマンスに関しては、最初のヘッジファンドを一九年間運営したときのリターンが、二三〇カ月のうち二二七カ月でプラスで、残り三カ月で出した損失もすべて一％以下でした。これは私が今までに見たなかで最も強力な、効率的市場仮説に対する実証に基づく反証です。彼と同等以上の実績が偶然に得られる確率は一〇の六三乗分の一以下です。これは例えば、地球の質量全体から特定の原子を一つ、偶然に選ぶ確率のほうが、この確率よりもおよそ一兆倍高いということを意味します。

インタビューしたなかで人として最も楽しかったウィザードはだれですか？

私のお気に入りのインタビューは、おそらく最初の『**マーケットの魔術師**』の第1章で取り上げたマイケル・マーカスでしょう。このインタビューで私が特に気に入ったのは、彼が最終的に大成功を収める前にした多くの失敗を包み隠さず話してくれたことです。そのおかげで素晴らしい物語ができましたし、けっしてあきらめないという原則の正しさの証明にもなりました。

インタビューしたなかで、右以外で最も印象深かった（いい意味でも、悪い意味でも）ウィザードはだれですか？

私は彼らを全員覚えているので、これに答えるのは難しいです。おそらく、エド・スイコータでしょうね。その場の思いつきで、インタビューをすることに決めたので。マイケル・マーカスが私とのインタビューを気に入ってくれて、彼が知っている最高のトレーダーとしてエド・スィコータを推薦したのです。三万ドルの口座資産を八〇〇〇万ドルにしたトレーダーが高い評価をしているのです。彼はスィコータに電話をして、私を紹介してくれました。私はニューヨークに戻る代わりに、レイクタホに飛び、彼にインタビューをすることにしました。計画では、数時間で効率的にインタビューをして、なんとか遅い便に乗ってその日に帰るつもりでした。「効率的」なインタビューは結局、一晩中続きました。また、彼は個性的で簡潔な表現で自分の考えを述べたので、特に印象深いインタビューでした。

実際にインタビューをして、これはウィザードではないので採用不可となったトレーダーは何人くらいいますか？

どの本でも、実際にインタビューをして、使わないことにした人が何人もいます。最も多かった理由は、インタビューがとても退屈で、生き生きしたものにできないと判断したからです。興味深い材料が十分になかったのです。私が『**マーケットの魔術師**』シリーズの各章を書くとき、いつも二つの目標を持っています。第一に、どの章でも、トレーダーに役立つ情報や教訓が必要です。第二に、読んで面白いものであるべきです。この必須要素のどちらかが欠けていたら、そのインタビューは使いません。

ぜひともインタビューをしたかったのに、断られたトレーダーは？

もちろん、います。一番がっかりしたのは、ジョージ・ソロスにインタビューに応じてもらえなかったことです。彼はおそらく、現代で最も偉大な裁量トレーダーでしょう。彼とのインタビューが実現していれば、トレーダーにとって貴重な洞察が得られただけでなく、素晴らしい話も聞けたはずです。私は実際にソロス自身と話をしたことは一度もありませんが、彼の仲介者を通じてお願いをしました。ですが、うまくいきませんでした。また、ルネサンス・テクノロジーズの創設者で、その旗艦ファンドがおそらく史上最高の実績を誇るジム・シモンズにもインタビューを試みましたが、応じてもらえませんでした。私は『**マーケットの魔術師**』シリーズの二冊で、お願いをしました。最初のときは、即座に断られました。二回目のときには、彼は一週間考えて、断ってきました。

もし今も生きていたら、インタビューしたいトレーダーや投資家はいますか？

おそらく、それは伝説的な経済学者のジョン・メイナード・ケインズでしょう。また、彼は空き時間に投資をして、非常に成功した人物でもありました。

『マーケットの魔術師』シリーズ全体で、シュワッガーさんの「余裕資金（へそくり、損をしてもいい資金）」を預けるとしたら、どのウィザードに預けますか？

おそらく、本書でインタビューをしているジェフリー・ニューマンでしょうね。彼は私が二〇一九年にインタビューをしたときまでに、数千ドルの口座資産を五〇〇〇万ドルに増やしていました（彼は私に取引報告書を送ってきました）。私はインタビューをして以来、彼と連絡を取っていますが、現在まで口座資産をさらに四倍に増やしています。

『マーケットの魔術師』シリーズ全体で、シュワッガーさんにとって「絶対に失ってはならない資金」を預けるとしたら、どのウィザードに預けますか？

最初の質問で説明した理由から、エドワード・ソープです。

日本で『マーケットの魔術師』シリーズ全体の読者の多くは個人のホームトレーダー（資金が一万～二〇万ドルくらいで、別に仕事を持っていて、トレードが専業ではない）ですが、そのホームトレーダーが最も見習うべきウィザードはだれだと思いますか？

本書のほとんどのトレーダーは「ホームトレーダー」の手本にふさわしいと思います。私がインタビューをしたときまでに彼らがトレードで金銭的に成功していたことを考えると、彼らが別の仕事をし続けるとはとても思えませんが、理論的には、フルタイムで働きながら、彼らのトレード手法の一部を用いることは可能です。本書のピーター・ブラントが好例です。彼の利益のすべては、金曜日の大引けから月曜日の寄り付きまでの間に行う分析とトレードの執行によって得られています。

日本では今も最初の本『マーケットの魔術師』が人気ですが、一冊目のウィザードのなかで目立った変遷を遂げた人はいますか？

私の知るかぎりではいません。公平を期すために付け加えておきますが、私は少数の例外を除いて、インタビューをしたトレーダーの追跡調査をすることも、記録を取り続けることもありません。

『マーケットの魔術師』シリーズで取り上げた人のなかで破産したウィザードは？

前の質問と同じ答えです。

最近ではヘッジファンドが隆盛を極めており、個人トレーダーには成功のチャンスが少ないように思います。『マーケットの魔術師』シリーズで取り上げられたような、個人トレーダーで伝説的なトレーダーになれる時代は過ぎ去ったのでしょうか？

ヘッジファンドの急増やコンピューターの恐るべきパワーアップと定量トレードの驚異的な広がりを考えると、最初の**『マーケットの魔術師』**に登場したトレーダーたちの一部が達成したような記録はもはや達成不可能なのではないか、と本書を書く前には思っていました。驚いたことに、本書のトレーダーの多くは、あらゆる点で印象的で、おそらくもっと優れた実績を達成しています。そのことを考えると、この実証済みの証拠に基づけば、質問に対する答えは「いいえ」でしょう。

「高頻度取引（ＨＦＴ）全盛時代で、個人のホームトレーダーが生き残る方法・手法・戦略はありますか？　また、参考にすべきウィザードは？

本書のすべてのトレーダーは、高頻度取引が全盛の時代でも、信じがたいほどうまくやっています。ですから、彼らはみんな、今日のトレードの世界で参考にすべきお手本です。

もう裁量トレードは死にましたか？　個人のホームトレーダーにとっても裁量で勝てる時代は終わったのでしょうか？

本書で取り上げた一一人のトレーダーのうち、一〇人は裁量トレーダーです。彼らを見れば、裁量トレードが死んだとはとても言えないことが分かります。

パンローリングは『テクニカル分析の迷信』を出して、専門家には非常に高い評価を受けました。コンピューターが発達した現在では、トレードにおけるテクニカル分析は怪しいグルが操る水晶玉と同じでしょうか？　ピー

ター・ブラントは、今でもホームトレーダーのロールモデルになりますか？

ピーター・ブラントは、かつては機能していたチャートパターンの多くがもはや信頼できないということを認めた最初のトレーダーでしょう。それだけでなく、チャートに予測力がないことを彼は強調しています。チャートは市場がどの方向に向かうかを予測するためではなく、非対称的なトレード機会――損する確率よりも利益を出す確率のほうがはるかに高く、損失額よりも利益額のほうがはるかに大きいポイント――を特定するためのツールを提供するものです。魔法はチャートよりもリスク管理の戦略にあるのです。

トレーダーは常に自分の心（心理や精神）と戦っています。恐れ、焦り、欲、過剰レバレッジ、規律の欠如、忍耐力などなど。その分野では機械との戦いに人間は勝てないので、コンピューターやAIに頼らざるを得ないでしょうか？　マイケル・ジョーダンやウサイン・ボルトのような特殊な人しか、個人では成功できないのでしょうか？

人間はもはや勝てない、とだれが言っているのでしょうか。トレードは、世界最強のグランドマスターでもコンピューターに勝てないチェスとは異なります。チェスと市場には非常に重要な違いがあります。チェスでは、ルールはすべて厳密に定義されています。ナイトが移動できる場所は常に同じです。トレードでは、さまざまな要素の影響力は常に変化しています。債券市場の上昇と株式市場の上昇が相関している場合もあれば、逆相関して相関がまったくない場合もあります。ある時期に市場で重要な要素だったものが、別の時期にはまったく無関係という場合もあります。相場はチェスよりもはるかに複雑であって、熟練した裁量トレーダーがコンピューターに太刀打ちできない世界にはまだほど遠いと思います。

質問の最後の部分については、目を見張るほどの成功を収めるトレーダーはほんの一握りだということは、昔から変わりありません。同じことはスポーツや音楽など、あらゆる分野でも言えます。スポーツでだれもがマイケル・ジョーダンやウサイン・ボルトになれるわけではないのと同様に、だれもがウィザードになれるわけではありません。しかし、彼らほどの利益は上げられなくても、人々が市場で純利益を出す余地は大いにあります。

シュワッガーさんは自分の性格に合った自分だけの戦略を開発することの重要性を強調されています。ただ、お金のことになると、人間は人が変わるのも事実です。ラリー・ハイトが彼の著書『ルール』（パンローリング）のなかでトレーダー向きの性格だったと書いているように、生まれながらにそのような性質を持っている人がいるでしょうか？　非常に特殊な例でしょうか？　AI全盛時代には個人の性格に合う戦略・合わない戦略という観念自体がもう古い考えでしょうか？

トレードで成功するには、自分の性格に合う手法を見つけなければならないという考えは、私が最初の**『マーケットの魔術師』**を書いた三〇年以上前と同様に、今日でも真実だと思います。これはトレードに向いた性格を持っているかどうかという問題ではなく、自分の性格に合った手法でトレードをするということです。本書での好例はジェイソン・シャピロです。彼は常に相手と反対の主張をする性格です。パーティーで、ほとんどの人が保守的な立場であれば、彼はリベラルな立場から主張をするし、ほとんどの人がリベラルな立場であれば、保守的な立場から主張をするでしょう。このような彼の性格からすれば、コントラリアンとしてのトレード法は彼にとって完全にフィットしたものだったと言えるでしょう。

もしトレーダーを大雑把に四～五種類に分けるとしたら、その性格別に参考になるウィザードはいますか？

そのように分類することはできません。どのトレーダーもそれぞれが異なる性格をしています。私は彼らを分類するという観点からは考えていません。心理学者が同じトレーダーたちをインタビューすれば、彼らを少数のグループに分類できるのかもしれませんが、私にはできません。

成功するトレーダーとなかなか成功しないトレーダーの違いは何でしょうか？　性格なのか、自分の性格を正確に把握していないせいなのか、そもそも向いていないのか（ジョーダンはバスケットをするべきで、野球には向いていなかった）、その他の要因なのでしょうか？

両者には多くの違いがあります。おそらく最も重要な違いは、マーケットの魔術師たちが一般的に、トレード手法よりもリスク管理を重視している点です。彼らは自分の手法がいかに優れていようと、リスク管理をしっかりとしなければ、ゲームから退場させられるという重大なリスクを冒すことを自覚しています。もう一つの重要な違いは、彼らは自分が間違っている場合にはそれを即座に認めることができますが、ほとんどのトレーダーは自尊心のせいで、適切な判断がなかなかできないという点です。

マーケットの魔術師がやっているゲームの特徴についてうかがいたいと思います。マーケットの魔術師は、日本では極めて優れた投資家として理解されてきました。しかしアスリートが行う従来のスポーツと、電子的な空間で行われるeスポーツが、似て非なるゲームであるように、彼らは投資家というよりもトレーダーとか投機家といったほうがよく、彼らがやっていることは、投資とはまるで違うゲームであるように思います。そうであるならば、私たちがマーケットの魔術師を投資家としてみなし、投資の世界の枠組みで理解することは、かえって彼らの本質を見誤ることにつながるのではないかと懸念します。また、そこで必要とされる知識や能力や学習過程や評価といったものもまったく違う体系が必要であるように思います。これについてご意見をいただけますでしょうか？

はい、まったく同感です。ここで私が指摘したいのは、トレーダーに当てはまる原則が、必ずしも投資家に当てはまるとは限らないということです。私がこの本で書いたアドバイスは、主にトレーダーを対象としています。もちろんそのなかには、投資家にも当てはまるアドバイスもありますが、けっしてすべてではありません。私が思うに、投資とは、現金の代替手段として、最初から長期的にポジションを保有することが計画されていなければなりません。投資とは定義上、バイ・アンド・ホールドの原則が適用されるポジションです（最初にそのポジションを取るきっかけとなった事実に重大な変化がないかぎり）。このため、投資の場合、損切りの逆指値注文を置くことは逆効果になることがあります。例えば、大きな成長が見込まれるセクターのＥＴＦ（上場投資信託）を購入することで、自分のポートフォリオにそのセクターのイクスポージャーを確保したい場合、五〇で購入して四五に逆指値注文を置くことの意味はありません。一方で、短期的にしかポジションを持たないトレーダーにとって、逆指値注文による損切りを行うことは、トレードの成功に欠かせないリスク管理の重要な要素となるでしょう。

しかし、一般的には最も重要な注意点として、ポジションを取る前に、それが投資なのかトレードなのかを明確に定義する必要があります。あまりにも多くのトレーダーが、トレードとしてポジションを持ち、それが大きく引かされると、損失を実現する気になれず、それが投資だと合理化してしまうのです。要するに、投資とトレードはまったく異なるものであり、ポジションを取る前にそれがどちらであるかを明確にしなければならないのです。

マーケットの魔術師のなかには、特に学歴もなく実務経験だけで成果を上げた人もいれば、学位（博士号）を持ち、その知識や経験を生かして成果を上げた人もいます。後者の人たちについて言えば、学者としての科学的なものの考え方や課題解決の方法論は、彼らの成功において役に立ったと言えるのでしょうか？　もし役に立ったのであれば、どの学問領域がマーケットの魔術師の世界との一番親和性が高いでしょうか？

私がこれまでに取材したウィザードたちは、高校を卒業しただけの人から博士号を取得した人まで、実にさまざまです。学問上の優れた能力がトレードの成功につながったトレーダーは確かにいます。このグループのトレーダーは、数学、物理学、コンピューターサイエンスなどの定量的分野で学位を取得していることが多いのです。このグループに属するトレーダーの最も良い例は、先ほど説明したエド・ソープです。別の素晴らしい成功例は、デビッド・ショーです。彼の博士論文「ノリッジ・ベースド・リトリーバル・オン・リレーショナル・データベース・マシーン（Knowledge Based Retrieval on a Relational Database Machine）」は、超並列コンピューターを構築するための理論的基礎を提供し、スーパーコンピューター技術の大きな進歩を達成するためには、シングルプロセッサ設計ではなく、並列プロセッサ設計が必要であることを示しました。ショーはその後、有力なクオンツトレーディング会社のD・E・ショーを設立しました。

マーケットの魔術師のなかには、自分自身の過去の失敗について率直に語ってくれる人も少なくありません。このように自分の犯した間違いについて素直に認め、第三者に開示するということは欧米の文化のなかでは勇気のいることではないかと推察します。彼らのこうした謙

虚さや知的誠実さは、彼らを成功に導くドライバーの一つになったと考えられるでしょうか？　それとも、結果的に彼らは成功したから、そうして過去を振り返る余裕ができただけなのでしょうか？

失敗から学ぶことの重要性は、一連の『マーケットの魔術師』のなかで何度も出てくる重要な教訓です。失敗から学ぶことは、トレーダーとして、あるいはほかのいかなる分野であれ、自分を向上させるために必要なことです。これは、世界最大のヘッジファンドであるブリッジウォーターを設立したレイ・ダリオが礎に置く哲学でもあります。本書のなかでは、複数のトレーダーが自分のトレードを詳細に記録していますが、その理由の一つは、そうすることで失敗から学ぶことができることにあります。

ところで、私がインタビューしたトレーダーの多くが、初期の失敗について率直に語っているのは、彼らにとってそれがカタルシスをもたらす経験だからだと思います。最初の『マーケットの魔術師』の第1章に登場したマイケル・マーカスは、インタビューが終わったときにまさにそう述べていました。そのような初期の失敗は、トレーダーが最終的に成功するために重要な教訓となっていることが多いのです。本書に登場するジェイソン・シャピロがその典型例です。彼の初期の失敗は、リスク管理ができていなかったことにあります。その後の彼の成功は、徹底したリスク管理の結果であり、それが彼のコントラリアン手法を成功に導いたのです。私が思うに、そうした成功によって、このような初期の負けによる痛みが過去のものとなってしまえば、他者に開示したり、笑い話として取り上げることも簡単になるのでしょう。

マーケットの魔術師を日本人が読むと、文化の違い（社会が基盤とする哲学の種類の違い）を強く感じます。ほとんどのマーケットの魔術師の考え方の背景には、実証主義的なものの考え方があるように思います。一方で、日本は解釈主義的な文化の国で、そこでは権威や経験が重視され、そこでの意思決定や行動の多くは集団による合議制によって決められます。そこでは何かイノベーティブなことをしようにも、その仮説が歴史的な試練にさらされ、だれもが正しいと納得するまでは、社会的に受け入れられることはありません。こうした文化的な違いは、日本でマーケットの魔術師が生まれにくい隠れた要因になっていると思います。これまでマーケットの魔術

師をインタビューしてきたなかで、彼らのなかにこうした文化的な傾向を感じたことはありますか？

マーケットの魔術師たちはあくまで個人としてトレードしており、その判断や行動に委員会制はなじみません。多くの場合、彼らの成功は、正確に定義することができない固有の能力によるものです。また、一般にトレードの正しさを客観的に証明することはできません。トレーディング戦略を厳密にバックテストすることはできますが、たとえそれが正しく行われたとしても（例えば、さまざまな技術によって後知恵バイアスを回避したとしても）、良好なバックテスト結果はその戦略をトレードするための妥当な理由の一つとなるかもしれませんが、市場は常に変化しているため、再現性の絶対的な証明とはなりません。また、本書に掲載されているマーステン・パーカーの章にあるように、それまでうまく機能していたアプローチが完全に機能しなくなることもあります。マーケットで長期的に成功するためには、自分の意見や戦略を変更する柔軟性が不可欠です。このような変化には迅速な決断が必要なことが多く、集団で意思決定している時間はありません。あなたが言われるように、アメリカ文化の本質的な要素である個人主義は、トレードで成功するために不可欠な要素と高い親和性があると思います。それに対して、日本の文化的な特徴である集団主義とそれに基づく意思決定プロセスは、トレードを成功させるうえでの障害になると思います。

1929年の大恐慌やブラックマンデーやリーマンショックなどいろんなブラックスワンがありましたが、今回のコロナは、どれに相当すると思いますか？　マーケットは急回復していますが、これはそもそも「ブラックスワン」だったのか、マーケットが初めて経験するようなものだったのでしょうか？

間違っているかもしれませんが、新型コロナウイルスのイベントは前例のないものだったと思います。あるイベントによって引き起こされた暴落がたった一度の下落で終わった例――つまり、弱気相場からの最初の大幅な反発が、イベント前をはるかに超える強気相場の新たな始まりになった例――はほかに思いつきません。

テクニカル分析、バリュー投資、トレンドフォロー戦略、ヘッジファンド、高頻度取引などは今後どうなると思いますか。

結局のところ、市場参加者すべての行動は価格に反映されます。そういう意味で、価格には常に有用な情報が含まれているように思われます。ただし、この情報から有用な洞察が簡単に得られるかどうかは別の問題です。テクニカル分析が価格の研究と定義されるかぎり、この分析は何らかの形で常に有用だと思われます。

バリュー投資には投資サイクルがあり、非常にうまくいく時期とうまくいかない時期があります。『**グリーンブラット投資法**』や『**株デビューする前に知っておくべき「魔法の公式」**』（いずれもパンローリング）の著書のあるジョエル・グリーンブラットが『**続マーケットの魔術師**』（パンローリング）のインタビューで指摘したように、バリュー投資には報われない時期があるという事実こそまさに、これが長期にわたってうまくいき続ける理由です。

トレンドは市場に付きものです。金融市場でトレンドが形成されるのは、中央銀行が長期にわたって政策を維持する傾向があるからです。商品においては、供給過剰や供給不足が完全に解消されるまでには長い時間がかかるからです。市場ではトレンドが形成されるとはいえ、トレンドは途切れがちになり、うまく利用するのが難しくなっています。トレンドフォロー戦略では、パソコンが普及する以前に少数の革新者によって用いられていた初期から、この戦略を利用できるソフトウエアが多く出回って、広く用いられる時代に変わりました。トレンドフォローは今後も実行できる手法として残るでしょうが、一九七〇～八〇年代に達成されたような優れたパフォーマンスはもはや望めないでしょう。

高頻度取引はある意味で、技術的には以前のフロアブローカーやマーケットメーカーに相当します。どちらも、仲介業者の業務に関する話ですが、仲介業者はリスクを限定して着実に利益を上げる傾向があります。しかし、この分野での競争は激しくなっているので、これらの企業の利益率は低下するはずです。

二〇世紀のころと違い、特に二〇〇八年以降は、資産運用ビジネスにも厳しい規制が掛けられ、それをなりわいとして行おうとすれば、大きな組織が必要とされるようになってしまいました。これはこの業界への参入障壁を高くし、新たな成功者の出現を難しくしたと思います。こうした状況下でも、ヘッジファンドやＣＴＡ（商品投資顧問業者）のビジネスに挑戦したいとする人に対して、

どのようにアプローチするのが良いのか、アドバイスがあれば教えてください。

ここでは我田引水的なアドバイスをさせていただきましょう。資産運用会社を設立するリソースを持たない意欲的なトレーダーは、ファンドシーダー・ドットコムに自分のアカウントをリンクしたり、トラックレコードをアップロードしてください。そうすれば、専用の会社を設立したり、各種規制を受けたりすることなく、資産運用者として投資家から選ばれる機会が得られるでしょう。しかし、このプラットフォームで第三者の資産を運用できるような機会を得るのは、実際にはごく一部のトレーダーに限られるため、この方法では多くのトレーダーが抱えるそうした問題を解決することはできないかもしれません。もう一つの私のアドバイスは、意欲的なトレーダーは個人口座で十分に素晴らしい実績を築き、それを第三者に見えるようにすることで、それがプロップファームでの運用ポジションを見つけるためのきっかけになるだろうということです。

伝統的な資産運用の世界では、個々人の能力の限界を超えた成果を達成するために、あるいはその高い質を継続するために、組織を構成し専門化と分業を進めています。一方で、マーケットの魔術師の場合は、たとえ組織やチームに所属する人間であっても、その活動や成功はあくまでも個人に属するものであるように思えます。マーケットの魔術師を、伝統的な資産運用ビジネスと同じく、組織として創造することは困難でしょうか？

マーケットの魔術師になるのは、基本的に個人的なプロセスです。別の質問への回答で取り上げたレイ・ダリオやデビッド・ショーのように、彼らが何百人、何千人もの従業員を抱える運用会社を設立したとしても、その会社は個人のビジョンを依然として反映しています。

この種の成功には固有の才能が必要であり、その才能の性質は極めて多様であるため、マーケットの魔術師を意図して人工的に造り出すことはできないと思います。私は、マーケットの魔術師とは、固有の才能と努力、そしてトレードを成功させるために必要な原則を学ぶことと、それを厳格に実行することの組み合わせの結果であると考えています。

「トレードは永久に不滅」だと思いますが、トレード業界の将来についてのご意見をうかがいたいです。

ここ数十年で、大きな変化が非常に多く起きました。フロアピットから電子取引への移行、パソコンの出現と計算能力の飛躍的拡大、さまざまなデータの大量利用、クオンツトレードの驚異的な成長、高額の手数料から無料か非常に低額の手数料への移行、トレードに対するソーシャルメディアの影響がありました。現在進行中の傾向としては、個人トレーダーの増加があり、特に若い人々が増えています。この傾向は良い結果も悪い結果ももたらすでしょう。

最近は非常に多くの変化が起きているため、ほかにどういう変化が起きるかを予測するのは困難です。私はAIの利用が増えて、AIを用いる戦略の有効性が高まるだろうと思っています。しかし、少なくとも私たちが生きている間に、AIが市場の動きを「解き明かす」ことはないでしょう。私が共同設立したファンドシーダー社で促そうとしている変化の一つは、有能な個人トレーダーによる資産運用の出現です。ヘッジファンドマネジャーが自社で運用するファンドの代わりに、世界中の個人トレーダーのポートフォリオに資産配分を行うファンドが出現するでしょう。本書が出版されるころにはそういうファンドが一つ立ち上げられますが、こうしたファンドを通じて、有能なトレーダーは教育程度や国籍に関係なく資産運用を行う機会が得られます。これは資産運用の民主化とグローバル化とも言えるでしょう。

日本の読者に一言、アドバイスをお願いします。

次の段階を踏むべきです。


一．まず、トレードのさまざまな側面に関する本を読み、どの手法に興味をそそられるかを見つけて、それらを学びます。

二．本から収集したアイデアと自分自身のアイデアに基づいて、自分のトレード法を考案しましょう。うまくいきそうな手法ができたと確信できたら、三に進みます。

三．つもり売買を試します（お金はまだ使いません）。この段階では間違いなく、手法の欠点が見つかり、それをどうすれば改善できるかが分かるでしょう。必要な変更を加えましょう。

四．変更した手法を使って、三を繰り返しましょう。

五．本物のお金を使ってその手法を試す自信が持てるまで、三と四を繰り返します。

六．初めて口座に資金を入れてトレードを始めるとき、

七．ほとんどの人が最初のトレードで損をしているということを頭に入れておきましょう。ですから、少額の資金から始めるべきです。トレード教育は安い授業料で受けるほうがよいからです。

また、当初の口座資金に許容できる最大損失額を決めておくことが非常に有益だと分かっています。例えば、二〇％の損失ポイントを設定するとします。その場合、資金が当初から二〇％減少したら、その日のうちにすべてのポジションを手仕舞います。こうしたことが起きた場合、明らかにあなたの手法がうまく機能していないか、相場とあなたとの波長が合っていないかのどちらかです。トレードをいったん中断しましょう。リサーチをして、どこが悪かったのか、どうすればそれを改善できるのかを理解しましょう。市場から離れて損を出す傾向を断ち切れたら、ほっとするかもしれません。再び自信を取り戻してトレードを再開したいと思った場合にのみ、トレードを始めましょう。このトレードの中断期間は数週間、数カ月、あるいは数年続くことすらあります。ここで述べた方法を使えば、トレードを再開する用意ができたときに、それができるだけの資金を残しておけます。二度とゲームができなくなるほどの損失は絶対に出さないようにしましょう。

■参考文献

エドワード・O・ソープ著『ディーラーをやっつけろ！——ブラックジャック必勝法』（パンローリング）
デビッド・アロンソン著『テクニカル分析の迷信——行動ファイナンスと統計学を活用した科学的アプローチ』（パンローリング）
ラリー・ハイト著『ルール——トレードや人生や恋愛を成功に導くカギは「トレンドフォロー」』（パンローリング）
ジョエル・グリーンブラット著『グリーンブラット投資法——M&A、企業分割、倒産、リストラは宝の山』（パンローリング）
ジョエル・グリーンブラット著『株デビューする前に知っておくべき「魔法の公式」——ハラハラドキドキが嫌いな小心者のための投資入門』（パンローリング）

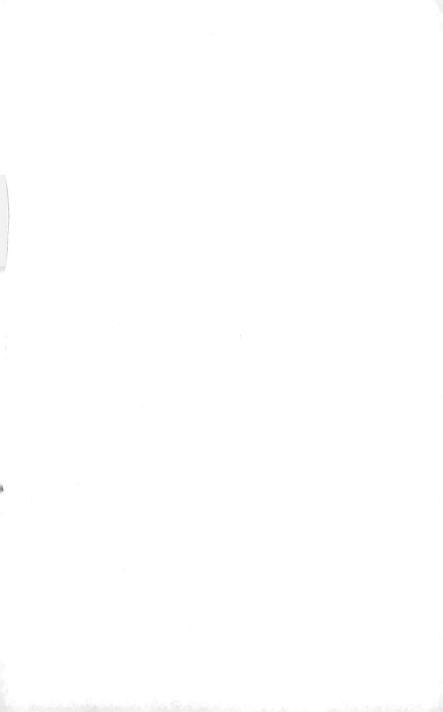

付録1　先物市場を理解する

先物とは何か

先物市場の本質はその名称に現れている。先物取引では、現在ではなく将来に受け渡す商品または金融商品が売買される。したがって、綿花農家がこの作物を今売りたければ、地元の現物市場でそれを売る。しかし、この農家が将来売るつもりの作物（例えば、まだ収穫していない作物）の価格を固定したければ、選択肢は二つある。一つ目は興味がある買い手を見つけて、価格とほかの詳細（数量、品質、納期、場所など）を決めて契約してもらうように交渉することだ。二つ目は先物を売ることで、この場合は複数の限月から選ぶことができる。

先物の利点

ヘッジャー（当業者）にとっての先物市場の主な利点は次のとおりだ。

①先物は質や量が標準化されているので、農家は特定の買い手を見つける必要がない。
②取引は事実上、瞬時にオンラインで実行できる。
③個別に先渡取引をする場合よりも、取引費用（手数料）が非常に安い。
④農家は取引をした日から納会日までの間に、いつでも売った先物を手仕舞いして、取引を終了させることができる。
⑤先物取引は取引所によって保証されている。

例に挙げた綿花農家などのヘッジャーは価格が不利な方向に動くリスクを減らすために、先物市場に参加する。一方、トレーダーは予想する値動きから利益を得るために、先物市場に参加する。実際、ほとんどのトレーダーはさまざまな理由（その多くは、ヘッジャーのところで挙げた理由と似ている）のために、現物市場よりも先物市場を好む。

①**標準化された取引**　先物取引では量や質が標準化されている。そのため、トレーダーは仕掛けたり手仕舞ったりするために特定の買い手や売り手を見つける必要

がない。

②流動性　主要な先物市場はどこでも流動性が高い。

③簡単に売れる　先物市場では、買いと同じように売りも簡単にできる。例えば、株式市場の売り方はまず株式を借りる必要があるが、常にそれが可能だとは限らない。また、空売りをする際にはアップティックルールに従う必要がある。先物市場にはそういう障害がない。

④レバレッジ　先物市場では非常に高いレバレッジを効かせることができる。大まかに言えば、委託証拠金は通常、取引額の五～一〇％である（先物市場で証拠金という用語が使われるのはとても残念だ。株式における証拠金の概念とよく混同されるためだ。先物市場では、納会日までは実際に商品を受け渡すことがないため、証拠金は取引金額の一部の支払いを意味しない。それは基本的には手付金である）。レバレッジの高さは先物市場の特徴の一つだが、トレーダーにとっては、これは両刃の剣だということを強調しておく必要がある。ほとんどのトレーダーが先物市場で損をする最大の原因はレバレッジの掛けすぎにある。一般に、先物価格も先物の原資産の価格やほとんどの株価と同じ程度にしか変動しない。先物はハイリスクだとよく言われるのは、主としてレバレッジのせいだ。

⑤安い取引費用　先物市場の取引費用は非常に安い。例えば、株式のポートフォリオマネジャーがイクスポージャーを減らすために個々の株式を売るよりも、株価指数先物を同じ金額だけ売るほうがはるかに安くて済む。

⑥反対売買の容易さ　価格がストップ高かストップ安にならないかぎり、先物のポジションは取引時間中にいつでも反対売買できる（一部の先物市場では、一日の最大値幅が決められている。自由市場で働く力のせいで、最大値幅を超えるところで価格が均衡しようとする場合、相場はストップ高かストップ安に達して、取引は事実上、停止する）。

⑦取引所による保証　先物トレーダーは取引の相手方の支払い能力について心配する必要がない。清算機関がすべての先物取引の履行の保証をしているからだ。

先物取引

トレーダーは価格の変化を予測して利益を上げようと

する。例えば、金の一二月限の価格が一オンス当たり一五五〇〇ドルのときに、一六五〇〇ドルを超えると予想するトレーダーは金を買う。このトレーダーは一二月に実際に金を受け取るつもりはない。利益になるか損をするかに関係なく、彼は納会日前に手仕舞う。例えば、一六七五ドルまで上げた場合、利益は一枚当たり一万二五〇〇ドル（一〇〇オンス×一二五ドル）になる。一方、予想が外れて一四七五ドルに下げ、納会日が近づいていれば、トレーダーは売る以外に選択肢がほとんどない。このときの損失は一枚当たり七五〇〇ドルになる。このトレーダーは買いポジションは維持したいが、現物は受け取りたくないと思っていることに注意してもらいたい。この場合、トレーダーは一二月限の金を売ると同時に、期先の金を買う（この種の取引はロールオーバーと呼ばれ、スプレッド注文で行われる）。トレーダーは、現物を受け取ればかなりの追加費用が発生するだけで、メリットもないため、常に受け取りを避ける必要がある。

初心者トレーダーは株を買うときと同じ発想で、買い方でしかトレードをしないというバイアスがあることに注意する必要がある。先物取引では、買いから入っても売りから入っても違いはない（初心者のなかには、自分が所有していない商品をどうして売ることができるのか理解できない人もいる。答えのカギは、現物の商品ではなく先物を売っているということにある。納会日を過ぎても売りポジションを手仕舞っていないトレーダーは、義務を果たすために実際に商品を入手する必要があるが、納会日前に商品を所有しておく必要はない。売りから入るトレーダーは、納会日までに価格が下げるほうに賭けているだけだ。このトレーダーは利益が出るかどうかに関係なく、納会日までに売りポジションを手仕舞って、商品を実際に入手しないで済むようにする）。価格は上げるだけでなく下げもするので、買いポジションしか取らないトレーダーはトレード機会のおよそ半分を逃す。また、先物はしばしば現物よりもコンタンゴになることに注意する必要がある。そのため、買い方にバイアスがかかったインフレの議論は誤りであることが多い。

トレードを成功させるためには、値動きを予測する何らかの方法が必要になる。基本的な分析手法は次の二つだ。

①テクニカル分析　テクニカルアナリストは経済以外のデータに基づいて予測を行う。価格はテクニカル分析

で最も重要なデータで、多くの場合、これのみが用いられる。この分析では、価格には繰り返されるパターンがあるので、それらのパターンを認識できればトレード機会が特定できるという考えを基本的な前提にしている。この分析では、出来高、取組高、センチメントの指標など、ほかのデータも含めることができる。

②ファンダメンタルズ分析　ファンダメンタルズ分析を行うアナリストは、経済データ（生産、消費、輸出など）を使って価格を予測する。彼らは需給バランスが大きく崩れるところを特定して、トレード機会を見いだそうとする。金融先物の場合、中央銀行の方針、インフレに関する統計、雇用データなどが使われる。

テクニカル分析とファンダメンタルズ分析は相いれない手法ではない。多くのトレーダーは意思決定や自動取引システムの構成要素に両方の分析を使っている。

受け渡し

受け渡しができる先物で、納会日以降も売りポジションを維持するトレーダーは、商品か金融商品を受け渡す義務がある。同様に、納会日以降も買いポジションを維持するトレーダーは商品を引き受ける必要がある。先物市場では、買い建玉と売り建玉は常に同数である。ほとんどのトレーダーは受け渡しを望まないため、納会日までにポジションを手仕舞う。実際に受け渡されるのは建玉の三％に満たないと推定されている。一部の先物（株価指数、ユーロダラーなど）では現金決済が行われており、未決済の建玉は実際に受け渡しをせずに、納会日に実勢価格で清算される。

先物市場の範囲

一九七〇年代初めまで、先物市場は商品（小麦、砂糖、銅、畜産など）に限定されていた。その時期以降、ほかの市場セクター、特に株価指数、金利、通貨（ＦＸ）が組み込まれていった。これらの金融先物市場にも同じ基本原則が適用される。相場は現在の市場価格ではなく、将来の納会日の価格を表している。例えば、一〇年物Ｔノート一二月限の気配値は、一二月に受け渡される額面一〇万ドルの米一〇年物国債の価格を示している。金融先物市場は目覚ましい成長を遂げたため、今日ではこれらの取引量に比べると、商品先物の取引量はちっぽけに見える。にもかかわらず、先物市場は誤ってではあるが、依然として一般には商品市場と呼ばれていて、これら二つは同義語になっている。

先物はその構造上、原資産と密接に関連しているため（裁定取引が行われるので、両者の価格差は比較的小さく、長続きしない）、先物は対応する現物と非常に似た値動きをする。先物取引の大部分は金融商品に集中しているため、多くの先物トレーダーは実際には、株式、債券、通貨のトレーダーだということを頭に入れておこう。この点で、本書でインタビューを受けている先物トレーダーのコメントは、株式と債券しか売買したことがない投資家にも直接関係する。

（この**付録1**は、ジャック・D・シュワッガーの『ア・コンプリート・ガイド・トゥ・ザ・フューチャーズ・マーケッツ［A Complete Guide to the Futures Markets］』（ジョン・ワイリー・アンド・サンズ）と『**マーケットの魔術師――米トップトレーダーが語る成功の秘訣**』（パンローリング）の説明を書き換えたものである）

付録2　パフォーマンスの指標

　多くのトレーダーや投資家は、ほとんどリターンのみに焦点を合わせるという過ちを犯している。それが過ちであるのは、リターンの水準はリターンを達成するためにどれだけのリスクをとる必要があったかという文脈でしか意味がないからだ。利益を二倍にしたければ、簡単にできる。トレードサイズをすべて二倍にすればいいだけだ。これで、良いトレーダーになれるだろうか。もちろん、なれない。リスクも二倍になるからだ。リターンのみに焦点を当てるのは、トレードサイズを大きくしてリターンを高めただけなのに、それがパフォーマンスの向上を示すと考えるのと同じくらいバカげている。そのため、私はトレーダーやマネジャーの評価や比較では、リターンそのものよりもリスク調整済みリターンに重点を置いている。ただし、いくらリスク調整済みリターンが非常に良くても、リターンそのものが小さければ優れているとは言えないので、どれくらいのリターンを出しているかも依然として重要だ。

　次に説明する指標は本書のトレーダーの章で触れられたものだ。

年平均リターン

　この値は毎年、複利で計算したときのリターンの水準を表す。私はリターンそのものよりもリスク調整済みリターンに注意を払う。だが、パフォーマンスの実績では、リスク調整済みリターンは優れているが、リターンそのものが許容できないほど小さい場合もある。そのため、リターンのみの確認も依然として必要だ。

シャープレシオ

　シャープレシオは最も広く使われているリスク調整済みリターンの指標である。シャープレシオは、平均超過リターンを標準偏差で割った値と定義される。超過リターンとは、無リスクリターン（例えば、Tビルの金利）を上回るリターンのことだ。例えば、平均リターンが年率八％で、Tビルの金利が三％ならば、超過リターンは五％になる。標準偏差はリターンのばらつきを表す。要するにシャープレシオとは、リターンのボラティリティで標準化された平均超過リターンのことである。
シャープレシオには基本的な問題が二つある。

①リターンは複利のリターンではなく、単純平均のリターンに基づいて計算される　投資家が手にするリターンは複利で計算されるリターンであり、単純平均のリターンではない。リターン流列のばらつきが大きくなるほど、単純平均リターンは実際の、すなわち、複利でのリターンから外れる。例えば、二年間の投資で一年目は五〇％の利益、二年目は五〇％の損失だったら、平均リターンは〇％になるが、投資家の実際のリターンはマイナス二五％の損失になる（一五〇％×五〇％＝七五％）。しかし、複利での年平均リターンであるマイナス一三・四％なら、現実を反映している（八六・六％×八六・六％＝七五％）。

②シャープレシオはボラティリティが上方で生じているか下方で生じているかを区別しない　シャープレシオ固有のリスク尺度である標準偏差は、ほとんどの投資家のリスクに対する見方を反映していない。トレーダーや投資家はボラティリティではなく、損失を気にする。彼らは下方へのボラティリティは嫌うが、上方へのボラティリティは好んでいる。私はファンドマネジャーが一カ月で上げる利益があまりにも大きすぎる、と不平を言う投資家に会ったことがない。しかし、標準偏差と、それを使うシャープレシオはボラティリティが上方か下方かの区別をしない。シャープレシオのこの特徴のせいで、ファンドのランキングはほとんどの投資家の認識や好みと矛盾する結果になることもある（場合によっては、上方へのボラティリティが高いと、下方へのボラティリティも高くなることがある。この場合には、シャープレシオは適切な指標になる。しかし、シャープレシオは損失を出すリスクをしっかりと抑えつつ、ときどき生じる大きな利益を確保しようとする戦略、つまり、スキュー［歪度］が右に大きい戦略を評価する際には、特に誤解を招きやすい）。

ソルティノレシオ

ソルティノレシオはシャープレシオの説明で取り上げた二つの問題点に焦点を当てている。第一に、平均リターンではなく、複利でのリターンを使って、どの期間でも実際のリターンを表せるようにしている。第二に、最も重要なことだが、ソルティノレシオは下方偏差を使ってリスクを定義しようとする。こちらは指定された最小許容リターンよりも下方の偏差しか見ない。対照的に、シャープレシオで使った標準偏差は上方偏差も下方偏差もすべて含む。ソルティノレシオは、最小許容リターンを上回る複利でのリターンを下方偏差で割った値と定義される。ソルティノレシオで使う最小許容リターンはどの水準に決めてもよいが、通常は次の三つの定義のうちのどれかが使われる。

①**ゼロ**　偏差はすべての負のリターンを対象に計算する（本書で用いられている定義）。

②**無リスクリターン**　偏差は無リスクリターン以下のすべてのリターンで計算する。

③**平均リターン**　偏差は分析したリターンのうち、平均以下の全リターンで計算する。この式は標準偏差に最も近いが、リターンの下半分の偏差しか見ない。

上方偏差と下方偏差を区別するので、ソルティノレシオはシャープレシオよりもほとんどの人が好むパフォーマンスの尺度に近い。その意味で、これはトレーダーを比較するのにふさわしいツールだ。しかし、ソルティノレシオは次の項目で説明する理由のために、シャープレシオと直接に比較することはできない。

調整ソルティノレシオ

しばしば、シャープレシオよりもソルティノレシオの値のほうが高いということが、トレーダーのリターンが正のスキューを持つ——つまり、損失が出る下方よりも利益になる上方への偏差のほうが大きい傾向がある——証拠としてよく取り上げられる。この種の比較や推論は間違っている。ソルティノレシオとシャープレシオは直接には比較できない。式の性質上、ソルティノレシオのほうが必ずと言っていいほど高くなる。最悪の損失が最高の利益よりも大きくなりがちなトレーダーの場合ですらそうなる。シャープレシオよりもソルティノレシオのほうが上に偏る理由は、偏差はリターンの一部——最小許容リターンを下回るリターン——だけで計算するが、下方偏差の計算では、その偏差をすべてのリターン数で割るからだ。調整ソルティノレシオはソルティノレシオを二の平方根で割った値に等しい。二の平方根で割る理由は次のテクニカルノートで説明する。私はシャープレシオよりも調整ソルティノレシオのほうをはるかに好んでいる。シャープレシオでは上方へのボラティリティと下方へのボラティリティを区別せずにリスクとみなすが、調整ソルティノレシオでは下方へのボラティリティしかリスクとみなさないからだ。

テクニカルノート　ソルティノレシオの損失部分の計算では、偏差を計算する対象となる数が少ない（つまり、損失の偏差のみを使う）ため、ソルティノレシオの値は常にシャープレシオの値よりも高くなる。ソルティノレシオをシャープレシオと比較できるようにするために、私たちはソルティノレシオのリスク部分に二の平方根を掛ける（これはソルティノレシオを二の平方根で割ることに等しい）。ソルティノレシオのリスク部分に二の平方根を掛けると、上方と下方の偏差が等しい場合にシャープレシオとソルティノレシオのリスク尺度が等しくなる。これは適切だと思われる。ソルティノレシオを調整した指標では、シャープレシオとソルティノレシオを直接に比較できる。一般的に言えば、調整ソルティノレシオの値が高いということは、リターン分布が右にゆがんでいることを意味する（損失よりも利益のほうが大きい傾向にある）。同様に、調整ソルティノレシオの値が低いということは、リターン分布が左にゆがんでいることを意味する（利益よりも損失が大きい傾向にある）。

GPR

GPR（ゲイン・トゥ・ペイン・レシオ）は、月間純リターンを月間総損失の絶対値で割った値である（GPRは長年にわたって私が使ってきたパフォーマンスを測る数値だ。私よりも前にこの数値が使われていた例を、私は知らない。だが、この用語自体はリターン・リスクの尺度やリターン・ドローダウンの尺度を指す一般用語としてときどき使われることがある。GPRはPF「プロフィットファクター。「総利益÷総損失」のこと」と似ている。こちらは通常、トレードシステムを評価するために用いられている。PFは、勝ちトレードの総利益を負けトレードの総損失の絶対値で割った値と定義される。PFはトレードを見るが、GPRは月間などの期間リターンを見る。月間で見たPFを「P÷L」と置くと、GPRは「(P－L)÷L」となる。ここから、PFを月間リターンに当てはめると、PFはGPR＋1に等しく、GPRと同じパフォーマンスの順位が得られることを、簡単に示すことができる。定量分析になじみがあり、オメガ関数を知っている読者のために言っておくと、リターンの閾値をゼロと置いたときのオメガ関数も、GPR＋1に等しい）。このパフォーマンス指標を使えば、累積純利益を得るために被った累積損失に対して、累積純利益がどれだけの比率だったかが示される。例えば、GPRが一・〇ならば、投資家は平均して、自分の得る純利益に等しい額の月間損失を被るということを意味する。年平均リターンが一二％（複利ではなく、単利）であれば、月間損失額も年平均で一二％に達するだろう。GPRはすべての損失をその大きさに比例してマイナス評価をするが、上方へのボラティリティはGPRのリターン部分にしか影響しないので、プラス評価だけになる。

シャープレシオやソルティノレシオとの主な違いは、二％の損失を五回出した場合でも、一〇％の損失を一回出した場合でも、GPRでは区別しないという点だ。前に述べたほかのレシオでは、一回の大きな損失のほうがはるかに大きく影響する。こうした違いが生じるのは、ほかのレシオで使われる標準偏差や下方偏差の計算ではゼロ参照リターン（無リスクリターン、平均リターン、ゼロなど）からの偏差を二乗する必要があるからだ。例えば、参照リターンが〇％ならば、二乗して出した偏差は、一〇％の損失を一回出したときのほうが二％の損失を五回出したときよりも五倍大きい（一〇の二乗×一＝一〇〇、二の二乗×五＝二〇）。一方、GPRの計算では、どちらの場合でも一〇％を分母に足すだけだ。私はパフォーマンスの評価において、調節ソルティノレシオとGPRの両方を使うことに価値があると思っている。

GPRは普通、月次データで計算するが、ほかの時間枠でも計算できる。日次データが入手できれば、サンプル数が大量に得られるため、GPRは統計的に非常に意味のある尺度になる。時間枠が長くなるほど、GPRの値は高くなる。短期では目立つ損失の多くも、長期で見るとなだらかになるからだ。私の経験では、月次GPRの値は平均して同じトレーダーの日次GPRの約六～七倍になる傾向がある。もっとも、この数値はトレーダーによって大きく異なる可能性がある。月次データについては、大まかに言ってGPRが一・〇よりも大きければとても良く、二・〇を上回ると並外れて良い。日次データでは、対応する値は約〇・一五と〇・三〇だ。

■著者紹介

ジャック・D・シュワッガー（Jack D. Schwager）

FundSeeder.comの共同設立者兼最高リサーチ責任者。また、世界的に有名な先物とヘッジファンドの専門家であり、『マーケットの魔術師』シリーズや『シュワッガーのテクニカル分析』『シュワッガーのマーケット教室』（いずれもパンローリング）などのトレード関係書籍の著者。ヘッジファンドへのアドバイザー、先物取引のディレクターやリサーチャー、CTA（商品投資顧問業者）の共同経営者として30年以上の経験がある。現在はトレーダー向けのプラットフォーム（FundSeeder.com）を介して、まだ知られていない有能なトレーダーを世界中から見つけることに注力している。また世界各地でさまざまなテーマでセミナーや講演をよく開催している。ブルックリン大学で経済学の学士号を取得、ブラウン大学で経済学の修士号を取得。

■監修者紹介

長岡半太郎（ながおか・はんたろう）

放送大学教養学部卒。放送大学大学院文化科学研究科（情報学）修了・修士（学術）。日米の銀行、CTA、ヘッジファンドなどを経て、現在は中堅運用会社勤務。全国通訳案内士、認定心理士、2級ファイナンシャル・プランニング技能士（FP）。『バフェットとマンガーによる株主総会実況中継』『ルール』『不動産王』『バフェットからの手紙【第5版】』『その後のとなりの億万長者』『IPOトレード入門』『ウォール・ストリート・ストーリーズ』『システム検証DIYプロジェクト』『株式投資　完全入門』など、多数。

■訳者紹介

山口雅裕（やまぐち・まさひろ）

早稲田大学政治経済学部卒業。外資系企業などを経て、現在は翻訳業。訳書に『フィボナッチトレーディング』『規律とトレンドフォロー売買法』『逆張りトレーダー』『システムトレード　基本と原則』『一芸を極めた裁量トレーダーの売買譜』『裁量トレーダーの心得　初心者編』『裁量トレーダーの心得　スイングトレード編』『コナーズの短期売買戦略』『続マーケットの魔術師』『アノマリー投資』『シュワッガーのマーケット教室』『ミネルヴィニの成長株投資法』『高勝率システムの考え方と作り方と検証』『コナーズRSI入門』『3%シグナル投資法』『成長株投資の神』『ゾーン　最終章』『とびきり良い会社をほどよい価格で買う方法』『株式トレード　基本と原則』『金融市場はカジノ』『「恐怖で買って、強欲で売る」短期売買法』『「株で200万ドル儲けたボックス理論」の原理原則』『ルール』（パンローリング）など。

2021年7月5日　初版第1刷発行

ウィザードブックシリーズ⑶⑴⑸

知られざるマーケットの魔術師
——驚異の成績を上げる無名トレーダーたちの素顔と成功の秘密

著　者　　ジャック・D・シュワッガー
監修者　　長岡半太郎
訳　者　　山口雅裕
発行者　　後藤康徳
発行所　　パンローリング株式会社
〒160-0023　東京都新宿区西新宿7-9-18　6階
TEL 03-5386-7391　FAX 03-5386-7393
http://www.panrolling.com/
E-mail　info@panrolling.com
編　集　　エフ・ジー・アイ（Factory of Gnomic Three Monkeys Investment）
装　丁　　パンローリング装丁室
組　版　　パンローリング制作室
印刷・製本　株式会社シナノ

ISBN978-4-7759-7284-7